COMENTÁRIOS AO CÓDIGO DE PROCESSO CIVIL

DOS RECURSOS

LUIS GUILHERME AIDAR BONDIOLI

Doutor e mestre pela Faculdade de Direito da Universidade de São Paulo. Advogado.

COORDENADORES

JOSÉ ROBERTO F. GOUVÊA
LUIS GUILHERME A. BONDIOLI
JOÃO FRANCISCO N. DA FONSECA

XX

COMENTÁRIOS AO CÓDIGO DE PROCESSO CIVIL

ARTS. 994 A 1.044

2ª edição
2017

ISBN 978-85-472-1818-8

DADOS INTERNACIONAIS DE CATALOGAÇÃO NA PUBLICAÇÃO (CIP)
ANGÉLICA ILACQUA CRB-8/7057

Bondioli, Luis Guilherme Aidar
　　Comentários ao código de processo civil - volume XX (arts. 994-1.044) / Luis Guilherme Aidar Bondioli; coordenação de José Roberto Ferreira Gouvêa, Luis Guilherme Aidar Bondioli, João Francisco Naves da Fonseca. – 2. ed. – São Paulo : Saraiva, 2017.

　　1. Processo civil 2. Processo civil - Leis e legislação - Brasil I. Título II. Gouvêa, José Roberto Ferreira III. Fonseca, João Francisco Naves da.

17-0367　　　　　　　　　　　　　　CDU 347.9(81)(094.4)

Índice para catálogo sistemático:
1. Processo civil - Leis e legislação -
　 Brasil　　　　　　　　　　　347.9(81)(094.4)

SOMOS EDUCAÇÃO | saraiva jur

Av. das Nações Unidas, 7.221, 1º andar, Setor B
Pinheiros – São Paulo – SP – CEP 05425-902

SAC　0800-0117875
De 2ª a 6ª, das 8h às 18h
www.editorasaraiva.com.br/contato

Presidente	Eduardo Mufarej
Vice-presidente	Claudio Lensing
Diretora editorial	Flávia Alves Bravin
Conselho editorial	
Presidente	Carlos Ragazzo
Consultor acadêmico	Murilo Angeli Dias dos Santos
Gerência	
Planejamento e novos projetos	Renata Pascual Müller
Concursos	Roberto Navarro
Legislação e doutrina	Thaís de Camargo Rodrigues
Edição	Daniel Pavani Naveira
Produção editorial	Ana Cristina Garcia (coord.)
	Luciana Cordeiro Shirakawa
	Clarissa Boraschi Maria (coord.)
	Guilherme H. M. Salvador
	Kelli Priscila Pinto
	Marília Cordeiro
	Mônica Landi
	Surane Vellenich
	Tatiana dos Santos Romão
	Tiago Dela Rosa
Diagramação e revisão	Know-How Editorial
Comunicação e MKT	Elaine Cristina da Silva
Capa	Aero Comunicação / Danilo Zanott
Produção gráfica	Marli Rampim
Impressão e acabamento	Prol Editora Gráfica

Data de fechamento da edição: 17-3-2017

Dúvidas? Acesse www.editorasaraiva.com.br/direito

Nenhuma parte desta publicação poderá ser reproduzida por qualquer meio ou forma sem a prévia autorização da Editora Saraiva. A violação dos direitos autorais é crime estabelecido na Lei n. 9.610/98 e punido pelo art. 184 do Código Penal.

CL 603720　　CAE 618661

*Para as quatro mulheres da minha vida,
em ordem de aparição: Célia, Deda, Clara e Cecília.*

*Para José Carlos Barbosa Moreira,
inspiração para este livro, para a coleção da qual ele faz parte
e para qualquer texto que alguém se proponha a escrever,
mesmo com letras não jurídicas.*

APRESENTAÇÃO

Nossa relação com a Editora Saraiva tornou-se conhecida em 1995, com a publicação da 26ª edição do *Código de Processo Civil e legislação processual em vigor* e da 14ª edição do *Código Civil e legislação civil em vigor*, ainda de autoria exclusiva de Theotonio Negrão, mas já com a colaboração do primeiro subscritor desta apresentação, revelada na nota daquelas edições. Atualmente, mais de 20 anos depois, essas obras estão na 47ª edição e na 34ª edição, respectivamente, o que é motivo de imensa alegria e satisfação para nós.

Outro momento marcante desta relação se deu em 2005, por ocasião do lançamento da Coleção Theotonio Negrão, destinada à publicação de dissertações de mestrado e teses de doutorado aprovadas nas melhores instituições de ensino jurídico do País, sob a coordenação do primeiro subscritor desta apresentação e com a participação, na condição de autores, dos outros dois subscritores.

Pouco depois de 2005, em nossas constantes conversas com a Editora Saraiva, surgiu a ideia de mais um projeto conjunto, qual seja, a edição de *Comentários ao Código de Processo Civil*, compostos por volumes a serem escritos individualmente por estudiosos do direito processual civil brasileiro. A inspiração óbvia para essa iniciativa era a paradigmática coleção coordenada pelo Mestre José Carlos Barbosa Moreira em outra casa editorial. Quando esse projeto não passava ainda de uma simples conversa, a constituição de uma comissão de juristas para a elaboração de um anteprojeto de Código de Processo Civil em 2009 nos causou sensações mistas. De um lado, esse anteprojeto nos colocava em compasso de espera e adiava a concretização de tal ideia. De outro lado, referido anteprojeto nos deixava a certeza de que, um dia, o mencionado intento ganharia concretude e proporções maiores do que as imaginadas originalmente.

Entre 2009 e 2015, acompanhamos com atenção o processo legislativo que passou pela elaboração dos projetos de lei n. 166/2010 e 8.046/2010 e culminou com a publicação da Lei n. 13.105, de 16 de março de 2015, que trouxe para o Brasil um novo Código de Processo Civil. Nesse ínterim, nosso mais recente projeto conjunto com a Editora Saraiva foi tomando corpo. Conseguimos reunir um selecionado time de doutores, livres-docentes e professores das mais renomadas faculdades de direito do País, que se integrou ao nosso projeto e foi determinante para que ele se tornasse realidade. A todos os integrantes desse time, ficam aqui os nossos mais sinceros agradecimentos!

Com a chegada do ano de 2016, o Código de Processo Civil entrou em vigor, um ano após a sua publicação e já alterado pela Lei n. 13.256, de 4 de fevereiro de 2016. Foi o período de maior reflexão e estudo na história processual recente do País. E é um extrato dessa reflexão e desse estudo que pretendemos ver presente nesta coleção de *Comentários ao Código de Processo Civil*, elaborada em 21 volumes, que, esperamos, contribuam para a boa compreensão e aplicação da lei processual mais importante do Brasil.

São Paulo, julho de 2016.

José Roberto Ferreira Gouvêa
Luis Guilherme Aidar Bondioli
João Francisco Naves da Fonseca

SUMÁRIO

Apresentação.. 7

Título II
DOS RECURSOS

1. Conceito de recurso... 21
2. Classificações... 22
3. Efeitos... 24
4. Juízo de admissibilidade e juízo de mérito 26

Capítulo I
DISPOSIÇÕES GERAIS

Art. 994 27

5. Cabimento.. 27
6. Confronto com o Código de Processo Civil de 1973.................... 28
7. Discriminação e qualificação dos agravos 28
8. Fim dos embargos infringentes contra acórdão não unânime........ 30
9. Embargos de divergência: mera diminuição do nome................ 30
10. Princípios da taxatividade, da unicidade e da fungibilidade 31

Art. 995 33

11. Eficácia imediata das decisões como regra 33
12. Suspensão da eficácia da decisão recorrida 34
13. Tutela antecipada recursal e tutela provisória em grau de recurso.. 36

Art. 996 37

14. Legitimidade 37
15. Parte 37
16. Terceiro 39
17. Ministério Público... 40

18. Interesse	41
19. Utilidade	41
20. Necessidade	43

Art. 997 .... **43**

21. Adesão a recurso prévio	43
22. Mesmas regras para admissão, julgamento e efeitos	44
23. Recursos que comportam adesão	45
24. Matéria objeto do recurso adesivo	47
25. Possíveis aderentes	47
26. Sucumbência recíproca	48
27. Prazo	49
28. Preparo	50
29. Desnecessidade de resposta ao recurso principal	50
30. Admissão do recurso principal como requisito adicional de admissibilidade	51
31. Procedimento	51

Art. 998 .... **52**

32. Linhas gerais sobre a desistência	52
33. Termos inicial e final	53
34. Efeitos	54
35. Repercussão geral e recursos extraordinários ou especiais repetitivos no contexto da desistência	55

Art. 999 .... **56**

36. Linhas gerais sobre a renúncia	56
37. Renúncia prévia ou ulterior à decisão recorrível	56
38. Efeitos	57

Art. 1.000 .... **57**

39. Linhas gerais sobre a aceitação	58
40. Aceitação expressa ou tácita	58
41. Efeitos	58

Art. 1.001 .... **59**

42. Conceito de despacho	59
43. Irrecorribilidade	59

Art. 1.002	**60**
44. Avanço terminológico	60
45. Impugnação total ou parcial	60
46. Efeitos da impugnação parcial	61
Art. 1.003	**61**
47. Prazo para recorrer e correlato prazo para responder	62
48. Termo inicial	63
49. Ainda o termo inicial: duas hipóteses especiais	64
50. Contagem	65
51. Termo final e protocolo	66
52. Aferição da tempestividade e recurso remetido pelo correio	67
53. Comprovação da tempestividade e feriado local	67
54. Preclusão temporal	68
Art. 1.004	**68**
55. Eventos influentes na contagem do prazo para recorrer	69
56. Interrupção ou suspensão	69
57. Interrupção automática	70
58. Reinício a partir da intimação	70
Art. 1.005	**70**
59. Extensão subjetiva do recurso	71
60. Primeira exceção: litisconsórcio unitário	71
61. Segunda exceção: solidariedade passiva e defesa comum	73
62. Aproveitamento sem prejuízo	74
Art. 1.006	**74**
63. Certificação e datação do trânsito em julgado	74
64. Baixa dos autos ao juízo de origem	75
Art. 1.007	**76**
65. Linhas gerais sobre o preparo	76
66. Comprovação no ato de interposição do recurso	77
67. Independência entre os recursos	79
68. Dispensa	80
69. Ainda a dispensa: porte de remessa e retorno em autos eletrônicos	81

70. Insuficiência	81
71. Ausência	82
72. Justo impedimento	83
73. Equívoco no preenchimento da guia de custas	84
Art. 1.008	**85**
74. Efeito substitutivo	85
75. Simples cassação da decisão substitutiva	86
76. Substituição proporcional à impugnação	86

Capítulo II
DA APELAÇÃO

Art. 1.009	**87**
77. Linhas gerais sobre a apelação e seu cabimento	87
78. Decisões interlocutórias não agraváveis	90
79. Contraditório em torno da questão prévia	93
80. Questão prévia e princípio da unicidade	93
Art. 1.010	**93**
81. Regularidade formal	94
82. Retratação do juiz	96
83. Intimação do apelado para oferta de contrarrazões	98
84. Ulterior intimação do apelante	98
85. Remessa dos autos para o tribunal	98
Art. 1.011	**99**
86. Distribuição e julgamento: repetição ociosa	99
Art. 1.012	**100**
87. Efeito suspensivo como regra	101
88. Exceções legais à regra do efeito suspensivo	102
89. Cumprimento provisório	106
90. Requisitos formais do pedido de efeito suspensivo ou tutela antecipada recursal	107
91. Requisitos materiais do pedido de efeito suspensivo ou tutela antecipada recursal	108

Art. 1.013	**109**
92. Extensão e profundidade do efeito devolutivo na apelação	110
93. Julgamento direto do *meritum causae* e de questões de mérito pelo tribunal	113
94. Impugnação da deliberação sobre tutela provisória na sentença	116
Art. 1.014	**117**
95. Questões de fato inéditas	117

Capítulo III
DO AGRAVO DE INSTRUMENTO

Art. 1.015	**119**
96. Linhas gerais sobre o agravo de instrumento e seu cabimento: rol taxativo	120
97. Tutelas provisórias	123
98. Mérito do processo	124
99. Rejeição da alegação de convenção de arbitragem	125
100. Incidente de desconsideração da personalidade jurídica	126
101. Rejeição ou revogação da gratuidade da justiça	127
102. Exibição ou posse de documento ou coisa	127
103. Exclusão de litisconsorte	127
104. Rejeição do pedido de limitação do litisconsórcio	128
105. Admissão ou inadmissão de intervenção de terceiros	128
106. Concessão, modificação ou revogação do efeito suspensivo dos embargos à execução	129
107. Redistribuição do ônus da prova	130
108. Outros casos expressamente referidos em lei	131
109. Decisões interlocutórias na fase de liquidação ou cumprimento de sentença, no processo de execução e no inventário	131
110. Não interposição do agravo de instrumento e preclusão	132
111. Descabimento do agravo de instrumento e mandado de segurança	133
Art. 1.016	**133**
112. Regularidade formal	133
Art. 1.017	**134**
113. Peças do agravo: mais um caso de anacronismo	135

114. Preparo e interposição	136
115. Instrução ulterior e sanação de outros vícios	136

Art. 1.018 .... **137**
116. Comunicação em primeira instância da interposição do agravo: faculdade e anacronismo	137
117. Reforma da decisão agravada pelo próprio prolator	139
118. Inadmissão do agravo não noticiado	141

Art. 1.019 .... **141**
119. Julgamento monocrático	142
120. Procedimento: efeito suspensivo, tutela antecipada recursal e contraditório	142

Art. 1.020 .... **144**
121. Prazo impróprio para o julgamento	144
122. Inclusão em pauta	144
123. Sustentação oral	144
124. Efeitos devolutivo e translativo	145
125. Prolação de sentença na pendência do agravo	146

Capítulo IV
DO AGRAVO INTERNO

Art. 1.021 .... **148**
126. Linhas gerais sobre o agravo interno e seu cabimento	148
127. Fungibilidade com embargos de declaração	151
128. Regularidade formal	152
129. Procedimento	152
130. Retratação	152
131. Sustentação oral	153
132. Julgamento	154
133. Sanções para o agravo manifestamente inadmissível ou improcedente	155

Capítulo V
DOS EMBARGOS DE DECLARAÇÃO

Art. 1.022 .... **159**
134. Linhas gerais sobre os embargos de declaração e seu cabimento	159

135. Pronunciamentos embargáveis 161
136. Pronunciamentos em primeira instância 162
137. Pronunciamentos no âmbito dos tribunais 163
138. Relatório, fundamentos, dispositivo e ementa 164
139. Vícios embargáveis 165
140. Obscuridade 166
141. Contradição 166
142. Omissão 168
143. Erro material 171
144. Erros evidentes 172
145. Interesse 175
146. Embargos de declaração noutros diplomas legais 176

Art. 1.023 .... **177**
147. Prazo 177
148. Regularidade formal 177
149. Preparo 178
150. Intimação do embargado para resposta 178

Art. 1.024 .... **179**
151. Julgamento em cinco dias pelo juiz 180
152. Julgamento monocrático ou colegiado nos tribunais 180
153. Conversão em agravo interno 182
154. Outros recursos interpostos antes do julgamento dos embargos 183
155. Efeitos devolutivo e translativo 185
156. *Reformatio in pejus* 186

Art. 1.025 .... **187**
157. Prequestionamento 188

Art. 1.026 .... **190**
158. Ausência de efeito suspensivo ordinário 191
159. Efeito suspensivo extraordinário e tutela antecipada recursal 191
160. Efeito interruptivo e seus desdobramentos 192
161. Novos embargos de declaração 195
162. Sanções para os embargos manifestamente protelatórios 196

Capítulo VI
DOS RECURSOS PARA O SUPREMO TRIBUNAL FEDERAL E PARA O SUPERIOR TRIBUNAL DE JUSTIÇA

Seção I
Do Recurso Ordinário

Art. 1.027	**201**
163. Linhas gerais sobre o recurso ordinário e seu cabimento	202
164. Agravo de instrumento para o Superior Tribunal de Justiça	206
165. Amplo efeito devolutivo e julgamento direto do *meritum causae* na instância recursal	206
166. Requerimento de efeito suspensivo ou tutela antecipada recursal	207
Art. 1.028	**208**
167. Requisitos de admissibilidade do recurso ordinário	209
168. Procedimento	209
169. Agravo de instrumento para o Superior Tribunal de Justiça	210

Seção II
Do Recurso Extraordinário e do Recurso Especial

Subseção I
Disposições Gerais

Art. 1.029	**210**
170. Linhas gerais sobre os recursos extraordinário e especial e seu cabimento	211
171. Regularidade formal	215
172. Repercussão geral em recurso extraordinário	216
173. Dissídio jurisprudencial em recurso especial	217
174. Superação ou correção de vício formal	218
175. Efeito suspensivo e tutela antecipada recursal	220
Art. 1.030	**222**
176. Procedimento perante o tribunal *a quo*	223
177. Os possíveis rumos do recurso extraordinário ou especial	223
178. Recursos ou requerimentos diante da decisão do tribunal *a quo*	227

Art. 1.031 .... **230**
179. Procedimento perante os tribunais *ad quem* 230

Art. 1.032 .... **233**
180. Conversão do recurso especial em recurso extraordinário............ 233
181. Juízo de admissibilidade... 236
182. Recurso adesivo... 236

Art. 1.033 .... **237**
183. Conversão do recurso extraordinário em recurso especial............ 237
184. Juízo de admissibilidade... 239
185. Recurso adesivo... 239

Art. 1.034 .... **240**
186. Julgamento da causa pelos Tribunais de Superposição 240

Art. 1.035 .... **245**
187. Linhas gerais sobre a repercussão geral e sua caracterização......... 246
188. Demonstração, existência e presunção 247
189. *Amicus curiae*... 248
190. Procedimento e julgamento.. 249

Subseção II
Do Julgamento dos Recursos Extraordinário e Especial Repetitivos

Art. 1.036 .... **252**
191. Linhas gerais sobre os recursos extraordinários ou especiais repetitivos.. 253
192. Multiplicidade de recursos com fundamento em idêntica questão de direito 254
193. Deflagração do julgamento *por amostragem*................................ 256
194. Seleção dos recursos repetitivos... 257
195. Suspensão dos processos repetitivos.. 259

Art. 1.037 .... **261**
196. Providências preliminares e decisão de afetação 263
197. Suspensão dos processos repetitivos.. 266
198. Arguição de distinção para levantamento da suspensão 267

Art. 1.038	**268**
199. *Amicus curiae*	269
200. Audiência pública	270
201. Requisição de informações aos tribunais inferiores	271
202. Intimação do Ministério Público	271
203. Outras providências e julgamento	272
Art. 1.039	**275**
204. Rumos dos demais recursos nos Tribunais de Superposição	275
205. Falta de repercussão geral e seus desdobramentos	277
Art. 1.040	**278**
206. Rumos dos processos nas instâncias inferiores	278
207. Desistência da demanda em primeira instância	281
208. Comunicação na esfera administrativa	282
Art. 1.041	**282**
209. Juízo de retratação negativo	282
210. Juízo de retratação positivo	283
211. Recursos com questão fora do julgamento *por amostragem*	284

Seção III
Do Agravo em Recurso Especial e em Recurso Extraordinário

Art. 1.042	**284**
212. Linhas gerais sobre o agravo em recurso especial ou extraordinário e seu cabimento	285
213. Regularidade formal e dispensa do preparo	287
214. Requerimento de efeito suspensivo ou tutela antecipada recursal	287
215. Procedimento perante o tribunal *a quo*	288
216. Procedimento perante o tribunal *ad quem*	289

Seção IV
Dos Embargos de Divergência

Art. 1.043	**290**
217. Linhas gerais sobre os embargos de divergência e seu cabimento	291

218. Regularidade formal, prova da divergência e acórdão paradigma.. 294
219. Requerimento de efeito suspensivo ou tutela antecipada recursal.. 297

Art. 1.044 .... **297**
220. Procedimento e julgamento 297
221. Efeito devolutivo e julgamento da causa................................. 300
222. Efeito interruptivo 302
223. Recurso extraordinário contra o acórdão embargado e contra o acórdão dos embargos 303

Bibliografia 305

TÍTULO II
DOS RECURSOS

1. Conceito de recurso

Em uma primeira aproximação, com viés semântico, o vocábulo *recurso* remonta à expressão latina *recursus*, "que contém a ideia de voltar atrás, de retroagir, de curso ao contrário".[1] Trazendo essa ideia para o plano processual, pensa-se num *voltar atrás*, num *retroagir*, num *curso ao contrário* para viabilizar o reexame e o desparecimento de uma decisão judicial.

Considerando os poderes que o legislador tem na seleção e regulamentação dos mecanismos próprios para esse *voltar atrás*, para esse *retroagir*, para esse *curso ao contrário* em matéria de processo, avulta a ideia de que *recurso é aquilo que o legislador diz ser recurso*. O Código de Processo Civil não traz uma definição de recurso; limita-se a arrolar as figuras recursais no seu art. 994. A partir de uma análise conjunta dessas figuras, é possível enxergar nelas a característica comum de estender a fluência do processo.[2] Elas não dão vida a um novo processo; apenas prolongam a pendência do processo em curso. O recurso presta-se, assim, a prevenir a preclusão, da qual a coisa julgada é a expressão máxima. Esse prolongamento da litispendência é provocado com o claro intuito de que seja reexaminado, na mesma relação jurídica processual, um pronunciamento judicial gravoso, objetivando em última análise a remoção de um gravame. Tem o recurso, portanto, vocação para o afastamento de sucumbência ou prejuízo dentro do próprio processo.[3]

A vinculação interna entre o recurso e o processo em que proferida a decisão por ele impugnada afastam do seu conceito os mecanismos que instauram nova relação jurídica processual para a impugnação do ato decisório, como o mandado de segurança e a ação rescisória.

Traço comum às figuras recursais é a voluntariedade, que remete à prática consciente de um ato pela parte. É possível ver nos recursos uma manifestação do princípio dispositivo na seara recursal; um desdobramento do direito de ação, provocado por qualquer dos sujeitos parciais do processo, inclusive por aqueles que não requereram sua instauração.[4] A ausência do

---

1   ALCIDES DE MENDONÇA LIMA, *Introdução aos recursos cíveis*, n. 114, p. 123.
2   Cf. BARBOSA MOREIRA, *Comentários ao Código de Processo Civil*, v. V, n. 135, p. 232.
3   "Recurso é um ato de inconformismo, mediante o qual a parte pede nova decisão, diferente daquela que lhe desagrada" (CÂNDIDO DINAMARCO, "Os efeitos dos recursos", p. 115). Em sentido semelhante, cf. LIEBMAN, *Manuale di diritto processuale civile*, v. II, n. 288, p. 253.
4   Cf. BARBOSA MOREIRA, *Comentários ao Código de Processo Civil*, v. V, n. 137, p. 235-236; LEONARDO GRECO, *Instituições de processo civil*, v. III, n. 3.1, p. 45.

elemento volitivo exclui a remessa necessária (art. 496 do CPC) do rol de figuras recursais.[5]

Dito tudo isso, pode-se afirmar, com BARBOSA MOREIRA, que, no direito processual civil brasileiro, recurso é "o remédio voluntário idôneo a ensejar, dentro do mesmo processo, a reforma, a invalidação, o esclarecimento ou a integração de decisão judicial que se impugna".[6]

2. Classificações

É possível enxergar os recursos de óticas distintas, que conduzem a classificações igualmente distintas.[7] Considerando que o legislador autoriza a

---

5 Cf. NELSON NERY JUNIOR, *Teoria geral dos recursos*, n. 2.7, p. 179-180.

6 *Comentários ao Código de Processo Civil*, v. V, n. 135, p. 233. Em sentido semelhante é a lição de LEONARDO GRECO: "*direito subjetivo processual de provocar e obter o reexame no mesmo processo de uma decisão judicial desfavorável, visando a anulá-la, modificá-la, reformá-la, esclarecê-la, corrigi-la ou complementá-la*" (*Instituições de processo civil*, v. III, n. 3.1, p. 43).

7 Para as classificações aqui enunciadas, cf. BARBOSA MOREIRA, *Comentários ao Código de Processo Civil*, v. V, n. 142, p. 252 e segs. O jurista carioca refere-se também à distinção entre *recursos ordinários* e *extraordinários* e diz que, no Brasil, ela "não tem relevância teórica nem prática. Merece ela, em nossa opinião, ser arquivada para todo o sempre, além do mais, pelos equívocos que é capaz de gerar, e de fato tem gerado, mercê da constante e notável flutuação dos critérios doutrinariamente sugeridos para fundá-la. A rigor, não existe entre nós *uma classe* de recursos a que se possa aplicar, segundo critério preciso do ponto de vista científico e útil ao ângulo prático, a denominação genérica de *extraordinários*. Há, sim, *um recurso* a que (sem qualquer preocupação de ordem dogmática) se acertou de dar esse nome, assim como há outro (a rigor um conjunto heterogêneo de figuras recursais) que a vigente Carta Federal rotula de *ordinário* (arts. 102, n. II, e 105, n. III)" (*op. cit.*, p. 255-256). Note-se que a menção a "recurso ordinário ou extraordinário", existente no art. 467 do CPC de 1973, não é reproduzida no correspondente art. 502 do CPC, que fala apenas em "recurso", o que reforça a lição do mestre fluminense, no sentido da irrelevância da distinção entre recursos ordinários e recursos extraordinários.

Todavia, FLÁVIO CHEIM JORGE defende a distinção entre recursos ordinários e extraordinários, tendo como discrímen "o objetivo imediato tutelado pelo recurso. Enquanto os recursos extraordinários tutelam o direito objetivo, os recursos ordinários visam a proteger imediatamente o direito subjetivo dos recorrentes" (*Teoria geral dos recursos cíveis*, n. 4.1, p. 53). Para o processualista capixaba, são recursos extraordinários o recurso extraordinário, o recurso especial e os embargos de divergência (*op. cit.*, p. 53). Também endossando referida distinção, com apoio na "progressiva objetivação do recurso especial e do recurso extraordinário", mas sem contemplar os embargos de divergência, cf. LUIZ RODRIGUES WAMBIER e EDUARDO TALAMINI, *Curso avançado de processo civil*, v. 2, n. 23.8.2, p. 495.

Em Portugal, o legislador se encarrega da diferenciação entre *recursos ordinários* e *extraordinários*. De acordo com o art. 627º, n. 2, do CPC português, "os recursos são

impugnação "no todo ou em parte" das decisões judiciais (art. 1.002 do CPC), a extensão da impugnação permite distinguir os recursos entre *recurso total*, que impugna tudo o que se admite atacar na decisão recorrida, e *recurso parcial*, que contempla apenas parte do pronunciamento judicial, por limitação voluntária do recorrente.

Doutra parte, levando em conta a possibilidade de se interpor o recurso de forma independente ou em resposta a um recurso interposto pelo adversário (art. 997, *caput* e § 1º, do CPC), dividem-se os recursos em *recurso independente* ou *principal*, apresentado diretamente contra a decisão judicial, sem considerar o comportamento dos demais sujeitos parciais do processo, e *recurso adesivo*, por meio do qual se formula pretensão recursal em reação a um recurso previamente apresentado pela parte contrária.

Por fim, tendo em mente que há recursos que comportam a invocação de qualquer tipo de erro para a impugnação da respectiva decisão e que há recursos que autorizam apenas a veiculação de certos vícios para viabilizar o reexame do pronunciamento judicial, faz-se a distinção entre os *recursos de fundamentação livre* e os *recursos de fundamentação vinculada*.

São recursos de fundamentação livre a apelação, o agravo de instrumento, o agravo interno, o recurso ordinário e o agravo em recurso especial ou extraordinário. Nesses recursos, é possível arguir a ocorrência de qualquer *error in judicando* ou *in procedendo* para a reforma ou a invalidação da decisão recorrida.

Por sua vez, são recursos de fundamentação vinculada os embargos de declaração, o recurso especial, o recurso extraordinário e os embargos de divergência. Nos embargos de declaração, o embargante fica preso às imperfeições arroladas nos incisos do art. 1.022 do CPC e ao chamado *erro evidente* (*infra*, n. 144) para postular o reexame da decisão embargada. Nos recursos especial e extraordinário, apenas se admite a arguição de matéria expressa nas alíneas do inciso III dos arts. 102 e 105 da Constituição Federal. E nos embargos de divergência tudo o que o embargante pode invocar fica circunscrito à existência de discordância entre decisão de um órgão fracionário do Supremo Tribunal Federal ou do Superior Tribunal de Justiça no julgamento de recurso extraordinário ou especial e outra decisão proferida no âmbito do mesmo tribunal (art. 1.043, *caput* e § 1º, do CPC). Se não há no recurso de fundamentação vinculada sequer a invocação do vício especificamente relacionado com

---

ordinários ou extraordinários, sendo ordinários os recursos de apelação e de revista e extraordinários o recurso para uniformização de jurisprudência e a revisão". O subsequente art. 628º justifica essa diferenciação: "a decisão considera-se transitada em julgado logo que não seja suscetível de recurso ordinário ou de reclamação".

a figura recursal em questão, deve o juiz pronunciar a sua inadmissibilidade, por faltarem no caso elementos para o seu próprio cabimento.

3. Efeitos

Em regra, os efeitos produzidos pelos recursos balizam-se pelos *capítulos de sentença* impugnados pelo recorrente. Tais capítulos consubstanciam-se nas "unidades autônomas do decisório da sentença",[8] sendo cada uma delas portadora de um *preceito imperativo*.[9] Fala-se, assim, das parcelas ou frações de um mesmo pronunciamento judicial.

Como já anunciado ao apontar característica comum a todas as figuras recursais, efeito conatural dos recursos remete à *prevenção da preclusão*, da qual a coisa julgada é a expressão máxima. Assim, quando dirigido à decisão final do processo, o recurso prolonga a litispendência (pendência da lide), a vida do processo e a prestação da atividade jurisdicional.

Outro *efeito* recursal extraível das considerações lançadas no tópico introdutório, sobretudo, no que diz respeito ao reexame da decisão judicial, é o *devolutivo*. Esse efeito vincula-se à transferência ao Poder Judiciário de matéria já julgada, para o fim de que ela seja reapreciada e seja emitido novo pronunciamento a seu respeito.

Enxergam-se no efeito devolutivo duas dimensões: *horizontal e vertical*. Na dimensão horizontal está a extensão do efeito devolutivo, que é definida, sobretudo, pelo recorrente, à luz do princípio dispositivo. Em regra, é ele quem escolhe as pretensões a serem reexaminadas por ocasião do julgamento do recurso.[10] Já na dimensão vertical encontra-se a profundidade do efeito devolutivo, relacionada às questões de fato e de direito atreladas à pretensão levada a reexame. Essa profundidade é ampla e independe da vontade do recorrente.[11] Tudo o que se disse aqui é visualizado com clareza no *caput* e nos §§ 1º e 2º do art. 1.013 do CPC, que tratam da apelação, mas têm aplicação para a generalidade dos recursos (*infra*, n. 92).

No contexto do efeito devolutivo é possível visualizar ainda a devolução automática dos requisitos de admissibilidade do julgamento do *meritum causae* relativos à pretensão levada a reexame pelo recurso. É o que se convencionou chamar de *efeito translativo*.[12] Assim, não só os aspectos fáticos e jurídicos

---

8   CÂNDIDO DINAMARCO, *Capítulos de sentença*, n. 11, p. 35.
9   Cf. CÂNDIDO DINAMARCO, *Capítulos de sentença*, n. 11, p. 36.
10 Cf. BARBOSA MOREIRA, *Comentários ao Código de Processo Civil*, v. V, n. 195, p. 353-354, e n. 238, p. 429-432.
11 Cf. BARBOSA MOREIRA, *Comentários ao Código de Processo Civil*, v. V, n. 244, p. 445-447.
12 Cf. NELSON NERY JUNIOR, *Teoria geral dos recursos*, n. 3.5.4, p. 482.

influentes na procedência do pedido, mas também aqueles atrelados à viabilidade do processo são devolvidos pelo recurso, sempre na medida da extensão do efeito devolutivo.

Por exemplo, uma vez julgada integralmente procedente demanda ajuizada para a condenação do réu a indenizar o autor por danos materiais e morais e insurgindo-se aquele apenas contra a parcela da sentença que lhe condenou a reparar os prejuízos morais, nada pode o tribunal dizer a respeito dos danos materiais reconhecidos pelo capítulo não impugnado da sentença, ainda que a matéria enfrentada no julgamento da apelação também lhe seja pertinente e até seja cognoscível de ofício, como é o caso da ilegitimidade *ad causam*. Há, aqui, o óbice da coisa julgada material, qualidade que se agrega ao autônomo capítulo de sentença inatacado.[13]

Registre-se que razões objetivas (caso das hipóteses previstas no § 3º do art. 1.013 do CPC) e subjetivas (caso do aproveitamento do recurso pelos litisconsortes inertes nas hipóteses expressas no art. 1.005 do CPC) podem levar ao alargamento involuntário da extensão do efeito devolutivo. Isso fica evidente, por exemplo, nas situações de prejudicialidade, em que há *capítulos de sentença dependentes* do que foi impugnado pelo recorrente.[14] É pensar em ação declaratória de paternidade cumulada com pedido para o pagamento de correlatos alimentos, julgada totalmente procedente para declarar a relação de parentesco e condenar o réu a pagar verba alimentícia. O réu recorre expressamente apenas da declaração de paternidade. No julgamento da apelação, o afastamento da relação de parentesco prejudica a condenação nos alimentos e irradia naturais efeitos sobre o capítulo condenatório, para que da procedência se passe à improcedência, ainda que tal pretensão não tenha sido explicitamente abordada nas razões recursais.

Efeito recursal que merece ao menos um aceno neste tópico é o *efeito suspensivo*, consubstanciado na aptidão do recurso a conter a eficácia da decisão recorrida até o fim do prazo para a sua interposição ou até o julgamento da pretensão recursal. Observe-se que o efeito suspensivo intrínseco manifesta-se já com a recorribilidade da decisão, antes mesmo da apresentação do recurso, e se pereniza com o efetivo exercício do direito de recorrer. Esse efeito é objeto de maiores considerações nos comentários ao art. 995 do CPC

Por fim, também merecedor de um aceno neste tópico é o *efeito substitutivo*, que se opera mediante o conhecimento do recurso fundado em *error in judicando* e a consequente troca da decisão recorrida pelo pronunciamento

---

13 Cf. Leonardo Greco, *Instituições de processo civil*, v. III, n. 2.5, p. 25.
14 Cf. Cândido Dinamarco, *Capítulos de sentença*, n. 51, p. 111; Liebman, *Manuale di diritto processuale civile*, v. II, n. 310, p. 288 e segs.

judicial emitido pelo tribunal por ocasião do julgamento do recurso, a fim de que este ocupe o preciso lugar daquela. Esse efeito, orientado pela extensão do efeito devolutivo, é analisado com maior profundidade nos comentários ao art. 1.008 do CPC.

4. Juízo de admissibilidade e juízo de mérito

O poder de recorrer é um desdobramento do direito de ação. Avançando um pouco mais nesse paralelismo, também é possível dizer que o mérito da pretensão formulada na petição inicial e o mérito da pretensão formulada nas peças recursais somente serão apreciados caso presentes requisitos legais mínimos. Trata-se aqui dos *requisitos de admissibilidade do julgamento do mérito* e dos *requisitos de admissibilidade dos recursos*. A ausência desses requisitos leva à inadmissão da respectiva petição, sem que se investigue ser procedente ou improcedente a pretensão ali formulada.

Na instância recursal, as atividades do julgador direcionadas para a aferição da presença dos pressupostos para o julgamento do mérito do recurso recebem o nome de *juízo de admissibilidade*. Esse juízo antecede lógica e cronologicamente o *juízo* acerca *do mérito* do recurso, que consiste no exame acerca da procedência ou da improcedência da pretensão recursal. A matéria daquele é considerada *preliminar* em relação à deste: uma vez negativo o juízo de admissibilidade, simplesmente se atesta a inviabilidade do recurso, sem se investigar a existência de fundamentos para o seu provimento.[15]

Os requisitos de admissibilidade dos recursos são objeto de clássica divisão cunhada por BARBOSA MOREIRA: "requisitos *intrínsecos* (concernentes à própria existência do poder de recorrer) e requisitos *extrínsecos* (relativos ao modo de exercê-lo). Alinham-se no primeiro grupo: o cabimento, a legitimação para recorrer, o interesse em recorrer e a inexistência de fato impeditivo (*v.g.*, o previsto no art. 881, *caput, in fine*) ou extintivo (*v.g.*, os contemplados nos arts. 502 e 503) do poder de recorrer. O segundo compreende: a tempestividade, a regularidade formal e o preparo".[16]

Exige-se para o exame do mérito do recurso que o juízo de admissibilidade tenha atestado a presença de todos os requisitos enunciados anteriormente.

---

15 Cf. BARBOSA MOREIRA, *Comentários ao Código de Processo Civil*, v. V, n. 144, p. 261-262.
16 *Comentários ao Código de Processo Civil*, v. V, n. 145, p. 263. Por sua vez, LEONARDO GRECO divide os pressupostos gerais de admissibilidade dos recursos em *objetivos* e *subjetivos*: "são pressupostos gerais objetivos de admissibilidade de todos os recursos: a) *a recorribilidade*; b) *a tempestividade*; c) *a singularidade*; d) *a adequação*; e) *o preparo* e f) *a regularidade procedimental*" e "são pressupostos gerais subjetivos: a) *o interesse de recorrer*; b) *a legitimidade para recorrer*; e c) *a inexistência de atos de disposição*" (*Instituições de processo civil*, v. III, n. 4.1, p. 67).

Ausente um único desses requisitos, o juiz limita-se a tratar dessa ausência no julgamento do recurso, sem tecer qualquer consideração *de meritis*. O fenômeno se assemelha à sentença terminativa: diagnosticada *fattispecie* descrita em inciso do art. 485 do CPC, não se trata do *meritum causae*, mas sim das razões pelas quais se consideraram faltantes os pressupostos para sua análise.

CAPÍTULO I
DISPOSIÇÕES GERAIS

Art. 994. São cabíveis os seguintes recursos:

I – apelação;

II – agravo de instrumento;

III – agravo interno;

IV – embargos de declaração;

V – recurso ordinário;

VI – recurso especial;

VII – recurso extraordinário;

VIII – agravo em recurso especial ou extraordinário;

IX – embargos de divergência.

CPC de 1973 – art. 496

5. Cabimento

O cabimento é um dos requisitos intrínsecos de admissibilidade dos recursos (*supra*, n. 4). Esse requisito apresenta duas facetas: uma relacionada com a existência de previsão legal da figura recursal e a outra atrelada a uma relação de pertinência entre o recurso e o pronunciamento judicial contra o qual ele se volta.[17]

O rol do art. 994 do CPC está intimamente vinculado à previsão legal da figura recursal. É o dispositivo legal que melhor reflete os recursos existentes no ordenamento jurídico nacional, na medida em que se propõe a enumerá-los, ainda que de forma não exaustiva.

O art. 994 do CPC não detém o monopólio das figuras recursais nacionais. Há previsão de recursos em outros diplomas legais brasileiros, caso da Lei n. 9.099/1995, que prevê no seu art. 41 recurso inominado contra a sentença proferida nos Juizados Especiais Cíveis, e da Lei n. 6.830/1980, que dispõe no seu art. 34 acerca dos embargos infringentes para a impugnação de sentença profe-

---

17   Cf. NELSON NERY JUNIOR, *Teoria geral dos recursos*, n. 3.4.1.1, p. 275-276.

rida em execução fiscal com valor igual ou inferior a 50 Obrigações Reajustáveis do Tesouro Nacional. Assim, interessa no caso que haja lei instituindo e disciplinando o recurso, ainda que não se trate do Código de Processo Civil.

A relação de pertinência entre o recurso e o pronunciamento judicial impugnado não é estabelecida pelo art. 994 do CPC. Tal relação deve ser investigada nas regras disciplinadoras de cada recurso. Por exemplo, do *caput* do art. 1.009 do CPC se extrai que "da sentença cabe apelação".

6. Confronto com o Código de Processo Civil de 1973

Comparação entre o rol do art. 994 do CPC e o correspondente rol do art. 496 do CPC de 1973 revela que a apelação, os embargos de declaração, o recurso ordinário, o recurso especial e o recurso extraordinário não sofreram qualquer alteração. Seu nome continua igual e permanece o mesmo até o inciso ocupado por cada um desses recursos no dispositivo legal que se ocupa da enumeração dos recursos (incisos I, IV, V, VI e VII, respectivamente). As demais figuras recursais foram objeto de modificações, em diferentes graus, analisadas nos tópicos subsequentes.

7. Discriminação e qualificação dos agravos

Ao passo que o art. 496 do CPC de 1973 previa apenas um genérico agravo no seu inciso II, o art. 994 do CPC avançou na disciplina do assunto, discriminando e qualificando os recursos que carregam o rótulo de *agravo*. Assim, o *agravo de instrumento* vem expresso no inciso II do art. 994, o *agravo interno* ocupa o inciso III do art. 994 e o *agravo em recurso especial ou extraordinário* vem previsto no inciso VIII do art. 994.

Andou bem o legislador. Esses três diferentes agravos prestam-se a finalidades distintas, de modo que é melhor lançar mão de rótulo próprio para cada um deles do que escondê-los debaixo de uma genérica denominação. O agravo de instrumento é o recurso talhado para a impugnação das decisões interlocutórias arroladas no art. 1.015 do CPC. Já o agravo interno é o recurso pensado para insurgência "contra decisão proferida pelo relator" (art. 1.021, *caput*, do CPC) e contra certas decisões proferidas pelo presidente ou vice-presidente do tribunal recorrido em matéria de repercussão geral ou recursos extraordinários e especiais repetitivos (arts. 1.030, § 2º, 1.035, § 7º, e 1.036, § 3º, do CPC). E o agravo em recurso especial ou extraordinário é programado "contra decisão do presidente ou do vice-presidente do tribunal recorrido que inadmitir recurso extraordinário ou recurso especial, salvo quando fundada na aplicação de entendimento firmado em regime de repercussão geral ou em julgamento de recursos repetitivos" (art. 1.042, *caput*, do CPC).

Esses três recursos não esgotam os agravos existentes no ordenamento jurídico nacional. O art. 39 da Lei n. 8.038/1990 rotula simplesmente como *agravo* recurso semelhante ao agravo interno, que é circunscrito a decisões monocráticas tomadas no Supremo Tribunal Federal ou no Superior Tribunal de Justiça, mas não limitado a decisão de relator: "da decisão do Presidente do Tribunal, de Seção, de Turma ou de relator que causar gravame à parte, caberá agravo para o órgão especial, Seção ou Turma, conforme o caso, no prazo de cinco dias".[18] Esse prazo agora é de 15 dias (art. 1.070 do CPC).

Também carrega o simples rótulo de *agravo* o recurso previsto contra a decisão do presidente do tribunal que suspender a execução da medida liminar ou da sentença proferida em sede de mandado de segurança (art. 15 da Lei n. 12.016/2009) ou "a execução da medida liminar nas ações movidas contra o Poder Público ou seus agentes" (art. 4º, *caput*, da Lei n. 8.437/1992) ou ainda a execução da decisão liminar proferida em ação civil pública (art. 12, § 1º, da Lei n. 7.347/1985).

O Código de Processo Civil deixa brecha, ainda, para que os regimentos internos dos tribunais prevejam agravos contra decisões monocráticas tomadas por seus membros: "é de 15 (quinze) dias o prazo para a interposição de qualquer agravo, previsto em lei ou em regimento interno de tribunal, contra decisão de relator ou outra decisão unipessoal proferida em tribunal" (art. 1.070 do CPC).[19] O regimento interno do Supremo Tribunal Federal, por exemplo, prevê agravo regimental com amplitude similar à do art. 39 da Lei n. 8.038/1990 (art. 317 do RISTF). E o regimento interno do Superior Tribunal de Justiça estabelece o cabimento do agravo interno contra qualquer "decisão proferida por Ministro" (art. 259, *caput*, do RISTJ).

Por fim, vale registrar que o Código de Processo Civil extinguiu o *agravo retido* previsto nos arts. 522 e 523 do CPC de 1973. Assim, ou a decisão interlocutória é imediatamente impugnável por agravo de instrumento, por estar contemplada pelo art. 1.015 do CPC, ou deve ter sua impugnação postergada para o momento da apelação, nos termos do art. 1.009, § 1º, do CPC.[20]

---

18 "O art. 39 da Lei n. 8.038/90, que disciplina o cabimento do agravo interno contra decisão singular proferida por membro do Superior Tribunal de Justiça e do Supremo Tribunal Federal, deve ser aplicado, por analogia, a todos os tribunais do País, em razão do princípio da colegialidade dos tribunais" (STJ, 2ª Turma, RMS 21.786, rel. Min. Castro Meira, j. 27/3/2007, DJ 12/4/2007).

19 Consigne-se desde logo que o art. 1.070 do CPC não alcança o *agravo* previsto no parágrafo único do art. 6º da Lei n. 13.300/2016 para a hipótese de indeferimento monocrático do mandado de injunção pelo relator: "da decisão de relator que indeferir a petição inicial, caberá agravo, em 5 (cinco) dias, para o órgão colegiado competente para o julgamento da impetração". É que se tem aqui lei especial ulterior ao Código de Processo Civil a regular o prazo para o agravo (*infra*, n. 47 e 126).

20 Excepcionalmente, não sendo possível aguardar o momento da apelação para a rediscussão do assunto objeto da decisão interlocutória, abre-se a via do mandado de segurança para a impugnação desta (*infra*, n. 78 e 111).

8. Fim dos embargos infringentes contra acórdão não unânime

O Código de Processo Civil eliminou os embargos infringentes previstos contra julgamento majoritário em sede de apelação e ação rescisória nos arts. 496, III, e 530 e segs. do CPC de 1973.

No lugar dos embargos infringentes foi instituído o prosseguimento do julgamento não unânime, com o acréscimo automático de outros juízes à turma julgadora, em número suficiente para proporcionar a reversão do julgado (art. 942 do CPC). Esse prosseguimento não tem natureza de recurso, visto que ausente ato volitivo das partes, e está programado para as situações de divergência em apelação, em ação rescisória cujo resultado seja a rescisão do julgado rescindendo e em agravo de instrumento que leve à reforma de decisão de mérito (art. 942, *caput* e § 3º, do CPC). Ele é expressamente excluído nas hipóteses de incidente de assunção de competência, incidente de resolução de demandas repetitivas, remessa necessária e julgamentos do plenário ou da corte especial do tribunal (art. 942, § 4º, do CPC).

Ainda persistem no ordenamento jurídico os embargos infringentes previstos no art. 34 da Lei n. 6.830/1980 para a impugnação de sentença proferida em execução fiscal com valor igual ou inferior a 50 Obrigações Reajustáveis do Tesouro Nacional.

9. Embargos de divergência: mera diminuição do nome

Os "embargos de divergência em recurso especial e em recurso extraordinário" (art. 496, VIII, do CPC de 1973) tiveram o nome reduzido para "embargos de divergência" (art. 994, IX, do CPC). Essa redução tinha razão de ser na redação original da Lei n. 13.105/2015: o inciso IV do art. 1.043 do CPC previa o cabimento dos embargos de divergência para além dos recursos especial e extraordinário, "nos processos de competência originária" dos tribunais, em que se divergisse "do julgamento de qualquer outro órgão do mesmo tribunal". Entretanto, a subsequente Lei n. 13.256/2016 revogou expressamente esse inciso IV, o que deixou os embargos de divergência novamente circunscritos aos casos de recurso especial e extraordinário.

Nesse cenário, os embargos de divergência poderiam perfeitamente seguir com o nome anterior: *embargos de divergência em recurso especial e em recurso extraordinário*. Todavia, a diminuição do nome para *embargos de divergência* não causa prejuízo. Ela é apenas carente de significado prático, com o advento da Lei n. 13.256/2016.

A Lei n. 13.256/2016 faz com que continuem capengas e carentes de significado prático as disposições dos §§ 1º e 3º, alínea *a*, do art. 101 da Lei Complementar n. 35/1979, que falam *en passant* dos "embargos de divergência" quando cuidam das Câmaras, Turmas e Seções integrantes dos Tribunais de Justiça, sem tratar do seu cabimento, prazo, procedimento etc.[21] Somente é possível impugnar acórdão divergente do entendimento firmado por outro órgão do mesmo tribunal quando se tratar do julgamento de recurso extraordinário ou especial, ou seja, somente é possível opor embargos de divergência no âmbito do Supremo Tribunal Federal e do Superior Tribunal de Justiça.

10. Princípios da taxatividade, da unicidade e da fungibilidade

Já se anunciou que, para se considerar um recurso cabível, ele deve não apenas ser previsto em lei, mas também ser talhado para o ataque à decisão recorrida (*supra*, n. 5). A exigência de previsão do recurso num texto legal associa-se ao *princípio da taxatividade*.[22] E a disponibilização de um recurso específico para a impugnação de cada tipo de pronunciamento judicial vincula--se ao *princípio da unicidade*.[23] Por exemplo, o recurso pensado para impugnar a sentença é a apelação (art. 1.009, *caput*, do CPC).

Porém, existem no sistema processual civil nacional algumas exceções ao princípio da unicidade, a começar pela própria impugnação da sentença. Quando a sentença é proferida nas "causas em que forem partes Estado estrangeiro ou organismo internacional, de um lado, e, do outro, Município ou pessoa residente ou domiciliada no País" (art. 105, II, alínea *c*, da CF), o recurso contra ela cabível é o recurso ordinário, a ser julgado pelo Superior Tribunal de Justiça, e não a apelação.

Outra exceção ao princípio da unicidade faz-se presente nos embargos de declaração e nos embargos de divergência no âmbito do Superior Tribunal de Justiça. Os embargos de declaração, cabíveis contra todo e qualquer pronun-

---

21 Sobre a insuficiência das disposições do art. 101 da Lei Complementar n. 35/1979 para a instituição dos embargos de divergência no âmbito dos Tribunais de Justiça, cf. BARBOSA MOREIRA, *Comentários ao Código de Processo Civil*, v. V, n. 156, p. 282. Cf. também THEOTONIO NEGRÃO, JOSÉ ROBERTO F. GOUVÊA, LUIS GUILHERME A. BONDIOLI e JOÃO FRANCISCO N. DA FONSECA, *Código de Processo Civil e legislação processual em vigor*, 47ª ed., nota 1 ao art. 101 da LOM, p. 1.590.
22 Cf. LEONARDO GRECO, *Instituições de processo civil*, v. III, n. 2.1, p. 19; ARRUDA ALVIM, *Novo contencioso cível no CPC/2015*, p. 447. Conforme a lição de DANIEL AMORIM ASSUMPÇÃO NEVES, "o princípio da taxatividade impede que as partes, ainda que de comum acordo, criem recursos não previstos pelo ordenamento jurídico processual. Mesmo com a permissão de um acordo procedimental no art. 190 do Novo CPC não é possível que tal acordo tenha como objeto a criação de um recurso não presente no rol legal" (*Novo Código de Processo Civil comentado*, p. 1.636). Em sentido semelhante, cf. LUIZ RODRIGUES WAMBIER e EDUARDO TALAMINI, *Curso avançado de processo civil*, v. 2, n. 23.3, p. 472.
23 Cf. BARBOSA MOREIRA, *Comentários ao Código de Processo Civil*, v. V, n. 141, p. 248-251.

ciamento judicial (art. 1.022 do CPC), sempre se apresentam para o recorrente como alternativa à utilização do recurso predisposto pelo legislador para a impugnação da respectiva decisão. No caso de decisão proferida por órgão fracionário do Superior Tribunal de Justiça, o recorrente pode lançar mão diretamente do recurso extraordinário ou apresentar prévios embargos de divergência. Nessas circunstâncias, sempre se incentiva a apresentação de um recurso apenas depois do desfecho do outro, por meio do efeito interruptivo (arts. 1.026, *caput*, e 1.044, § 1º, do CPC).

Mais uma exceção ao princípio da unicidade é encontrada na decisão do tribunal *a quo* que define os rumos dos recursos extraordinário e especial (art. 1.030 do CPC). É pensar em situação na qual o recorrente tenha apresentado recurso extraordinário ventilando tanto "controvérsia de caráter repetitivo ainda não decidida pelo Supremo Tribunal Federal ou pelo Superior Tribunal de Justiça" (art. 1.030, III, do CPC) quanto matéria não reproduzida em outros processos nem debatida nas instâncias ordinárias. O pronunciamento do tribunal *a quo* que ao mesmo tempo sobrestar e inadmitir o recurso será recorrível tanto por agravo interno quanto por agravo em recurso especial ou extraordinário (art. 1.030, III e V e §§ 1º e 2º, do CPC) (*infra*, n. 178).

O rol de exceções ao princípio da unicidade contempla, ainda, os casos em que uma ação listada nos arts. 102, II, alínea *a*, e 105, II, alínea *b*, da CF é julgada parcialmente procedente. Nessas circunstâncias, a parcela denegatória da decisão é impugnável por recurso ordinário e a parcela concessiva da decisão é atacável por recurso extraordinário ou especial.

Além dessas exceções ao princípio da unicidade, há no sistema recursal obstáculos para se apontar o recurso cabível em certas circunstâncias, por exemplo, em razão de dificuldades na identificação da natureza de determinados pronunciamentos judiciais. Tais dificuldades se fazem presentes nos casos da decisão que julga a liquidação de sentença (arts. 509 e segs. do CPC), da decisão que julga procedente o pedido de exigir contas (art. 550, § 5º, do CPC) e da decisão que decreta a dissolução parcial de uma sociedade (art. 603, *caput* e § 2º, do CPC), em que não há elementos seguros para afirmar se se está diante de decisão interlocutória ou de sentença, mesmo à luz das diretrizes estabelecidas no art. 203 do CPC, isto é, não há elementos seguros para afirmar se se está diante de ato impugnável por agravo de instrumento (art. 1.015, II, do CPC) ou por apelação (art. 1.009, *caput*, do CPC) (*infra*, n. 96 e 77).

Por isso, ainda tem lugar no sistema recursal pátrio a ideia de fungibilidade entre as figuras recursais, malgrado não se encontre na legislação em vigor regra similar à do art. 810 do Código de Processo Civil de 1939. Trata-se de um imperativo em favor do direito ao recurso e do próprio direito de ação, na medida em que aquele é um desdobramento deste. Basta para a aplicação prática do *princípio da fungibilidade* a presença de *dúvida objetiva* quanto ao recurso cabível; não se perquire quanto à boa ou má-fé do recorrente.[24]

Art. 995. Os recursos não impedem a eficácia da decisão, salvo disposição legal ou decisão judicial em sentido diverso.

Parágrafo único. A eficácia da decisão recorrida poderá ser suspensa por decisão do relator, se da imediata produção de seus efeitos houver risco de dano grave, de difícil ou impossível reparação, e ficar demonstrada a probabilidade de provimento do recurso.

CPC de 1973 – arts. 497 e 558

11. Eficácia imediata das decisões como regra

O *caput* do art. 995 do CPC transmite a ideia de que todas as decisões são, em regra, imediatamente eficazes, independentemente da sua exposição a um recurso. Como é cediço, o recurso apto à contenção dos efeitos de uma decisão represa a sua eficácia desde antes da sua interposição. Afinal, o efeito suspensivo do recurso manifesta-se já com a recorribilidade da decisão, antes mesmo da interposição do recurso, e se pereniza com o efetivo exercício do direito de recorrer.[25] Nessas condições, o pronunciamento judicial sujeito a recurso com efeito suspensivo nasce com a eficácia contida e assim permanece até o escoamento *in albis* do prazo para a interposição do recurso ou até o julgamento do recurso efetivamente interposto.

Nota-se aqui uma mudança de paradigma em relação ao Código de Processo Civil de 1973. Neste, no silêncio da lei, entendia-se, em regra, que o recurso tinha efeito suspensivo.[26] O art. 497 do CPC de 1973 previa apenas que "o recurso extraordinário e o recurso especial não impedem a execução da sentença" e que "o agravo de instrumento não obsta o andamento do processo". Agora, é preciso que o legislador disponha expressamente acerca da suspensão para que se opere a contenção dos efeitos da decisão em razão de

---

24 Cf. NELSON NERY JUNIOR, *Teoria geral dos recursos*, n. 2.5.2 e segs., p. 145 e segs.; ARAKEN DE ASSIS, *Manual dos recursos*, n. 8.3, p. 103-104; HUMBERTO THEODORO JÚNIOR, *Curso de direito processual civil*, v. III, n. 730, p. 961.

25 Na conhecida lição de BARBOSA MOREIRA, "a expressão 'efeito suspensivo' é, de certo modo, equívoca, porque se presta a fazer supor que só com a interposição do recurso *passem* a ficar tolhidos os efeitos da decisão, como se *até esse momento* estivessem eles a manifestar-se normalmente. Na realidade, o contrário é que se verifica: mesmo antes de interposto o recurso, a decisão, pelo simples fato de estar-lhe sujeita, é ato ainda ineficaz, e a interposição apenas prolonga semelhante ineficácia, que cessaria se não se interpusesse o recurso" (*Comentários ao Código de Processo Civil*, v. V, n. 143, p. 258).

26 Cf. BARBOSA MOREIRA, *Comentários ao Código de Processo Civil*, v. V, n. 157, p. 283-284.

um recurso. Uma vez silente a lei, a regra agora é a eficácia imediata do pronunciamento judicial.

Entretanto, a referida mudança é menor do que aparenta ser. Na medida em que o recurso por excelência, qual seja, a apelação, tem ordinário efeito suspensivo (art. 1.012, *caput*, do CPC), soa como propaganda enganosa a ideia de que *os recursos não impedem a eficácia da decisão*. Instituir uma ressalva com essa proporção coloca em xeque a própria regra. Mais condizente com o texto do art. 995 do CPC era a retirada do efeito suspensivo da apelação, cogitada durante o processo legislativo, mas abandonada no meio do caminho que conduziu à Lei n. 13.105/2015.

De todo modo, para os demais recursos, e até para algumas hipóteses de apelação, a ideia anunciada pelo *caput* do art. 995 do CPC transforma-se em realidade e até é reforçada. Assim, não produzem ordinário efeito suspensivo a apelação nas situações descritas nos incisos do § 1º do art. 1.012 do CPC, o agravo de instrumento (art. 1.019, I, do CPC *a contrario sensu*), o agravo interno, os embargos de declaração (art. 1.026, *caput*, do CPC), o recurso ordinário (art. 1.027, § 2º, c/c art. 1.029, § 5º, do CPC), os recursos especial e extraordinário (art. 1.029, § 5º, do CPC), o agravo em recurso especial ou extraordinário e os embargos de divergência.

Embargos de declaração não têm efeito suspensivo, mas podem contribuir para o alongamento da recorribilidade da decisão por recurso com efeito suspensivo, graças ao seu efeito interruptivo, que estende o período de contenção dos efeitos da decisão (*infra*, n. 158 a 160).

Por fim, vale registrar que há expressa disposição legal atribuindo efeito suspensivo ao recurso extraordinário ou especial interposto contra o julgamento do mérito do incidente de resolução de demandas repetitivas, qual seja, o § 1º do art. 987 do CPC, reforçado pelo *caput* do art. 255 do RISTJ.

12. Suspensão da eficácia da decisão recorrida

O parágrafo único do art. 995 do CPC traz antídoto contra a eficácia imediata das decisões judiciais, nas situações em que isso significar para o recorrente "risco de dano grave, de difícil ou impossível reparação". Fala-se aqui da suspensão dos efeitos da decisão recorrida por decisão judicial, desde que "demonstrada a probabilidade de provimento do recurso" (art. 995, parágrafo único, do CPC).

A *probabilidade de provimento do recurso* e o *risco de dano grave* nada mais são do que representação dos tradicionais requisitos *fumus boni iuris* e *periculum in mora*, exigidos para as tutelas de urgência (art. 300, *caput*, do CPC). As maiores chances de acolhimento do que de rejeição do pleito recursal indicam ser provável o direito do recorrente e haver bons motivos para crer na ulterior cassação da decisão recorrida. Se essa decisão, mais cedo ou mais tarde, tende a desaparecer do cenário jurídico, não é aconselhável a liberação dos seus efeitos, mormente quando isso implica expor alguém a dano grave. Esses elementos autorizam excepcional e sempre provocada intervenção judicial para a contenção da eficácia da decisão recorrida.

Os arts. 1.012, § 4º, e 1.026, § 1º, do CPC indicam que, em matéria de apelação desprovida de efeito suspensivo e de embargos de declaração, basta a probabilidade de provimento do recurso para a contenção dos efeitos da decisão recorrida, sem se cogitar aqui do *periculum in mora*. É o que se pode chamar de *tutela da evidência recursal*.[27] O risco de dano, associado à relevância da fundamentação do recorrente, remete a fundamento alternativo para a outorga de efeito suspensivo nessas circunstâncias.

A pessoa indicada pelo parágrafo único do art. 995 do CPC para deliberar sobre a suspensão excepcional dos efeitos da decisão recorrida é o relator. Na hipótese de apelação ainda sem relator próprio, o pedido de efeito suspensivo é dirigido ao tribunal e o seu relator fica prevento para o julgamento do apelo (art. 1.012, § 3º, I). No caso dos embargos de declaração opostos em primeira instância, cabe ao juiz decidir a respeito (art. 1.026, § 1º). Para os recursos ordinário, extraordinário e especial, valem as disposições do § 5º do art. 1.029 do CPC (cf. ainda art. 1.027, § 2º, do CPC), com alguma moderação para o recurso ordinário (*infra*, n. 166). Assim, enquanto não examinada a admissibilidade do recurso extraordinário ou especial, quem analisa o pedido de efeito suspensivo é o presidente ou o vice-presidente do tribunal recorrido (art. 1.029, § 5º, III, do CPC).

A decisão monocrática do relator sobre o efeito suspensivo do recurso, tanto para concedê-lo quanto para negá-lo, expõe-se a agravo interno, nos termos do art. 1.021 do CPC. Ademais, pode ser objeto de revogação ou modificação a qualquer tempo, sempre com a devida motivação (argumento dos arts. 296 e 298 do CPC). Uma vez julgado o recurso cuja eficácia suspensiva é discutida, os debates a respeito perdem o sentido.

A outorga de efeito suspensivo excepcional vale para todo e qualquer recurso dele desprovido, mesmo para aqueles que não contam com regra específica a esse respeito, caso do agravo interno, do agravo em recurso especial ou extraordinário e dos embargos de divergência.

---

[27] O *caput* do art. 311 do CPC prevê a concessão da tutela da evidência "independentemente da demonstração de perigo de dano ou de risco ao resultado útil do processo".
Sobre a tutela da evidência no plano recursal, cf. Cassio Scarpinella Bueno, *Manual de direito processual civil*, p. 609; Daniel Amorim Assumpção Neves, *Novo Código de Processo Civil comentado*, p. 1.638.

Consigne-se que a outorga de efeito suspensivo a recurso depende de requerimento do recorrente. Não se admite a sustação de ofício da eficácia da decisão recorrida. Considerando que o recorrente é responsável pelos prejuízos causados ao recorrido em razão da excepcional suspensão dos efeitos da decisão impugnada, pode ser exigida dele a prestação de caução, conforme o caso (argumento dos arts. 300, § 1º, e 302 do CPC).

Por fim, pondere-se que o efeito suspensivo excepcional é outorgado, em regra, com eficácia *ex nunc*, isto é, sem apagar os resultados práticos produzidos pela decisão recorrida até a sua concessão.

13. Tutela antecipada recursal e tutela provisória em grau de recurso

Há situações em que a mera suspensão dos efeitos da decisão recorrida não é suficiente para a tutela do recorrente. É pensar nas sentenças de improcedência ou extinção do processo sem julgamento do mérito, que, em regra, limitam-se a negar algo pedido pelo autor. Para o autor-recorrente exposto a algum tipo de dano, não basta suspender a eficácia dessa sentença. Ele precisa antecipar resultados práticos do provimento do seu recurso, ou seja, ele precisa de uma *tutela antecipada recursal*. É o que também se chama de *efeito ativo*, em contraposição a *efeito suspensivo*.

A possibilidade de precipitação dos efeitos do acolhimento da pretensão recursal é extraível do parágrafo único do art. 995 do CPC[28] e da garantia constitucional do acesso à justiça (art. 5º, XXXV, da CF). No caso do agravo de instrumento, o legislador é expresso a respeito no inciso I do art. 1.019 do CPC: "deferir, em antecipação de tutela, total ou parcialmente, a pretensão recursal". A exemplo do que se disse para a outorga do efeito suspensivo (*supra*, n. 12), a concessão da tutela antecipada recursal depende de requerimento do recorrente.

Doutra parte, pode ter lugar na instância recursal pedido de tutela provisória atrelado ao próprio objeto do processo, mesmo por quem não recorreu da sentença. O art. 294, parágrafo único, do CPC prevê que a tutela provisória pode ser requerida incidentalmente, sem limitação temporal ou procedimental. Em linha com essas considerações, o art. 299, parágrafo único, do CPC dispõe que "na ação de competência originária de tribunal e nos recursos a tutela provisória será requerida ao órgão jurisdicional competente para apreciar o mérito". Por exemplo, se o perigo de dano para o recorrido ou o risco ao resultado útil do processo somente surge depois da sentença, é junto ao tribunal recursal que se formula o pleito de tutela antecipada ou cautelar.

---

28 Cf. Cassio Scarpinella Bueno, *Manual de direito processual civil*, p. 609.

Art. 996. O recurso pode ser interposto pela parte vencida, pelo terceiro prejudicado e pelo Ministério Público, como parte ou como fiscal da ordem jurídica.

Parágrafo único. Cumpre ao terceiro demonstrar a possibilidade de a decisão sobre a relação jurídica submetida à apreciação judicial atingir direito de que se afirme titular ou que possa discutir em juízo como substituto processual.

CPC de 1973 – art. 499

14. Legitimidade

De acordo com o *caput* do art. 996, podem interpor recurso a *parte vencida*, o *terceiro prejudicado* e o *Ministério Público, como parte ou fiscal da ordem jurídica*.

É preciso cuidado para não baralhar os conceitos de legitimidade e de interesse. A legitimidade tem a ver com uma relação de pertinência entre o direito material objeto do processo e consequentemente da decisão recorrida e a pessoa do recorrente. Não importa, para fins de legitimidade, se a parte restou *vencida* ou se o terceiro foi *prejudicado*. Isso é matéria a ser investigada em sede de interesse.

Assim, são legitimados a recorrer a parte, o terceiro que demonstra que a decisão recorrida pode "atingir direito de que se afirme titular ou que possa discutir em juízo como substituto processual" (art. 996, parágrafo único, do CPC) e o Ministério Público, tanto nos processos em que atua como parte quanto nos processos em que funciona como fiscal da ordem jurídica (art. 178 do CPC).

Convém registrar que a lei confere legitimidade recursal também para o *amicus curiae*, com diferentes graus de intensidade e amplitude, a começar pelo próprio Código de Processo Civil, que autoriza o *amicus curiae* a opor embargos de declaração (art. 138, § 1º, do CPC) e a "recorrer da decisão que julgar o incidente de resolução de demandas repetitivas" (art. 138, § 3º, do CPC). No tocante a outros diplomas legais, o art. 31 da Lei n. 6.385/1976 prevê que, nos processos envolvendo matéria incluída na competência da Comissão de Valores Mobiliários, esta seja intimada a "oferecer parecer ou prestar esclarecimentos" (*caput*), bem como possa "interpor recursos, quando as partes não o fizerem" (§ 3º), iniciando-se o prazo para tanto "no dia imediato aquele em que findar o das partes" (§ 4º).

15. Parte

Conforme ensina CÂNDIDO DINAMARCO, partes são "os sujeitos *interessados* da relação processual, ou os *sujeitos do contraditório instituído perante o juiz*

(Liebman)".²⁹ Enquadram-se nesse conceito autor e réu, incluindo seus litisconsortes, assistente simples ou litisconsorcial,³⁰ litisdenunciado, chamado ao processo, sócio ou pessoa jurídica integrada ao processo por incidente de desconsideração da personalidade jurídica. Todos eles são legitimados a recorrer de decisões proferidas no processo.

O assistente simples não pode atuar contra o interesse do assistido no processo, o que vale também para o exercício do poder de recorrer. Assim, no silêncio do assistido, o assistente simples pode livremente recorrer da decisão. Equivale ao silêncio do assistido a desistência do recurso por ele interposto, que apenas faz este desaparecer (*infra*, n. 32), sem interferir na sorte do recurso do assistente simples. Todavia, uma vez que o assistido tenha manifestado concordância com determinada decisão ou que uma decisão homologue ato seu ou que contou com a sua participação, o assistente simples fica impedido de recorrer contra ela.³¹

Por fim, é legitimado a recorrer como parte quem figura no processo no momento da interposição do recurso. Se alguém sucede a parte original, por exemplo, em razão da aquisição da coisa litigiosa e do correlato consentimento da parte contrária (art. 109, § 1º, do CPC), é o sucessor a pessoa habilitada a interpor o recurso. A pessoa que perde no curso do processo a qualidade de parte não pode, a esse título, recorrer de uma decisão proferida após a sua

---

29 Cândido Dinamarco, *Instituições de direito processual civil*, v. II, n. 520, p. 252.
30 "Nas hipóteses de assistência litisconsorcial, o assistente atua, no processo, com poderes equivalentes ao do litisconsorte. Assim, a interposição de recurso pelo assistente, no silêncio do assistido, é plenamente possível" (STJ, 3ª Turma, REsp 585.385, rel. Min. Nancy Andrighi, j. 3/3/2009, DJ 13/3/2009).
31 Cf. Barbosa Moreira, *Comentários ao Código de Processo Civil*, v. V, n. 162, p. 293; Araken de Assis, *Manual dos recursos*, n. 19.2.1, p. 160; Flávio Cheim Jorge, Comentários ao art. 996. In: *Breves comentários ao Novo Código de Processo Civil*, p. 2.221; Ricardo Aprigliano, Comentários ao art. 996. In: *Código de Processo Civil anotado*, p. 1.546; Luiz Rodrigues Wambier e Eduardo Talamini, *Curso avançado de processo civil*, v. 2, n. 23.5.2, p. 477. Cf. também Theotonio Negrão, José Roberto F. Gouvêa, Luis Guilherme A. Bondioli e João Francisco N. da Fonseca, *Código de Processo Civil e legislação processual em vigor*, 47ª ed., nota 2 ao art. 121, p. 232, inclusive com menção ao seguinte precedente da Corte Especial do Superior Tribunal de Justiça: "segundo o entendimento mais condizente com o instituto da assistência simples, a legitimidade para recorrer do assistente não esbarra na inexistência de proposição recursal da parte assistida, mas na vontade contrária e expressa dessa no tocante ao direito de permitir a continuidade da relação processual. Assim, *in casu*, em atendimento à melhor interpretação do dispositivo da norma processual, uma vez constatada a ausência da vontade contrária do assistido, afigura-se cabível o recurso da parte assistente, a qual detém legitimidade para a continuidade da relação processual" (STJ, Corte Especial, ED no REsp 1.068.391, rel. Min. Maria Thereza, j. 29/8/2012, DJ 7/8/2013).

saída da relação jurídica processual, mas pode ulteriormente interpor recurso como terceiro prejudicado.[32]

16. Terceiro

A noção de terceiro é dada por exclusão: considera-se terceiro quem não é parte no processo. Para recorrer de uma decisão proferida num processo de que não participa, essa pessoa alheia à relação jurídica processual deve demonstrar que tal decisão tem aptidão para interferir em "direito de que se afirme titular ou que possa discutir em juízo como substituto processual" (art. 996, parágrafo único, do CPC). Não basta, portanto, interferência de ordem fática ou econômica; a interferência tem que ser jurídica, assim como tem que ser jurídico o interesse para legitimar a intervenção do assistente no processo (art. 119, *caput*, do CPC). Fala-se aqui, por exemplo, do contratante que não foi inserido como litisconsorte necessário na relação jurídica processual instaurada para a invalidação de um contrato.

O terceiro tende a contar com um leque de opções para neutralizar os efeitos da decisão proferida no processo em que ele não figura como parte. Pode se valer do recurso de terceiro de prejudicado, do mandado de segurança ("a impetração de segurança por terceiro, contra ato judicial, não se condiciona a interposição de recurso" – Súmula n. 202 do STJ), dos embargos de terceiro, de ação própria. Conforme as particularidades do caso concreto, deve escolher a ferramenta mais adequada para a tutela dos seus interesses.[33] Registre-se que, quando opta pela via do recurso, o terceiro conta com o mesmo prazo assinado às partes para a sua interposição.[34]

---

32 "A decisão relativa à declaração da ilegitimidade *ad causam* da recorrente, para ser parte, ainda que transitada em julgado, em nada poderá atingir sua legitimidade recursal ativa como terceira prejudicada" (STJ, 4ª Turma, REsp 696.934, rel. Min. Quaglia Barbosa, j. 15/5/2007, DJ 4/6/2007).

33 "O terceiro prejudicado por ato judicial pode impugná-lo por mandado de segurança, mesmo que não tenha interposto o recurso cabível (na espécie, o agravo de instrumento). Isto porque, a escolha, nesta hipótese, é faculdade do interessado que, na maioria das vezes, não pretende discutir os méritos da lide, mas apenas livrar-se dos efeitos do ato judicial que lhe prejudicou e atingiu seus direitos" (STJ, 4ª Turma, RMS 14.995, rel. Min. Jorge Scartezzini, j. 26/10/2004, DJ 6/12/2004). "Em processo de execução, o terceiro afetado pela constrição judicial de seus bens poderá opor embargos de terceiro à execução ou interpor recurso contra a decisão constritiva, na condição de terceiro prejudicado, exegese conforme a instrumentalidade do processo e o escopo de economia processual" (STJ, 3ª Turma, REsp 329.513, rel. Min. Nancy Andrighi, j. 6/12/2001, DJ 11/3/2002).

34 Cf. Flávio Cheim Jorge, Comentários ao art. 996. In: *Breves comentários ao Novo Código de Processo Civil*, p. 2.222; Leonardo Greco, *Instituições de processo civil*, v. III, n. 4.2.2, p. 77. Vale menção aqui às ponderações de Fredie Didier Júnior: "o prazo para o terceiro é, em princípio, o mesmo das partes e se inicia no mesmo

Em matéria de honorários advocatícios sucumbenciais, o advogado é considerado terceiro atingido pela decisão judicial a seu respeito e portanto legitimado a recorrer contra ela. Lembre-se de que, nos termos do *caput* do art. 22 da Lei n. 8.906/1994, os honorários de sucumbência são assegurados "aos inscritos na OAB". Na mesma linha, o *caput* do art. 85 do CPC prevê: "a sentença condenará o vencido a pagar honorários ao advogado do vencedor". Logo, não há dúvida de que o pronunciamento judicial acerca desses honorários afeta direito do advogado, o que lhe autoriza a interpor recurso no caso.[35]

17. Ministério Público

O *Parquet* está autorizado a recorrer tanto nos processos em que figura como parte quanto naqueles em que figura como fiscal da ordem jurídica (art. 178 do CPC). Quando atua como parte, a interposição de recurso pelo Ministério Público não comporta maiores particularidades em relação ao que já foi dito logo acima.

Nas circunstâncias em que participa do processo como fiscal da ordem jurídica, o recurso do Ministério Público é admissível, "ainda que não haja recurso da parte" (Súmula n. 99 do STJ). Também não afeta a admissibilidade do recurso ministerial o fato de o *Parquet* ter quedado inerte no processo até esse momento, sem prévias manifestações.

Todavia, na condição de fiscal da ordem jurídica, o *Parquet* fica impedido de ir contra os interesses que justificam sua intervenção na relação jurídica processual, o que vale também para os atos recursais. Por exemplo, se o Ministério Público intervém no processo em razão da presença de um incapaz como autor (art. 178, II, do CPC), ele não pode recorrer contra a sentença de procedência da demanda, ainda que, no seu entender, a decisão tenha violado

---

momento. Mas Dinamarco pontua duas hipóteses em que esta semelhança não ocorre, tendo o prazo do terceiro medida distinta: a) se as partes tiverem o benefício do prazo em dobro (arts. 188 e 191, CPC), isto não é razão para que o tenha o terceiro; b) se o terceiro tiver esse benefício e as partes não, seu prazo será maior" (*Recurso de terceiro: juízo de admissibilidade*, n. 2.5.1, p. 201).

35 Cf. BRUNO VASCONCELOS CARRILHO LOPES, *Honorários advocatícios no processo civil*, n. 47, p. 198-201; ARAKEN DE ASSIS, *Manual dos recursos*, n. 19.2.5, p. 169; NELSON NERY JUNIOR e ROSA MARIA DE ANDRADE NERY, *Comentários ao Código de Processo Civil*, p. 2.012. Na jurisprudência, prevalece posicionamento no sentido da legitimidade concorrente entre a parte e o advogado para a interposição de recurso tendo por objeto honorários advocatícios. Cf. THEOTONIO NEGRÃO, JOSÉ ROBERTO F. GOUVÊA, LUIS GUILHERME A. BONDIOLI e JOÃO FRANCISCO N. DA FONSECA, *Código de Processo Civil e legislação processual em vigor*, 47ª ed., nota 4 ao art. 23 do EA, p. 1.058, com destaque para o seguinte julgado: "têm legitimidade, para recorrer da sentença, no ponto alusivo aos honorários advocatícios, tanto a parte como o seu patrono" (STJ, 4ª Turma, REsp 361.713, rel. Min. BARROS MONTEIRO, j. 17/2/2004, DJ 10/5/2004).

a ordem jurídica. Afinal, o *Parquet* não pode passar a litigar contra o incapaz, sob pena de a parte hipossuficiente na relação jurídica processual vir a ter um adversário a mais para enfrentar, em desvirtuamento da razão que trouxe o Ministério Público para o processo. Nessas condições cabe ao *Parquet* ficar silente.[36]

18. Interesse

O interesse, enquanto requisito de admissibilidade para o exame do mérito recursal, apresenta duas facetas, quais sejam, a *utilidade* e a *necessidade*: aquela consiste na possibilidade de se chegar a uma *situação praticamente mais vantajosa* e esta traduz-se pela *indispensabilidade do recurso* para se alcançar tal situação.[37]

19. Utilidade

A ideia de que o recurso traga uma vantagem para o recorrente pode ser inferida do *caput* do art. 996 do CPC, a partir dos adjetivos *vencida* e *prejudicado* que o legislador associa a *parte* e *terceiro*. Logo, abre-se a via recursal para a parte que em alguma medida sucumbiu no processo, para o terceiro que teve direito seu atingido de forma prejudicial. Para a caracterização do interesse recursal da parte, aliás, basta que a decisão recorrida a tenha privado da obtenção de alguma coisa e que o recurso seja capaz de proporcioná-la. A privação autorizadora do recurso pode ser circunscrita a verbas meramente acessórias, como correção monetária e juros moratórios.

Exceção à regra do decaimento para a caracterização do interesse da parte em recorrer tem-se nos embargos de declaração. Aqui, independentemente da condição de vencida, a parte pode lançar mão dos embargos de declaração para o aperfeiçoamento do pronunciamento judicial (*infra*, n. 145).

Ordinariamente, é a parte dispositiva da decisão que se leva em conta para aferir o que a parte deixou de conseguir no processo. Não há interesse no mero reexame das razões de decidir, por exemplo, para substituir fundamento da sentença por argumento que a parte preferia que desse suporte ao julgado. Todavia, excepcionalmente, a motivação pode ser levada em conta na avaliação

---

36 Cf. LUIS GUILHERME AIDAR BONDIOLI, Comentários aos arts. 178 e 180. In: *Código de Processo Civil anotado*, p. 311 e 314. No mesmo sentido, na jurisprudência: "a legitimidade recursal do Ministério Público nos processos em que sua intervenção é obrigatória não chega ao ponto de lhe permitir recorrer contra o interesse do incapaz, o qual legitimou a sua intervenção no feito" (STJ, 5ª Turma, REsp 604.719, rel. Min. Felix Fischer, j. 22/8/2006, DJ 2/10/2006). Em sentido contrário, na doutrina, cf. DANIEL AMORIM ASSUMPÇÃO NEVES, *Novo Código de Processo Civil comentado*, p. 1.642.
37 Cf. BARBOSA MOREIRA, *Comentários ao Código de Processo Civil*, v. V, n. 166, p. 298.

do interesse em recorrer. É pensar em ação popular julgada improcedente por deficiência de prova, à luz do disposto no art. 18 da Lei n. 4.717/1965: "neste caso, qualquer cidadão poderá intentar outra ação com idêntico fundamento, valendo-se de nova prova". Aqui, há interesse do réu em recorrer contra a sentença de improcedência, a fim de obter pronunciamento judicial que reconheça a validade e regularidade dos atos descritos na petição inicial, para que se forme coisa julgada material impeditiva de rediscussão a esse respeito em outro processo.[38]

A obtenção de um pronunciamento judicial que conduza à formação da coisa julgada material impeditiva de ulteriores rediscussões em outro processo também viabiliza o recurso do réu contra a sentença terminativa na generalidade dos casos (art. 485 do CPC). Como é cediço, "o pronunciamento judicial que não resolve o mérito não obsta a que a parte proponha de novo a ação" (art. 486, *caput*, do CPC). E é do interesse do réu contar com decisão judicial favorável que amplamente impeça nova propositura da demanda, inegável vantagem do ponto de vista prático.[39]

Quando a decisão recorrida se assenta em mais de um fundamento autônomo e suficiente para a sustentação do julgado, faz-se mister que o recurso impugne todos eles para garantir que se alcance algo de útil para o recorrente, sob pena de não se fazer presente o interesse recursal. Afinal, de nada adianta impugnar parte da decisão insuficiente para influir no resultado prático do processo.

Por fim, no caso das cumulações de pedidos previstas no art. 326 do CPC, a avaliação do interesse recursal varia conforme se trate da cumulação subsi-

---

[38] Cf. BARBOSA MOREIRA, *Comentários ao Código de Processo Civil*, v. V, n. 167, p. 300-301; HUMBERTO THEODORO JÚNIOR, *Curso de direito processual civil*, v. III, n. 745 e 748, p. 983 e 988-989; FLÁVIO CHEIM JORGE, Comentários ao art. 996. In: *Breves comentários ao Novo Código de Processo Civil*, p. 2.220-2.221; NELSON NERY JUNIOR e ROSA MARIA DE ANDRADE NERY, *Comentários ao Código de Processo Civil*, p. 2.011; LUIZ RODRIGUES WAMBIER e EDUARDO TALAMINI, *Curso avançado de processo civil*, v. 2, n. 23.5.3, p. 478.

[39] Cf. HUMBERTO THEODORO JÚNIOR, *Curso de direito processual civil*, v. III, n. 745 e 748, p. 983 e 988-989; FLÁVIO CHEIM JORGE, Comentários ao art. 996. In: *Breves comentários ao Novo Código de Processo Civil*, p. 2.220-2.221; LUIZ RODRIGUES WAMBIER e EDUARDO TALAMINI, *Curso avançado de processo civil*, v. 2, n. 23.5.3, p. 478; ARRUDA ALVIM, *Novo contencioso cível no CPC/2015*, p. 468. Na jurisprudência: "o réu tem interesse para interpor recurso de apelação contra decisão que julgou extinto o processo sem apreciação do mérito" (STJ, 3ª Turma, REsp 656.119, rel. Min. NANCY ANDRIGHI, j. 29/11/2005, DJ 6/11/2006). Em sentido contrário: "o réu não tem interesse de recorrer contra acórdão que decretou a extinção do processo sem exame do mérito, visando a obter decisão de improcedência do pedido" (STJ, 4ª Turma, REsp 1.547.777, rel. Min. ISABEL GALLOTTI, j. 3/12/2015, DJ 1/2/2016).

diária (*caput*) ou da cumulação alternativa (parágrafo único) de pedidos. Havendo subsidiariedade entre os pedidos lançados na petição inicial, o acolhimento do pedido subsidiário não inibe recurso do autor para que se acolha o pedido principal, pois é, sobretudo, este que se deseja obter com o ingresso em juízo. Já no caso de alternatividade entre os pedidos, o acolhimento de qualquer deles desautoriza a interposição de recurso pelo autor para a obtenção de outro, visto que conquistado no processo tudo o que se objetivava conseguir com a sua instauração – indistinta concessão de um *ou* de outro pleito formulado na petição inicial.

20. Necessidade

Como já anunciado, o uso do recurso deve ser indispensável para se obter determinado resultado vantajoso. Se esse resultado puder ser obtido sem a interposição do recurso, este se torna ocioso e portanto inadmissível, por falta de interesse. Por exemplo, para devolver ao conhecimento do tribunal encarregado do julgamento da apelação questão resolvida no curso do procedimento em primeira instância, insuscetível de impugnação por agravo de instrumento, basta que a parte favorecida pela sentença a invoque em contrarrazões, nos termos do art. 1.009, § 1º, do CPC. Ela não precisa apelar da sentença para tanto. E se nenhum recurso for interposto contra a sentença, *tollitur quaestio*: o processo termina de modo favorável à parte anteriormente prejudicada pela decisão interlocutória e esta fica superada.

> **Art. 997.** Cada parte interporá o recurso independentemente, no prazo e com observância das exigências legais.
> **§ 1º** Sendo vencidos autor e réu, ao recurso interposto por qualquer deles poderá aderir o outro.
> **§ 2º** O recurso adesivo fica subordinado ao recurso independente, sendo-lhe aplicáveis as mesmas regras deste quanto aos requisitos de admissibilidade e julgamento no tribunal, salvo disposição legal diversa, observado, ainda, o seguinte:
> **I** – será dirigido ao órgão perante o qual o recurso independente fora interposto, no prazo de que a parte dispõe para responder;
> **II** – será admissível na apelação, no recurso extraordinário e no recurso especial;
> **III** – não será conhecido, se houver desistência do recurso principal ou se for ele considerado inadmissível.

CPC de 1973 – art. 500

21. Adesão a recurso prévio

A parte que tenciona efetivamente interpor recurso contra uma decisão não deve deixar passar a oportunidade e o prazo próprios para tanto, recorrendo de forma independente das demais partes, tal qual previsto no *caput* do art. 997 do CPC, sob pena de preclusão.

Todavia, pode acontecer de os litigantes serem vencidos apenas em parte no processo e não estarem tão convictos de que querem impugnar a respectiva decisão. Esta não consiste no melhor pronunciamento possível, mas não chega a ser propriamente ruim. Se mantido o atual cenário, as partes entendem que o litígio estará razoavelmente equacionado, o que tem o significado de imediato encerramento do processo. Ocorre que somente se terá certeza da manutenção do *status quo* no último instante do prazo para recorrer ou se as partes combinarem que não recorrerão da decisão.

Pensando nisso, o legislador dá uma chance para a precipitação do fim do processo nessas circunstâncias, principalmente sabendo que o acerto entre as partes para a não interposição de recurso é de improvável ocorrência, inclusive pelo pouco tempo existente para tanto. Assim, havendo sucumbência recíproca, permite-se que a parte que num primeiro momento decidiu nada fazer diante da decisão judicial venha a ulteriormente recorrer desta, diante do recurso apresentado por seu adversário, *aderindo* à insurgência. Daí o nome utilizado pelo legislador: *recurso adesivo*.

A adesão de que se fala aqui não é à substância da impugnação do adversário. Adere-se apenas à intenção de levar a causa para uma instância superior, mas com fundamentos próprios e ordinariamente distintos. Por isso, o nome *recurso adesivo* é objeto de críticas desde o Código de Processo Civil de 1973. Melhor seria chamar a figura em questão de *recurso subordinado* ou *contraposto*.[40]

Por fim, consigne-se que a *ratio* do recurso adesivo não permite a sua interposição por quem já recorreu no prazo original; apenas quem quedou inerte num primeiro momento, no aguardo do fim do processo, pode recorrer adesivamente.[41]

22. Mesmas regras para admissão, julgamento e efeitos

A única facilidade com que conta o recorrente adesivo consiste na postergação do termo *a quo* do prazo para recorrer. Por isso, ele deve cuidar para

---

40 Para essa crítica terminológica, cf. BARBOSA MOREIRA, *Comentários ao Código de Processo Civil*, v. V, n. 171, p. 313-315. Consoante registra o mestre, "no art. 500, apenas se trata do recurso que *se contrapõe* ao do primeiro recorrente; não se cogita do recurso que o *reforça*, como seria o interposto pelo litisconsorte" (*op. cit.*, p. 315).

41 Cf. ARAKEN DE ASSIS, *Manual dos recursos*, n. 3.3.3.3, p. 70-71; DANIEL AMORIM ASSUMPÇÃO NEVES, *Novo Código de Processo Civil comentado*, p. 1.644; FREDIE DIDIER JÚNIOR e LEONARDO CARNEIRO DA CUNHA, *Curso de direito processual civil*, v. 3, p. 181; FLÁVIO CHEIM JORGE, *Teoria geral dos recursos cíveis*, n. 12.6.8, p. 449-451. Na jurisprudência, cf. STJ, 2ª Turma, AI 487.381-AgRg, rel. Min. JOÃO OTÁVIO, j. 12/8/2003, DJ 15/9/2003.

que todos os requisitos de admissibilidade próprios do recurso interposto se façam presentes, como se estivesse recorrendo de forma independente. A exigência de observância desses requisitos não é mitigada na via recursal adesiva.

Aliás, diga-se desde logo que o recurso adesivo conta com um requisito adicional para a sua admissão, qual seja, o conhecimento do recurso principal: não conhecido este, aquele também não o é (*infra*, n. 30).

As diretrizes fixadas para o julgamento de um recurso não variam conforme ele seja interposto de forma independente ou adesiva. As atividades preparatórias, a apreciação do recurso e os efeitos daí decorrentes são os mesmos, quer a parte desde logo recorra da decisão, quer adira a recurso previamente interposto.

Por fim, também não variam na via recursal adesiva os efeitos produzidos pela interposição do recurso, inclusive no que diz respeito à aptidão para a contenção da eficácia da decisão recorrida. Além disso, é possível o processamento do recurso adesivo e do recurso principal com efeitos distintos no tocante à suspensão da eficácia da decisão recorrida. Por exemplo, pode acontecer de o recurso adesivo ser dotado de eficácia suspensiva e o recurso principal ser dela desprovido.

23. Recursos que comportam adesão

Conforme disposto no inciso II do § 2º do art. 997, o recurso adesivo é "admissível na apelação, no recurso extraordinário e no recurso especial". Comparação com o inciso II do parágrafo único do art. 500 do CPC de 1973 aponta para uma redução do rol de recursos passíveis de adesão, pois este contemplava também os embargos infringentes. Na medida em que os embargos infringentes foram eliminados do Código de Processo Civil, natural a diminuição da lista de recursos que comportam adesão. No mais, o rol permanece o mesmo.

Isso exclui desde logo a possibilidade de adesão em matéria de agravo de instrumento,[42] agravo interno, embargos de declaração,[43] agravo em recurso especial ou extraordinário e embargos de divergência.[44] Sempre que alguém tencionar agravar ou embargar contra uma decisão, deve fazê-lo desde logo,

---

42 Cf. STJ, 3ª Turma, Ag 336.135-AgRg, rel. Min. MENEZES DIREITO, j. 19/12/2000, DJ 19/03/2001.
43 Cf. STJ, 1ª Turma, RMS 37.699-EDcl, rel. Min. BENEDITO GONÇALVES, j. 18/6/2013, DJ 25/6/2013.
44 STJ, Corte Especial, ED no REsp 195.819, rel. Min. PEÇANHA MARTINS, j. 1/8/2003, DJ 3/11/2003.

sem aguardar eventual iniciativa recursal do adversário. Isso vale até para o agravo de instrumento contra decisão interlocutória que versa sobre inviabilidade do julgamento *de meritis* ou que resolve o mérito (arts. 354, parágrafo único, 356, § 5º, e 1.015, II e XIII, do CPC).[45]

O recurso ordinário comporta análise particular. Ele não integra o rol do inciso II do § 2º do art. 997 do CPC. Todavia, o art. 1.028, *caput*, do CPC manda aplicar para sua admissão e procedimento "as disposições relativas à apelação". E o inciso II do § 2º do art. 997 é uma dessas disposições. No entanto, a adesão em matéria de recurso ordinário é limitada pelas características desse recurso, ficando circunscrita ao recurso interposto contra a decisão que julga "processos em que forem partes, de um lado, Estado estrangeiro ou organismo internacional e, de outro, Município ou pessoa residente ou domiciliada no País" (art. 1.027, II, alínea *b*, do CPC). Nos demais casos, considerando que o recurso ordinário somente pode ser interposto "quando denegatória a decisão" (art. 1.027, I e II, alínea *a*, do CPC), o único interessado na sua apresentação é o impetrante, o que impede a adesão da parte contrária (*infra*, n. 163).[46]

No tocante aos recursos extraordinário e especial, a afinidade objetiva (controle da legalidade de decisões judiciais) e subjetiva (possibilidade de interposição por qualquer das partes) entre os recursos autoriza a chamada *adesão cruzada*, isto é, diante de um recurso extraordinário é possível ofertar um recurso especial adesivo e diante de um recurso especial é possível ofertar um recurso extraordinário adesivo.[47] No caso de recurso especial adesivo

---

45 Por ocasião de uma eventual reforma no Código de Processo Civil, fica a sugestão para que se contemple esse agravo de instrumento no rol de recursos passíveis de adesão.
Todavia, sustentando *de lege lata* o cabimento de recurso adesivo em matéria de "agravo de instrumento interposto de decisão interlocutória que negue a possibilidade de julgar parte do mérito da causa ou que resolva parte do mérito da causa" (arts. 354, parágrafo único, e 356, do CPC/2015)": LUIZ RODRIGUES WAMBIER e EDUARDO TALAMINI, *Curso avançado de processo civil*, v. 2, n. 31.2, p. 658-659. Em sentido semelhante, no tocante ao "agravo de instrumento interposto contra decisões parciais de mérito": PEDRO MIRANDA DE OLIVEIRA, "O regime especial do agravo de instrumento contra decisão parcial (com ou sem resolução de mérito)", p. 189-191.

46 Cf. BARBOSA MOREIRA, *Comentários ao Código de Processo Civil*, v. V, n. 173, p. 316; JOÃO FRANCISCO NAVES DA FONSECA, Comentários ao art. 1.028. In: *Breves comentários ao Novo Código de Processo Civil*, p. 2.292-2.293; HUMBERTO THEODORO JÚNIOR, *Curso de direito processual civil*, v. III, n. 816, p. 1.089-1.090; NELSON NERY JUNIOR e ROSA MARIA DE ANDRADE NERY, *Comentários ao Código de Processo Civil*, p. 2.017.

47 Cf. PEDRO MIRANDA DE OLIVEIRA, Comentários ao art. 1.034. In: *Breves comentários ao Novo Código de Processo Civil*, p. 2.308-2.309; HUMBERTO THEODORO JÚNIOR,

diante de recurso extraordinário, é sempre preciso lançar mão do art. 1.031, § 2º, do CPC, para que o Supremo Tribunal Federal antes julgue este recurso. Inadmitido este, a sorte do recurso especial adesivo está selada; admitido o recurso extraordinário, após o encerramento das atividades julgadoras no Supremo Tribunal Federal, os autos do processo são encaminhados para o Superior Tribunal de Justiça para o julgamento do recurso especial adesivo. A *adesão cruzada* ganha especial relevo no caso de conversão do recurso originalmente interposto com fundamento nos arts. 1.032 e 1.033 do CPC (*infra*, n. 182 e 185).

Por fim, o recurso adesivo não autoriza que o recorrente original reaja com a interposição de um terceiro recurso, aderindo à adesão. Em outras palavras, não há brechas para o *recurso adesivo do adesivo*.[48]

24. Matéria objeto do recurso adesivo

A admissibilidade do recurso adesivo não depende de os recursos principal e adesivo impugnarem o mesmo capítulo da decisão recorrida. Também não se exige afinidade de tema entre os recursos principal e adesivo para viabilizar a adesão. Assim, é possível, por exemplo, que, diante de apelação contra sentença que julga improcedente a demanda inicial, apresente-se recurso adesivo para questionar a improcedência da reconvenção. Também é possível que, diante de apelação questionando a procedência da demanda, seja ofertado recurso adesivo para a majoração dos honorários advocatícios.[49]

25. Possíveis aderentes

De acordo com o § 1º do art. 997, "sendo vencidos autor e réu, ao recurso interposto por qualquer deles poderá aderir o outro". Está por trás desse dispositivo legal a ideia de que a adesão é franqueada ao *adversário* do recorrente, a alguém que se *contraponha* a ele. Assim, também podem aderir a recurso previamente interposto o assistente, o litisdenunciado ou o chamado ao processo

---

Curso de direito processual civil, v. III, n. 842, p. 1.135. Em sentido contrário, cf. Araken de Assis, *Manual dos recursos*, n. 86.1.5 e 94.1.5, p. 789 e 857. Ainda em sentido contrário, na jurisprudência, cf. STJ, 1ª Turma, AI 974.045-AgRg, rel. Min. Francisco Falcão, j. 17/4/2008, DJ 15/5/2008.

48 Em sentido contrário, cf. Luiz Rodrigues Wambier e Eduardo Talamini, *Curso avançado de processo civil*, v. 2, n. 31.5, p. 660-661.

49 Cf. Barbosa Moreira, *Comentários ao Código de Processo Civil*, v. V, n. 173, p. 317-318; Arruda Alvim, *Novo contencioso cível no CPC/2015*, p. 482. Cf. ainda Theotonio Negrão, José Roberto F. Gouvêa, Luis Guilherme A. Bondioli e João Francisco N. da Fonseca, *Código de Processo Civil e legislação processual em vigor*, 47ª ed., nota 12 ao art. 997, p. 898.

que seja adversário do recorrente. Da mesma forma, o recurso interposto pelo assistente, pelo litisdenunciado ou pelo chamado ao processo possibilita a adesão de autor ou réu a ele contraposto.[50]

Não é possível que um litisconsorte adira ao recurso interposto por outro litisconsorte. Também não pode o assistente aderir ao recurso interposto pelo assistido. Ademais, tornando ao assunto do litisconsórcio, quando o recurso interposto disser respeito a apenas parte dos litisconsortes, somente estes poderão recorrer adesivamente; para os demais, a quem o recurso for indiferente, fica interditada a via adesiva.

Na condição de fiscal da ordem jurídica, o Ministério Público não conta com a via do recurso adesivo para manifestar sua irresignação contra decisão judicial, visto que não se enquadra como autor ou réu vencido para os fins do § 1º do art. 997 do CPC. Diga-se o mesmo para o terceiro prejudicado. Entretanto, quem é parte no processo pode aderir a recurso interposto pelo fiscal da ordem jurídica ou pelo terceiro prejudicado contra capítulo decisório que lhe seja favorável, contrapondo-se a este, ainda que sem conexão entre as pretensões recursais.[51]

26. Sucumbência recíproca

É conatural ao instituto do recurso adesivo a existência de sucumbência recíproca entre os adversários no processo. Se apenas uma das partes sucumbiu, as demais simplesmente carecerão de interesse recursal, inclusive para recorrer de forma independente.

Vale aqui relembrar que basta para a caracterização do interesse recursal que a parte tenha deixado de obter alguma coisa no processo e que o recurso seja suficiente para trazê-la (*supra*, n. 19). Relembre-se, ainda, de que não se exige afinidade entre os temas objeto dos recursos principal e adesivo para a admissão deste (*supra*, n. 24). Assim, dá-se por caracterizada a sucumbência recíproca e por admissível o recurso adesivo interposto, por exemplo, para

---

50   Cf. BARBOSA MOREIRA, *Comentários ao Código de Processo Civil*, v. V, n. 174, p. 318-319.
51   "Legitimados que sejam a recorrer principalmente, o Ministério Público, atuando no processo como fiscal da lei (art. 82), e o terceiro prejudicado não podem recorrer de modo subordinado. O inverso não é verdadeiro, porém: autor e réu podem recorrer pela via subordinada, contrapondo-se ao recurso independente do terceiro prejudicado e do Ministério Público" (ARAKEN DE ASSIS, *Manual dos recursos*, n. 3.3.3.2, p. 69-70). No mesmo sentido: LEONARDO GRECO, *Instituições de processo civil*, v. III, n. 5.2, p. 91. Todavia, em sentido mais restritivo, inadmitindo adesão a recurso interposto pelo fiscal da ordem jurídica e pelo terceiro prejudicado: BARBOSA MOREIRA, *Comentários ao Código de Processo Civil*, v. V, n. 174, p. 319; ARRUDA ALVIM, *Novo contencioso cível no CPC/2015*, p. 481.

meros fins de majoração do valor da indenização por danos morais ou dos honorários advocatícios.[52]

27. Prazo

Particularidade do recurso adesivo tem a ver com o prazo para sua interposição, orientado pelo prazo que o recorrido tem para responder ao recurso principal. Em regra, o prazo para interpor e responder recurso é o mesmo: 15 dias (art. 1.003, § 5°, do CPC). Logo, a diferença entre o prazo do recurso principal e o prazo do recurso adesivo tende a ser apenas o termo *a quo*: lá a intimação da decisão recorrida (art. 1.003, *caput*, do CPC) e aqui a intimação para responder ao recurso principal (art. 997, § 2°, I, do CPC).

Todavia, pode acontecer de os prazos para interpor recurso independente e para interpor recurso adesivo serem diferentes. É pensar em demanda ajuizada contra dois réus com procuradores distintos, que dá vida a processo em autos não eletrônicos e é julgada improcedente, mas sem condenação ao pagamento de honorários sucumbenciais. Para recorrer contra essa sentença a fim de postular condenação ao pagamento de honorários, os réus contam com prazo dobrado, equivalente no caso a 30 dias (arts. 229 e 1.003, § 5°, do CPC). No entanto, se somente o autor apela, dirigindo sua apelação apenas contra o capítulo da sentença relativo a um dos réus, este terá apenas 15 dias para responder ao recurso e consequentemente para recorrer adesivamente. Afinal, cessou a causa de dobra do prazo, visto que o autor deixou de fora o outro réu da sequência do processo. Pouco importa aqui que o prazo deflagrado lá atrás para o recurso independente do réu remanescente fosse maior: o prazo para a interposição do recurso adesivo é sempre orientado pelo prazo para responder ao recurso principal.

Sempre que o prazo para a resposta ao recurso principal sofrer qualquer alteração, interrupção ou suspensão, esta alcança também o prazo para a interposição do recurso adesivo.

---

52 Cf. Theotonio Negrão, José Roberto F. Gouvêa, Luis Guilherme A. Bondioli e João Francisco N. da Fonseca, *Código de Processo Civil e legislação processual em vigor*, 47ª ed., notas 13 e 17 ao art. 997, p. 898-899, com destaque para o seguinte julgado: "o recurso adesivo pode ser interposto pelo autor da demanda indenizatória, julgada procedente, quando arbitrado, a título de danos morais, valor inferior ao que era almejado, uma vez configurado o interesse recursal do demandante em ver majorada a condenação, hipótese caracterizadora de sucumbência material. Ausência de conflito com a Súmula 326/STJ, a qual se adstringe à sucumbência ensejadora da responsabilidade pelo pagamento das despesas processuais e honorários advocatícios" (STJ, Corte Especial, REsp 1.102.479, rel. Min. Marco Buzzi, j. 4/3/2015, DJ 25/5/2015).

Por fim, consigne-se ser possível a oferta do recurso adesivo em momento distinto da apresentação das contrarrazões recursais, desde que respeitado o prazo para a resposta ao recurso principal. Em outras palavras, não se exige o protocolo concomitante da resposta ao recurso principal e do recurso adesivo para a viabilidade dos pleitos ali formulados; basta que as peças sejam apresentadas dentro do prazo assinado para resposta.[53]

28. Preparo

A escolha da via adesiva para a interposição do recurso não interfere na exigência do preparo. Se o recurso adesivamente interposto depende de preparo, deve o recorrente adesivo providenciar o prévio recolhimento de todas as despesas necessárias para o seu processamento. O preparo do recurso principal não basta para o conhecimento do recurso adesivo (*infra*, n. 67). Mas o preparo do recurso principal está longe de ser irrelevante para o recurso adesivo: uma vez deserto aquele, este não é conhecido. Já o preparo do recurso adesivo, naturalmente, é irrelevante para o conhecimento do recurso principal.

Eventuais isenções relacionadas ao preparo que são próprias de cada recorrente não beneficiam o outro. Assim, se o recorrente principal é liberado do prévio recolhimento das despesas para o processamento do recurso, por exemplo, em razão da sua condição de beneficiário da gratuidade da justiça (art. 98, § 1º, I e VIII), isso não libera o recorrente adesivo do preparo.[54]

29. Desnecessidade de resposta ao recurso principal

Não é preciso contra-arrazoar o recurso principal para viabilizar a admissão do recurso adesivo, assim como não é preciso contestar para reconvir (art. 343, § 6º, do CPC). A resposta ao recurso principal é referida pelo legislador no inciso I do § 2º do art. 997 do CPC apenas para a delimitação do prazo que o recorrido tem para aderir ao recurso do adversário, tal qual o prazo para a contestação é usado como referência para o prazo para a reconvenção. Tanto assim é que não se diz no referido inciso que o recurso adesivo será apresentado juntamente com as contrarrazões ao recurso principal; fala-se apenas que o recurso adesivo será interposto "no prazo de que a parte dispõe para

---

[53] Cf. BARBOSA MOREIRA, *Comentários ao Código de Processo Civil*, v. V, n. 176, p. 321; DANIEL AMORIM ASSUMPÇÃO NEVES, *Novo Código de Processo Civil comentado*, p. 1.647; LUIZ RODRIGUES WAMBIER e EDUARDO TALAMINI, *Curso avançado de processo civil*, v. 2, n. 31.3, p. 659; ARRUDA ALVIM, *Novo contencioso cível no CPC/2015*, p. 481.

[54] Cf. LEONARDO GRECO, *Instituições de processo civil*, v. III, n. 5.2, p. 89; FREDIE DIDIER JÚNIOR e LEONARDO CARNEIRO DA CUNHA, *Curso de direito processual civil*, v. 3, p. 177.

responder" (art. 997, § 2º, I, do CPC), sem qualquer exigência quanto à efetiva apresentação de uma resposta ao recurso do adversário.[55]

30. Admissão do recurso principal como requisito adicional de admissibilidade

Além da observância de todos os requisitos de admissibilidade próprios do recurso interposto adesivamente, este ainda depende de mais um fator para o seu conhecimento, qual seja, a admissão do recurso principal. Se o recurso principal por qualquer motivo, ainda que superveniente à interposição, não tiver seu mérito examinado, a sorte do recurso adesivo estará selada: "não será conhecido" (art. 997, § 2º, III, do CPC).

O inciso III do § 2º do art. 997 do CPC é menos repetitivo do que o inciso III do art. 500 do CPC de 1973. Este dizia que o recurso adesivo "não será conhecido, se houver desistência do recurso principal, ou se for ele declarado inadmissível ou deserto". Aquele fala apenas que o recurso adesivo "não será conhecido, se houver desistência do recurso principal ou se for ele considerado inadmissível". Não mais haver no texto legal referência a deserção é um acerto: recurso deserto nada mais é do que recurso inadmissível.

31. Procedimento

Apresentado o recurso adesivo, deve o magistrado se orientar pelo disposto no § 2º do art. 1.010 do CPC, ou seja, intimar o recorrente principal para apresentar contrarrazões ao recurso ulterior. Essa intimação para resposta deve ter lugar qualquer que seja o recurso e mesmo que a matéria abordada nos recursos principal e adesivo seja a mesma. A abertura de oportunidade para a reação do recorrente principal diante do novo recurso apresentado no processo é desdobramento da garantia constitucional do contraditório (art. 5º, LV, da CF).

Esse estado de coisas revela que as disposições do § 2º do art. 1.010 estão mal alocadas no Código de Processo Civil. Elas deveriam estar dentro do capítulo reservado às disposições gerais sobre recursos, mais especificamente na sua parte destinada ao recurso adesivo, talvez como um parágrafo adicional ao art. 997 do CPC,[56] e não isoladas no capítulo reservado para a apelação.

---

55 "'O recurso adesivo não está condicionado à apresentação de contrarrazões ao recurso principal, porque são independentes ambos os institutos de direito processual' (RSTJ 137/185)" (THEOTONIO NEGRÃO, JOSÉ ROBERTO F. GOUVÊA, LUIS GUILHERME A. BONDIOLI e JOÃO FRANCISCO N. DA FONSECA, *Código de Processo Civil e legislação processual em vigor*, 47ª ed., nota 8 ao art. 997, p. 898).

56 O legislador foi tomado por verdadeira compulsão por parágrafos na elaboração do Código de Processo Civil... *Vide* o art. 85 do CPC.

A intimação para resposta ao recurso adesivo se dá antes da remessa dos autos à instância superior (art. 1.010, § 2º, do CPC). No caso de recurso extraordinário ou especial, a intimação para resposta ao recurso adesivo se dá antes, ainda, da tomada das providências previstas nos incisos do art. 1.030 do CPC.

Por fim, registre-se que o prazo para resposta ao recurso adesivo é de 15 dias, nos termos do § 5º do art. 1.003 do CPC. Esse prazo se dobra nas hipóteses dos arts. 180, 183, 186 e 229 do CPC. Uma vez esgotado esse prazo, segue-se o disposto nos arts. 1.010, § 3º, ou 1.030 do CPC, conforme o recurso em processamento.

> **Art. 998.** O recorrente poderá, a qualquer tempo, sem a anuência do recorrido ou dos litisconsortes, desistir do recurso.
>
> **Parágrafo único.** A desistência do recurso não impede a análise de questão cuja repercussão geral já tenha sido reconhecida e daquela objeto de julgamento de recursos extraordinários ou especiais repetitivos.

CPC de 1973 – art. 501

32. Linhas gerais sobre a desistência

A desistência do recurso é um *fato extintivo do poder de recorrer*, que inviabiliza a sua admissão. Aliás, mais do que inviabilizar a admissão, a desistência faz o recurso desaparecer. Consiste em ato unilateral e incondicional, que independe de aceitação de qualquer das partes, mesmo daquelas que poderiam ser beneficiadas pelo recurso (art. 1.005 do CPC). Também não depende de homologação judicial, ao contrário da desistência da ação (art. 200, parágrafo único, do CPC).

Para o aperfeiçoamento da desistência, basta que a vontade de não mais levar adiante o recurso interposto seja externada com suficiência pelo recorrente, o que requer, entre outras coisas, capacidade postulatória, isto é, manifestação por meio de advogado regularmente constituído no processo e com poderes expressos para desistir (art. 105 do CPC). Não se admite a desistência manifestada diretamente pela parte, sem a participação do seu patrono. Outrossim, inexiste forma especial para a desistência (art. 188 do CPC). Ordinariamente, desiste-se do recurso por meio de petição, mas nada impede que a desistência seja manifestada oralmente pelo advogado, na sessão de julgamento.

Não se confunde a desistência do recurso com a "renúncia ao direito de recorrer" (art. 999 do CPC), visto que aquela é ulterior à interposição do recurso, enquanto esta tem lugar antes da apresentação do recurso.

Por fim, o fato de a desistência independer de homologação judicial não inibe o controle do juiz sobre a presença dos requisitos necessários para o seu aperfeiçoamento.[57] Cabe ao magistrado investigar, sobretudo, a regularidade, a oportunidade e as dimensões da manifestação de desistência. Uma vez perfeita e ampla a desistência, declara-se o fim da instância recursal. No entanto, sendo irregular ou meramente parcial a desistência do recurso, deve o juiz colocar a respectiva irregularidade ou parcialidade em evidência e levar o procedimento recursal adiante.

33. Termos inicial e final

Tão logo interposto o recurso, o recorrente pode dele desistir, independentemente da existência de prévia deliberação judicial ou manifestação do recorrido a seu respeito. Mesmo nos casos em que o recurso é interposto perante o prolator da decisão recorrida e será julgado por outro juízo, pouco importa para o aperfeiçoamento da desistência que o processo ainda não tenha chegado a este. Assim, por exemplo, interposta a apelação perante o juiz de primeira instância que julgou a causa, pode o apelante no minuto seguinte dirigir a este petição desistindo do apelo.

Com relação ao termo final para a manifestação de desistência, não se podem tomar ao pé da letra as disposições do *caput* do art. 998 do CPC, segundo as quais o recorrente pode desistir do recurso "a qualquer tempo". Naturalmente, com a proclamação do resultado e o encerramento do julgamento do recurso, não há mais como desistir deste. Todavia, enquanto não colhidos todos os votos e anunciado o resultado do julgamento, nos termos do art. 941 do CPC, o recorrente pode manifestar a desistência, mesmo que já iniciada a votação.[58] Em outras palavras, enquanto não aperfeiçoado o julgamento, é possível desistir do recurso.

---

57   Cf. BARBOSA MOREIRA, *Comentários ao Código de Processo Civil*, v. V, n. 182, p. 333.
58   Cf. ARAKEN DE ASSIS, *Manual dos recursos*, n. 19.4.2.5, p. 188. Cf. ainda THEOTONIO NEGRÃO, JOSÉ ROBERTO F. GOUVÊA, LUIS GUILHERME A. BONDIOLI e JOÃO FRANCISCO N. DA FONSECA, *Código de Processo Civil e legislação processual em vigor*, 47ª ed., notas 2a e 3 ao art. 998, p. 900-901, com referência aos seguintes julgados: "admitindo a desistência de recurso cujo julgamento já se tenha iniciado e se encontrava interrompido por pedido de vista: STF-Pleno, RE 113.682, Min. Ilmar Galvão, j. 30.8.01, DJU 11.10.01, seç. 1; STJ-4ª T., REsp 63.702, Min. Sálvio de Figueiredo, j. 18.6.96, DJU 26.8.96; STJ-2ª T., REsp 689.439, Min. Mauro Campbell, j. 4.3.10, DJ 22.3.10; STJ-1ª T., RMS 20.582, Min. Luiz Fux, j. 18.9.07, um voto vencido, DJU 18.10.07"; "'em geral, a desistência do recurso manifesta-se por petição escrita, conforme o caso, ao órgão perante o qual se o interpôs ou ao relator do Tribunal, mas nada impede que tal se faça, oralmente, na própria sessão de julgamento, ainda que iniciada a votação' (STJ-3ª T., REsp 21.323-3, Min. Waldemar Zveiter, j. 16.6.92, DJU 24.8.92)". Porém, em sentido mais restritivo, não admitindo a desistência depois de iniciada a votação: BARBOSA MOREIRA, *Comentários ao Código de Processo Civil*, v. V, n. 181, p. 331. Em sentido semelhante, cf. FLÁVIO CHEIM JORGE,

34. Efeitos

A desistência do recurso produz efeitos imediatos e não comporta retratação. Ela pode ser total ou parcial, isto é, pode abranger toda a pretensão do recorrente, o que encerra o procedimento recursal, ou pode circunscrever-se a apenas parte do recurso, o que faz com que o tribunal leve adiante o julgamento das pretensões recursais remanescentes. A desistência deve ser interpretada restritivamente. Não obstante, na desistência parcial, todos os pedidos recursais dependentes ou acessórios do que foi objeto de desistência acabam contaminados por esta.

A desistência produz efeitos *ex nunc*, isto é, a partir da sua manifestação. Ela não apaga os efeitos produzidos pelo recurso até então pendente, com destaque para a litispendência e o correlato retardamento na formação da coisa julgada, quando final a decisão recorrida. Porém, uma vez externada, leva ao instantâneo desaparecimento do recurso. Na hipótese de desistência de embargos de declaração, os efeitos da desistência para o embargado exigem intimação específica a respeito, visto que ele legitimamente aguardava o julgamento dos embargos para depois recorrer para instância superior, fiando-se no seu difuso efeito interruptivo (art. 1.026, *caput*, do CPC).[59] Pelas mesmas razões, essa intimação do embargado também se faz necessária no caso de desistência dos embargos de divergência opostos perante o Superior Tribunal de Justiça (art. 1.044, § 1º, do CPC).

Não fica inibida pela desistência do recurso a majoração dos honorários advocatícios prevista no art. 85, § 11, do CPC. Malgrado não haja um julgamento propriamente dito do recurso revogado pela desistência, a *ratio* do § 11 do art. 85 do CPC é, sobretudo, no sentido de que o recorrente que deu causa à deflagração da instância recursal remunere o trabalho desenvolvido pelo advogado do recorrido após a prolação da decisão recorrida. Assim, quando o julgador decreta o fim do procedimento recursal em razão da desistência, deve avaliar se houve atividade adicional do patrono do recorrido, não contemplada pela decisão recorrida na fixação dos honorários advocatícios. Em caso positivo, deve então majorar os honorários advocatícios, proporcionalmente a tal atividade. A desistência do recurso suaviza a majoração dos honorários advocatícios, na exata medida em que reduz o trabalho programado para a instância recursal.[60]

Comentários ao art. 998. In: *Breves comentários ao Novo Código de Processo Civil*, p. 2.224; Cassio Scarpinella Bueno, *Manual de direito processual civil*, p. 611; Leonardo Greco, *Instituições de processo civil*, v. III, n. 4.2.3, p. 80.

59 Cf. Luis Guilherme Aidar Bondioli, *Embargos de declaração*, p. 209-210.

60 Sobre majoração dos honorários advocatícios no caso de desistência do recurso, cf. Bruno Vasconcelos Carrilho Lopes, "Os honorários recursais no Novo Código de Processo Civil", p. 31.

35. Repercussão geral e recursos extraordinários ou especiais repetitivos no contexto da desistência

Nos casos de recurso extraordinário com repercussão geral reconhecida pelo Supremo Tribunal Federal e de recursos extraordinários ou especiais repetitivos estão presentes questões que, pela sua relevância ou repetição, extrapolam os interesses das partes do processo em julgamento na instância recursal. As decisões tomadas na análise da repercussão geral e na apreciação de recursos extraordinários ou especiais repetitivos influenciam os rumos de processos semelhantes (arts. 1.035, §§ 5º e segs., 1.036, § 1º, 1.037, II, 1.039 e 1.040 do CPC). Não é à toa que se prevê a possibilidade de manifestação prévia de terceiros que possam contribuir para o bom exame dos temas objeto do recurso antes do seu julgamento nessas circunstâncias (arts. 1.035, § 4º, e 1.038, I e II, do CPC).

Pensando nisso tudo, o legislador mitigou os efeitos da desistência do recurso extraordinário com repercussão geral reconhecida e dos recursos extraordinários ou especiais repetitivos. Nessas circunstâncias, prevê-se que a desistência não impede o Supremo Tribunal Federal ou o Superior Tribunal de Justiça de avançar no exame da questão relevante ou repetitiva (art. 998, parágrafo único, do CPC).

Para que se permita a atividade jurisdicional ulterior à desistência do recurso nos moldes do parágrafo único do art. 998 do CPC, é preciso que a repercussão geral já tenha sido reconhecida pelo Supremo Tribunal Federal (art. 1.035 do CPC) ou que já tenha havido a seleção dos recursos representativos da controvérsia no âmbito do tribunal recorrido ou do tribunal superior (art. 1.036, §§ 1º e 5º, do CPC). A desistência do recurso antes desses eventos impede que a partir dele se tomem medidas para resolver questão relevante ou repetitiva.

Por fim, o exame da questão relevante ou repetitiva ulteriormente à desistência do recurso não produz efeitos no caso concreto que seria levado a julgamento. A desistência tem eficácia imediata e conduz o processo para o seu fim, inclusive com a formação de coisa julgada. O acórdão recorrido passa a regular de maneira soberana e indiscutível a matéria ali tratada. A ulterior atividade jurisdicional do Supremo Tribunal Federal ou do Superior Tribunal de Justiça apenas orientará o destino de outros processos em que a tal questão relevante ou repetitiva se faça presente.[61]

---

61 Cf. HUMBERTO THEODORO JÚNIOR, *Curso de direito processual civil*, v. III, n. 754 e 847, p. 996-997 e 1.143-1.144; CASSIO SCARPINELLA BUENO, *Manual de direito processual civil*, p. 611; DANIEL AMORIM ASSUMPÇÃO NEVES, *Novo Código de Processo Civil comentado*, p. 1.647-1.648; LUIZ RODRIGUES WAMBIER e EDUARDO TALAMINI, *Curso avançado de processo civil*, v. 2, n. 30.8.2, p. 650; ARRUDA ALVIM, *Novo contencioso cível no*

Art. 999. A renúncia ao direito de recorrer independe da aceitação da outra parte.

CPC de 1973 – art. 502

36. Linhas gerais sobre a renúncia

A exemplo da desistência, a renúncia ao direito de recorrer é fato inviabilizador da admissão do recurso. Também se trata de ato independente de homologação judicial. Inexiste forma especial para a renúncia (art. 188 do CPC).

Como já anunciado nos comentários ao artigo precedente, a renúncia se diferencia da desistência por se manifestar necessariamente antes da interposição do recurso, ao passo que esta pressupõe recurso previamente interposto. Não se cogita de renúncia após a interposição do recurso – cabe ao recorrente aqui lançar mão da desistência, e não renunciar a um direito já exercido – ou após a formação de preclusão em torno da decisão recorrida – o direito ao recurso já terá perecido nessa hipótese, sendo ociosa a renúncia.

37. Renúncia prévia ou ulterior à decisão recorrível

De acordo com o art. 190 do CPC, "versando o processo sobre direitos que admitam autocomposição, é lícito às partes plenamente capazes estipular mudanças no procedimento para ajustá-lo às especificidades da causa e convencionar sobre os seus ônus, poderes, faculdades e deveres processuais, antes ou durante o processo". Nessas circunstâncias, é possível que as pessoas antecipadamente restrinjam a utilização de recurso em processos por instaurar ou já pendentes, renunciando previamente ao direito de recorrer, antes mesmo da prolação da decisão recorrível. Aqui, a renúncia apresenta-se como um *fato impeditivo do poder de recorrer*, que, assim, sequer chega a ganhar concretude, em razão da prévia convenção das partes.

Não havendo convencional renúncia prévia, com a publicação da decisão, o poder de recorrer se concretiza, mas pode vir a ser extinto, por renúncia ulterior, que consiste em ato unilateral e incondicional da parte, independente da aceitação de qualquer outro sujeito da relação jurídica processual. A renúncia ulterior se aperfeiçoa mediante simples oferta de uma petição dirigida para o prolator da decisão recorrida, externando explícita vontade de não

---

CPC/2015, p. 475. Em caso no qual o autor desistiu da demanda antes do julgamento do recurso especial repetitivo, a 2ª Seção do Superior Tribunal de Justiça procedeu ao exame da questão objeto deste, mas decidiu que esse exame não produz efeitos no processo objeto da desistência (STJ, 2ª Seção, REsp 1.067.237, rel. Min. Luis Felipe, j. 24/6/2009, DJ 23/9/2009).

recorrer contra esta. Tal petição deve ser subscrita por advogado devidamente constituído nos autos e, uma vez protocolada, configura *fato extintivo do poder de recorrer*.[62]

38. Efeitos

A renúncia ao direito de recorrer produz efeitos imediatos e não comporta retratação. Todavia, ela não leva à inexistência do contrastante recurso ulteriormente interposto, que reclama um pronunciamento judicial a seu respeito. Sendo perfeita a renúncia, esse pronunciamento deve ser pela inadmissão do recurso, dado o prévio fato impeditivo ou extintivo do poder de recorrer. Já se a renúncia apresentar irregularidade, admite-se o recurso e enfrenta-se o seu mérito. Em qualquer ocasião, a renúncia deve sempre ser interpretada restritivamente.

A renúncia pode ser total ou parcial e não afeta o direito de as demais partes recorrerem contra a respectiva decisão.

> **Art. 1.000.** A parte que aceitar expressa ou tacitamente a decisão não poderá recorrer.
> **Parágrafo único.** Considera-se aceitação tácita a prática, sem nenhuma reserva, de ato incompatível com a vontade de recorrer.

CPC de 1973 – art. 503

---

[62] "Somente se pode renunciar ao direito de recorrer, no direito brasileiro, depois de proferida a decisão e antes de que o direito de recorrer tenha se extinguido. Em outros países, como na Itália, é aceita a renúncia prévia ao direito de recorrer, ou seja, antes da decisão, desde que manifestada conjuntamente pelas partes. Na vigência do Código de 2015, a meu ver, abre-se a possibilidade de renúncia convencional prévia do direito de recorrer por meio dos chamados *contratos de procedimento*, facultados pelo art. 190" (Leonardo Greco, *Instituições de processo civil*, v. III, n. 4.2.3, p. 78). Em sentido semelhante: Luiz Rodrigues Wambier e Eduardo Talamini, *Curso avançado de processo civil*, v. 2, n. 23.5.4, p. 481. Admitindo com maior amplitude a renúncia prévia: Nelson Nery Junior e Rosa Maria de Andrade Nery, *Comentários ao Código de Processo Civil*, p. 2.023-2.024; Arruda Alvim, *Novo contencioso cível no CPC/2015*, p. 473-474. Em sentido contrário: "nem mesmo a previsão de acordos processuais das partes (negócios jurídicos processuais) do art. 190 permite concluir que, no novo sistema, poderá haver renúncia prévia. Isso porque, não obstante a maior liberdade das partes para estabelecer regras procedimentais próprias e convencionar sobre ônus, deveres, faculdades e poderes processuais, os limites dessa liberdade se encontram justamente no respeito ao devido processo legal. Assim parece temerário admitir que as partes possam combinar entre si a renúncia, em tese, ao direito de recorrer, antes mesmo de ter acesso ao conteúdo da decisão que lhes desfavoreça" (Ricardo Aprigliano, Comentários ao art. 999. In: *Código de Processo Civil anotado*, p. 1.552).

39. Linhas gerais sobre a aceitação

A aceitação expressa ou tácita de um pronunciamento judicial é mais um *fato extintivo do poder de recorrer*, que inviabiliza a admissão do recurso contra a decisão aceita pela parte. Trata-se aqui novamente de ato unilateral e incondicional, independente de concordância das demais partes no processo, bem como de homologação judicial.

São variadas as formas pelas quais a aquiescência se manifesta, até porque inexiste forma especial para a aceitação (art. 188 do CPC). Ela pode decorrer até de ato praticado diretamente pela parte, mesmo fora do processo. Não depende necessariamente de ato praticado por advogado nem de petição. Todavia, a espontaneidade deve sempre se fazer presente. Por exemplo, se a parte deliberada e incondicionalmente cumpre o julgado, entregando sem ressalvas o bem da vida em disputa ao seu adversário, caracterizada está a aceitação que põe por terra o poder de recorrer.

Não configura aceitação obstativa da admissão do recurso o cumprimento de decisão já exequível – por faltar aqui a espontaneidade – ou a prática de determinado ato acompanhada da ressalva do poder de recorrer.

Ao passo que a desistência e a renúncia ao direito de recorrer são voltadas ao recurso, já interposto no caso da desistência ou ainda não interposto no caso da renúncia, a aquiescência dirige-se à decisão.

Por fim, a aceitação somente pode ter lugar depois da prolação da decisão. Afinal, não é possível aceitar o julgado antes que ele venha a existir...

40. Aceitação expressa ou tácita

A aceitação expressa é um ato de concordância explícita com a decisão, dirigido ao juiz ou à parte contrária. Já a aceitação tácita é um ato oblíquo de aquiescência, inferido a partir de determinada conduta. Nas palavras do parágrafo único do art. 1.000 do CPC, "considera-se aceitação tácita a prática, sem nenhuma reserva, de ato incompatível com a vontade de recorrer". A aceitação tácita requer mais cuidado do que a aceitação expressa para a sua caracterização. Enquanto na aceitação expressa existe um ato expressamente dirigido à decisão e de mais fácil interpretação, na aceitação tácita há um ato que se relaciona indiretamente com a decisão e que exige maior esforço interpretativo para a caracterização da concordância com o julgado.

41. Efeitos

A aceitação produz efeitos imediatos e não comporta retratação, inclusive em razão da vedação ao *venire contra factum proprium*. Fulmina o direito ao recurso por causa da preclusão lógica,[63] mas não chega a tornar inexistente o recurso ulteriormente interposto contra a decisão aceita. Esse recurso reclama, assim, uma resposta do Poder Judiciário, que deve ser pela inadmissão, caso efetivamente caracterizada a aceitação.

Por fim, a aceitação pode ser total ou parcial e não retira o direito de as demais partes se insurgirem contra o julgado. Em qualquer das suas modalidades, a aceitação é sempre interpretada restritivamente, mormente quando se trata da aceitação tácita.

Art. 1.001. Dos despachos não cabe recurso.

CPC de 1973 – art. 504

42. Conceito de despacho

O art. 203 do CPC define despacho por exclusão, em relação à decisão interlocutória e à sentença: "os pronunciamentos do juiz consistirão em sentenças, decisões interlocutórias e despachos" (*caput*) e "são despachos todos os demais pronunciamentos do juiz praticados no processo, de ofício ou a requerimento da parte" (§ 3º).

Nessas condições, é preciso antes ter em conta o conceito de sentença e de decisão interlocutória para depois chegar ao de despacho. De acordo com o § 1º do art. 203 do CPC, a sentença consiste, sobretudo, no "pronunciamento por meio do qual o juiz, com fundamento nos arts. 485 e 487, põe fim à fase cognitiva do procedimento comum, bem como extingue a execução". O § 2º do mesmo art. 203, por sua vez, dispõe: "decisão interlocutória é todo pronunciamento judicial de natureza decisória que não se enquadre no § 1º".

Logo, consiste em despacho todo pronunciamento do juiz que não põe fim à fase cognitiva ou à execução e que é carente de natureza decisória, limitando-se a impulsionar o processo.

43. Irrecorribilidade

Consoante o art. 1.001 do CPC, "dos despachos não cabe recurso". No procedimento em primeira instância, essa irrecorribilidade é reforçada pelo art. 1.015 do CPC, que circunscreveu o cabimento do agravo de instrumento às decisões interlocutórias ali contempladas.

---

63 Cf. Heitor Vitor Mendonça Sica, *Preclusão processual civil*, n. 7.4.4.1, p. 148.

Ocorre que em todo despacho há uma atividade valorativa mínima,[64] que lhe confere aptidão para causar gravames, principalmente quando interfere de forma prejudicial no percurso idealizado pelo legislador para o processo. No procedimento em primeira instância, se referidos gravames não tiverem ficado superados com o subsequente desenrolar do feito, discussão a respeito deles pode ser embutida na apelação ou respectivas contrarrazões, tomando emprestadas as disposições dos §§ 1º e 2º do art. 1.009 do CPC para as questões resolvidas por decisão interlocutória.

Nos procedimentos recursais ou originários instaurados perante os tribunais, os despachos causadores de gravames podem ser imediatamente impugnados por meio de agravo interno, por interpretação do *caput* do art. 1.021 do CPC.

Por fim, quer em primeira instância, quer perante os tribunais, sempre cabem embargos de declaração contra despacho. Qualquer pronunciamento judicial, ainda que irrecorrível, é embargável (*infra*, n. 135).

Art. 1.002. A decisão pode ser impugnada no todo ou em parte.

CPC de 1973 – art. 505

44. Avanço terminológico

Confronto entre o art. 1.002 do CPC e o art. 505 do CPC de 1973 revela avanço na redação do Código de Processo Civil: enquanto este dizia apenas que "a sentença pode ser impugnada no todo ou em parte", aquele agora prevê que toda e qualquer "decisão pode ser impugnada no todo ou em parte". Nada mais correto. Quer se trate de sentença, quer se trate de qualquer outro pronunciamento judicial (decisão interlocutória, acórdão, decisão monocrática de juiz integrante de tribunal e até despacho), é possível a seleção dos capítulos decisórios que serão objeto do recurso.

45. Impugnação total ou parcial

A *impugnação total* da decisão é aquela em que o recurso interposto abrange todos os capítulos decisórios passíveis de insurgência. Já a *impugnação parcial* caracteriza-se por recair sobre apenas parte desses capítulos. Na falta de limitação expressa por parte do recorrente, deve-se interpretar como total a impugnação.[65]

---

64 Cf. TERESA ARRUDA ALVIM WAMBIER, *Os agravos no CPC brasileiro*, n. 2, p. 128-129.
65 "Presume-se total a impugnação, se a parte não a limitou (STJ-4ª T., REsp 5.057-0, Min. Fontes de Alencar, j. 10.8.93, DJU 13.9.93; TFR-1ª Seção, AR 1.375, Min. Costa Leite, j. 3.9.86, DJU 4.12.86; JTA 93/404)" (THEOTONIO NEGRÃO, JOSÉ

Na seleção dos capítulos decisórios objeto do recurso (*dimensão horizontal do efeito devolutivo – supra*, n. 3), a regra é a liberdade do recorrente. Tem-se aqui manifestação incisiva do princípio dispositivo. Porém, como toda regra, há exceção. Os *capítulos decisórios dependentes* do que foi inserto no recurso parcial acabam abrangidos pelo efeito devolutivo, ainda que não selecionados pelo recorrente.[66] Ainda no recurso parcial, deve o recorrente cuidar de atacar na peça recursal todos os capítulos decisórios necessários para o resultado que pretende obter, sob pena de seu recurso ser considerado inepto.

Malgrado o recorrente conte com significativa liberdade na seleção dos capítulos decisórios impugnados, ele não tem controle sobre as questões devolvidas pelo recurso dentro desses capítulos (*dimensão vertical do efeito devolutivo – supra*, n. 3). Aqui, a regra é a totalidade da devolução, ainda que assim não queira o recorrente.

46. Efeitos da impugnação parcial

A impugnação parcial faz com que os capítulos decisórios não abrangidos pelo recurso fiquem cobertos pela preclusão e não mais possam ser discutidos no processo. Quando final a decisão recorrida, a preclusão adquire *status* de coisa julgada. Tudo isso é reforçado pelo art. 1.008 do CPC, que circunscreve o efeito substitutivo produzido pelo julgamento recursal ao "que tiver sido objeto de recurso".

A impugnação parcial não impede que o recorrente apresente subsequente pretensão recursal relacionada com capítulo decisório não impugnado anteriormente, desde que respeitado o prazo assinado para a interposição do recurso.[67] Não tem mais vez no ordenamento jurídico nacional a preclusão consumativa (art. 223 do CPC), exceção feita à regra do art. 1.024, § 4º, do CPC.[68]

> **Art. 1.003.** O prazo para interposição de recurso conta-se da data em que os advogados, a sociedade de advogados, a Advocacia Pública, a Defensoria Pública ou o Ministério Público são intimados da decisão.

Roberto F. Gouvêa, Luis Guilherme A. Bondioli e João Francisco N. da Fonseca, *Código de Processo Civil e legislação processual em vigor*, 47ª ed., nota 3 ao art. 1.002, p. 903.

66 Flávio Cheim Jorge, Comentários ao art. 1.002. In: *Breves comentários ao Novo Código de Processo Civil*, p. 2.226.
67 Cf. Barbosa Moreira, *Comentários ao Código de Processo Civil*, v. V, n. 195, p. 353-354.
68 Cf. Theotonio Negrão, José Roberto F. Gouvêa, Luis Guilherme A. Bondioli e João Francisco N. da Fonseca, *Código de Processo Civil e legislação processual em vigor*, 47ª ed., nota 1 ao art. 223, p. 298.

§ 1º Os sujeitos previstos no *caput* considerar-se-ão intimados em audiência quando nesta for proferida a decisão.

§ 2º Aplica-se o disposto no art. 231, incisos I a VI, ao prazo de interposição de recurso pelo réu contra decisão proferida anteriormente à citação.

§ 3º No prazo para interposição de recurso, a petição será protocolada em cartório ou conforme as normas de organização judiciária, ressalvado o disposto em regra especial.

§ 4º Para aferição da tempestividade do recurso remetido pelo correio, será considerada como data de interposição a data de postagem.

§ 5º Excetuados os embargos de declaração, o prazo para interpor os recursos e para responder-lhes é de 15 (quinze) dias.

§ 6º O recorrente comprovará a ocorrência de feriado local no ato de interposição do recurso.

CPC de 1973 – arts. 506 e 508

47. Prazo para recorrer e correlato prazo para responder

O § 5º do art. 1.003 do CPC trouxe significativa novidade para o sistema recursal brasileiro, qual seja, a quase completa unificação do prazo para recorrer e para responder a recurso. De acordo com o seu texto, "excetuados os embargos de declaração, o prazo para interpor os recursos e para responder-lhes é de 15 (quinze) dias".

Merece aplauso essa iniciativa do legislador. No Código de Processo Civil de 1973 havia prazos de 5 (embargos de declaração – art. 536 do CPC de 1973; agravo contra decisão monocrática de julgamento de recurso – art. 557, § 1º, do CPC de 1973), 10 (agravo de instrumento ou retido – art. 522, *caput*, do CPC de 1973; agravo contra decisão denegatória de recurso extraordinário ou especial – art. 544, *caput*, do CPC de 1973) e 15 dias para recorrer (apelação, embargos infringentes, recurso ordinário, recursos especial ou extraordinário, embargos de divergência – art. 508 do CPC de 1973). Agora, com exceção do prazo para oferta de embargos de declaração, que continua sendo de 5 dias (art. 1.023, *caput*, do CPC), os prazos para interposição de recurso são de 15 dias, o que confere maior uniformidade ao tema e facilita a atuação na instância recursal.

Em linha com o § 5º do art. 1.003, o art. 1.070 do CPC prevê que "é de 15 (quinze) dias o prazo para a interposição de qualquer agravo, previsto em lei ou em regimento interno de tribunal, contra decisão de relator ou outra decisão unipessoal proferida em tribunal".

Todavia, o Código de Processo Civil não contemplou nas suas disposições prazos para outros recursos previstos em distintos diplomas legais. Assim, continuam sendo de 10 dias os prazos para interpor recurso inominado contra a sentença proferida nos Juizados Especiais Cíveis (art. 42, *caput*, da Lei n. 9.099/1995) e para opor embargos infringentes contra a sentença proferida em execução fiscal com valor igual ou inferior a 50 Obrigações Reajustáveis do Tesouro Nacional (art. 34, § 2º, da Lei n. 6.830/1980).

Além disso, o art. 1.070 do CPC não alcança o *agravo* previsto no parágrafo único do art. 6º da Lei n. 13.300/2016 para a hipótese de indeferimento monocrático do mandado de injunção pelo relator: "da decisão de relator que indeferir a petição inicial, caberá agravo, em 5 (cinco) dias, para o órgão colegiado competente para o julgamento da impetração". Afinal, tem-se aqui lei especial ulterior ao Código de Processo Civil a regular o prazo para o agravo (*infra*, n. 126).

Os prazos de 5 ou 15 dias assinados pelo Código de Processo Civil para interpor recursos ou responder-lhes são dobrados em favor do Ministério Público, da Fazenda Pública, da Defensoria Pública e de litisconsortes com procuradores diferentes, nos termos dos arts. 180, 183, 186, 229 e 1.023, § 1º, do CPC.

Por fim, razões de isonomia impõem que os prazos para recorrer e responder sejam iguais. Isso está refletido nos arts. 1.003, § 5º, 1.009, § 2º, 1.010, § 1º, 1.019, II, 1.021, § 2º, 1.023, *caput* e § 2º, 1.028, § 2º, 1.030, *caput*, 1.042, § 3º, do CPC. Porém, isso não significa que, uma vez incidente regra de dobra do prazo em benefício exclusivo do recorrente ou do recorrido, ela se estenderá também para a parte contrária. Nessas condições, tolera-se que os prazos para recorrer e para responder ao recurso sejam, na prática, distintos. Assim, por exemplo, se a Fazenda Pública apresenta sua apelação contra a sentença fazendo uso do prazo de 30 dias para recorrer, o particular que contra ela litiga deve responder ao recurso no prazo de 15 dias.

48. Termo inicial

Conforme previsto no *caput* do art. 1.003, o termo inicial do recurso é a "data em que os advogados, a sociedade de advogados, a Advocacia Pública, a Defensoria Pública ou o Ministério Público são intimados da decisão". Em outras palavras, o termo inicial do recurso é a data em que se dá ciência da decisão (art. 269, *caput*, do CPC).

Os arts. 269 e segs. cuidam das intimações no Código de Processo Civil. Vale destacar aqui a regra geral de que a "as intimações realizam-se, sempre que possível, por meio eletrônico, na forma da lei" (art. 270, *caput*, do CPC). Conforme disposto no § 1º do art. 246 do CPC, "as empresas públicas e privadas são obrigadas a manter cadastro nos sistemas de processo em autos eletrônicos, para efeito de recebimento de citações e intimações".

Isso também vale para as pessoas jurídicas de direito público interno (art. 246, § 2º, do CPC).

Quando não realizadas por meio eletrônico, as intimações serão feitas "pela publicação dos atos no órgão oficial" (art. 272, *caput*, do CPC). Não sendo possível a efetivação da intimação por qualquer dessas duas modalidades, deve-se lançar mão da intimação pelo correio, por oficial de justiça, com hora certa e por edital, nessa ordem e conforme se faça necessário (arts. 273 a 275 do CPC).

Em matéria de Ministério Público, pessoas jurídicas de direito público interno e Defensoria Pública, é preciso levar em conta para a sua intimação as disposições dos arts. 180, *caput*, 183, *caput* e § 1º, e 186, § 1º, do CPC. Isso significa que a comunicação aqui é sempre "pessoal", "por carga, remessa ou meio eletrônico" (art. 183, § 1º, do CPC).

Para o que se considera "dia do começo do prazo" em toda e qualquer hipótese, valem as disposições do art. 231 do CPC.

Por fim, merecem registro duas formas alternativas de intimação previstas no Código de Processo Civil. A primeira, novidade no ordenamento jurídico nacional, consiste na comunicação da decisão por iniciativa direta do advogado de uma das partes, que faz o pronunciamento judicial chegar ao advogado de outra parte "por meio do correio, juntando aos autos, a seguir, cópia do ofício de intimação e do aviso de recebimento" (art. 269, § 1º, do CPC). A segunda, já consagrada na jurisprudência ainda na vigência do Código de Processo Civil de 1973,[69] remete à ideia de *ciência inequívoca* e se materializa com a "retirada dos autos do cartório ou da secretaria em carga pelo advogado" (art. 272, § 6º, do CPC).

49. Ainda o termo inicial: duas hipóteses especiais

Os §§ 1º e 2º do art. 1.003 do CPC dão tratamento especial a duas hipóteses. A hipótese objeto do § 1º é, de fato, especial: uma vez proferida decisão em audiência, a intimação é considerada aperfeiçoada nesta. Pouco importa aqui para o aperfeiçoamento da intimação que a parte ou o seu patrono não estejam presentes na audiência; basta que tenham sido regularmente intimados para comparecer a ela.[70]

Merece destaque avanço na redação do texto legal, evidenciada por comparação entre o § 1º do art. 1.003 do CPC, que se refere a toda e qualquer

---

[69] Cf. Theotonio Negrão, José Roberto F. Gouvêa, Luis Guilherme A. Bondioli e João Francisco N. da Fonseca, *Código de Processo Civil e legislação processual em vigor*, 46ª ed., nota 6 ao art. 241, p. 356.

[70] Cf. Barbosa Moreira, *Comentários ao Código de Processo Civil*, v. V, n. 197, p. 358.

"decisão" proferida em audiência, e o inciso I do art. 506, circunscrito à "sentença" lida em audiência.

A segunda hipótese, prevista no § 2º do art. 1.003 e relacionada com decisão proferida antes da citação do réu, pouco tem de especial: a orientação do prazo para recorrer pelas regras gerais de fixação de termo *a quo* previstas nos incisos I a VI do art. 231 do CPC é algo que vale para toda e qualquer intimação feita nos moldes ali previstos. Por exemplo, sendo o réu concomitantemente citado e intimado da decisão liminar pelo correio (arts. 246, I, e 248 do CPC), o prazo para a interposição de agravo de instrumento contra essa decisão é deflagrado pela juntada aos autos do respectivo aviso de recebimento (art. 231, I, do CPC).

Quando em litisconsórcio passivo, o réu não citado deve ter em conta que o prazo para recorrer tem início individualmente para cada litisconsorte, nos termos do § 2º do art. 231 do CPC. É que a regra que vincula o dia do começo do prazo "à última das datas", ou seja, à intimação do último litisconsorte, fica limitada ao "prazo para contestar" (art. 231, § 1º, do CPC).

50. Contagem

O prazo para interposição de recurso é contado com observância do disposto nos arts. 218 e segs. do CPC, valendo destacar o comando do *caput* dos arts. 219 e 224, que, respectivamente, mandam computar apenas dias úteis e excluir o dia do começo e incluir o dia do vencimento na contagem. A exclusão do dia do começo vale também para as hipóteses especiais previstas nos §§ 1º (intimação em audiência) e 2º (decisão anterior à citação do réu) do art. 1.003 do CPC.

Destaque-se que para um dia ser considerado *de começo ou vencimento* do prazo ele deve ser *plenamente útil*, conforme se infere do § 1º do art. 224 do CPC: "os dias do começo e do vencimento do prazo serão protraídos para o primeiro dia útil seguinte, se coincidirem com dia em que o expediente forense for encerrado antes ou iniciado depois da hora normal ou houver indisponibilidade da comunicação eletrônica". Acontecimentos dessa ordem em outros dias do prazo (por exemplo, encerramento precoce do expediente forense no décimo dia de um prazo quinzenal) não interferem na sua contagem.

A contagem do prazo para interposição de recuso está sujeita às hipóteses legais de suspensão (CPC, arts. 220, 221 e 313), com as necessárias adaptações ao disposto no art. 1.004 do CPC (*infra*, n. 56). A interrupção de prazo prevista no art. 1.026 do CPC em razão da oferta de embargos de declaração aplica-se para todos os recursos, exceto os embargos de declaração dirigidos contra a própria decisão embargada (*infra*, n. 160).

Por fim, a apresentação de pedido de reconsideração para o prolator de uma decisão não interfere na contagem do prazo para interposição de recurso contra ela.[71]

51. Termo final e protocolo

Como já anunciado acima, para que o prazo para interposição de recurso se encerre, é preciso que o dia do vencimento seja plenamente útil, nos termos do § 1º do art. 224 do CPC (*supra*, n. 50).

Consoante o § 3º do art. 1.003 do CPC, "no prazo para interposição de recurso", ou seja, até o esgotamento do termo final, "a petição será protocolada em cartório ou conforme as normas de organização judiciária, ressalvado o disposto em regra especial".

Para a prática do ato de interposição de recurso, valem as regras gerais dos arts. 212 e 213 do CPC. Quando não eletrônica, tal interposição deve respeitar não só os marcos temporais fixados no *caput* do referido art. 212 (6 às 20 horas), mas também o "horário de funcionamento do fórum ou tribunal, conforme o disposto na lei de organização judiciária local" (art. 212, § 3º, do CPC). Já na interposição eletrônica de recurso, é possível se valer das "24 (vinte e quatro) horas do último dia" do prazo (arts. 213, *caput*, do CPC e 10, § 1º, da Lei n. 11.419/2006), respeitado o "horário vigente no juízo perante o qual o ato deve ser praticado" (art. 213, parágrafo único, do CPC).

Registre-se que tendem ao anacronismo as regras de *protocolo em cartório, das 6 às 20 horas, no horário de funcionamento do fórum ou tribunal* (arts. 212, *caput* e § 3º, e 1.003, § 3º, do CPC). Com a consolidação do processo em autos eletrônicos e da prática igualmente eletrônica dos atos processuais, terão efetiva aplicação apenas as disposições do art. 213 do CPC. Referido anacronismo e outros semelhantes (*infra*, n. 69, 113 e 116) resultam de equívoco na escolha do momento para a elaboração de um novo Código de Processo Civil, em plena transição do processo em autos de papel para o processo em autos eletrônicos.

Por fim, mencione-se que o protocolo defeituoso, por exemplo, com erro nos dados do processo ou feito perante cartório diverso, mas apto para fazer o recurso chegar ao Poder Judiciário, suficientemente identificado, não inviabiliza a admissão deste.[72]

---

71 Cf. THEOTONIO NEGRÃO, JOSÉ ROBERTO F. GOUVÊA, LUIS GUILHERME A. BONDIOLI e JOÃO FRANCISCO N. DA FONSECA, *Código de Processo Civil e legislação processual em vigor*, 47ª ed., nota 1c ao art. 1.003, p. 904.

72 Na vigência do Código de Processo Civil de 1973, a jurisprudência não era pacífica a respeito da tempestividade do recurso nessas circunstâncias, observando-se tendência pela admissão dos recursos dirigidos às instâncias ordinárias e pela

52. Aferição da tempestividade e recurso remetido pelo correio

Importante novidade trazida pelo Código de Processo Civil está no § 4º do art. 1.003: "para aferição da tempestividade do recurso remetido pelo correio, será considerada como data de interposição a data de postagem". Esse novo dispositivo legal tem finalidade específica, qual seja, a superação da Súmula n. 216 do STJ, no sentido de que "a tempestividade de recurso interposto no Superior Tribunal de Justiça é aferida pelo registro no protocolo da Secretaria e não pela data de entrega na agência do correio". Referida súmula tornava o uso do correio para interposição de recurso dirigido ao Superior Tribunal de Justiça algo extremamente arriscado, pois foge do controle do recorrente o que acontece após a entrega da peça recursal na agência do correio. Ademais, tal súmula exigia que o recorrente interpusesse o recurso para o Superior Tribunal de Justiça em prazo menor, a fim de contar com tempo suficiente para o ulterior registro no protocolo do tribunal. Tudo isso consistia em verdadeiro desincentivo ao uso do correio para o exercício do direito de recorrer. Nessas condições, a abertura da via do correio para interposição de recurso acabava sendo mais uma promessa do que uma realidade.

Esse obstáculo para o direito ao recurso resta absolutamente enterrado com o advento do § 4º do art. 1.003 do CPC. Frise-se que a data de postagem já era referência para a aferição da tempestividade do agravo de instrumento remetido pelo correio na vigência do Código de Processo Civil de 1973, conforme decidido reiteradas vezes por diversas turmas do Superior Tribunal de Justiça.[73] Agora, tal data passa a ser paradigma para a apuração da tempestividade de todo e qualquer recurso interposto pelo correio.

53. Comprovação da tempestividade e feriado local

Nos termos do § 6º do art. 1.003 do CPC, "o recorrente comprovará a ocorrência de feriado local no ato de interposição do recurso". A orientação do legislador para o recorrente é no sentido de, já por ocasião da interposição do recurso, trazer importante elemento para a aferição da sua tempestividade, que nem sempre é do conhecimento do tribunal, muitas vezes distante da realidade do local em que exercido o direito ao recurso.

---

inadmissão dos recursos dirigidos às instâncias extraordinárias (cf. THEOTONIO NEGRÃO, JOSÉ ROBERTO F. GOUVÊA, LUIS GUILHERME A. BONDIOLI e JOÃO FRANCISCO N. DA FONSECA, *Código de Processo Civil e legislação processual em vigor*, 46ª ed., notas 14 e segs. ao art. 508, p. 668-669).

73 Cf. THEOTONIO NEGRÃO, JOSÉ ROBERTO F. GOUVÊA, LUIS GUILHERME A. BONDIOLI e JOÃO FRANCISCO N. DA FONSECA, *Código de Processo Civil e legislação processual em vigor*, 46ª ed., nota 13 ao art. 525, p. 708.

A falta de comprovação do feriado local no momento da interposição do recurso não inviabiliza a ulterior prova da tempestividade recursal, quer por abertura de oportunidade para tanto nos termos do parágrafo único do art. 932 do CPC, quer por ocasião da interposição de recurso contra a eventual decisão de intempestividade – embargos de declaração, em qualquer caso, agravo interno, quando monocrática essa decisão, ou recurso ulteriormente cabível.

Note-se que já na vigência do Código de Processo Civil de 1973, depois de muitas idas e vindas, a jurisprudência do Supremo Tribunal Federal e do Superior Tribunal de Justiça pacificou-se no sentido da viabilidade da prova ulterior do feriado local influente na tempestividade do recurso.[74] E o Código de Processo Civil orienta-se justamente pela remoção de obstáculos ao julgamento *de meritis*, quer no tocante às pretensões que ensejam a instauração do processo (arts. 4º e 282, § 2º), quer no que se refere às pretensões recursais (art. 932, parágrafo único). Logo, à falta de explícita sanção de intempestividade para a ausência de imediata comprovação do feriado local, não é possível interpretar o § 6º do art. 1.003 do CPC de modo a bloquear futura prova desse feriado, num retrocesso incompatível com o próprio espírito do Código de Processo Civil.[75]

54. Preclusão temporal

Não apresentado o recurso dentro do prazo previsto em lei, fica caracterizada a preclusão temporal, nos termos do art. 223 do CPC, a impedir ulteriores discussões em torno da decisão que não foi objeto de tempestiva impugnação, ressalvados os casos que o legislador coloca a salvo do fenômeno preclusivo – cf., por exemplo, art. 485, § 3º, do CPC.

> **Art. 1.004.** Se, durante o prazo para a interposição do recurso, sobrevier o falecimento da parte ou de seu advogado ou ocorrer motivo de força maior que suspenda

---

[74] Cf. THEOTONIO NEGRÃO, JOSÉ ROBERTO F. GOUVÊA, LUIS GUILHERME A. BONDIOLI e JOÃO FRANCISCO N. DA FONSECA, *Código de Processo Civil e legislação processual em vigor*, 46ª ed., nota 10a ao art. 541, p. 747, com referência aos seguintes julgados: STF, Plenário, RE 626.358-AgRg, rel. Min. CEZAR PELUSO, j. 22/3/2012, DJ 23/8/2012; STJ, Corte Especial, Ag em REsp 137.141-AgRg, rel. Min. ANTONIO FERREIRA, j. 19/9/2012, DJ 15/10/2012.

[75] Cf. HUMBERTO THEODORO JÚNIOR, *Curso de direito processual civil*, v. III, n. 741, p. 976; RICARDO APRIGLIANO, Comentários ao art. 1.003. In: *Código de Processo Civil anotado*, p. 1.557; DANIEL AMORIM ASSUMPÇÃO NEVES, *Novo Código de Processo Civil comentado*, p. 1.655. Todavia, FLÁVIO CHEIM JORGE tem entendimento mais restritivo, no sentido de oportunizar a ulterior comprovação do feriado local apenas quando o recorrente houver feito *afirmação* a seu respeito na peça recursal (cf. Comentários ao art. 1.003. In: *Breves comentários ao Novo Código de Processo Civil*, p. 2.229).

o curso do processo, será tal prazo restituído em proveito da parte, do herdeiro ou do sucessor, contra quem começará a correr novamente depois da intimação.

CPC de 1973 – art. 507

55. Eventos influentes na contagem do prazo para recorrer

Como já anunciado em tópico anterior, a contagem do prazo para interposição de recurso não fica apartada das regras gerais de suspensão dos prazos (*supra*, n. 50). Vale destacar aqui o art. 221 do CPC, que determina a suspensão do curso do prazo nos casos de suspensão do próprio processo, previstos no art. 313 do CPC. Nos incisos I e VI desse art. 313 estão arroladas as específicas hipóteses de morte da parte ou de seu advogado e de motivo de força maior, que se repetem no art. 1.004 do CPC.

O art. 1.004 do CPC não faz referência a mais nenhum outro evento influente na contagem do prazo para recorrer. Isso não obsta a incidência das referidas regras gerais de suspensão dos prazos na seara recursal, até porque não há no art. 1.004 qualquer intenção indiscriminada de excluí-las ou mesmo de esgotar o assunto. Entretanto, naquilo que expressamente disciplina, a especial regra do art. 1.004 prevalece sobre as disposições gerais de contagem dos prazos (*lex specialis derogat lege generali*).

56. Interrupção ou suspensão

Tudo o que o art. 1.004 do CPC diz é que, nas específicas hipóteses de "falecimento da parte ou de seu advogado" ou de "motivo de força maior que suspenda o curso do processo", haverá irrestrita *restituição* do prazo para recorrer já deflagrado, que "começará a correr novamente depois da intimação".

Por sua vez, o *caput* do art. 221 do CPC prevê genericamente para os casos de suspensão de prazo, que abarcam a morte da parte ou de seu patrono e o evento de força maior (art. 313, I e VI, do CPC), a mera *restituição* "por tempo igual ao que faltava para sua complementação".

Em outras palavras, enquanto o art. 1.004 do CPC trata a morte da parte ou de seu advogado e o evento de força maior como *causas de interrupção* do prazo para recorrer já deflagrado, que se reinicia por completo ("começa a correr novamente") após a superação do fato interruptivo, o art. 221 do CPC, lido conjuntamente com os incisos I e VI do art. 313 do CPC, disciplina esses mesmos acontecimentos como *causas de suspensão* dos prazos, devolvendo para a parte apenas o tempo faltante para o esgotamento destes.

À luz da premissa *lex specialis derogat lege generali* (*supra*, n. 55), tem-se que, em matéria de prazo para recorrer em curso, a morte da parte ou de seu patrono e o motivo de força maior desencadeiam a interrupção de tal prazo, e não a sua mera suspensão.

Por sua vez, todas as demais hipóteses de suspensão dos prazos em geral, não contempladas pelo art. 1.004 do CPC, permanecem como causas meramente suspensivas do prazo para recorrer. Isso vale, por exemplo, para outras situações de perda da capacidade processual, que, malgrado abarcadas pelo inciso I do art. 313 do CPC, não estão expressas no art. 1.004 do CPC.[76]

Observe-se que a morte da parte ou de seu patrono ou a ocorrência de evento de força maior antes do início do prazo para recorrer levam à imediata suspensão do processo, nos termos do art. 313, I e VI, do CPC. Logo, referido prazo sequer começa nessas circunstâncias, não se cogitando aqui de qualquer repercussão na sua contagem. Já a morte ou o motivo de força maior acontecidos após o exaurimento do prazo para recorrer são irrelevantes, dada a prévia formação da preclusão temporal.

Por fim, registre-se a existência de hipótese de interrupção do prazo para recorrer no *caput* do art. 1.026 do CPC, atrelada à oposição dos embargos de declaração.

57. Interrupção automática

Com a morte da parte ou de seu advogado ou a ocorrência de motivo de força maior, a interrupção do prazo para recorrer é imediata, independentemente do momento em que o evento é comunicado no processo. A decisão que ulteriormente reconhece o acontecimento do fato interruptivo do prazo nessas circunstâncias é meramente declaratória e retroage à data deste.[77]

58. Reinício a partir da intimação

Nas específicas hipóteses de interrupção do prazo para recorrer do art. 1.004 do CPC, é ali previsto que esse prazo "começará a correr novamente depois da intimação". Logo, uma vez verificado o falecimento da parte ou de seu advogado ou motivo de força maior influente no prazo para recorrer, deve o juiz ulteriormente fazer chegar às partes notícia acerca da superação do fato interruptivo e do reinício do prazo. Essa comunicação segue as regras gerais dos arts. 269 e segs. do CPC.

> **Art. 1.005.** O recurso interposto por um dos litisconsortes a todos aproveita, salvo se distintos ou opostos os seus interesses.

---

[76] Cf. Flávio Cheim Jorge, Comentários ao art. 1.004. In: *Breves comentários ao Novo Código de Processo Civil*, p. 2.230.
[77] Cf. Barbosa Moreira, *Comentários ao Código de Processo Civil*, v. V, n. 204, p. 368-369.

Parágrafo único. Havendo solidariedade passiva, o recurso interposto por um devedor aproveitará aos outros quando as defesas opostas ao credor lhes forem comuns.

CPC de 1973 – art. 509

59. Extensão subjetiva do recurso

Ordinariamente, o recurso interposto beneficia apenas o recorrente. É o que se conhece por *dogma da personalidade*.[78] A parte que pode vir a obter uma situação mais vantajosa com a interposição de um recurso deve fazê-lo por sua conta, sob pena de não conseguir alcançar tal situação. Afinal, em regra, eventual recurso do seu adversário não lhe trará qualquer benefício:[79] com relação à parte da decisão em que já conseguiu tudo o que era possível, tal recurso somente pode diminuir a vitória experimentada; no tocante à parcela da decisão que lhe é desfavorável, o recurso do adversário dificilmente se aventurará, e, se o fizer, esbarrará na falta de interesse. Outrossim, no tocante aos litisconsortes, a regra é a da independência entre eles, expressa na primeira parte do art. 117 do CPC: "os litisconsortes serão considerados, em suas relações com a parte adversa, como litigantes distintos".

60. Primeira exceção: litisconsórcio unitário

No art. 1.005 do CPC, o legislador reproduz *ipsis litteris* o art. 509 do CPC de 1973 para disciplinar duas situações em que o recurso interposto não aproveita apenas ao recorrente. Em ambas, o beneficiário do recurso não é o adversário do recorrente, mas sim seus litisconsortes.

Na primeira delas, regulada pelo *caput*, é dito que o recurso beneficiará todos os litisconsortes, "salvo se distintos ou opostos os seus interesses". A regra tem endereço certo: o litisconsórcio unitário, ou seja, a reunião de pessoas que, *pela natureza da relação jurídica*, reclama *decisão uniforme de mérito para todos*, nos termos do art. 116 do CPC.[80] Nessas condições, mesmo que parte

---

78 Cf. Cândido Dinamarco, *Litisconsórcio*, n. 50, p. 152.
79 Em situações excepcionais, o recurso interposto pelo adversário pode beneficiar o recorrido. É o que acontece nos embargos de declaração e na apelação contra sentença terminativa, que podem levar à *reformatio in pejus* – no caso da apelação, em razão da possibilidade de o julgamento sem exame do mérito ser substituído por decisão *de meritis* desfavorável ao autor (*infra*, n. 93).
80 "Ao *litisconsórcio unitário*, e somente a ele, deve aplicar-se o disposto no art. 509, *caput*, porque a extensão dos efeitos do recurso aos colitigantes omissos não tem senão uma razão de ser, que é precisamente a de impedir a quebra da uniformidade na disciplina da situação litigiosa" (Barbosa Moreira, *Comentários ao Código de*

dos litisconsortes não recorra ou tenha recurso não conhecido ou até tenha desistido da pretensão recursal, o provimento do recurso interposto por um deles beneficiará a todos. Isso é reforçado pela segunda parte do art. 117 do CPC, que prevê que, no caso de litisconsórcio unitário, "os atos e as omissões de um não prejudicarão os outros, mas os poderão beneficiar".

Trata-se aqui de exigência do peculiar direito material em disputa. Por exemplo, uma vez pedida em juízo a invalidação de um contrato, é de rigor uma decisão uniforme para todos os litigantes acerca da validade da avença. Não há como o contrato ser válido para parte dos litigantes, e inválido para outra parte. Assim, uma vez julgada improcedente a demanda de invalidade em primeira instância e interposta apelação por um único autor, o provimento desse recurso para se reconhecer a invalidade do contrato beneficiará todos os seus litisconsortes, mesmo os que não recorreram.

Registre-se que o discrímen para a incidência do *caput* do art. 1.005 do CPC é a unitariedade e não a necessariedade do litisconsórcio. Logo, pouco importa que em determinado processo seja necessária a presença de certas pessoas para a eficácia da sentença – conceito de litisconsórcio necessário do art. 114 do CPC. Se o julgamento *de meritis* puder ser diferente para os sujeitos parciais do processo nessas circunstâncias, o recurso interposto por um dos litisconsortes não aproveitará aos demais. Por exemplo, na ação de usucapião de imóvel, o recurso de um dos confinantes necessariamente trazido para o processo (art. 246, § 3º, do CPC), questionando a titularidade do autor exclusivamente junto às suas divisas, em nada beneficiará os demais litisconsortes passivos.

Observe-se que o *caput* do art. 1.005 do CPC transmite ideia falsa, no sentido de que a regra seria a comunhão dos efeitos dos recursos entre os litisconsortes e a exceção a ausência de comunicação desses efeitos. Na realidade,

---

Processo Civil, v. V, n. 211, p. 381). No mesmo sentido, cf. HUMBERTO THEODORO JÚNIOR, *Curso de direito processual civil*, v. III, n. 745, p. 982-983; FLÁVIO CHEIM JORGE, Comentários ao art. 1.005. In: *Breves comentários ao Novo Código de Processo Civil*, p. 2.231; RICARDO APRIGLIANO, Comentários ao art. 1.005. In: *Código de Processo Civil anotado*, p. 1.558; NELSON NERY JUNIOR e ROSA MARIA DE ANDRADE NERY, *Comentários ao Código de Processo Civil*, p. 2.036; LUIZ RODRIGUES WAMBIER e EDUARDO TALAMINI, *Curso avançado de processo civil*, v. 2, n. 23.8.1, p. 493; ELIE PIERRE EID, *Litisconsórcio unitário: fundamentos, estrutura e regime*, n. 5.7, p. 194; THEOTONIO NEGRÃO, JOSÉ ROBERTO F. GOUVÊA, LUIS GUILHERME A. BONDIOLI e JOÃO FRANCISCO N. DA FONSECA, *Código de Processo Civil e legislação processual em vigor*, 47ª ed., nota 3 ao art. 1.005, p. 909-910, com destaque para os seguintes julgados: STJ, 5ª Turma, RMS 15.354, rel. Min. ARNALDO ESTEVES, j. 26/4/2005, DJ 1/7/2005; STJ, 1ª Turma, REsp 827.935, rel. Min. TEORI ZAVASCKI, j. 15/5/2008, DJ 27/8/2008.

o não aproveitamento do recurso interposto por um litisconsorte é a regra e a extensão dos efeitos é a exceção, dado que o litisconsórcio comum, como o próprio nome sugere, faz-se muito mais presente do que o litisconsórcio unitário. Logo, o que se enuncia no texto legal como regra é a exceção e o que se apresenta como exceção é a regra.[81]

Por fim, consigne-se que a regra do não aproveitamento do recurso interposto por um litisconsorte pode-se fazer presente mesmo em situação de litisconsórcio unitário. É pensar em recurso interposto por apenas um dos réus, com fundamento exclusivamente na sua particular ilegitimidade *ad causam*: uma vez provido esse recurso para excluir o recorrente do processo, o julgamento do tribunal não aproveitará aos demais réus, que permanecerão na relação jurídica processual, vinculados à decisão desfavorável.[82]

61. Segunda exceção: solidariedade passiva e defesa comum

O parágrafo único do art. 1.005 do CPC ocupa-se da segunda situação de quebra do dogma da personalidade do recurso em favor dos litisconsortes, qual seja, a da solidariedade passiva, em que há comunhão de defesa diante do credor. Nos termos do art. 264 do Código Civil, a solidariedade passiva caracteriza-se pela concorrência de devedores obrigados à totalidade de uma dívida. Os arts. 275, *caput*, e 281 do mesmo Código Civil auxiliam na compreensão do fenômeno: "o credor tem direito a exigir e receber de um ou de alguns dos devedores, parcial ou totalmente, a dívida comum", e "o devedor demandado pode opor ao credor as exceções que lhe forem pessoais e as comuns a todos; não lhe aproveitando as exceções pessoais a outro codevedor".

Como se depreende do referido art. 275, a solidariedade passiva consiste em típica hipótese de litisconsórcio facultativo, visto que o credor é livre para escolher qual ou quais dos devedores solidários ele demandará para exigir a dívida comum. Mas não é só. Trata-se aqui também de caso de litisconsórcio comum, e não unitário, pois o exame do *meritum causae* pode levar a resultados distintos, na medida em que as exceções pessoais diante do credor não se comunicam entre os codevedores, consoante revela o mencionado art. 281. Nesse contexto, seria esperável que o recurso interposto por um devedor solidário não beneficiasse o outro, até porque eventual conflito entre decisões distintas para cada um deles seria meramente lógico, e não prático.

Todavia, por opção do legislador, nas hipóteses de solidariedade passiva e defesa comum, estabeleceu-se que "o recurso interposto por um devedor

---

81 Cf. Cândido Dinamarco, *Litisconsórcio*, n. 50, p. 153-154.
82 Cf. Barbosa Moreira, *Comentários ao Código de Processo Civil*, v. V, n. 213, p. 384; Elie Pierre Eid, *Litisconsórcio unitário: fundamentos, estrutura e regime*, n. 5.7, p. 194-195.

aproveitará aos outros" (art. 1.005, parágrafo único, do CPC). É preciso que tanto a solidariedade passiva quanto a comunhão de defesa estejam presentes no processo e no recurso interposto para que este beneficie os devedores inertes. Ausente tal solidariedade ou comunhão, prevalecerá o dogma da personalidade, com o recurso beneficiando exclusivamente o recorrente.

62. Aproveitamento sem prejuízo

Nos casos em que o recurso aproveita aos litisconsortes, o benefício é amplo. Prolonga-se a litispendência, impede-se a execução quando dotado o recurso de eficácia suspensiva,[83] devolve-se também em seu favor a matéria inserida no recurso etc.

Trata-se de aproveitamento sem ônus ou exposição a prejuízo, como anuncia o art. 117 do CPC para os litisconsortes unitários: "os atos e as omissões de um não prejudicarão os outros, mas os poderão beneficiar". O litisconsorte inerte não é obrigado a custear o recurso para dele se beneficiar. Mesmo que não contribua para o seu preparo, ele pode colher os frutos do recurso interposto pelo litisconsorte atuante. Além disso, eventual majoração dos honorários advocatícios nos termos do § 11 do art. 85 não alcança o litisconsorte que não recorreu, ainda que ele pudesse ter se beneficiado do recurso não provido, visto que não foi ele o responsável pelo prolongamento do processo e pelo correlato trabalho advocatício adicional na instância recursal.[84]

> **Art. 1.006.** Certificado o trânsito em julgado, com menção expressa da data de sua ocorrência, o escrivão ou o chefe de secretaria, independentemente de despacho, providenciará a baixa dos autos ao juízo de origem, no prazo de 5 (cinco) dias.

CPC de 1973 – art. 510

63. Certificação e datação do trânsito em julgado

Novidade trazida pelo Código de Processo Civil é a exigência de que o escrivão ou o chefe de secretaria certifique a ocorrência do trânsito em julgado, indicando também a sua data (art. 1.006 do CPC). Essa certificação e datação procuram conferir maior segurança e objetividade no tratamento do

---

[83] "Condenados solidariamente ao pagamento do saldo verificado em ação de prestação de contas, o recurso interposto por um dos réus que veicula argumentos comuns, a ambos aproveita, nos termos do artigo 509, do CPC. Recebida, pois, a apelação interposta por um dos litisconsortes no duplo efeito, não tem espaço a execução provisória, como diz o artigo 521, do CPC" (STJ, 4ª Turma, REsp 635.942-EDcl, rel. Min. Isabel Gallotti, j. 2/8/2012, DJ 9/8/2012).

[84] Cf. Bruno Vasconcelos Carrilho Lopes, "Os honorários recursais no Novo Código de Processo Civil", p. 31.

fenômeno que encaminha o processo para o seu fim, por exemplo, para facilitar o futuro exercício do direito à ação rescisória.

A certificação e a datação levadas a efeito pelo escrivão ou pelo chefe de secretaria em matéria de trânsito em julgado não têm o condão de interferir na sua efetiva ocorrência nem na data desta. O trânsito em julgado independe de ato do escrivão ou do chefe de secretaria para se aperfeiçoar; basta o escoamento *in albis* do prazo para impugnar a última decisão proferida no processo para o seu aperfeiçoamento.

Nesse contexto, a falta da certificação e da datação do trânsito em julgado consiste em inofensiva desobediência ao texto da lei, sem repercussão para o fim do processo. Ademais, eventual equívoco na identificação do momento do trânsito em julgado por parte do escrivão ou do chefe da secretaria não altera a data deste. Entretanto, em situações nas quais se fez presente efetivo erro na datação do trânsito em julgado por funcionário público, órgãos fracionários do Superior Tribunal de Justiça já removeram correlatos obstáculos para a tempestividade da ação rescisória, considerando que a parte não pode ser prejudicada por ter se fiado em ato praticado por pessoa dotada de fé pública.[85]

A certificação e a datação do trânsito em julgado são atos que o escrivão ou chefe de secretaria deve praticar de ofício, independentemente de solicitação do juiz ou de qualquer das partes (art. 152, I e VI, do CPC). Todavia, é preciso cuidado na prática desses atos, evitando atropelos que possam tumultuar o feito. Algumas vezes, as partes contam com prazos distintos para recorrer contra a decisão final do processo e é preciso aguardar o esgotamento de todos esses prazos. Ademais, pode haver situações nebulosas em matéria de admissibilidade de recurso, que, naturalmente, não cabe ao escrivão ou chefe de secretaria enfrentar. Por isso, é recomendável até que se deixe passar algum tempo do momento do trânsito em julgado para ulteriormente certificar a sua ocorrência, com data retroativa. Não há prazo próprio para a certificação e a datação do trânsito em julgado.

64. Baixa dos autos ao juízo de origem

Além da certificação e da datação do trânsito em julgado, incumbe ao escrivão ou chefe de secretaria na sequência encaminhar os autos para o juízo de origem, independentemente de qualquer solicitação do juiz ou das partes

---

[85] Cf. STJ, 2ª Seção, AR 4.374-EDcl, rel. Min. Raul Araújo, j. 8/5/2013, DJ 1/8/2013; STJ, 2ª Turma, REsp 956.978, rel. Min. Mauro Campbell, j. 6/12/2012, DJ 12/12/2012. Porém, a jurisprudência do Superior Tribunal de Justiça não é pacífica a respeito do assunto (cf. Theotonio Negrão, José Roberto F. Gouvêa, Luis Guilherme A. Bondioli e João Francisco N. da Fonseca, *Código de Processo Civil e legislação processual em vigor*, 47ª ed., nota 5 ao art. 975, p. 880-881).

(art. 1.006 c/c art. 152, I e VI, do CPC). Logicamente, se o processo terminou na instância original, sem a apresentação de recurso para outros órgãos julgadores, a baixa dos autos é desnecessária.

Quando necessário, o encaminhamento dos autos para o juízo de origem deve se dar em 5 dias (art. 1.006 do CPC), contados a partir da certificação e da datação do trânsito em julgado, que é o ato imediatamente anterior a cargo do escrivão ou chefe de secretaria (art. 228, I, do CPC).

> **Art. 1.007.** No ato de interposição do recurso, o recorrente comprovará, quando exigido pela legislação pertinente, o respectivo preparo, inclusive porte de remessa e de retorno, sob pena de deserção.
>
> **§ 1º** São dispensados de preparo, inclusive porte de remessa e de retorno, os recursos interpostos pelo Ministério Público, pela União, pelo Distrito Federal, pelos Estados, pelos Municípios, e respectivas autarquias, e pelos que gozam de isenção legal.
>
> **§ 2º** A insuficiência no valor do preparo, inclusive porte de remessa e de retorno, implicará deserção se o recorrente, intimado na pessoa de seu advogado, não vier a supri-lo no prazo de 5 (cinco) dias.
>
> **§ 3º** É dispensado o recolhimento do porte de remessa e de retorno no processo em autos eletrônicos.
>
> **§ 4º** O recorrente que não comprovar, no ato de interposição do recurso, o recolhimento do preparo, inclusive porte de remessa e de retorno, será intimado, na pessoa de seu advogado, para realizar o recolhimento em dobro, sob pena de deserção.
>
> **§ 5º** É vedada a complementação se houver insuficiência parcial do preparo, inclusive porte de remessa e de retorno, no recolhimento realizado na forma do § 4º.
>
> **§ 6º** Provando o recorrente justo impedimento, o relator relevará a pena de deserção, por decisão irrecorrível, fixando-lhe prazo de 5 (cinco) dias para efetuar o preparo.
>
> **§ 7º** O equívoco no preenchimento da guia de custas não implicará a aplicação da pena de deserção, cabendo ao relator, na hipótese de dúvida quanto ao recolhimento, intimar o recorrente para sanar o vício no prazo de 5 (cinco) dias.

CPC de 1973 – arts. 511 e 519

65. Linhas gerais sobre o preparo

O preparo consiste no prévio pagamento das despesas vinculadas ao processamento do recurso. Compreende tudo o que é preciso desembolsar em favor do Estado para a viabilização da pretensão recursal: custas locais, custas federais, porte de remessa e retorno etc. A previsão dessas despesas fica a cargo da "legislação pertinente" (art. 1.007, *caput*, do CPC). Na ausência de lei impondo o pagamento de quantia para a interposição do recurso ou na presença de dispositivo legal liberando o recorrente de qualquer pagamento para tanto, o exercício do poder de recorrer é gracioso.

O porte de remessa e retorno consiste nas despesas especificamente relacionadas com o encaminhamento dos autos do processo do juízo *a quo* para o juízo *ad quem* e a ulterior devolução dos autos deste para aquele. Por se tratar de despesa vinculada ao processamento do recurso, o porte de remessa e retorno naturalmente integra o preparo. Daí acertar o legislador quando continua a falar em "preparo, inclusive porte de remessa e retorno" (art. 1.007, *caput*, do CPC; art. 511, *caput*, do CPC de 1973).

Quando exigido, o preparo é um *requisito extrínseco de admissibilidade* do recurso (*supra*, n. 4). Sua ausência torna o recurso deserto e consequentemente inadmissível, ainda que o recorrido não argua a deserção, pois se trata de tema examinável de ofício. Porém, antes da aplicação da pena de deserção, é sempre dada uma chance ao recorrente para o pagamento das despesas relacionadas com o processamento do recurso ou sua respectiva comprovação. No Código de Processo Civil de 1973, essa chance ficava circunscrita às hipóteses de "insuficiência no valor do preparo" (art. 511, § 2º, do CPC de 1973). Agora, mesmo no caso de absoluta falta do preparo, há oportunidade para se contornar a deserção, desde que se pague dobrado o valor das respectivas despesas (art. 1.007, § 4º, do CPC). E ainda há a possibilidade de provar "justo impedimento" para o tempestivo preparo, que autoriza o tardio custeio do recurso (art. 1.007, § 6º, do CPC), antes apenas em matéria de apelação (art. 519 do CPC de 1973) e atualmente em toda e qualquer modalidade recursal (art. 1.007, § 6º, do CPC de 1973).

Nessas condições, a expressão "sob pena de deserção" está sobrando no final do *caput* do art. 1.007 do CPC, o que é fruto da impensada e literal reprodução no seu texto do *caput* do art. 511 do CPC de 1973. Não há mais imediata pena de deserção para quem não comprova de plano o preparo recursal. Essa pena fica reservada para um segundo momento e apenas para a hipótese de o recorrente não aproveitar a chance que lhe é dada para a superação da deserção (arts. 932, parágrafo único, e 1.007, §§ 2º, 4º e 5º, do CPC). Logo, andaria melhor o legislador se encerrasse o *caput* do art. 1.007 do CPC na expressão "inclusive porte de remessa e de retorno".

66. Comprovação no ato de interposição do recurso

De acordo com o *caput* do art. 1.007 do CPC, a comprovação do preparo recursal deve se dar "no ato de interposição do recurso". Trata-se aqui de comprovação documental. Assim, ao efetuar o prévio pagamento do valor das despesas necessárias para o processamento do recurso, deve o recorrente cuidar de documentá-lo e de anexar o respectivo documento à peça recursal.

A expressão "no ato de interposição do recurso" não comporta interpretação literal e inflexível. Deve ser lida, no mínimo, com o seguinte sentido: *no prazo para a interposição do recurso*. Assim, possibilita-se ao recorrente precoce que deixou de pagar as despesas recursais no ato de interposição fazer esse pagamento ulteriormente, desde que dentro do prazo para recorrer. Isso se coaduna com a possibilidade de emendar o ato processual dentro do respectivo prazo e com o correlato fim da preclusão consumativa no ordenamento jurídico nacional (art. 223 do CPC).[86]

Mas não é só. Desde que o pagamento das despesas relativas ao processamento do recurso tenha sido efetivamente realizado dentro do prazo para recorrer, é de se admitir a sua comprovação ulterior, mesmo após esse prazo.[87] Isso se afina com o comando do art. 932, parágrafo único, do CPC. Afinal, falta aqui mero documento comprobatório do preparo, efetivado no seu devido tempo. Em reforço, a previsão do § 6º do art. 1.007 do CPC quanto ao "justo impedimento" para o preparo alcança o justo impedimento para a prova do preparo, o que não deixa dúvida quanto à possibilidade da comprovação tardia nessas circunstâncias. A prova ulterior do valor recolhido no seu devido tempo não sujeita o recorrente à sanção do recolhimento dobrado (art. 1.007, § 4º, do CPC), que deve ser reservada apenas para o caso de ausência de qualquer pagamento no prazo para recorrer.

A Súmula n. 484 do STJ é um outro fator de flexibilização da expressão "no ato de interposição do recurso": "admite-se que o preparo seja efetuado no primeiro dia útil subsequente, quando a interposição do recurso ocorrer após o encerramento do expediente bancário". Aqui, tolera-se mais do que a comprovação ulterior do preparo; o próprio pagamento tardio das despesas recursais é admitido.

A prova do preparo se faz por meio da exibição da guia de recolhimento devidamente preenchida, sobretudo, com o número do processo, e do respectivo

---

[86] Cf. THEOTONIO NEGRÃO, JOSÉ ROBERTO F. GOUVÊA, LUIS GUILHERME A. BONDIOLI e JOÃO FRANCISCO N. DA FONSECA, *Código de Processo Civil e legislação processual em vigor*, 47ª ed., nota 1 ao art. 223, p. 298.

[87] Cf. BARBOSA MOREIRA, *Comentários ao Código de Processo Civil*, v. V, n. 219, p. 392. Cf. também THEOTONIO NEGRÃO, JOSÉ ROBERTO F. GOUVÊA, LUIS GUILHERME A. BONDIOLI e JOÃO FRANCISCO N. DA FONSECA, *Código de Processo Civil e legislação processual em vigor*, 47ª ed., nota 1a ao art. 1.007, p. 911, com destaque para os seguintes julgados: STJ, 4ª Turma, REsp 346.283, rel. Min. ALDIR PASSARINHO JUNIOR., j. 7/2/2002, DJ 15/4/2002; STJ, 3ª Turma, REsp 867.005, rel. Min. GOMES DE BARROS, j. 9/8/2007, DJ 17/9/2007. Na jurisprudência mais recente do Superior Tribunal de Justiça, cf. ainda STJ, 4ª Turma, Ag em REsp 643.116-AgRg, rel. Min. ISABEL GALLOTTI, j. 17/12/2015, DJ 1/2/2016.

comprovante de pagamento. Admite-se a juntada de cópia desses documentos (art. 424 do CPC)[88] e de informações extraídas a partir de sítio na rede mundial de computadores para fazer prova do preparo. Entretanto, deve-se ter cuidado com prática comum atualmente, qual seja, o agendamento do pagamento de uma conta em data futura, cujo comprovante não tem sido admitido para a prova do preparo.[89]

Por fim, no âmbito do Superior Tribunal de Justiça, é pertinente que o recorrente se guie sempre pelas disposições do art. 4º da Lei n. 11.636/2007 para evitar percalços com o preparo: "o pagamento das custas deverá ser feito em bancos oficiais, mediante preenchimento de guia de recolhimento de receita da União, de conformidade com as normas estabelecidas pela Secretaria da Receita Federal do Ministério da Fazenda e por resolução do presidente do Superior Tribunal de Justiça".

67. Independência entre os recursos

Quando efetua o pagamento das despesas recursais, o recorrente assegura, em regra, o preparo apenas do seu recurso. Os recursos são tratados de forma independente para fins do preparo, de modo que o custeio de um não é suficiente para a admissão do outro ato de insurgência contra a decisão recorrida, mesmo quando se trata de recurso adesivo (*supra*, n. 28).

Todavia, existem disposições especiais em certos diplomas legais que relativizam essa premissa nos casos particulares que regulam. Por exemplo, para os recursos dirigidos ao Superior Tribunal de Justiça, o § 1º do art. 6º da Lei n. 11.636/2007 prevê que, "se houver litisconsortes necessários, bastará que um dos recursos seja preparado para que todos sejam julgados, ainda que

---

88 "No caso dos autos, a deserção da apelação deve ser afastada, haja vista que a parte juntou cópia das guias de recolhimento devidamente preenchidas, constando corretamente os códigos do recolhimento e o número do processo a que se referem. A exigência de juntada dos comprovantes de pagamento originais não consta no art. 511 do CPC, de modo que obstar o prosseguimento do recurso por deserção configura excesso de formalismo" (STJ, 2ª Turma, REsp 1.474.725-AgRg, rel. Min. MAURO CAMPBELL, j. 11/11/2014, DJ 18/11/2014). No mesmo sentido: STJ, 3ª Turma, Ag em REsp 315.449-AgRg, rel. Min. JOÃO OTÁVIO, j. 13/8/2013, DJ 23/8/2013.

89 "Não se pode considerar cumprido o requisito do art. 511 do CPC se não consta dos autos a guia do efetivo pagamento do porte de remessa e retorno do apelo especial, mas tão somente o comprovante do respectivo agendamento, que traz em si a advertência de que não representa a efetiva quitação da transação" (STJ, 1ª Turma, Ag em REsp 162.816-AgRg, rel. Min. SÉRGIO KUKINA, j. 9/4/2013, DJ 15/4/2013). Em sentido semelhante: STJ, 3ª Turma, Ag em REsp 343.904-AgRg, rel. Min. RICARDO CUEVA, j. 21.11.13, DJ 29.11.13.

não coincidam suas pretensões". E o § 2º do mesmo art. 6º estende esse benefício para o assistente.

No âmbito da Justiça Federal, o art. 14 da Lei n. 9.289/1996 prevê, para os "recursos que se processam nos próprios autos" (*caput*), que o pagamento feito por um dos recorrentes beneficia os outros que são "representados pelo mesmo advogado" (§ 5º).

68. Dispensa

Há situações em que a lei permite o processamento do recurso independentemente do pagamento de qualquer despesa, quer por silenciar a respeito, quer por dispor expressamente sobre a correlata isenção. Fala-se, no caso, da dispensa do preparo, orientada por *razões subjetivas*, atreladas à qualidade do recorrente, ou *objetivas*, vinculadas à natureza do próprio recurso ou do processo em que ele é interposto.[90]

No § 1º do próprio art. 1.007 do CPC prevê-se que "são dispensados de preparo, inclusive porte de remessa e de retorno, os recursos interpostos pelo Ministério Público, pela União, pelo Distrito Federal, pelos Estados, pelos Municípios, e respectivas autarquias, e pelos que gozam de isenção legal". Chama-se a atenção aqui para dois acréscimos ao texto legal, em comparação com o § 1º do art. 511 do CPC de 1973: "inclusive porte de remessa e de retorno", para deixar claro que a isenção é da totalidade do preparo, e "pelo Distrito Federal", omitido sem razão pelo Código de Processo Civil de 1973.

Entre as pessoas "que gozam de isenção legal" (art. 1.007, § 1º, do CPC), destaca-se o beneficiário da gratuidade da justiça (art. 98, § 1º, I e VIII, do CPC).

No tocante a razões objetivas para dispensa do preparo, vale mencionar o *caput* do art. 1.023 do CPC, que libera expressamente o embargante do preparo nos embargos de declaração, e o § 2º do art. 1.042 do CPC, que dispensa o agravante do "pagamento de custas e despesas postais" no agravo em recurso especial ou extraordinário.

Na Justiça Federal, há previsão de que "a reconvenção e os embargos à execução não se sujeitam ao pagamento de custas" (art. 7º da Lei n. 9.289/1996). A jurisprudência do Superior Tribunal de Justiça vem estendendo essa isenção das custas para a apelação interposta contra a sentença dos embargos à execução, mas tem pontuado que tal extensão não vale para os recursos subsequentes, notadamente o recurso especial.[91]

---

90 Cf. BARBOSA MOREIRA, *Comentários ao Código de Processo Civil*, v. V, n. 220, p. 393.
91 Cf. THEOTONIO NEGRÃO, JOSÉ ROBERTO F. GOUVÊA, LUIS GUILHERME A. BONDIOLI e JOÃO FRANCISCO N. DA FONSECA, *Código de Processo Civil e legislação processual em*

69. Ainda a dispensa: porte de remessa e retorno em autos eletrônicos

Conforme expresso no novo § 3º do art. 1.007 do CPC, "é dispensado o recolhimento do porte de remessa e de retorno no processo em autos eletrônicos". Nada mais natural. O encaminhamento e a devolução dos autos do processo eletrônico são igualmente eletrônicos, sem qualquer custo.

Aliás, o § 3º do art. 1.007 do CPC sugere mais um anacronismo anunciado (*supra*, n. 51): com a implantação por completo do processo totalmente eletrônico, não fará mais sentido cogitar da dispensa do porte de remessa e retorno. É que, quando chegado esse momento, não fará mais sentido cogitar do próprio porte de remessa e retorno. Nessas condições, o novo § 3º já nasce velho.

70. Insuficiência

Consoante disposto no § 2º do art. 1.007 do CPC, "a insuficiência no valor do preparo, inclusive porte de remessa e de retorno, implicará deserção se o recorrente, intimado na pessoa de seu advogado, não vier a supri-lo no prazo de 5 (cinco) dias". Confronto com o § 2º do art. 511 do CPC de 1973 revela duas inserções no texto legal: "inclusive porte de remessa e de retorno", para deixar claro que a insuficiência se refere a qualquer verba que integra o preparo, e "na pessoa de seu advogado", para esclarecer que o destinatário da comunicação de pagamento complementar é o patrono da parte, ainda que seja esta a responsável pelo pagamento.

O § 2º do art. 1.007 do CPC circunscreve-se à hipótese de insuficiência do preparo, pressupondo para a sua incidência prova de algum desembolso prévio pelo recorrente. Não se aplica para o caso de ausência absoluta do preparo, disciplinado pelos §§ 4º e 5º do art. 1.007 do CPC.

Na hipótese de o preparo ser composto por verbas de naturezas distintas (por exemplo, custas locais e porte de remessa e retorno), é caso de insuficiência do preparo, e não de ausência deste, o pagamento do valor relativo a uma dessas verbas (por exemplo, custas locais) e a falta de qualquer pagamento no que diz respeito a outra delas (por exemplo, porte de remessa e retorno). As verbas que compõem o preparo devem ser consideradas no seu conjunto, e

---

vigor, 47ª ed., nota 2a ao art. 1.007, p. 912, com destaque para os seguintes julgados: STJ, 1ª Turma, REsp 760.477, rel. Min. TEORI ZAVASCKI, j. 5/8/2008, DJ 18/8/2008; STJ, 2ª Turma, REsp 193.711, rel. Min. JOÃO OTÁVIO, j. 17/2/2005, DJ 23/5/2005; STJ, 2ª Turma, AI 1.403.116-EDcl-AgRg-AgRg, rel. Min. MAURO CAMPBELL, j. 22/11/2011, DJ 1/12/2011; STJ, 1ª Turma, Ag em REsp 68.467-AgRg, rel. Min. ARI PARGENDLER, j. 5/3/2013, DJ 12/3/2013.

basta que uma delas tenha sido tempestivamente paga, ainda que parcialmente, para se estar diante de situação de insuficiência.[92]

É única a chance dada pelo legislador para a superação da insuficiência do preparo. Se o recorrente falha novamente no pagamento complementar, incide a pena de deserção.[93] Porém, isso não impede a invocação do § 6º do art. 1.007 do CPC pelo recorrente justamente impedido de efetuar o pagamento complementar, com a consequente assinatura de novo prazo de cinco dias para a complementação.

71. Ausência

De acordo com o inovador § 4º do art. 1.007 do CPC, "o recorrente que não comprovar, no ato de interposição do recurso, o recolhimento do preparo, inclusive porte de remessa e de retorno, será intimado, na pessoa de seu advogado, para realizar o recolhimento em dobro, sob pena de deserção".

Como já anunciado, não há mais instantânea pena de deserção para o recorrente, que sempre conta com uma chance para custear tardiamente o recurso, ainda que não tenha feito qualquer pagamento prévio (*supra*, n. 65). Porém, quando não faz qualquer pagamento num primeiro momento, não basta para o recorrente simplesmente pagar o valor originalmente devido para o processamento do recurso; ele tem que desembolsar o dobro desse valor, se tenciona contornar o obstáculo da deserção (art. 1.007, § 4º, do CPC). Eis a grande diferença daqui por diante entre as hipóteses de ausência e insuficiência do preparo: enquanto no caso de recolhimento insuficiente o valor do preparo não se altera, no caso de ausência de recolhimento prévio, o valor do preparo é dobrado.

O texto do § 4º do art. 1.007 do CPC não pode ser tomado ao pé da letra quando fala em "não comprovar, no ato de interposição do recurso, o recolhimento do preparo" nem pode ser lido de forma isolada, sobretudo, sem considerar o art. 932, parágrafo único, do CPC. Como já dito, admite-se a prova ulterior do preparo tempestivo, quer no prazo para recorrer, quer quando já esgotado este (*supra*, n. 66). Assim, é para a hipótese de ausência absoluta do pagamento das despesas recursais no prazo para recorrer, e não de mera falta de comprovação, que fica reservada a pena do recolhimento dobrado.

---

92 Nesse sentido: STJ, Corte Especial, REsp 844.440, rel. Min. Antonio Ferreira, j. 6/5/2015, DJ 11/6/2015.
93 Nesse sentido: STJ, 3ª Turma, AI 916.532-AgRg, rel. Min. Sidnei Beneti, j. 20/5/2008, DJ 16/6/2008.

Nesse cenário, quando diante de recurso desacompanhado de qualquer comprovante do preparo, deve o juiz intimar o recorrente, na pessoa do seu advogado, para, no prazo de 5 dias, comprovar o preparo tempestivo (art. 932, parágrafo único, do CPC) ou recolher dobrado o seu respectivo valor (art. 1.007, § 4º, do CPC).

Malgrado silente o legislador no § 4º do art. 1.007 do CPC, o prazo para o recolhimento dobrado é de cinco dias, quer por aplicação do § 3º do art. 218 do CPC, quer por analogia com os §§ 2º e 6º do mesmo art. 1.007.

Assim como não se tolera falha no recolhimento complementar do preparo insuficiente, não se admite erro no pagamento dobrado das despesas recursais (*supra*, n. 70). Dá-se apenas uma chance ao recorrente, e não duas, para contornar o obstáculo da deserção. É o que se infere do § 5º do art. 1.007 do CPC, que dispõe não existir oportunidade para complementação do pagamento dobrado feito em valor menor do que o efetivamente devido. Porém, também a exemplo do que se admite para a complementação do preparo insuficiente, igualmente se tolera que o recorrente invoque o "justo impedimento" do § 6º do art. 1.007 do CPC para a não realização do pagamento dobrado no seu devido tempo, com a consequente assinatura de novo prazo de 5 dias para tanto (*supra*, n. 70).

72. Justo impedimento

No § 6º do art. 1.007 do CPC prevê-se que, "provando o recorrente justo impedimento, o relator relevará a pena de deserção, por decisão irrecorrível, fixando-lhe prazo de cinco dias para efetuar o preparo". O justo impedimento de que se cogita aqui traduz-se pela justa causa descrita no § 1º do art. 223 do CPC: "considera-se justa causa o evento alheio à vontade da parte e que a impediu de praticar o ato por si ou por mandatário". No caso, por razões alheias à sua vontade, o recorrente se vê impedido de tempestivamente pagar ou comprovar o pagamento das despesas recursais e é autorizado a ulteriormente fazer o pagamento ou a sua prova.

O preparo efetuado nos termos do § 6º do art. 1.007 do CPC é simples, e não dobrado. A existência do justo impedimento inibe a dobra nesse momento. Além disso, esse justo impedimento não retira do recorrente a chance que o legislador disponibiliza para ulterior contorno do obstáculo da deserção. Assim, se o preparo tardio em razão do justo impedimento for insuficiente, garante-se ao recorrente o direito de complementá-lo (art. 1.007, § 2º, do CPC); se não realizado no quinquídio do § 6º do art. 1.007, assegura-se a possibilidade do recolhimento dobrado (art. 1.007, § 4º, do CPC). Outrossim, a prévia arguição do justo impedimento não impede que, sobrevindo novo justo impedimento no curso do quinquídio assinado para a realização do preparo, o recorrente novamente invoque o § 6º do art. 1.007 em seu favor, para que lhe seja assinado novo prazo de cinco dias para o custeio do recurso.

Quando arguido o justo impedimento, deve o juiz ouvir o recorrido antes de deliberar a respeito, em atenção à garantia constitucional do contraditório (art. 5º, LV, da CF). A subsequente decisão do relator a respeito, conquanto irrecorrível, expõe-se desde logo a embargos de declaração, e é provisória, pois a matéria se sujeita ao ulterior exame do órgão colegiado por ocasião do julgamento do recurso. Se o relator entende que não há justo impedimento, deve intimar o recorrente para o recolhimento dobrado, nos termos do § 4º do art. 1.007 do CPC; reconhecendo o órgão colegiado ulteriormente a existência do justo impedimento, determina-se a devolução do dinheiro pago a mais pelo recorrente. Doutra parte, se o relator releva a pena de deserção e o órgão colegiado vem a entender que, na verdade, inexistia justo impedimento, este deve intimar o recorrente para o preparo dobrado, também nos termos do § 4º do art. 1.007 do CPC, mas considerando o valor já recolhido por determinação do relator.

No caso da apelação e do recurso ordinário, debates a respeito do justo impedimento ficam reservados para o tribunal *ad quem*, visto que não há no juízo *a quo* espaço para exame da admissibilidade do recurso (arts. 1.010, § 3º, e 1.028, *caput* e § 3º, do CPC).

73. Equívoco no preenchimento da guia de custas

Alinhado com a diretriz de superação de obstáculos ao julgamento *de meritis*, inclusive na instância recursal (art. 932, parágrafo único, do CPC), o § 7º do art. 1.007 do CPC dispõe: "o equívoco no preenchimento da guia de custas não implicará a aplicação da pena de deserção, cabendo ao relator, na hipótese de dúvida quanto ao recolhimento, intimar o recorrente para sanar o vício no prazo de 5 (cinco) dias".

Nessas condições, defeitos no preenchimento da guia de custas que não afetem a comprovação do preparo devem ser simplesmente ignorados pelo julgador, sem qualquer interferência na admissão do recurso. Apenas os vícios que coloquem em xeque a efetivação do preparo é que merecem atenção do julgador. Entre esses vícios, encontra-se, por exemplo, imperfeição na identificação do processo a que diz respeito a guia de custas, geradora de dúvida sobre a relação entre o recurso por julgar e o prévio pagamento efetuado. Aqui, deve o relator intimar o recorrente para em cinco dias prestar esclarecimentos e, se necessário e possível, sanar o vício. Se o vício persistir após esse prazo, deve o relator seguir de acordo com os §§ 2º e 4º do art. 1.007 do CPC.

Art. 1.008. O julgamento proferido pelo tribunal substituirá a decisão impugnada no que tiver sido objeto de recurso.

CPC de 1973 – art. 512

74. Efeito substitutivo

A substituição da decisão recorrida pelo pronunciamento do tribunal por ocasião do julgamento do recurso remete ao efeito substitutivo deste. Esse efeito substitutivo tem como necessário passo antecedente a cassação da decisão impugnada. Por sua vez, a cassação da decisão recorrida depende, no mínimo, do conhecimento do recurso, que se condiciona à presença de todos os requisitos de admissibilidade (*supra*, n. 4). Se o recurso não é conhecido, ainda que pela falta de um único requisito de admissibilidade, não há cassação e muito menos substituição da decisão recorrida; esta subsiste tal qual proferida e nada além do juízo de admissibilidade negativo é objeto de pronunciamento na instância recursal, mesmo que haja algum outro tema cognoscível de ofício ou de ordem pública.

Mas não é só. Para que haja a substituição da decisão impugnada pelo pronunciamento do tribunal no julgamento do recurso é preciso mais do que o conhecimento deste e a cassação daquela. É preciso uma coincidência de objeto entre a decisão impugnada e o pronunciamento do tribunal na instância recursal, que faça este ocupar o exato lugar daquela, com o mesmo papel e propósito, fato ordinariamente verificado nos casos em que o recurso se funda em *error in judicando*, isto é, na má interpretação ou aplicação do direito ou na equivocada apreciação dos fatos. Nas hipóteses de *error in procedendo*, em que o tribunal se limita no exame do recurso a reconhecer um vício de atividade, simplesmente cassando a decisão recorrida, sem colocar outro pronunciamento no preciso lugar ocupado por esta, não se verifica a produção do efeito substitutivo.[94]

Com o propósito de assegurar a tempestividade na prestação da atividade jurisdicional, o legislador previu já no Código de Processo Civil de 1973 a possibilidade de o tribunal avançar diretamente no exame do *meritum causae* por ocasião da reforma da sentença terminativa no julgamento da apelação (art. 515, § 3º, do CPC de 1973). Agora, além dessa possibilidade, preservada no inciso I do § 3º do art. 1.013 do CPC, o julgamento direto do *meritum causae* pelo tribunal foi estendido pelo legislador para certas hipóteses de *error in pro-*

---

[94] Cf. BARBOSA MOREIRA, *Comentários ao Código de Processo Civil*, v. V, n. 149, 222 e 228, p. 269, 396-398 e 404-405; HUMBERTO THEODORO JÚNIOR, *Curso de direito processual civil*, v. III, n. 760, p. 1.005-1.006.

cedendo (art. 1.013, § 3º, II a IV, do CPC). Isso faz com que, excepcionalmente, um recurso fundado apenas em *error in procedendo* conduza a prolação de um pronunciamento judicial substitutivo da decisão recorrida.

Em regra, a produção do efeito substitutivo fica condicionada tão somente ao conhecimento de um recurso fundado em *error in judicando*, com a conatural cassação da decisão recorrida. Não é preciso que se dê provimento ao recurso para que se opere a substituição da decisão impugnada, isto é, não é preciso que o tribunal *ad quem* julgue em sentido diverso do juízo *a quo* para que se produza o efeito substitutivo. Mesmo que o tribunal se pronuncie na instância recursal para simplesmente ratificar os termos da decisão recorrida, sem sequer agregar argumentos novos para o deslinde da questão reexaminada, a substituição acontece. É o pronunciamento do tribunal no julgamento do recurso que passa a regular tal questão e a balizar o desfecho do processo; a decisão recorrida simplesmente desaparece do cenário fático-jurídico.

A correta identificação do fenômeno da substituição da decisão impugnada é essencial para compreender a que pronunciamento as partes estão sujeitas no encerramento do processo. É o último julgamento *de meritis* para cada pretensão deduzida em juízo que baliza o deslinde da causa e as correlatas atividades voltadas à sua efetiva satisfação. Também é contra esse último julgamento *de meritis* que se deve voltar a ação rescisória.

75. Simples cassação da decisão substitutiva

Considerando que no sistema recursal nacional há mais de uma instância, pode acontecer de a decisão proferida no julgamento de um recurso ser simplesmente cassada por ocasião da apreciação de um recurso subsequente, sem que se emita um outro pronunciamento para ocupar o seu lugar. Nessas circunstâncias, a simples cassação da decisão recursal alcança também a aptidão desta para cassar o pronunciamento originalmente impugnado, que, assim, é repristinado.[95]

76. Substituição proporcional à impugnação

As dimensões dadas ao recurso balizam o seu efeito substitutivo. Considerando que "a decisão pode ser impugnada no todo ou em parte" (art. 1.002 do CPC), o recorrente conta com significativa liberdade para selecionar os capítulos decisórios que serão atacados por seu recurso (*supra*, n. 45). Na medida

---

95 Cf. BARBOSA MOREIRA, *Comentários ao Código de Processo Civil*, v. V, n. 225, p. 400.

dessa seleção é que se dará a substituição da decisão recorrida, desde que conhecido o recurso fundado em *error in judicando*.[96]

Lembre-se de que razões de ordem objetiva e subjetiva acabam ampliando as dimensões do recurso, independentemente da vontade do recorrente e dos sujeitos parciais inertes. São exemplos delas a extensão do recurso para os *capítulos decisórios dependentes* do que foi objeto de impugnação e o aproveitamento do recurso pelos litisconsortes unitários e pelos devedores solidários com defesa comum diante do credor que não recorrem (art. 1.005 do CPC). Nessas condições, a substituição resultante do conhecimento do recurso fundado em *error in judicando* espraia-se também para as parcelas do julgado extraordinariamente alcançadas pela impugnação.

No caso de impugnação parcial contra decisão final, os capítulos decisórios não compreendidos pelo recurso não só ficam apartados do efeito substitutivo que vier a ser produzido, mas também ficam desde logo cobertos pela coisa julgada. O pronunciamento do tribunal por ocasião do julgamento do recurso não produz qualquer efeito com relação a esses capítulos.

CAPÍTULO II
DA APELAÇÃO

Art. 1.009. Da sentença cabe apelação.

§ 1º As questões resolvidas na fase de conhecimento, se a decisão a seu respeito não comportar agravo de instrumento, não são cobertas pela preclusão e devem ser suscitadas em preliminar de apelação, eventualmente interposta contra a decisão final, ou nas contrarrazões.

§ 2º Se as questões referidas no § 1º forem suscitadas em contrarrazões, o recorrente será intimado para, em 15 (quinze) dias, manifestar-se a respeito delas.

§ 3º O disposto no *caput* deste artigo aplica-se mesmo quando as questões mencionadas no art. 1.015 integrarem capítulo da sentença.

CPC de 1973 – art. 513

77. Linhas gerais sobre a apelação e seu cabimento

Como se infere do *caput* do art. 1.009 do CPC, a apelação é o recurso predisposto pelo legislador para a impugnação da sentença. Considerando que a sentença permanece vinculada ao momento de exaurimento da controvérsia, quer na fase cognitiva, quer na execução (art. 203, § 1º, do CPC), a apelação

---

[96] Cf. Barbosa Moreira, *Comentários ao Código de Processo Civil*, v. V, n. 223, p. 398.

também permanece como o recurso concebido para um amplo reexame da causa. Trata-se do recurso por excelência, no qual se pode invocar qualquer tipo de erro para a cassação ou a reforma da sentença e no qual pode haver larga investigação dos requisitos de admissibilidade do julgamento do mérito, inclusive de ofício, respeitados os lindes do efeito devolutivo do apelo.

A amplitude da reapreciação da causa na apelação foi relativizada pela autorização legislativa para o fracionamento no julgamento do mérito. Com o julgamento antecipado parcial do mérito, previsto no art. 356 do CPC, pode acontecer de parte mais substancial do *meritum causae* ser julgada antes do momento em que se exaure a controvérsia. Nessas circunstâncias, reexame maior da causa acontece no agravo de instrumento cabível contra o substancioso julgamento parcial *de meritis* (arts. 356, § 5º, e 1.015, II, do CPC).

Esse estado de coisas sugere reflexão, associada às facilidades de encaminhamento, duplicação e acesso ao conteúdo dos processos em autos eletrônicos, bem como à persistente dificuldade de se identificar a natureza de certos pronunciamentos judiciais. Referidas facilidades possibilitam que o tribunal recursal tenha contato com todos os elementos do processo sem que os autos deste saiam do juízo de origem. Nessas condições, o recurso é indiferente para a marcha do procedimento.

Doutra parte, os conceitos de sentença e de decisão interlocutória presentes no Código de Processo Civil são insuficientes para a rotulação de determinados pronunciamentos judiciais. Conforme o § 1º do art. 203 do CPC, "ressalvadas as disposições expressas dos procedimentos especiais, sentença é o pronunciamento por meio do qual o juiz, com fundamento nos arts. 485 e 487, põe fim à fase cognitiva do procedimento comum, bem como extingue a execução". O subsequente § 2º do art. 203 do CPC pouco contribui, por definir decisão interlocutória meramente por exclusão: "decisão interlocutória é todo pronunciamento judicial de natureza decisória que não se enquadre no § 1º".

É verdade que se percebe avanço no conceito legal de sentença, comparando os arts. 203, § 1º, do CPC e 162, § 1º, do CPC de 1973, este na redação dada pela Lei n. 11.232/2005. Aquele reforça critério topológico enfraquecido por este,[97] resgatando vinculação expressa da sentença a atos de encerramento, quer das atividades cognitivas, quer das atividades executivas, o que confere maior objetividade e uniformidade ao conceito. Assim, não pairam mais dúvidas, por

---

97 A Lei n. 11.232/2005 retirara do § 1º do art. 162 a expressão "põe termo ao processo" para colocar no seu lugar a ideia de implicar "alguma das situações previstas nos arts. 267 e 269 desta Lei".

exemplo, sobre a natureza dos atos que se limitam a excluir um sujeito parcial do processo ou a isoladamente julgar a denunciação da lide ou a reconvenção: consistem em decisão interlocutória, visto que não marcam o fim das atividades cognitivas ou executivas, embora impliquem situação prevista nos arts. 485 ou 487 do CPC, e são recorríveis por agravo de instrumento (art. 1.015, II e VII, do CPC).

Todavia, na ação de exigir contas, existe dúvida objetiva sobre a natureza do pronunciamento que reconhece o dever de prestar contas. No Código de Processo Civil de 1973, tal pronunciamento era rotulado como sentença (art. 915, § 2º, do CPC de 1973). Agora, esse pronunciamento é tratado simplesmente como decisão (art. 550, § 5º, do CPC). O que quis o legislador aqui? Ao não falar mais em sentença, tencionou conferir *status* de decisão interlocutória a tal pronunciamento? Ou preservou o *status* de sentença, ainda que sem o nome anterior? Observe-se que o § 4º do art. 550 do CPC manda observar o art. 355 do CPC quando o réu não contestar a ação de exigir contas, isto é, manda o juiz proferir "sentença com resolução de mérito", e que, num processo em que se pede apenas a prestação de contas, a decisão que julga esse pedido esgota o exame da pretensão formulada na petição inicial. Porém, a omissão da palavra "sentença", antes constante do correspondente texto legal, não é desprezível.

Mais uma dúvida objetiva faz-se presente, agora na ação de dissolução parcial de sociedade, no tocante à decisão que decreta a dissolução. Conforme o *caput* do art. 603 do CPC, "havendo manifestação expressa e unânime pela concordância da dissolução, o juiz a decretará, passando-se imediatamente à fase de liquidação". Esse decreto não recebe qualquer rótulo do legislador. Ele parece encerrar uma fase do procedimento, mas não esgota as atividades cognitivas, que se estendem para a apuração dos haveres. Trata-se então de decisão interlocutória ou de sentença? Por sua vez, o § 2º do mesmo art. 603 dispõe que, "havendo contestação, observar-se-á o procedimento comum, mas a liquidação da sentença seguirá o disposto neste Capítulo". A fase cognitiva do procedimento comum encerra-se por sentença (art. 203, § 1º, do CPC), mas a cognição no caso somente terminará com a liquidação. Mais uma vez, pergunta-se: qual é a natureza da decisão que decreta a dissolução parcial de uma sociedade, seguida de ulterior liquidação? E adiciona-se mais uma pergunta: qual é a natureza da decisão que julga tal liquidação?

Essa segunda pergunta remete a outra dúvida objetiva, relacionada com a natureza da decisão que liquida toda e qualquer sentença condenatória ao pagamento de quantia ilíquida, nos termos dos arts. 509 e segs. do CPC. Não há mais no Código de Processo Civil dispositivo com o teor do art. 475-H do

CPC de 1973, no sentido de que "da decisão de liquidação caberá agravo de instrumento". Ademais, a rigor, nos casos em que a sentença é ilíquida, é o pronunciamento que julga a liquidação o ato que encerra as atividades eminentemente voltadas à cognição. E a *liquidação pelo procedimento comum*, como o próprio nome diz, segue as regras estabelecidas para tal procedimento (art. 511 do CPC), entre as quais se encontra o art. 355 do CPC, no sentido de que o juiz julgue antecipadamente o mérito em certas circunstâncias, "proferindo sentença". Fica então a pergunta: quis o legislador conferir natureza de sentença ao pronunciamento que julga a liquidação? Ou quis tratá-lo como decisão interlocutória? Não há no Código de Processo Civil elementos seguros para a resposta a essas perguntas.

Dito tudo isso, retorna-se à sugerida reflexão, com mais uma pergunta: não teria sido o caso de o legislador instituir um recurso único contra as decisões de primeira instância, em que se pudesse amplamente reexaminar a decisão recorrida, independentemente de se tratar de decisão interlocutória ou sentença?[98] A consolidação dos processos em autos eletrônicos reforçará uma resposta positiva a essa indagação, colocando em evidência o já apontado equívoco na escolha do momento para a elaboração de um novo Código de Processo Civil, em plena transição do processo em autos de papel para o processo em autos eletrônicos (*supra*, n. 51).

De todo modo, *legem habemus*: o legislador insistiu na dicotomia *apelação* e *agravo de instrumento* e ela deve ser respeitada no momento de se impugnar uma decisão de primeira instância. Entretanto, como demonstrado, persistem situações de dúvida objetiva na identificação da natureza de certos pronunciamentos judiciais, que dificultam a eleição do recurso a ser interposto contra eles, razão pela qual se faz aplicável aqui o *princípio da fungibilidade*, a fim de que se conheça da apelação interposta no lugar do agravo de instrumento cabível, e vice-versa (*supra*, n. 10).

78. Decisões interlocutórias não agraváveis

De acordo com o § 1º do art. 1.009 do CPC, "as questões resolvidas na fase de conhecimento, se a decisão a seu respeito não comportar agravo de instrumento, não são cobertas pela preclusão e devem ser suscitadas em preliminar de apelação, eventualmente interposta contra a decisão final, ou nas contrarrazões".

---

[98] Foi o que aconteceu em Portugal, com a extinção do agravo e a designação da apelação para a impugnação tanto "da decisão, proferida em 1ª instância, que ponha termo à causa" (art. 644º, n. 1, alínea *a*, do CPC português) quanto de certas "decisões do tribunal de 1ª instância" (art. 644º, n. 2, do CPC português).

Para a compreensão do § 1º do art. 1.009 do CPC, é preciso lembrar que o legislador instituiu regime de recorribilidade taxativa das decisões interlocutórias: a insurgência imediata contra elas por agravo de instrumento somente é autorizada quando existe lei nesse sentido (art. 1.015 do CPC). Quando não há lei prevendo a possibilidade de agravo de instrumento, impugnações às decisões interlocutórias ficam postergadas para o momento da apelação e são embutidas no próprio apelo ou nas respectivas contrarrazões.

Para a viabilidade de debates futuros em torno de uma decisão interlocutória, é preciso que ela não esteja coberta por qualquer forma de preclusão. Assim, se contra a decisão cabia agravo de instrumento e este não foi interposto, a regra é a inadmissibilidade da veiculação da matéria correspondente em preliminar de apelação ou nas respectivas contrarrazões.

Note-se que há certos temas que o legislador em alguma medida imuniza contra a preclusão, como a "matéria constante dos incisos IV, V, VI e IX" do art. 485 do CPC, cognoscível de ofício "em qualquer tempo e grau de jurisdição, enquanto não ocorrer o trânsito em julgado" (art. 485, § 3º, do CPC), o que reforça a viabilidade da sua invocação por ocasião da apelação. Aliás, ainda quando silentes o recorrente e o recorrido acerca de tal matéria nas suas peças dirigidas à instância recursal, seu enfrentamento pode ter lugar no tribunal.

O veículo para conduzir à instância recursal matéria objeto de prévia decisão interlocutória comporta algumas observações. A apelação adesiva também se presta para a preliminar invocação de matéria previamente decidida pelo juiz no curso do procedimento e não coberta pela preclusão, mesmo que o recorrente adesivo não responda ao recurso principal. A apelação não deixa de ser apelação porque interposta adesivamente.

O agravo de instrumento também pode (*rectius*: deve) ser esse veículo para a condução à instância recursal de questão previamente decidida, quando interposto contra a decisão que julga parte do mérito, nos termos do art. 356 do CPC. Afinal, é nessa oportunidade que devem ser colocadas em discussão as questões prévias relacionadas com a parcela do *meritum causae* já julgada. Na futura apelação contra a sentença que esgota o exame da causa, somente poderão ser levadas para o tribunal questões prévias relacionadas com esse último julgamento *de meritis*. Aliás, lembre-se de que as pretéritas decisões fatiadas de mérito transitam em julgado se não impugnadas ou encerrada a respectiva instância recursal, e esse fenômeno pode já estar consolidado quando a apelação interposta no processo vier a ser julgada, o que inviabiliza debates a seu respeito no tribunal recursal. Por tudo isso, quando julgado parcialmente o mérito com apoio no art. 356 do CPC, é em preliminar do agravo de instrumento previsto no § 5º desse art. 356 ou nas respectivas contrarrazões que se devem invocar as questões prévias relacionadas com a fatia do *meritum causae* já julgada.[99]

O fato de as contrarrazões servirem de veículo para conduzir ao tribunal matéria objeto de decisão interlocutória não a transforma em recurso.[100] As contrarrazões continuam sendo mera resposta ao recurso apresentado pelo adversário, incapaz de sozinha levar adiante a relação jurídica processual. Se a parte conquistou em primeira instância tudo o que podia obter no processo, ela sequer tem interesse em recorrer (*supra*, n. 19). Já se a sua conquista não teve toda essa amplitude, o caso não é de meras contrarrazões, mas sim de recurso.

Por isso, quando um recurso não é provido e o tribunal simplesmente mantém o resultado do julgamento em primeira instância, a questão prévia veiculada nas contrarrazões tende a ficar em segundo plano. Todavia, quando o tribunal se vê na iminência de alterar o prévio deslinde da causa, o exame dessa questão é obrigatório na instância recursal.

Por fim, as decisões interlocutórias não agraváveis que lesem ou ameacem lesar irremediavelmente direito líquido e certo da parte, sendo inócuos ulteriores debates a respeito em sede de apelação, expõem-se a mandado de segurança (*infra*, n. 111).[101] É pensar, por exemplo, em decisão interlocutória que indefere a produção de uma prova ameaçada de perecimento: de anda adiantará discutir ulteriormente a utilidade de uma prova que anteriormente desapareceu.

---

99   Cf. PEDRO MIRANDA DE OLIVEIRA, "O regime especial do agravo de instrumento contra decisão parcial (com ou sem resolução de mérito)", p. 191-192.
100 Cf. RODRIGO BARIONI, "Preclusão diferida, o fim do agravo retido e a ampliação do objeto da apelação no novo Código de Processo Civil", p. 275-276; MANOEL CAETANO FERREIRA FILHO, Comentários ao art. 1.009. In: *Código de Processo Civil anotado*, p. 1.567. Todavia, enxergando natureza recursal nas contrarrazões nessas circunstâncias: HUMBERTO THEODORO JÚNIOR, *Curso de direito processual civil*, v. III, n. 783, p. 1.039; ROGÉRIO LICASTRO TORRES DE MELLO, Comentários ao art. 1.009. In: *Breves comentários ao Novo Código de Processo Civil*, p. 2.236-2.237; ALEXANDRE FREITAS CÂMARA, Comentários ao art. 1.009. In: *Comentários ao Novo Código de Processo Civil*, p. 1.506; DANIEL AMORIM ASSUMPÇÃO NEVES, *Novo Código de Processo Civil comentado*, p. 1.667; LUIZ RODRIGUES WAMBIER e EDUARDO TALAMINI, *Curso avançado de processo civil*, v. 2, n. 24.2, p. 515; FREDIE DIDIER JÚNIOR e LEONARDO CARNEIRO DA CUNHA, *Curso de direito processual civil*, v. 3, p. 197-198.
101 Cf. RODRIGO BARIONI, "Preclusão diferida, o fim do agravo retido e a ampliação do objeto da apelação no novo Código de Processo Civil", p. 273; LEONARDO GRECO, *Instituições de processo civil*, v. III, n. 7.2, p. 149; LUIZ RODRIGUES WAMBIER e EDUARDO TALAMINI, *Curso avançado de processo civil*, v. 2, n. 25.1, p. 542-543.

79. Contraditório em torno da questão prévia

Sempre que uma das partes reaviva ulteriormente no processo matéria objeto de decisão interlocutória prévia, é preciso permitir a reação dos seus adversários, em razão da garantia constitucional do contraditório (art. 5º, LV, da CF). Quando isso acontece no recurso de apelação, na apelação adesiva e no agravo de instrumento previsto no § 5º do art. 356 do CPC, o espaço para reação naturalmente se abre com a intimação do recorrido para responder ao recurso (arts. 1.010, §§ 1º e 2º, e 1.019, II, do CPC).

Todavia, quando o tema da decisão interlocutória é ressuscitado em contrarrazões, esse espaço não se abre naturalmente. Afinal, não é ordinariamente programada no processo qualquer fala do apelante após a resposta do apelado. Por isso, cuida o legislador de prever no § 2º do art. 1.009 do CPC que, uma vez ventilada questão prévia pelo recorrido em contrarrazões, "o recorrente será intimado para, em 15 (quinze) dias, manifestar-se a respeito delas".

80. Questão prévia e princípio da unicidade

O § 3º do art. 1.009 do CPC prevê que, quando a sentença também resolver alguma questão prévia juntamente com o exaurimento da fase cognitiva ou com a extinção da execução, a decisão acerca dessa questão deve ser impugnada por meio de apelação. Logo, para a escolha do recurso cabível nessas condições não interessa o assunto que se discute, mas sim a natureza do pronunciamento que dele trata. Ainda que se decida recorrer apenas para debater a questão prévia enfrentada pela sentença, o recurso a ser interposto é a apelação. Além disso, tencionando a parte recorrer tanto contra o julgamento da causa ou a extinção da execução quanto contra o enfrentamento da questão prévia pela sentença, o recurso a ser interposto é um só: apelação. Não se cogita aqui da duplicidade de recursos: agravo para a impugnação da questão prévia e apelação para a impugnação do julgamento da causa ou da extinção da execução. É o que impõe o *princípio da unicidade* (*supra*, n. 10).

Na mesma linha, o § 5º do art. 1.013 do CPC dispõe: "o capítulo da sentença que confirma, concede ou revoga a tutela provisória é impugnável na apelação".

> **Art. 1.010.** A apelação, interposta por petição dirigida ao juízo de primeiro grau, conterá:
> I – os nomes e a qualificação das partes;
> II – a exposição do fato e do direito;
> III – as razões do pedido de reforma ou de decretação de nulidade;
> IV – o pedido de nova decisão.
> § 1º O apelado será intimado para apresentar contrarrazões no prazo de 15 (quinze) dias.

§ 2º Se o apelado interpuser apelação adesiva, o juiz intimará o apelante para apresentar contrarrazões.

§ 3º Após as formalidades previstas nos §§ 1º e 2º, os autos serão remetidos ao tribunal pelo juiz, independentemente de juízo de admissibilidade.

CPC de 1973 – arts. 514 e 518

81. Regularidade formal

O *caput* do art. 1.010 do CPC ocupa-se dos requisitos para a regularidade formal da apelação. Muito do que está dito aqui se aplica para a generalidade dos recursos e deveria estar alocado no capítulo destinado às suas disposições gerais.

O primeiro requisito que se extrai do *caput* do art. 1.010 do CPC consubstancia-se na apresentação de uma "petição dirigida ao juízo de primeiro grau". Como toda petição endereçada a processo regido pelo Código de Processo Civil, deve ser apresentada por escrito, em língua portuguesa (art. 192 do CPC) e ser subscrita por advogado regularmente constituído nos autos (arts. 133 da CF, 103 do CPC e 1º e segs. da Lei n. 8.906/1994). Para o seu protocolo, valem as orientações gerais dos §§ 3º e segs. do art. 1.003 do CPC, inclusive no tocante ao prazo (15 dias).

Os incisos do art. 1.010 ocupam-se do conteúdo da petição de apelação. O seu inciso I exige que se indiquem "os nomes e a qualificação das partes". No tocante aos nomes, basta referência simples, suficiente para a identificação das partes em conjunto com os demais elementos já constantes dos autos, sobretudo, aqueles trazidos com a petição inicial (art. 319, II, do CPC). Admite-se, inclusive, a aposição na petição do nome de apenas um dos litisconsortes recorrentes ou recorridos, seguido da expressão "e outros". Todavia, quando for da intenção do recorrente limitar seu recurso a apenas parte dos sujeitos parciais do processo, ele deve cuidar para que a identificação das partes na peça apelatória reflita exatamente sua vontade. Na ausência de indicação restritiva, presume-se que o recurso envolve todos os sujeitos parciais do processo.

A exigência de *qualificação* das partes é, em regra, ociosa. Estando as partes previamente qualificadas na petição inicial, não é preciso repetir na petição de apelação os seus dados. Referida exigência tem razão de ser apenas quando a apelação envolve sujeito parcial inédito no processo, como acontece no recurso interposto por terceiro prejudicado, que tem que declinar na petição de apelação informações a seu respeito.[102] No mais das vezes, trata-se de algo que não merece maior atenção da parte do apelante.

---

102 Cf. Araken de Assis, *Manual dos recursos*, n. 39.3.1, p. 467; Manoel Caetano Ferreira Filho, Comentários ao art. 1.010. In: *Código de Processo Civil anotado*, p. 1.568; Daniel Amorim Assumpção Neves, *Novo Código de Processo Civil comentado*, p. 1.668.

No tocante à "exposição do fato e do direito" (inciso II) e às "razões do pedido de reforma ou de decretação de nulidade" (inciso III), observa-se desnecessária e equivocada sobreposição. Lançar alegações fáticas e jurídicas numa peça de apelação consiste exatamente na apresentação das razões pelas quais se pede a reforma ou a decretação de nulidade da decisão recorrida. Por amor ao didatismo, poderia o legislador ter fundido os dois referidos incisos num só: *exposição do fato e do direito em que se fundam o pedido de reforma ou de decretação de nulidade*. Entretanto, ao alocar o tema em dois incisos distintos, sugerindo até que se trata de coisas igualmente distintas, andou mal o legislador; mais atrapalhou do que ajudou.

Dito isso, para atender aos incisos II e III do art. 1.010 do CPC, basta que o recorrente decline os "fundamentos de fato e de direito" (art. 514, II, do CPC de 1973) pelos quais pede a reforma ou a simples cassação da decisão recorrida. Traçando um paralelo com os requisitos da petição inicial, em especial com o inciso III do art. 319 do CPC, tem-se aqui a exigência da apresentação da *causa de pedir recursal*, mediante a indicação dos *fatos e dos fundamentos jurídicos* que embasam o pleito recursal.

Note-se que os fundamentos de fato e de direito com apoio nos quais se pede a reforma ou a cassação da decisão recorrida não são necessariamente coincidentes com os "fatos e fundamentos jurídicos do pedido" (art. 319, II, do CPC) ou com "as razões de fato e de direito com que impugna o pedido do autor" (art. 336 do CPC). Quando se pede a cassação da decisão recorrida com apoio em *error in procedendo*, a falta de coincidência é evidente, na medida em que as razões recursais devem girar em torno de um vício de atividade do juiz na condução do feito. Mesmo quando o recurso se funda em *error in judicando*, não há uma coincidência necessária entre as razões recursais e as razões expostas naquelas falas iniciais, pois extrai-se do *princípio da dialeticidade* exigência mínima de que o recorrente demonstre em que medida os seus argumentos devem prevalecer sobre os argumentos que fundamentam a sentença.[103] Todavia, não se deve proceder com rigor na aferição dessa exigência, sob pena de se levantarem obstáculos indevidos ao conhecimento do apelo.[104]

---

103 Sobre o princípio da dialeticidade na seara recursal, cf. NELSON NERY JUNIOR, *Teoria geral dos recursos*, n. 2.6, p. 176-178; ARRUDA ALVIM, *Novo contencioso cível no CPC/2015*, p. 453-454.

104 Para um panorama jurisprudencial a respeito da causa de pedir apelatória, cf. THEOTONIO NEGRÃO, JOSÉ ROBERTO F. GOUVÊA, LUIS GUILHERME A. BONDIOLI e JOÃO FRANCISCO N. DA FONSECA, *Código de Processo Civil e legislação processual em vigor*, 47ª ed., nota 10a ao art. 1.010, p. 922. Ali se noticia a existência de julgados mais restritivos e de outros mais liberais em matéria de causa de pedir recursal.

No que se refere ao "pedido de nova decisão" (inciso IV), tem-se que ele somente é obrigatório quando se invoca *error in judicando* e se pede a reforma da decisão recorrida, para que no seu lugar seja colocada outra, de diferente teor. Quando se tenciona apenas a cassação da decisão recorrida, com apoio em *error in procedendo*, o recorrente está obrigado apenas a pedir a invalidação do pronunciamento impugnado. Vale para a compreensão do inciso IV do art. 1.010 do CPC paralelo com o inciso I do art. 968 do CPC, que regula os requisitos da petição inicial da ação rescisória: apenas "se for o caso" é que se deve pedir uma nova decisão que julgue a causa.

Por fim, embora imperdoavelmente silente o legislador, deve o apelante lançar nas razões de apelação "o próprio pedido" de reforma ou de decretação de nulidade, em conformidade com os fundamentos de seu recurso, a exemplo do que se prevê para o agravo de instrumento no inciso III do art. 1.016 do CPC.

82. Retratação do juiz

O Código de Processo Civil autoriza que o juiz, em certas hipóteses, retrate-se com relação à sentença que proferiu, diante da apelação interposta no processo. Essas hipóteses estão relacionadas com toda e qualquer sentença terminativa, independentemente do momento procedimental em que proferida (art. 485, § 7º, do CPC, que abrange e estende a situação regulada no art. 331, *caput* e § 1º, do CPC), e com a sentença liminar de improcedência da demanda (art. 332, §§ 3º e 4º, do CPC). Note-se que, em havendo julgamento *de meritis* fora da especial hipótese do art. 332 do CPC, não há autorização para a retratação do juiz.

Independentemente da existência de um pedido explícito de retratação por parte do apelante, o legislador assina um prazo de cinco dias para que o

---

Em sentido mais restritivo: "a petição de apelo tece alegações demasiado genéricas, sem demonstrar qualquer equívoco na sentença, seguidas de mera afirmação de que o apelante 'se reporta' aos termos da petição inicial. É inepta a apelação quando o recorrente deixa de demonstrar os fundamentos de fato e de direito que impunham a reforma pleiteada ou de impugnar, ainda que em tese, os argumentos da sentença" (STJ, 3ª Turma, REsp 1.320.527, rel. Min. NANCY ANDRIGHI, j. 23/10/2012, DJ 29/10/2012). Em sentido mais liberal: "o excessivo rigor formal conducente ao não conhecimento do recurso de apelação, no bojo do qual se encontram infirmados os fundamentos exarados na sentença, não obstante a repetição dos argumentos deduzidos na inicial ou na contestação deve ser conjurado, uma vez configurado o interesse do apelante na reforma da decisão singular" (STJ, 1ª Turma, REsp 1.186.400, rel. Min. LUIZ FUX, j. 14/9/2010, DJ 30/9/2010).

juiz se retrate da sentença nas referidas hipóteses (arts. 331, *caput*, 332, § 3º, e 485, § 7º, do CPC). Esse prazo é *impróprio*, de modo que seu transcurso *in albis* não inviabiliza a ulterior cassação da sentença pelo próprio juiz. Porém, a prerrogativa de cassar a própria sentença não permanece insensível aos demais acontecimentos do feito e cai por terra tão logo praticado ato com ela incompatível. No caso, esse ato incompatível é a determinação de citação ou a intimação do réu para responder à apelação, consistente em eloquente sinal de manutenção da sentença e caracterizadora da *preclusão lógica*.[105]

Por isso, antes de determinar a citação ou intimar o réu para responder ao recurso, deve o juiz refletir sobre a manutenção da sentença. Nesse juízo de manutenção da sentença, o magistrado deve ter em conta a viabilidade do apelo, por mais que o legislador tenha retirado dele o "juízo de admissibilidade" (art. 1.010, § 3º, do CPC). Afinal, tem-se aqui um pronunciamento emitido para exaurir a atividade cognitiva ou executiva no processo, que não pode simplesmente desparecer, mormente diante de uma apelação inadmissível. Se concluir que a apelação é inadmissível, não deve o juiz retratar-se, malgrado não possa pronunciar a inadmissibilidade do apelo; deve simplesmente mandar citar ou intimar o recorrido e cuidar para que os autos sejam remetidos ao tribunal, a quem cabe com exclusividade o juízo de admissibilidade (art. 1.010, § 3º, do CPC).

Estando o juiz inclinado a se retratar e já se fazendo o apelado efetivamente presente na relação jurídica processual, deve este ser ouvido antes da retratação, em atenção à garantia constitucional do contraditório (art. 5º, LV, da CF), robustecida pelo art. 10 do CPC.[106] O espaço que se abre para a manifestação do apelado nessa oportunidade guarda relação exclusivamente com a retratação; a efetiva resposta à apelação fica para um segundo momento, caso o juiz mantenha a sentença. O prazo para tal manifestação deve ser de 15 dias, por paralelismo com prazos similares (arts. 1.009, § 2º, e 1.010, § 1º, do CPC).

Por fim, consigne-se que o juiz que emite sentença terminativa ou liminar de improcedência não precisa justificar sua manutenção diante da apelação. A retratação é uma faculdade do juiz e o magistrado não precisa explicar por que não fez uso dela. Outrossim, os argumentos que levaram o juiz a julgar naquele sentido já estão declinados na fundamentação da sentença. Entretanto, o exercício da faculdade de cassação deve vir acompanhado de fundamentos suficientes para a compreensão das suas razões. Afinal, como já dito, um pronunciamento que exaure a atividade cognitiva ou executiva no processo não

---

105 Cf. Luis Guilherme Aidar Bondioli, *O novo CPC: a terceira etapa da Reforma*, p. 201.
106 Em se tratando de liminar indeferimento da petição inicial (arts. 330 e 331 do CPC) ou improcedência da demanda (art. 332 do CPC) e não estando o apelado integrado ao processo, não é preciso ouvir este antes da retratação.

pode injustificadamente desaparecer, sob pena de se comprometer a segurança e a estabilidade que devem ser transmitidas pelas decisões judiciais.[107]

83. Intimação do apelado para oferta de contrarrazões

Uma vez diante da apelação apresentada no processo, deve o juiz intimar o apelado "para apresentar contrarrazões no prazo de 15 (quinze) dias" (art. 1.010, § 1º, do CPC). Esse prazo se dobra em favor do Ministério Público, da Fazenda Pública, da Defensoria Pública e de litisconsortes com procuradores diferentes, nos termos dos arts. 180, 183, 186 e 229 do CPC.

Nas suas contrarrazões, pode o apelado veicular questões prévias não preclusas, relacionadas com os capítulos decisórios objeto do apelo, a fim de que elas sejam enfrentadas na iminência do provimento da apelação (art. 1.009, § 1º, do CPC).

Por fim, no prazo para oferta de contrarrazões, conta o apelado com a possiblidade de recorrer adesivamente da sentença (art. 997 do CPC).

84. Ulterior intimação do apelante

Esgotado o prazo para o apelado ofertar suas contrarrazões diante da apelação, pode-se fazer necessária a intimação do apelante para falar novamente nos autos antes do seu encaminhamento para o tribunal. De acordo com o § 2º do art. 1.009 do CPC, suscitadas questões prévias em sede de contrarrazões de apelação, deve o apelante ser intimado para se manifestar a respeito delas no prazo de 15 dias.

Outra hipótese de intimação do apelante antes da remessa dos autos ao tribunal está prevista no § 2º do art. 1.010 do CPC: "se o apelado interpuser apelação adesiva, o juiz intimará o apelante para apresentar contrarrazões". Como já dito nos comentários ao art. 997 do CPC, esse dispositivo está mal alocado no Código de Processo Civil; deveria ter sido inserido na legislação como um parágrafo desse art. 997 (*supra*, n. 31). Como também dito nos comentários ao art. 997, o prazo para a oferta dessas contrarrazões é de 15 dias (*supra*, n. 31) e não cabe *recurso adesivo do adesivo* (*supra*, n. 23), isto é, cabe ao apelante apenas se defender diante do apelo adesivo.[108]

85. Remessa dos autos para o tribunal

Com o aperfeiçoamento do contraditório em torno das peças endereçadas à instância recursal pelo recorrente e pelo recorrido, cabe ao juiz simplesmente

---

107 Cf. Luis Guilherme Aidar Bondioli, *O novo CPC: a terceira etapa da Reforma*, p. 203.
108 "O apelante deverá ser intimado para oferecer contrarrazões ao recurso adesivo, no mesmo prazo de quinze dias" (Manoel Caetano Ferreira Filho, Comentários ao art. 1.010. In: *Código de Processo Civil anotado*, p. 1.570).

encaminhar os autos para o tribunal, "independentemente de juízo de admissibilidade" (art. 1.010, § 3º, do CPC). Tem-se aqui significativa novidade no Código de Processo Civil. No Código de Processo Civil de 1973, cabia ao juiz não apenas examinar a admissibilidade da apelação, mas também bloquear o acesso ao tribunal quando o apelo esgrimisse contra súmula do Superior Tribunal de Justiça ou do Supremo Tribunal Federal, investigando o próprio mérito do recurso. Agora, o magistrado não mais delibera por qualquer ângulo sobre a viabilidade do apelo; apenas cuida do contraditório e do encaminhamento dos autos para a corte recursal.

Registre-se que o legislador também retirou do juiz de primeira instância a decisão acerca dos efeitos em que o recurso é recebido, sobretudo, no que diz respeito à sua aptidão para a contenção dos efeitos da sentença (*infra*, n. 90). Isso reforça o papel do juiz de primeira instância no contexto da apelação como um gestor do contraditório e da remessa dos autos para a instância superior.

Com tudo isso, o legislador transfere diretamente para o tribunal temas a respeito dos quais já cabia à corte recursal dar a última palavra, encurtando o caminho para os autos chegarem à instância superior e eliminando os agravos de instrumento antes previstos contra a "inadmissão da apelação" e contra a decisão relativa "aos efeitos em que a apelação é recebida" (art. 522, *caput*, do CPC de 1973).

Por fim, caso o juiz ande mal no desempenho das atividades estabelecidas pelo legislador no procedimento apelatório, bloqueando o acesso do apelante ao tribunal, pode este lançar mão de reclamação (art. 988, I, do CPC).[109]

> **Art. 1.011.** Recebido o recurso de apelação no tribunal e distribuído imediatamente, o relator:
>
> I – decidi-lo-á monocraticamente apenas nas hipóteses do art. 932, incisos III a V;
>
> II – se não for o caso de decisão monocrática, elaborará seu voto para julgamento do recurso pelo órgão colegiado.
>
> *CPC de 1973 – sem dispositivo correspondente*

86. Distribuição e julgamento: repetição ociosa

O art. 1.011 do CPC procura retratar os acontecimentos que se sucedem após a chegada dos autos do processo ao tribunal encarregado do julgamento da apelação. Trata-se de retrato ocioso. Quando cuida da ordem dos processos no tribunal, nos arts. 929 e segs. do CPC, o legislador já traz retrato dessa mesma realidade, válido para todos os recursos. No *caput* do referido art. 929

---

109 Cf. Manoel Caetano Ferreira Filho, Comentários ao art. 1.010. In: *Código de Processo Civil anotado*, p. 1.570.

está a previsão da "imediata distribuição". Nos incisos III a V do art. 932 do CPC, são descritas as hipóteses de julgamento monocrático dos recursos em geral, aplicáveis, naturalmente, para a apelação. Note-se que o inciso I do art. 1.011 do CPC limita-se a fazer referência àqueles incisos do art. 932, sem nada agregar de útil ao texto legal. Por fim, no art. 931 do CPC, tem-se detalhado comando para que o relator elabore o seu voto, repetido no inciso II do art. 1.011 sem a mesma riqueza de detalhes.

Dito isso, se alguma utilidade há no art. 1.011 do CPC, é a de colocar em melhor ordem lógica as providências do relator: num primeiro momento, investiga-se se há condições de julgar monocraticamente o recurso (inciso I); não havendo tais condições, passa-se num segundo momento para a elaboração do voto. Note-se que, ao tratar da ordem dos processos no tribunal, o legislador cuida antes da elaboração do voto (art. 931 do CPC) e depois do julgamento monocrático (art. 932 do CPC). Ora, simples arrumação na disciplina da ordem dos processos no tribunal bastava para tornar absolutamente descartável o art. 1.011 do CPC.

O caráter descartável do art. 1.011 do CPC é reforçado pela obviedade do encadeamento lógico nele presente: é claro que antes se examina a existência de suporte material para o julgamento monocrático, somente se decide isoladamente nas estritas hipóteses legais e quando não há elementos autorizadores para a decisão unipessoal se procede à elaboração do voto... Enfim, resta como consolo o fato de que o art. 1.011 foi o único dispositivo do Código de Processo Civil cunhado para a ociosa repetição das disposições dos arts. 929 e segs.

> **Art. 1.012.** A apelação terá efeito suspensivo.
> **§ 1º** Além de outras hipóteses previstas em lei, começa a produzir efeitos imediatamente após a sua publicação a sentença que:
> **I** – homologa divisão ou demarcação de terras;
> **II** – condena a pagar alimentos;
> **III** – extingue sem resolução do mérito ou julga improcedentes os embargos do executado;
> **IV** – julga procedente o pedido de instituição de arbitragem;
> **V** – confirma, concede ou revoga tutela provisória;
> **VI** – decreta a interdição.
> **§ 2º** Nos casos do § 1º, o apelado poderá promover o pedido de cumprimento provisório depois de publicada a sentença.
> **§ 3º** O pedido de concessão de efeito suspensivo nas hipóteses do § 1º poderá ser formulado por requerimento dirigido ao:
> **I** – tribunal, no período compreendido entre a interposição da apelação e sua distribuição, ficando o relator designado para seu exame prevento para julgá-la;

II – relator, se já distribuída a apelação.

§ 4º Nas hipóteses do § 1º, a eficácia da sentença poderá ser suspensa pelo relator se o apelante demonstrar a probabilidade de provimento do recurso ou se, sendo relevante a fundamentação, houver risco de dano grave ou de difícil reparação.

CPC de 1973 – arts. 520, 521 e 558

87. Efeito suspensivo como regra

De acordo com o *caput* do art. 1.012 do CPC, "a apelação terá efeito suspensivo". Como já dito nos comentários ao art. 995 do CPC, essa outorga ordinária de efeito suspensivo para a apelação faz soar como propaganda enganosa a ideia de que *os recursos não impedem a eficácia da decisão* (*supra*, n. 11). Afinal, o recurso por excelência continua impedindo a eficácia da sentença, desde quando cabível até o esgotamento do seu prazo (quando não interposto) ou até o seu julgamento (quando interposto).

Nesse contexto, em matéria de apelação, há uma inversão na lógica estabelecida para a contenção dos efeitos da decisão recorrida: enquanto para a generalidade dos recursos a regra é a ausência de efeito suspensivo, sendo necessária expressa e específica disposição legal ou deliberação judicial em sentido contrário para a produção desse efeito, para a apelação a regra é a produção do efeito suspensivo, sendo necessário explícito e especial texto de lei em sentido contrário para que ele não se produza.[110]

Lembre-se de que o legislador não mais prevê deliberação do juiz acerca dos efeitos em que recebe a sentença, como fazia o *caput* do art. 518 do CPC de 1973. Assim, num primeiro momento, a liberação dos efeitos da sentença orienta-se exclusivamente pelo texto da lei. Diante de hipótese legal em que a apelação não contém a eficácia da sentença, cabe ao apelante buscar o efeito suspensivo diretamente no tribunal. Por sua vez, o apelado não tem como solicitar a retirada do ordinário efeito suspensivo de uma apelação, mas pode precipitar a produção de efeitos da sentença por meio de requerimento de tutela provisória, passível de apresentação mesmo após o julgamento da causa em primeira instância (art. 299, parágrafo único, do CPC).

Ainda considerando que o juiz não mais delibera sobre os efeitos em que a apelação é recebida, discussão a respeito desses efeitos pode ser desencadeada a partir da deflagração do cumprimento provisório da sentença, com a oposição do executado-apelante aos atos executivos, sob o argumento de que sua

---

[110] Em Portugal, adotou-se modelo inverso em matéria de apelação: a regra é a produção do efeito meramente devolutivo (art. 647º, n. 1, do CPC português) e a exceção é a presença do efeito suspensivo, nos casos expressamente previstos em lei (art. 647, n. 2 e 3, do CPC português).

apelação tem efeito suspensivo aos olhos da lei e impede a execução do julgado. Nessas circunstâncias, cabe ao apelante buscar um pronunciamento judicial a respeito, quer em primeira instância, quer em segunda instância (art. 1.012, § 3º, do CPC). Perceba-se que os debates aqui não giram em torno da presença de requisitos para a excepcional suspensão dos efeitos da sentença no caso concreto, mas sim em torno da própria existência de especial disposição de lei atribuindo efeito suspensivo à apelação.

88. Exceções legais à regra do efeito suspensivo

O legislador se encarrega de excepcionar da regra do efeito suspensivo da apelação certas situações, sempre mediante expresso texto de lei. No § 1º do art. 1.012 do CPC existe um rol com seis incisos, indicando casos em que a apelação não contém a eficácia da sentença. O primeiro deles tem a ver com a sentença que "homologa divisão ou demarcação de terras" (inciso I), nos termos dos arts. 587 e 597, § 2º, do CPC.

No subsequente inciso II está a sentença que "condena a pagar alimentos" e apenas ela. Não se desconhece que a revisão para mais ou para menos e a exoneração do devedor consistem em tutela constitutiva, não abrangida por uma leitura fria e literal desse inciso II. Todavia, essa não parece a melhor leitura para o dispositivo legal. A sentença que majora a verba alimentícia é portadora de comando para um pagamento adicional de alimentos, o que leva em conta a necessidade atual do alimentando e incentiva sua eficácia imediata. Outrossim, considerando o caráter não repetível dos alimentos, bem como as drásticas consequências previstas em lei para o inadimplemento na prestação da pensão alimentícia (protesto do pronunciamento judicial e prisão – art. 528, § 3º, do CPC), deve-se estender a ausência de efeito suspensivo da apelação também para os casos de sentença exoneratória e de sentença redutora do seu valor.[111]

---

[111] Nesse sentido, na jurisprudência: "deve ser recebido apenas no efeito devolutivo o recurso de apelação interposto contra sentença que decida pedido revisional de alimentos, seja para majorar, diminuir ou exonerar o alimentante do encargo. Valoriza-se, dessa forma, a convicção do juiz que, mais próximo das provas produzidas, pode avaliar com maior precisão as necessidades do alimentando conjugadas às possibilidades do alimentante, para uma adequada fixação ou até mesmo exoneração do encargo. Com a atribuição do duplo efeito, há potencial probabilidade de duplo dano ao alimentante quando a sentença diminuir o encargo alimentar: (i) dano patrimonial, por continuar pagando a pensão alimentícia que a sentença reconhece indevida e por não ter direito à devolução da quantia despendida, caso a sentença de redução do valor do pensionamento seja mantida, em razão do postulado da irrepetibilidade dos alimentos; (ii) dano pessoal, pois o provável inadimplemento ditado pela ausência de condições financeiras poderá levar o alimentante à prisão" (STJ, 3ª Turma, REsp 595.209, rel. Min. Nancy Andrighi, j. 8/3/2007, DJ 2/4/2007).

Referida extensão da ausência de efeito suspensivo afina-se ainda com leitura conjunta dos arts. 13, *caput*, e 14 da Lei n. 5.478/1968[112] e com a exigência de constante e atual proporcionalidade entre a necessidade de quem recebe os alimentos e a possibilidade de quem os recebe (art. 1.694, § 1º, do CC). Na mesma linha, dispõe o art. 1.699 do CC: "se, fixados os alimentos, sobrevier mudança na situação financeira de quem os supre, ou na de quem os recebe, poderá o interessado reclamar ao juiz, conforme as circunstâncias, exoneração, redução ou majoração do encargo". Há assim uma vocação conatural dos pronunciamentos judiciais sobre alimentos à eficácia imediata, para

---

Para MANOEL CAETANO FERREIRA FILHO, "como o objetivo é proteger a pessoa que tem direito a receber os alimentos, impõem-se as seguintes soluções: a) a sentença que majora o valor dos alimentos também está sujeita a apelação sem efeito suspensivo e, assim, produz efeito imediatamente; b) as sentenças que reduzem o valor dos alimentos ou extinguem a obrigação de pagá-los (exoneração) estão sujeitas a apelação com efeito suspensivo e, assim, não têm eficácia imediata. Nestas duas hipóteses, o devedor (autor da ação de redução ou de exoneração de alimentos), malgrado a sentença de procedência, continuará com a obrigação de pagar no valor integral que estava fixado antes da sentença. Somente se estas duas sentenças confirmarem, concederem ou revogarem tutela provisória a apelação não terá, quanto a estes capítulos, efeito suspensivo" (Comentários ao art. 1.012. In: *Código de Processo Civil anotado*, p. 1.574).

ARAKEN DE ASSIS pondera que se "recomenda a retirada do efeito suspensivo da apelação interposta contra a sentença que aumenta o valor dos alimentos. Nesta linha de raciocínio, tão só a apelação contra a sentença que reduz o montante, ou exonera o obrigado, exibe efeito suspensivo" (*Manual dos recursos*, n. 38.2.1.2, p. 445). Em sentido semelhante, cf. RICARDO APRIGLIANO, *A apelação e seus efeitos*, p. 204-205. Ainda, na jurisprudência: "a orientação jurisprudencial que prevalece nesta Corte é no sentido de que a apelação contra a sentença que determina a redução dos alimentos deve ser recebida também no efeito suspensivo, em obséquio ao princípio que privilegia o interesse dos menores em detrimento do direito dos adultos" (STJ, 4ª Turma, REsp 332.897-AgRg, rel. Min. SÁLVIO DE FIGUEIREDO, j. 23/4/2002, DJ 12/8/2002).

ALEXANDRE FREITAS CÂMARA, por sua vez, prega interpretação estrita para o inciso II do § 1º do art. 1.012 do CPC, circunscrevendo a ausência de efeito suspensivo ao caso de sentença condenatória ao pagamento de alimentos (Comentários ao art. 1.012. In: *Comentários ao Novo Código de Processo Civil*, p. 1.512). Na mesma linha era a interpretação de BARBOSA MOREIRA para o correspondente inciso II do art. 520 do CPC de 1973, que implicava atribuição de efeito suspensivo para a apelação contra a sentença que "majorar a pensão, pois essa sentença, tal como a que lhe diminui o valor ou a que exonera o alimentante, não é condenatória, mas *constitutiva*" (*Comentários ao Código de Processo Civil*, v. V, n. 259, p. 469).

112 "O disposto nesta lei aplica-se igualmente, no que couber, às ações ordinárias de desquite, nulidade e anulação de casamento, à revisão de sentenças proferidas em pedidos de alimentos e respectivas execuções" (art. 13, *caput*) e "da sentença caberá apelação no efeito devolutivo" (art. 14).

que se preserve a atualidade do binômio *necessidade* e *possibilidade alimentícia*, fato que impõe a sua exposição a recursos desprovidos de efeito suspensivo.[113]

Passando agora para o inciso III, tem-se a sentença que "extingue sem resolução do mérito ou julga improcedentes os embargos do executado". A ausência de efeito suspensivo da apelação no caso permite que a execução siga adiante, de forma definitiva, e não provisória, inclusive para a expropriação do patrimônio do executado. Nesse sentido, aliás, é a Súmula n. 317 do STJ: "é definitiva a execução de título extrajudicial, ainda que pendente apelação contra sentença que julgue improcedentes os embargos".

Registre-se que desde o advento da Lei n. 11.382/2006, quando ainda em vigor o Código de Processo Civil de 1973, os embargos à execução não mais contam com automático efeito suspensivo. Assim, é perfeitamente possível que a execução fundada em título extrajudicial siga adiante mesmo na pendência do julgamento desses embargos em primeira instância. Logicamente, com o não acolhimento dos embargos após cognição exauriente, mais razão ainda existe para que as atividades executivas persistam. Mesmo quando concedido efeito suspensivo aos embargos, nos termos do art. 919 do CPC, sua ulterior extinção sem julgamento do mérito ou rejeição faz desaparecer requisito para a paralisação da execução, qual seja, a probabilidade do direito do embargante (art. 919, § 1º, c/c art. 300, *caput*, do CPC). É o mesmo que acontece com a revogação da tutela provisória na sentença, como se verá logo adiante na análise do inciso V deste § 1º do art. 1.012 do CPC. Aliás, a outorga do efeito suspensivo aos embargos nada mais é do que uma tutela provisória.

Por sua vez, no inciso IV, arrola-se a sentença que "julga procedente o pedido de instituição de arbitragem". Trata-se aqui da demanda prevista no art. 7º da Lei n. 9.307/1996 para debelar "resistência quanto à instituição da arbitragem" (*caput*). De acordo com o § 7º desse art. 7º, "a sentença que julgar procedente o pedido valerá como compromisso arbitral". Nessas condições, tão logo julgada a causa em primeira instância, é possível imediatamente levar adiante os atos preliminares endereçados à instauração da arbitragem, independentemente da interposição de apelação contra a referida sentença, que faz as vezes do compromisso arbitral.[114]

---

113 A generalizada eficácia imediata da sentença que dispõe sobre alimentos não deixa o vencido desprotegido, na medida em que ele pode lançar mão de pleito de efeito suspensivo ou de tutela antecipada recursal por ocasião da interposição da apelação (arts. 995 e 1.012, §§ 3º e 4º, do CPC).

114 Cf. ARAKEN DE ASSIS, *Manual dos recursos*, n. 38.2.1.5, p. 448; CARLOS ALBERTO CARMONA, *Arbitragem e processo*, p. 151; ALEXANDRE FREITAS CÂMARA, Comentários ao art. 1.012. In: *Comentários ao Novo Código de Processo Civil*, p. 1.512; MANOEL

O rol do § 1º do art. 1.012 do CPC segue com a sentença que "confirma, concede ou revoga tutela provisória" (inciso V). Nada mais natural. Uma vez examinado o *meritum causae* com cognição exauriente, é preciso que a tutela provisória anteriormente concedida reflita tal exame. Se a sentença confirma tutela provisória anterior, ela reforça esta e incentiva que se preservem e se perenizem seus efeitos, que assim não são sustados pela apelação; se a sentença a revoga, desaparece "a probabilidade do direito" exigida para a tutela provisória (art. 300, *caput*, do CPC) e seus efeitos devem ser desde logo cassados, não fazendo sentido postergar essa cassação em razão do apelo.

Considerando que a tutela provisória pode ser dada em caráter incidental (art. 294, parágrafo único, do CPC) e pode ser requerida até na instância recursal (art. 299, parágrafo único, do CPC), conclui-se que ela pode ser concedida a qualquer tempo no processo. Isso inclui o momento de prolação da sentença. Dada a vocação da tutela provisória para a produção imediata de efeitos, quando ela é outorgada na sentença, o respectivo capítulo decisório conta com eficácia instantânea, e a apelação que vier a ser interposta não afeta essa eficácia. Se o agravo de instrumento não represa os efeitos da decisão liminar concessiva de tutela provisória, com maioria de razão a apelação não deve sustar a eficácia da sentença que concede essa tutela, após cognição exauriente.

O último inciso do rol do § 1º do art. 1.012 do CPC é o VI, que se refere à sentença que "decreta a interdição". Esse dispositivo se alinha com a ideia de eficácia instantânea da sentença de interdição, presente no ordenamento jurídico nacional desde os revogados arts. 452 do CC de 1916, 1.773 do CC e 1.184 do CPC de 1973 até o atual § 3º do art. 757 do CPC, que prevê a *publicação imediata* dessa sentença "na rede mundial de computadores, no sítio do tribunal a que estiver vinculado o juízo e na plataforma de editais do Conselho Nacional de Justiça, onde permanecerá por 6 (seis) meses, na imprensa local, 1 (uma) vez, e no órgão oficial, por 3 (três) vezes, com intervalo de 10 (dez) dias".

Como expresso no *caput* do art. 1.012 do CPC, há "outras hipóteses previstas em lei" nas quais a apelação não tem ordinário efeito suspensivo. No próprio Código de Processo Civil, extrai-se do § 4º do art. 702 que a apelação interposta contra a sentença que inadmite ou rejeita os embargos à ação monitória não possui efeito suspensivo: "a oposição dos embargos suspende a eficácia da decisão referida no *caput* do art. 701 até o julgamento em primeiro

---

Caetano Ferreira Filho, Comentários ao art. 1.012. In: *Código de Processo Civil anotado*, p. 1.575; Nelson Nery Junior e Rosa Maria de Andrade Nery, *Comentários ao Código de Processo Civil*, p. 2.062.

grau". Como se vê, após a sentença confirmatória, a ordem para pagar, entregar coisa, fazer ou não fazer tem seus efeitos totalmente liberados, de modo que a apelação interposta pelo réu não inibe o seu pronto cumprimento, isto é, não contém os efeitos do julgado.

Fora do Código de Processo Civil, no inciso V do art. 58 da Lei n. 8.245/1991, por exemplo, é estabelecido que, nas ações locatícias, "os recursos interpostos contra as sentenças terão efeito somente devolutivo". Outro exemplo: o § 3º do art. 14 da Lei n. 12.016/2009 dispõe que "a sentença que conceder o mandado de segurança pode ser executada provisoriamente, salvo nos casos em que for vedada a concessão da medida liminar", de onde se infere *a contrario sensu* que a regra nessas circunstâncias é a ausência de efeito suspensivo da apelação. Por fim, mais um exemplo: o art. 14 da Lei n. 7.347/1985 prevê que "o juiz poderá conferir efeito suspensivo aos recursos, para evitar dano irreparável à parte" em sede de ação civil pública, de onde também se infere *a contrario sensu* que, no silêncio do magistrado, a regra é a inexistência de ordinário efeito suspensivo.

89. Cumprimento provisório

De acordo com o § 2º do art. 1.012 do CPC, sendo a apelação desprovida de efeito suspensivo, "o apelado poderá promover o pedido de cumprimento provisório depois de publicada a sentença". A expressão "publicada a sentença" deve ser entendida como o ato de integração da decisão ao processo, que lhe confere existência. Fala-se aqui do tornar público, instrumentalizado na simples juntada da sentença aos autos ou na sua leitura em audiência.[115] Nessas condições, a sentença já nasce com eficácia imediata e não é preciso aguardar para a sua execução eventual pedido de efeito suspensivo por parte do apelante nem qualquer deliberação a seu respeito. Relembre-se de que não mais existe na legislação em vigor dispositivo com o teor do *caput* do art. 518 do CPC de 1973, no sentido de que cabe ao juiz declarar os efeitos em que a apelação é recebida (*supra*, n. 85). Também não há mais comando legal com a índole do art. 521 do CPC de 1973, condicionando a execução provisória do julgado ao recebimento da apelação "só no efeito devolutivo". Assim, desde quando existente, a sentença não exposta a apelação com efeito suspensivo pode ser imediatamente executada.

O cumprimento provisório do julgado se desenvolve em consonância com as regras estabelecidas nos arts. 520 a 522 do CPC, isto é, "da mesma forma que o cumprimento definitivo" (art. 520, *caput*), mas "fica sem efeito, sobre-

---

115 Cf. José Frederico Marques, *Manual de direito processual civil*, v. 3, n. 528, p. 30; Cândido Rangel Dinamarco, "Tempestividade dos recursos", p. 12.

vindo decisão que modifique ou anule a sentença objeto da execução" (art. 520, II). Em regra, "o levantamento de depósito em dinheiro e a prática de atos que importem transferência de posse ou alienação de propriedade ou de outro direito real, ou dos quais possa resultar grave dano ao executado, dependem de caução suficiente e idônea, arbitrada de plano pelo juiz e prestada nos próprios autos" (art. 520, IV).

Vale observar que, em matéria de execução fundada em título executivo extrajudicial, as atividades executivas não têm lastro na sentença, mas sim no referido título. Logo, não se trata aqui do cumprimento provisório de um julgado, mas sim do desenvolvimento de ações amparadas num ato ou fato jurídico que precede o próprio processo. Por isso, na pendência da apelação contra a sentença que não acolhe os embargos do executado, a execução é definitiva, e não provisória. É o que diz, inclusive, a Súmula n. 317 do STJ, merecedora de nova transcrição: "é definitiva a execução de título extrajudicial, ainda que pendente apelação contra sentença que julgue improcedentes os embargos".

90. Requisitos formais do pedido de efeito suspensivo ou tutela antecipada recursal

Como já dito, o juiz que profere a sentença não mais delibera sobre os efeitos em que recebe a apelação (*supra*, n. 85). Por isso, prevê o legislador no § 3º do art. 1.012 do CPC que o excepcional pedido de efeito suspensivo a apelo dele desprovido deve ser apresentado diretamente em segunda instância. Se já há um relator designado para a apelação, tal pedido se dirige para ele (art. 1.012, § 3º, II); se ainda não existe um relator para o apelo, o pleito suspensivo é endereçado genericamente ao tribunal, que cuida da sua distribuição, "ficando o relator designado para seu exame prevento" (art. 1.012, § 3º, I).

Note-se que no inciso I do § 3º do art. 1.012 do CPC o legislador circunscreve o endereçamento genérico ao tribunal do pedido de efeito suspensivo ao "período compreendido entre a interposição da apelação e sua distribuição". Ocorre que desde a publicação da sentença ela pode ser executada, isto é, mesmo antes da interposição da apelação o executado fica exposto a atos executivos. Quando esses atos forem imediata e efetivamente praticados, não se pode subtrair do executado o direito de requerer medida urgente ao tribunal para prontamente suspendê-los. Todavia, o exercício desse direito não deve levar ao encurtamento do prazo para apelar, isto é, não se deve exigir a prévia interposição da apelação para tanto, numa leitura rígida do mencionado inciso I, que afetaria o exercício do direito ao recurso. Por isso, sempre que desencadeada atividade executiva logo em seguida à publicação da sentença, deve-se permitir que o executado peça a sua suspensão com fundamento no recurso por interpor, anunciando minimamente as suas razões e demonstrando a presença dos requisitos previstos no § 4º do art. 1.012 do CPC. Em outras palavras, o trecho do inciso I destacado mais acima deve ser lido da seguinte forma: *no período compreendido entre a publicação da sentença e a distribuição da apelação*.[116]

O legislador não estabelece forma própria para o pedido de concessão de efeito suspensivo. Nessas circunstâncias, simples petição endereçada para o processo, caso os autos já estejam em segunda instância, ou fazendo referência ao processo, caso os autos ainda estejam em primeira instância, é suficiente para o pleito de suspensão. Esse pleito de suspensão pode ser formulado até nas próprias razões de apelação, caso o dano a que exposto o apelante comporte o tempo de espera até a chegada dos autos do processo ao tribunal.[117]

Tudo o que se disse acima vale para o pedido de tutela antecipada recursal e para o pedido de tutela provisória atrelado ao próprio objeto do processo, que devem ser apresentados diretamente na instância recursal.

Lembre-se de que, uma vez deflagrada execução provisória do julgado, pode surgir discussão com relação ao enquadramento do caso à regra geral do efeito suspensivo da apelação (art. 1.012, *caput*, do CPC), instaurável diretamente no tribunal, observando-se o disposto no § 3º do art. 1.012.

Por fim, em qualquer circunstância, a decisão monocrática do relator proferida no contexto do § 3º do art. 1.012 do CPC expõe-se a agravo interno, nos termos do art. 1.021 do CPC.

91. Requisitos materiais do pedido de efeito suspensivo ou tutela antecipada recursal

No § 4º do art. 1.012 do CPC prevê-se que, sendo a apelação desprovida de efeito suspensivo, "a eficácia da sentença poderá ser suspensa pelo relator se o apelante demonstrar a probabilidade de provimento do recurso ou se, sendo relevante a fundamentação, houver risco de dano grave ou de difícil reparação". Têm-se aqui fundamentos alternativos para a outorga do efeito suspensivo à apelação. O primeiro deles exige apenas a "probabilidade de provimento do recurso". Não se cogita aqui de "dano grave ou de difícil reparação" ou de qualquer outra situação que remeta ao que se conhece genericamente por

---

116 "Havendo perigo no período destinado à elaboração das razões recursais, pode a parte interessada formular desde logo o pedido de outorga de efeito suspensivo ao recurso de apelação a ser interposto, hipótese em que o dirigirá ao tribunal" (Luiz Guilherme Marinoni, Sérgio Arenhart e Daniel Mitidiero, *Curso de processo civil*, v. 2, p. 543).

117 Cf. Manoel Caetano Ferreira Filho, Comentários ao art. 1.012. In: *Código de Processo Civil anotado*, p. 1.577.

periculum in mora. Basta que sejam grandes as chances de o apelo ser provido pelo tribunal para a contenção dos efeitos da sentença.[118]

O outro fundamento para a agregação de efeito suspensivo excepcional à apelação passa pelo tradicional binômio *fumus boni iuris* e *periculum in mora*, aqui traduzido por "relevante a fundamentação" e "risco de dano grave ou difícil reparação" (art. 1.012, § 4º, do CPC). Ocorre que pensar em *fundamentos relevantes* na seara recursal guarda íntima relação com as chances de o recurso ser provido. Afinal, o discurso do recorrente na peça recursal é endereçado ao provimento do recurso; é justamente para o provimento do recurso que ele traz fundamentos.

Nesse contexto, inclusive para justificar a alternatividade entre os fundamentos estabelecidos pelo legislador, a interpretação que se propõe para o § 4º do art. 1.012 do CPC é a seguinte: sendo efetivamente grandes as chances de provimento do recurso, não se perquire quanto ao *periculum in mora* para a contenção dos efeitos da sentença (*tutela da evidência recursal*); sendo boas as chances de provimento do recurso, mas não tão grandes, aí se exige a iminência de um dano qualificado para a sustação da eficácia do julgado.

> **Art. 1.013.** A apelação devolverá ao tribunal o conhecimento da matéria impugnada.
> **§ 1º** Serão, porém, objeto de apreciação e julgamento pelo tribunal todas as questões suscitadas e discutidas no processo, ainda que não tenham sido solucionadas, desde que relativas ao capítulo impugnado.
> **§ 2º** Quando o pedido ou a defesa tiver mais de um fundamento e o juiz acolher apenas um deles, a apelação devolverá ao tribunal o conhecimento dos demais.
> **§ 3º** Se o processo estiver em condições de imediato julgamento, o tribunal deve decidir desde logo o mérito quando:
> **I** – reformar sentença fundada no art. 485;
> **II** – decretar a nulidade da sentença por não ser ela congruente com os limites do pedido ou da causa de pedir;
> **III** – constatar a omissão no exame de um dos pedidos, hipótese em que poderá julgá-lo;

---

[118] Cf. DANIEL AMORIM ASSUMPÇÃO NEVES, *Novo Código de Processo Civil comentado*, p. 1.673; ROGÉRIO LICASTRO TORRES DE MELLO, Comentários ao art. 1.009. In: *Breves comentários ao Novo Código de Processo Civil*, p. 2.243; FREDIE DIDIER JÚNIOR e LEONARDO CARNEIRO DA CUNHA, *Curso de direito processual civil*, v. 3, p. 220. Todavia, para MANOEL CAETANO FERREIRA FILHO, "o efeito suspensivo deve ser concedido pelo relator se houver probabilidade de provimento do recurso e risco de dano grave ou de difícil reparação, decorrente da demora do julgamento da apelação. Em hipótese alguma tal requisito (risco de dano) pode ser dispensado" (Comentários ao art. 1.012. In: *Código de Processo Civil anotado*, p. 1.576).

IV – decretar a nulidade de sentença por falta de fundamentação.

§ 4º Quando reformar sentença que reconheça a decadência ou a prescrição, o tribunal, se possível, julgará o mérito, examinando as demais questões, sem determinar o retorno do processo ao juízo de primeiro grau.

§ 5º O capítulo da sentença que confirma, concede ou revoga a tutela provisória é impugnável na apelação.

CPC de 1973 – art. 515

92. Extensão e profundidade do efeito devolutivo na apelação

De acordo com o *caput* do art. 1.013 do CPC, "a apelação devolverá ao tribunal o conhecimento da matéria impugnada". Tem-se nesse dispositivo legal a essência do efeito devolutivo; a materialização da máxima *tantum devolutum quantum appellatum*. Tanto assim é que, desde o Código de Processo Civil de 1973, já se via no correspondente *caput* do art. 515 mais do que uma regra para a apelação; uma regra para a generalidade dos recursos.[119] Aliás, deveria o legislador ter deslocado ao menos as primeiras disposições do art. 1.013 do CPC para o capítulo destinado às disposições gerais dos recursos.

Como já dito, a extensão do efeito devolutivo está na sua dimensão horizontal e é intimamente relacionada com a vontade do recorrente, que seleciona as pretensões a serem reexaminadas na instância recursal, na exata medida dos capítulos decisórios impugnados (*supra*, n. 3). Também já se disse que, em algumas situações especiais, o efeito devolutivo se estende para além do que foi objeto de impugnação explícita, quer por razões objetivas, como as vistas no § 3º do art. 1.013 do CPC, quer por razões subjetivas, como as presentes no art. 1.005 do CPC, alcançando os *capítulos decisórios dependentes* (*supra*, n. 3).

Os §§ 1º e 2º do art. 1.013 do CPC, por sua vez, ocupam-se da profundidade do efeito devolutivo, que está na sua dimensão vertical. Consoante o § 1º, o tribunal recursal poderá analisar "todas as questões suscitadas e discutidas no processo, ainda que não tenham sido solucionadas, desde que relativas ao capítulo impugnado". Essa análise acontece independentemente de as questões terem sido mencionadas no recurso. Para tanto, não importa a vontade do recorrente: as questões de fato e de direito relacionadas com o capítulo deci-

---

[119] "O art. 515 do Código de Processo Civil, situado embora no capítulo *da apelação* e aludindo nominalmente a essa espécie recursal, é portador de uma regra geral em tema de devolução recursal nos limites da vontade do recorrente – a de que *todo recurso devolve ao tribunal exclusivamente a matéria indicada pelo recorrente*" (CÂNDIDO DINAMARCO, "Os efeitos dos recursos", p. 128).

sório impugnado podem ser amplamente investigadas pelo tribunal no julgamento da apelação.

Aliás, é preciso registrar que a expressão "questões suscitadas e discutidas" não reflete adequadamente a intensidade da profundidade do efeito devolutivo, que é "amplíssima".[120] Teria andado melhor o legislador se falasse aqui simplesmente em *pontos suscitados*, para transmitir a ideia de que qualquer assunto fático ou jurídico ventilado pelas partes no processo será enfrentado no julgamento da apelação, pois é o que efetivamente acontece por ocasião da apreciação do apelo. Não interessa para o enfrentamento de um tema fático ou jurídico no contexto do recurso por excelência se houve controvérsia ou discussão prévia acerca dele; basta que ele se faça presente no processo para tal enfrentamento.[121]

Há espaço no julgamento da apelação até para o enfrentamento de temas inéditos no processo. Não se fala aqui apenas das "questões de fato não propostas no juízo inferior", objeto de análise nos comentários ao art. 1.014 do CPC (*infra*, n. 95). Por exemplo, o § 3º do art. 485 do CPC permite que se conheça de ofício "da matéria constante dos incisos IV, V, VI e IX" do mesmo art. 485, "em qualquer tempo e grau de jurisdição, enquanto não ocorrer o trânsito em julgado", o que abre brecha para pronunciamentos a seu respeito no contexto da apelação, independentemente até de arguição por parte do apelante ou do apelado. Aliás, por proporcionar um amplo reexame da causa, inclusive no tocante aos requisitos de admissibilidade do julgamento do *meritum causae*, a apelação oferece o terreno recursal mais fértil para a produção do efeito translativo.[122]

Outro exemplo de tema investigável ineditamente no julgamento da apelação, inclusive de ofício, remete à decadência e à prescrição (arts. 487, II, do CPC e 210 do CC). A propósito, é importante registrar que, ultrapassado o momento estabelecido para o julgamento liminar de improcedência, "a prescrição e a decadência não serão reconhecidas sem que antes seja dada às partes oportunidade de manifestar-se" (art. 487, parágrafo único, do CPC).

Isso remete à exigência geral do contraditório prévio, expressa no art. 10 do CPC: "o juiz não pode decidir, em grau algum de jurisdição, com base em fundamento a respeito do qual não se tenha dado às partes oportunidade de se manifestar, ainda que se trate de matéria sobre a qual deva decidir de

---

120 BARBOSA MOREIRA, *Comentários ao Código de Processo Civil*, v. V, n. 244, p. 445; ARAKEN DE ASSIS, *Manual dos recursos*, n. 38.1.5, p. 437.
121 Cf. RODRIGO BARIONI, *Efeito devolutivo da apelação civil*, p. 152.
122 Cf. LUIS GUILHERME AIDAR BONDIOLI, "Requisitos de admissibilidade do julgamento do *meritum causae* e seu controle na apreciação dos recursos", p. 82-83.

ofício". Logo, quando um tema inédito no processo for passível de enfrentamento na apelação, deve o tribunal cuidar para que o contraditório se aperfeiçoe em torno dele antes da decisão, mesmo que se trate de assunto cognoscível de ofício.

Chama a atenção na parte final do § 1º do art. 1.013 do CPC um avanço terminológico, em comparação com o correspondente § 1º do art. 515 do CPC de 1973. O dispositivo legal agora se encerra com os seguintes dizeres: "ainda que não tenham sido solucionadas, desde que relativas ao capítulo impugnado". A expressão "ainda que não tenham sido solucionadas" é mais ampla do que a anterior "ainda que a sentença não as tenha solucionado por inteiro" e retrata melhor o fenômeno já descrito mais acima: basta que o assunto fático ou jurídico tenha sido ventilado no processo para o seu enfrentamento na apelação, mesmo que não tenha havido controvérsia, discussão ou decisão a seu respeito.

Por sua vez, as palavras de encerramento "desde que relativas ao capítulo impugnado" (art. 1.013, § 1º, do CPC) deixam claro que a partir das balizas postas pela extensão do efeito devolutivo é que se mergulha na sua profundidade, e não o contrário. Em outras palavras, uma vez estabelecida a dimensão horizontal do recurso é que se inicia a descida vertical para o exame dos correlatos temas fático-jurídicos. Esses temas são investigados na exata medida das pretensões submetidas a reexame.[123]

Ainda dentro do contexto da profundidade do efeito devolutivo, o § 2º do art. 1.013 do CPC dispõe: "quando o pedido ou a defesa tiver mais de um fundamento e o juiz acolher apenas um deles, a apelação devolverá ao tribunal o conhecimento dos demais". Assim, não apenas os diferentes pontos suscitados pelas partes ao longo do processo, mas também todas as causas de pedir (art. 319, III, do CPC) que suportam o pedido a ser reexaminado no julgamento do apelo, bem como todas "as razões de fato e de direito" com que o réu impugna esse pedido (art. 336 do CPC), são devolvidos para o tribunal. Mais uma vez, não interessa para viabilizar a devolução se houve decisão em primeira instância a respeito de todos os fundamentos trazidos para embasar a demanda e a defesa; eles são automaticamente conduzidos para a instância recursal, independentemente até de menção por parte do apelante e do apelado nas suas respectivas peças. Igualmente, aplica-se aqui a ressalva do § 1º do art. 1.013 do CPC, *in fine*: "desde que relativas ao capítulo impugnado".

---

123 Cf. HUMBERTO THEODORO JÚNIOR, *Curso de direito processual civil*, v. III, n. 767, p. 1.015-1.016; MANOEL CAETANO FERREIRA FILHO, Comentários ao art. 1.013. In: *Código de Processo Civil anotado*, p. 1.578-1.579.

Encerra-se este tópico com três exemplos ilustrativos das dimensões do efeito devolutivo. Eis o primeiro deles: uma vez pedida na petição inicial a invalidação de uma cláusula contratual, com fundamento tanto em ofensa às disposições do art. 51 do CDC quanto na existência de erro substancial na declaração de vontade que resultou na sua aceitação (art. 138 do CC), e acolhido o pedido em primeira instância por se entender presente violação à legislação consumerista, pode (*rectius*: deve) o tribunal no julgamento da apelação do réu, após afastar a ocorrência de infringência às regras regentes das relações de consumo, passar ao exame do erro substancial, inclusive para conhecer de ofício da decadência quadrienal (arts. 178, II, e 210 do CC), desde que garantido o contraditório prévio a respeito do assunto (arts. 10 e 487, parágrafo único, do CPC), como já dito mais acima.

Passa-se agora ao segundo exemplo: formulado na petição inicial pedido principal e pedido subsidiário, "a fim de que o juiz conheça do posterior, quando não acolher o anterior" (art. 326, *caput*, do CPC), e acolhido o pedido principal em primeira instância, pode (*rectius*: deve) o tribunal, considerando improcedente esse pedido principal no julgamento da apelação interposta pelo réu, examinar diretamente aquele pedido subsidiário, mesmo que nada seja dito a respeito pelo autor-apelado nas suas contrarrazões.[124]

Por fim, segue o terceiro exemplo: ajuizada demanda condenatória ao pagamento de 100 e julgada parcialmente procedente para condenar o réu a pagar 50, o autor interpõe apelação para obter os 50 que não conseguiu na instância inferior e o tribunal nega provimento ao recurso, em razão da ilegitimidade ativa *ad causam*, que ele decreta de ofício, após a instauração de contraditório a respeito. Esse reconhecimento da ilegitimidade não alcança o capítulo da sentença que condenara o réu a pagar 50 e não foi objeto de qualquer recurso, ficando coberto pela coisa julgada material.

93. Julgamento direto do *meritum causae* e de questões de mérito pelo tribunal

Os exemplos trazidos no encerramento do tópico anterior revelam que o tribunal está autorizado a enfrentar ineditamente fundamentos e até mesmo pedidos por ocasião da apreciação da apelação, desde que a causa esteja madu-

---

[124] Cf. ARAKEN DE ASSIS, *Manual dos recursos*, n. 38.1.4.2 e 38.1.5.2, p. 430 e 440. Na jurisprudência: "se, na inicial, o autor formulou pedido sucessivo, este deve ser apreciado se o relator, nesta Corte, acolhe o recurso especial da ré, para julgar improcedente o primeiro pedido" (STJ, 3ª Turma, REsp 260.051-EDcl, rel. Min. CASTRO FILHO, j. 6/5/2003, DJ 18/8/2003).

ra para julgamento. Em razão disso, a Lei n. 10.352/2001 passou a autorizar o tribunal, ainda na vigência do Código de Processo Civil de 1973, a examinar diretamente o *meritum causae*: "nos casos de extinção do processo sem julgamento do mérito (art. 267), o tribunal pode julgar desde logo a lide, se a causa versar questão exclusivamente de direito e estiver em condições de imediato julgamento" (art. 515, § 3º, do CPC de 1973).

O § 3º do art. 1.013 do CPC melhorou a disciplina legal do julgamento direto do *meritum causae* na instância recursal e a estendeu para outras hipóteses, além da prévia extinção do processo sem julgamento *de meritis*. Nas suas palavras, o enfrentamento do mérito nessas circunstâncias fica autorizado "se o processo estiver em condições de imediato julgamento" (art. 1.013, § 3º). Expressa-se de forma mais adequada agora a ideia de causa madura para julgamento. Pouco importa se a causa versa questão exclusivamente de direito ou se a causa versa questões de direito e de fato: não havendo mais provas por produzir nem outros atos por praticar, cabe ao tribunal passar diretamente ao exame do *meritum causae* no contexto do julgamento da apelação, em prol das garantias constitucionais da tempestividade da tutela jurisdicional e da duração razoável do processo (art. 5º, XXXV e LXXVIII, da CF).

Nos quatro incisos do § 3º do art. 1.013 do CPC estão arroladas as hipóteses de julgamento direto do *meritum causae* pelo tribunal recursal. No inciso I prevê-se esse julgamento quando se "reformar sentença fundada no art. 485", repetindo-se a fórmula do § 3º do art. 515 do CPC de 1973. Assim, uma vez cassada a sentença terminativa, pode o tribunal colocar no seu lugar um pronunciamento *de meritis*, seja para julgar a demanda do autor procedente, seja para julgá-la improcedente. Perceba-se que a troca de uma sentença terminativa por uma decisão de mérito desfavorável ao apelante coloca este numa situação pior do que a existente antes do recurso. Todavia, aqui se está diante de uma situação de *reformatio in pejus* legítima e permitida pelo sistema. Em nenhum momento o legislador garante para o apelante que o exame do *meritum causae* lhe será favorável na instância recursal. Logo, quando recorre contra a sentença terminativa, ele sabe de antemão que tal sentença pode se converter num decreto de improcedência e opta conscientemente por correr esse risco.[125]

Por sua vez, no inciso II, arrola-se a situação em que se "decretar a nulidade da sentença por não ser ela congruente com os limites do pedido ou

---

125 Cf. ARRUDA ALVIM, *Novo contencioso cível no CPC/2015*, p. 453. Na jurisprudência, cf. STJ, 5ª Turma, REsp 645.213, rel. Min. LAURITA VAZ, j. 18/10/2005, DJ 14/11/2005; STJ, 2ª Turma, REsp 859.595, rel. Min. ELIANA CALMON, j. 21/8/2008, DJ 14/10/2008; STJ, 1ª Turma, REsp 1.261.397-AgRg, rel. Min. ARNALDO ESTEVES, j. 20/9/2012, DJ 3/10/2012.

da causa de pedir". Esse dispositivo tem endereço certo, qual seja, os casos de sentença *extra petita*, em que a eliminação do *error in procedendo* e a emissão de um outro pronunciamento de mérito passa pela investigação de novos elementos *de meritis*, na medida em que é preciso enfrentar o que foi indevidamente deixado de lado pelo juiz de primeira instância. Referido dispositivo não tem maior relevância nas hipóteses de sentença *ultra petita*, em que a sanação do respectivo vício não envolve qualquer investigação nova em torno do *meritum causae*; tudo o que é preciso fazer aqui se resume a decotar do julgado a parcela extrapolativa dos lindes estabelecidos pela petição inicial, sem inovações cognitivas.

Tanto o inciso III quanto o inciso IV tratam de sentenças deficitárias. No inciso III, tem-se a sentença *citra petita*, isto é, a que deixa de examinar um dos pedidos formulados no processo, em violação à garantia constitucional da inafastabilidade do controle jurisdicional (art. 5°, XXXV, da CF), de modo que se autoriza o julgamento diretamente pelo tribunal recursal da pretensão esquecida pelo juiz de primeira instância. Já no inciso IV, cuida-se da sentença com déficit de motivação, em que há uma resposta do Poder Judiciário à totalidade dos pedidos formulados pelas partes, mas uma resposta imperfeita, posto que tomada sem levar em conta todas as razões trazidas pelos litigantes para influir na formação do ato decisório, o que também viola a Constituição Federal (art. 93, IX). Aqui, cabe ao tribunal examinar de forma completa os elementos fático-jurídicos do processo para então emitir um novo pronunciamento, seja no mesmo sentido do anterior, seja em outra direção, mas sempre com o cuidado de trazer suficiente suporte material para justificar a sua decisão.

A possibilidade de o tribunal enfrentar ineditamente questões de mérito no julgamento da apelação é a razão de ser do § 4° do art. 1.013 do CPC: "quando reformar sentença que reconheça a decadência ou a prescrição, o tribunal, se possível, julgará o mérito, examinando as demais questões, sem determinar o retorno do processo ao juízo de primeiro grau". Assim, afastada a decadência ou a prescrição, pode o tribunal avançar no exame de outros fundamentos para o acolhimento ou a rejeição da demanda, desde que a causa esteja madura para o julgamento. Registre-se que o pronunciamento pela ocorrência da decadência ou da prescrição já é uma resolução de mérito (art. 487, II, do CPC); o que acontece quando elas são afastadas é um aprofundamento no exame das questões de mérito. Se esse aprofundamento revela a necessidade da prática de outros atos antes do deslinde da causa, o tribunal limita-se a cassar a sentença e a devolver o processo à primeira instância.

A devolução do processo à primeira instância guarda especial relação com as situações de julgamento liminar de improcedência com fundamento na decadência ou na prescrição (art. 332, § 1º, do CPC). Aqui, o enfrentamento do mérito em primeira instância acontece no contato inicial do juiz com o processo, antes até da integração do réu à relação jurídica processual. Nessas condições, são boas as chances de a causa não estar madura para julgamento no momento em que chega ao tribunal recursal. Porém, o simples fato de a demanda ter sido liminarmente julgada em primeira instância não inviabiliza o aprofundamento no exame das questões de mérito diretamente em segunda instância, inclusive para que ela seja considerada procedente, com uma reviravolta no resultado do processo. Basta, repise-se, que nenhuma outra atividade seja necessária para o deslinde da causa.

Por fim, consigne-se que a aplicação do disposto nos §§ 3º e 4º do art. 1.013 independe de pedido do apelante.[126] Uma vez presentes as condições para o enfrentamento direto do *meritum causae* ou de questões de mérito em segunda instância, cabe ao tribunal assim proceder, inclusive contra a vontade das partes. Trata-se aqui de um poder-dever da corte recursal, nos mesmos moldes do atribuído ao juiz de primeira instância para o julgamento antecipado do mérito (art. 355 do CPC).

94. Impugnação da deliberação sobre tutela provisória na sentença

Conforme o § 5º do art. 1.013 do CPC, "o capítulo da sentença que confirma, concede ou revoga a tutela provisória é impugnável na apelação". Esse dispositivo prestigia o *princípio da unicidade* (*supra*, n. 10), reproduzindo em matéria de tutela provisória o que o § 3º do art. 1.009 do CPC determina para a generalidade das questões prévias. Assim, como já dito, para a escolha

---

126 Cf. Rodrigo Barioni, *Efeito devolutivo da apelação civil*, p. 170 e segs. Em sentido semelhante, na jurisprudência: STJ, 3ª Turma, Ag 836.287-AgRg, rel. Min. Gomes de Barros, j. 18/10/2007, DJ 31/10/2007; STJ, 4ª Turma, REsp 836.932, rel. Min. Fernando Gonçalves, j. 6/11/2008, DJ 24/11/2008. Para Cassio Scarpinella Bueno, a aplicação prática dos §§ 3º e 4º do art. 1.013 não depende de pedido do apelante, mas, ausente tal pedido, "o magistrado que, de ofício, entender ser o caso do julgamento imediato de mérito – o que só enaltece o *dever* do § 3º do dispositivo – intimará as partes previamente para que se manifestem sobre a questão" (*Manual de direito processual civil*, p. 621). Contra, no sentido de que deve haver pedido do apelante para a inédita apreciação do mérito em segunda instância no julgamento da apelação contra a sentença terminativa: Araken de Assis, *Manual dos recursos*, n. 38.1.4.3, p. 433-434; Humberto Theodoro Júnior, *Curso de direito processual civil*, v. III, n. 736, 767 e 770, p. 967, 1.017-1.018 e 1.022-1.024; Ricardo Aprigliano, *A apelação e seus efeitos*, p. 158-161; Fredie Didier Júnior e Leonardo Carneiro da Cunha, *Curso de direito processual civil*, v. 3, p. 226-227.

do recurso cabível não interessa o assunto que se discute, mas sim a natureza do pronunciamento que dele trata (*supra*, n. 80). Se a deliberação acerca da tutela provisória está embutida em decisão interlocutória, agrava-se (art. 1.015, I, do CPC); se está contida em sentença, apela-se, sem efeito suspensivo (art. 1.012, § 1º, V, do CPC), ainda que o recurso tenha como objeto apenas a tutela provisória. É incogitável a interposição de agravo de instrumento contra sentença, ainda que para discutir tutela provisória debatida nesta.

> **Art. 1.014.** As questões de fato não propostas no juízo inferior poderão ser suscitadas na apelação, se a parte provar que deixou de fazê-lo por motivo de força maior.

CPC de 1973 – art. 517

95. Questões de fato inéditas

O art. 1.014 do CPC reproduz *ipsis litteris* o art. 517 do CPC de 1973 e procura delimitar em que medida questões de fato inéditas no processo podem ser veiculadas no contexto da apelação. Questões de fato remetem à dúvida em torno de acontecimentos passados e presentes, influentes no julgamento da causa.[127] Se um determinado argumento fático não foi proposto no juízo inferior, dificilmente haverá dúvida em torno dele. Assim, deve-se entender a expressão "questões de fato" no art. 1.014 do CPC como *pontos de fato, argumentos fáticos*, independentemente da existência de controvérsia a seu respeito, a exemplo do que já foi dito com relação às palavras "questões suscitadas e discutidas", presentes no § 1º do art. 1.013 (*supra*, n. 92).

O legislador força as partes a revelar todos os argumentos fático-jurídicos para demandar e resistir a uma demanda nas suas primeiras falas no processo. O art. 319, III, do CPC exige que o autor decline já na petição inicial "o fato e os fundamentos jurídicos do pedido", e o art. 336 do CPC determina que o réu alegue na contestação "toda a matéria de defesa, expondo as razões de fato e de direito com que impugna o pedido do autor". Na mesma linha, o *caput* do art. 434 do CPC dispõe que "incumbe à parte instruir a petição inicial ou a contestação com os documentos destinados a provar suas alegações".

Ocorre que, consistindo o processo numa sequência lógica e encadeada de atos que se sucedem no tempo, durante sua pendência podem ocorrer eventos que interferem no direito material em disputa. Ademais, existem certos temas sensíveis no direito material e no direito processual, que levam o legislador a autorizar debates inéditos a seu respeito no processo mesmo em fases

---

127 Sobre o conceito de questões de fato, cf. JOÃO FRANCISCO NAVES DA FONSECA, *Exame dos fatos nos recursos extraordinário e especial*, n. 18, p. 88.

mais avançadas, independentemente de se tratar de fato ou direito superveniente, caso da prescrição e da decadência (arts. 193, 210 e 211 do CC).

É nesse contexto que se deve interpretar o art. 1.014 do CPC, especialmente no tocante à exigência de "motivo de força maior" para viabilizar a introdução via apelação de um elemento novo no processo. Para começar, tal exigência fica circunscrita a certos pontos de fato. Não se aplica para os pontos de direito, isto é, para a seleção e a interpretação das normas jurídicas que orientam o deslinde da causa, nem para os pontos de fato arguíveis a qualquer tempo e grau de jurisdição ou cognoscíveis de ofício, sempre respeitada a compatibilidade com os limites da demanda. Também não se aplica para o fato superveniente à sentença, que, inclusive, cabe ao tribunal de ofício tomar em consideração no momento do julgamento (art. 933 do CPC). Aliás, aqui, a superveniência em si mostra-se suficiente para justificar a introdução tardia do fato no processo.[128]

No respeitante aos fatos pretéritos que efetivamente exigem prova do "motivo de força maior" (art. 1.014 do CPC) para autorizar sua inédita veiculação em sede recursal, deve a parte demonstrar a impossibilidade de arguição prévia, bem como a sua boa-fé.[129] O parágrafo único do art. 435 do CPC, que trata da ulterior juntada de documentos no processo, é um bom guia para o apelante que tenciona introduzir novos argumentos fáticos na instância recursal: "admite-se também a juntada posterior de documentos formados após a petição inicial ou a contestação, bem como dos que se tornaram conhecidos, acessíveis ou disponíveis após esses atos, cabendo à parte que os produzir comprovar o motivo que a impediu de juntá-los anteriormente e incumbindo ao juiz, em qualquer caso, avaliar a conduta da parte de acordo com o art. 5º".

---

[128] Cf. Barbosa Moreira, *Comentários ao Código de Processo Civil*, v. V, n. 249 e 250, p. 455-456; Araken de Assis, *Manual dos recursos*, n. 40.2.1 e segs., p. 475 e segs.; Alexandre Freitas Câmara, Comentários ao art. 1.014. In: *Comentários ao Novo Código de Processo Civil*, p. 1.516; Luiz Guilherme Marinoni, Sérgio Arenhart e Daniel Mitidiero, *Curso de processo civil*, v. 2, p. 538-540; Manoel Caetano Ferreira Filho, Comentários ao art. 1.014. In: *Código de Processo Civil anotado*, p. 1.580.

[129] Para um panorama jurisprudencial a respeito, cf. Theotonio Negrão, José Roberto F. Gouvêa, Luis Guilherme A. Bondioli e João Francisco N. da Fonseca, *Código de Processo Civil e legislação processual em vigor*, 47ª ed., notas 1 ao art. 435 e 4 ao art. 1.014, p. 472-473 e 931. Destacam-se aqui os seguintes julgados: "a juntada de documentos com a apelação é possível, desde que respeitado o contraditório e inocorrente a má-fé, com fulcro no art. 397 do CPC" (STJ, 1ª Turma, REsp 466.751, rel. Min. Luiz Fux, j. 3/6/2003, DJ 23/6/2003). "Juntada de documentos em sede de apelação. Comprovação de fato não suscitado no momento oportuno. Impossibilidade de inovação. Juízo de controle e de revisão" (STJ, 4ª Turma, Ag em REsp 294.057-AgRg, rel. Min. Luis Felipe, j. 19/9/2013, DJ 24/9/2013).

Observe-se que tanto o apelante quanto o apelado podem trazer questões de fato inéditas para o conhecimento do tribunal. A garantia constitucional do contraditório (art. 5º, LV, da CF) impõe que, nas situações em que o apelado inserir questões de fato novas nas contrarrazões, seja aberta oportunidade para que o apelante se manifeste a respeito, em 15 dias (argumento dos arts. 437, § 1º, e 1.009, § 2º, do CPC). Ademais, é possível a produção de provas relacionadas com as questões de fato inéditas veiculadas em sede de apelação,[130] cabendo às partes especificar nas suas falas as provas que tencionam produzir. Uma vez reconhecida a necessidade de atividades probatórias na instância recursal, compete ao relator coordená-las, em conformidade com o disposto nos arts. 932, I, e 938, § 3º, do CPC, que, inclusive, autoriza a delegação da instrução para o juiz de primeira instância.

CAPÍTULO III
DO AGRAVO DE INSTRUMENTO

Art. 1.015. Cabe agravo de instrumento contra as decisões interlocutórias que versarem sobre:

I – tutelas provisórias;

II – mérito do processo;

III – rejeição da alegação de convenção de arbitragem;

IV – incidente de desconsideração da personalidade jurídica;

V – rejeição do pedido de gratuidade da justiça ou acolhimento do pedido de sua revogação;

VI – exibição ou posse de documento ou coisa;

VII – exclusão de litisconsorte;

VIII – rejeição do pedido de limitação do litisconsórcio;

IX – admissão ou inadmissão de intervenção de terceiros;

X – concessão, modificação ou revogação do efeito suspensivo aos embargos à execução;

XI – redistribuição do ônus da prova nos termos do art. 373, § 1º;

XII – (VETADO);

XIII – outros casos expressamente referidos em lei.

---

130 Cf. BARBOSA MOREIRA, *Comentários ao Código de Processo Civil*, v. V, n. 250, p. 456; ARAKEN DE ASSIS, *Manual dos recursos*, n. 39.3.4 e 40.3, p. 470 e 480-481; ALEXANDRE FREITAS CÂMARA, Comentários ao art. 1.014. In: *Comentários ao Novo Código de Processo Civil*, p. 1.517; LUIZ GUILHERME MARINONI, SÉRGIO ARENHART e DANIEL MITIDIERO, *Curso de processo civil*, v. 2, p. 538-540.

> **Parágrafo único.** Também caberá agravo de instrumento contra decisões interlocutórias proferidas na fase de liquidação de sentença ou de cumprimento de sentença, no processo de execução e no processo de inventário.

CPC de 1973 – art. 522

96. Linhas gerais sobre o agravo de instrumento e seu cabimento: rol taxativo

Conforme disposto no *caput* do art. 1.015 do CPC, o agravo de instrumento é o recurso talhado para a impugnação da decisão interlocutória. Como já dito mais acima, com apoio no *caput* e no § 1º do art. 203 do CPC, decisão interlocutória é o pronunciamento do juiz com conteúdo decisório que não encerra a fase cognitiva nem extingue a execução (*supra*, n. 77). Trata-se assim do ato por meio do qual o juiz resolve uma questão no curso do procedimento, ainda que com fundamento no art. 485 ou no art. 487 do CPC, mas sem colocar fim a uma fase do processo.

Como também já dito mais acima, a distinção entre decisão interlocutória e sentença no Código de Processo Civil não é imune a dúvida objetiva (*supra*, n. 77). É objetivamente duvidosa, por exemplo, a natureza dos pronunciamentos que julgam a liquidação de sentença (arts. 509 e segs. do CPC) ou reconhecem o dever de prestar contas (art. 550, § 5º, do CPC) ou ainda decretam a dissolução parcial de sociedade (art. 603, *caput*, do CPC), o que torna aplicável no caso o *princípio da fungibilidade*, a fim de se viabilizar a admissão do recurso interposto no processo (*supra*, n. 10).

No Código de Processo Civil de 1973, havia duas modalidades de agravo para o ataque à decisão interlocutória: *agravo retido* e *agravo de instrumento*. O primeiro, interposto em primeira instância, fora transformado em regra pela Lei n. 11.187/2005, com o intuito de eliminar obstáculos para o desenrolar da marcha procedimental, e, como o próprio nome sugere, ficava dormente nos autos do processo, até que este fosse encaminhado para o tribunal por ocasião da apelação, momento em que o agravo devia ser reiterado, sob pena de não conhecimento (arts. 522 e 523 do CPC de 1973). Por sua vez, o agravo de instrumento, de imediato processamento e interposto diretamente no tribunal, ficava circunscrito às hipóteses "de decisão suscetível de causar à parte lesão grave e de difícil reparação, bem como nos casos de inadmissão da apelação e nos relativos aos efeitos em que a apelação é recebida" (art. 522, *caput*, do CPC de 1973).

O Código de Processo Civil acaba com o regime dúplice do agravo contra decisão interlocutória. Agora, a impugnação imediata dessa decisão fica circunscrita ao agravo de instrumento, que permanece sendo de pronto processamento e interposto diretamente no tribunal. Com isso, não quis o legislador ressuscitar o regramento original do Código de Processo Civil de 1973, que pregava a ampla e instantânea recorribilidade das decisões interlocutórias por agravo de instrumento (art. 522, *caput*, do CPC de 1973, na redação primitiva). Ao contrário. O passo dado pelo legislador vai mais para trás. Sua inspiração é o Código de Processo Civil de 1939, que, no seu art. 842, estabelecia rol taxativo para o cabimento do agravo de instrumento.[131]

Nesse cenário, o art. 1.015 do CPC ocupa na legislação em vigor o papel destinado na vigência do Código de Processo Civil de 1939 ao seu art. 842. Ele também estabelece uma lista fechada com as decisões interlocutórias imediatamente recorríveis via agravo de instrumento.[132] Orienta a formação da lista critério de utilidade: não se deve retardar debate em torno de questões que devam ser efetivamente decididas desde logo ou em relação às quais sequer haja interesse numa fase mais avançada do procedimento. Esse juízo de utilidade já foi feito pelo legislador em abstrato e não comporta questionamentos no caso concreto: ou a decisão interlocutória está abarcada pelo art. 1.015 do CPC e é recorrível por agravo de instrumento ou não está enquadrada e consequentemente não é agravável.

Isso não quer dizer que a matéria objeto de decisão interlocutória não agravável seja indiscutível noutra instância. O § 1º do art. 1.009 do CPC cuida expressamente da condução da questão prévia ao tribunal recursal nessas circunstâncias: "as questões resolvidas na fase de conhecimento, se a decisão a seu respeito não comportar agravo de instrumento, não são cobertas pela preclusão e devem ser suscitadas em preliminar de apelação, eventualmente interposta contra a decisão final, ou nas contrarrazões".

---

131 "O agravo de instrumento é o recurso adequado à impugnação de decisões interlocutórias nos casos expressamente indicados em lei" (Moacyr Amaral Santos, *Direito processual civil*, v. 3, n. 734, p. 146).

132 Sobre o caráter taxativo do rol de decisões impugnáveis por agravo de instrumento, cf. Humberto Theodoro Júnior, *Curso de direito processual civil*, v. III, n. 784, p. 1.040; Gilberto Gomes Bruschi, Comentários ao art. 1.015. In: *Breves comentários ao Novo Código de Processo Civil*, p. 2.250-2.251; Luiz Guilherme Marinoni, Sérgio Arenhart e Daniel Mitidiero, *Curso de processo civil*, v. 2, p. 544; Leonardo Greco, *Instituições de processo civil*, v. III, n. 7.2 e 7.4, p. 149 e 156; Nelson Nery Junior e Rosa Maria de Andrade Nery, *Comentários ao Código de Processo Civil*, p. 2.078; Leonardo Carneiro da Cunha e Fredie Didier Júnior, "Agravo de instrumento contra decisão que versa sobre competência e a decisão que nega eficácia a negócio jurídico processual na fase de conhecimento", p. 275 e *Curso de direito processual civil*, v. 3, p. 241-242; Luiz Rodrigues Wambier e Eduardo Talamini, *Curso avançado de processo civil*, v. 2, n. 25.1, p. 537-538; Arruda Alvim, *Novo contencioso cível no CPC/2015*, p. 494. Em sentido contrário, afirmando o caráter exemplificativo desse rol, cf. Manoel Caetano Ferreira Filho, Comentários ao art. 1.009. In: *Código de Processo Civil anotado*, p. 1.566.

Esse estado de coisas atenua a rigidez do modelo processual civil brasileiro. A parte não mais se vê compelida a se insurgir desde logo contra a solução de toda e qualquer questão no curso do procedimento, quer por meio de agravo retido, quer por meio de agravo de instrumento, sob pena de não mais poder debatê-la no processo. Com isso, pretende-se concentrar a análise da causa pelo tribunal recursal em um número menor de momentos, com destaque para o julgamento da apelação, que, aliás, é o mais importante deles. Diminuindo o número de vezes em que o tribunal tem contato com uma mesma causa, reduz-se o congestionamento nas cortes recursais e abre-se espaço para julgamentos qualitativamente melhores. Além disso, o feito em primeira instância passa a ter maior fluidez e velocidade.

Observe-se que o legislador não exige para o cabimento do agravo de instrumento qualquer demonstração de dano concreto ou iminente. O dano ao agravante ou ao processo já está embutido no juízo de utilidade feito pelo legislador na elaboração do rol do art. 1.015 do CPC. Assim, basta a demonstração do enquadramento da decisão recorrida na lista fechada do art. 1.015 para a abertura da via do agravo de instrumento.

A elaboração de um rol taxativo de decisões interlocutórias agraváveis não é tarefa fácil; é difícil reunir em abstrato todas as situações nas quais devam ser abertas as portas para o agravo de instrumento. Isso já foi vivido na prática, quando vigente o Código de Processo Civil de 1939, e se revelou problemático. A reação diante disso desencadeou um novo e oposto problema: com o advento do Código de Processo Civil de 1973 e a liberação do agravo de instrumento para a impugnação de toda e qualquer decisão interlocutória, criaram-se entraves para o procedimento e para o bom funcionamento dos abarrotados tribunais. Tentou-se chegar a um meio-termo ainda na vigência do Código de Processo Civil de 1973, com a Lei n. 11.187/2005, que, como visto mais acima, transformou o agravo retido em regra e o agravo de instrumento em exceção, elegendo-se como discrímen, sobretudo, a cláusula geral "decisão suscetível de causar à parte lesão grave e de difícil reparação" (art. 522, *caput*, do CPC de 1973). Ocorre que essa cláusula geral não funcionou a contento. Qual advogado não acha que o seu cliente está exposto a dano grave e de difícil reparação em razão de uma decisão interlocutória desfavorável? Nenhum! Os tribunais continuaram congestionados pelo excessivo número de agravos de instrumento.

Eis a razão pela qual se abandonou a fórmula genérica da *lesão grave e de difícil reparação* e se retomou o modelo presente no primeiro Código de Processo Civil editado no Brasil, com uma lista fechada das situações autorizadoras do agravo de instrumento.

O rol do art. 1.015 do CPC comporta uma grande crítica, qual seja, a ausência das decisões sobre competência na lista de pronunciamentos recorríveis por agravo de instrumento.[133] As decisões "que julgarem a exceção de incompetência" eram expressamente contempladas pelo rol do art. 842 do Código de Processo Civil de 1939, no seu inciso II. Na vigência do Código de Processo Civil de 1973, desde os tempos do Tribunal Federal de Recursos, a jurisprudência não admitia agravo retido contra a decisão da exceção de incompetência, entendendo que sua impugnação devia se dar por agravo de instrumento.[134] Afinal, a primeira coisa que se deve definir no processo é o juízo competente para conduzi-lo e julgá-lo. Não interessa postergar debates a esse respeito; o tardio pronunciamento de incompetência produz sensível retrocesso procedimental. Ademais, o trâmite do feito numa comarca longínqua pode gerar efetivos entraves para a defesa do réu.[135]

No curso do processo legislativo que culminou com a edição do Código de Processo Civil em 2015, a decisão sobre competência chegou a constar do rol de decisões agraváveis. No Projeto de Lei n. 6.025/2005 da Câmara dos Deputados, o art. 1.028 previa o cabimento do agravo de instrumento contra a decisão interlocutória que "versar sobre competência" (inciso X). Espera-se que numa futura revisão do rol do art. 1.015 do CPC as decisões sobre competência em geral sejam incorporadas à lista de pronunciamentos agraváveis.[136]

Nos tópicos subsequentes passa-se a uma análise pormenorizada dos incisos e do parágrafo único do art. 1.015 do CPC, a fim de se darem os precisos contornos do rol de pronunciamentos agraváveis.

97. Tutelas provisórias

O rol do art. 1.015 do CPC principia pelas decisões sobre "tutelas provisórias" (inciso I), que estão reguladas nos arts. 294 e segs. do CPC. Nada mais

---

133 O art. 644º, n. 2, do CPC português traz um semelhante rol taxativo de decisões interlocutórias imediatamente recorríveis. E logo na alínea *b* arrola "a decisão que aprecie a competência absoluta do tribunal".

134 Cf. THEOTONIO NEGRÃO, JOSÉ ROBERTO F. GOUVÊA, LUIS GUILHERME A. BONDIOLI e JOÃO FRANCISCO N. DA FONSECA, *Código de Processo Civil e legislação processual em vigor*, 46ª ed., notas 4 ao art. 308 e 2a ao art. 522, p. 453 e 698.

135 À luz do Código de Processo Civil de 1973, BARBOSA MOREIRA defendia o levantamento da retenção de recursos especial e extraordinário em matéria de competência, por razões que se aplicam ao caso do agravo: "suscitando-se dúvida sobre competência, o melhor é resolver desde logo a questão, para evitar eventual invalidação de atos praticados por órgão que depois venha a ser declarado absolutamente incompetente" ("Reformas do CPC em matéria de recursos", p. 180). Por iguais razões, HEITOR SICA colocava-se contra a retenção de agravos tirados contra a decisão acerca da exceção de incompetência ("Recorribilidade das interlocutórias e reformas processuais: novos horizontes do agravo retido", p. 206).

136 Em sentido ampliativo, defendendo *de lege lata* a recorribilidade das decisões interlocutórias sobre competência, cf. LEONARDO CARNEIRO DA CUNHA e FREDIE DIDIER JÚNIOR, "Agravo de instrumento contra decisão que versa sobre competência e a decisão que nega eficácia a negócio jurídico processual na fase de conhecimento", p. 279-280.

natural. Por ocasião do julgamento da apelação, os olhos dos julgadores já estarão postos sobre a própria tutela jurisdicional final e definitiva, de modo que será inútil discutir sobre sua antecipação ou acautelamento. Ainda, com o julgamento da apelação e a ausência de previsão de ulterior recurso com efeito suspensivo, a tutela jurisdicional final e definitiva já terá sua eficácia liberada, o que reafirma a mencionada inutilidade.

Toda e qualquer deliberação sobre tutela provisória é agravável. Assim, cabe agravo de instrumento tanto contra a decisão que concede a tutela provisória quanto contra o pronunciamento que a denega. Igualmente, são agraváveis os pronunciamentos que revogam ou modificam a tutela provisória (art. 296 do CPC).[137] Mesmo a decisão que posterga a análise da tutela provisória é impugnável por agravo de instrumento.[138] Ademais, não importa se se trata de tutela de urgência ou da evidência, se se trata de tutela antecipada ou cautelar, se se trata de requerimento antecedente ou incidental de tutela provisória: havendo pronunciamento a respeito, cabe agravo de instrumento.[139]

Não cabe agravo de instrumento no caso de silêncio do juiz diante do requerimento de tutela provisória, isto é, no caso de ausência de uma decisão acerca do tema. No caso, a omissão do magistrado deve ser combatida pela via do mandado de segurança.

98. Mérito do processo

No subsequente inciso II do art. 1.015 do CPC tem-se a decisão sobre o "mérito do processo". Considerando que o art. 356 do CPC autoriza o juiz a fatiar o julgamento do *meritum causae*, examinando desde logo parte das pretensões formuladas no processo, ainda que este siga adiante para o desenvolvimento das atividades instrutórias necessárias para a análise dos demais pedidos, é natural que apareçam no curso do procedimento pronunciamentos *de meritis*. Esses pronunciamentos não põem "fim à fase cognitiva do procedimento comum" (art. 203, § 1º, do CPC), de modo que não consistem em sentença e, portanto, não são apeláveis. Doutra parte, não faz sentido postergar debates acerca deles para o momento da apelação contra a decisão que encerra a cognição, nos moldes do § 1º do art. 1.009 do CPC. Se certas pretensões podem ser isoladamente enfrentadas, é preciso permitir a sua pronta rediscus-

---

137 Cf. LEONARDO GRECO, *Instituições de processo civil*, v. III, n. 7.4, p. 156.
138 Cf. LUIZ GUILHERME MARINONI, SÉRGIO ARENHART e DANIEL MITIDIERO, *Curso de processo civil*, v. 2, p. 544; DANIEL AMORIM ASSUMPÇÃO NEVES, *Novo Código de Processo Civil comentado*, p. 1.689; FREDIE DIDIER JÚNIOR e LEONARDO CARNEIRO DA CUNHA, *Curso de direito processual civil*, v. 3, p. 246.
139 Cf. LUIZ RODRIGUES WAMBIER e EDUARDO TALAMINI, *Curso avançado de processo civil*, v. 2, n. 25.1, p. 538.

são na instância recursal, inclusive para que se chegue logo a um pronunciamento definitivo e não mais recorrível a seu respeito. Daí a razão pela qual o § 5º do art. 356 prevê que a decisão que julga parcialmente o mérito é "impugnável por agravo de instrumento", endossando o inciso II do art. 1.015.

Note-se que a não impugnação imediata da decisão interlocutória de mérito por agravo de instrumento conduz à formação da coisa julgada em torno dela. Na eventual apelação contra a futura sentença que exaure a fase cognitiva, não haverá espaço para debate em torno daquela decisão interlocutória. Aliás, como já dito, é justamente em razão disso que as questões prévias relacionadas com a parcela do mérito antecipadamente julgada devem ser veiculadas preliminarmente no agravo de instrumento fundado no inciso II do art. 1.015 do CPC ou nas respectivas contrarrazões (*supra*, n. 78).

Pouco importa em que sentido o mérito é analisado pela decisão interlocutória para o seu enquadramento no inciso II do art. 1.015 do CPC. Seja a decisão *de meritis* favorável ao autor, seja ela favorável ao réu, cabe agravo de instrumento para a sua impugnação.

Consigne-se que a decisão que decreta a inviabilidade do exame de parte do *meritum causae*, sem esgotar a fase cognitiva do procedimento comum, não se encaixa no inciso II do art. 1.015 do CPC. Afinal, não se trata aqui de uma decisão *de meritis*, mas sim de um pronunciamento que diz não ser possível analisar o mérito. Entretanto, isso não significa que esse pronunciamento não seja agravável, pois o parágrafo único do art. 354 do CPC prevê expressamente o cabimento do agravo de instrumento nessas circunstâncias.

Por fim, a decisão que atesta direta ou indiretamente a presença dos requisitos de admissibilidade do julgamento do mérito, por exemplo, ao "resolver as questões processuais pendentes" (art. 357, I, do CPC), não é um pronunciamento sobre o *meritum causae* e não se enquadra no inciso II do art. 1.015 do CPC. Aliás, tal decisão, por si, não se encaixa em qualquer hipótese legal de agravo de instrumento, devendo ser impugnada, portanto, nos moldes do § 1º do art. 1.009 do CPC.[140]

99. Rejeição da alegação de convenção de arbitragem

O rol do art. 1.015 do CPC segue com a "rejeição da alegação de convenção de arbitragem" (inciso III). A invocação da convenção de arbitragem

---

140 "As questões resolvidas na fase de conhecimento, se a decisão a seu respeito não comportar agravo de instrumento, não são cobertas pela preclusão e devem ser suscitadas em preliminar de apelação, eventualmente interposta contra a decisão final, ou nas contrarrazões."

conduz à inviabilidade do julgamento *de meritis* e deve ter lugar necessariamente na contestação, como matéria preliminar, sob pena de preclusão (art. 337, X e §§ 5º e 6º, do CPC). Uma vez rejeitada alegação do réu nesse sentido, o processo estatal segue adiante. Todavia, é de todo o interesse rediscutir desde logo o assunto, pois o reconhecimento tardio da existência e da validade da convenção de arbitragem levará ao descarte da atividade jurisdicional prestada no âmbito estatal, com enorme desperdício de tempo, de atos e de dinheiro. Por isso, abre-se a via do agravo de instrumento para pronta rediscussão em torno da rejeição da alegação de convenção de arbitragem.

No caso de acolhimento parcial da alegação de convenção de arbitragem, o agravo de instrumento pode ser interposto tanto pelo autor, com fundamento no parágrafo único do art. 354 do CPC, quanto pelo réu, com apoio no inciso III do art. 1.015 do CPC.[141]

Se o juiz reconhece de forma ampla que as partes resolveram submeter a solução do litígio a um juízo arbitral, proferindo sentença com fundamento no inciso VII do art. 485 do CPC, a impugnação do pronunciamento judicial deve se dar pela via da apelação, e não do agravo de instrumento.

100. Incidente de desconsideração da personalidade jurídica

No inciso IV do rol do art. 1.015 do CPC está a decisão sobre "incidente de desconsideração da personalidade jurídica", regulado nos arts. 133 e segs. do CPC. Tanto a decisão que acolhe quanto a decisão que rejeita o pedido de desconsideração da personalidade jurídica são passíveis de agravo de instrumento. Afinal, é preciso definir desde logo quem são os sujeitos parciais que devem integrar a relação jurídica processual, participando do contraditório instaurado perante o juiz e vinculando-se assim à decisão final.

Ademais, a deliberação sobre a desconsideração da personalidade jurídica costuma expor tanto o requerente quanto o requerido a danos. Uma vez negado o requerimento de desconsideração, que é formulado em regra numa situação de crise exacerbada de adimplemento, o postulante tende a ficar sem receber aquilo a que tinha direito. Já o acolhimento do pedido de desconsideração expõe o patrimônio de pessoa diferente do obrigado original a medidas invasivas, sendo evidentes os danos àquela. Isso reforça o acerto na abertura da via do agravo de instrumento para o pronto reexame da decisão acerca da desconsideração da personalidade jurídica.

---

141 Cf. LEONARDO GRECO, *Instituições de processo civil*, v. III, n. 7.4, p. 157.

Registre-se que as decisões acerca de questões prévias relacionadas com a desconsideração da personalidade jurídica não são, por si, agraváveis: ou referidas decisões se enquadram no rol do art. 1.015 do CPC e são impugnáveis por agravo de instrumento ou a impugnação contra elas fica reservada para o futuro e eventual agravo de instrumento contra a decisão que julga o incidente, nos moldes do § 1º do art. 1.009 do CPC (*supra*, n. 78).

Por fim, o inciso IX do art. 1.015 do CPC, ao prever o agravo de instrumento contra a decisão que delibera sobre a intervenção de terceiros no processo, reforça a recorribilidade imediata do pronunciamento que julga o incidente de desconsideração da personalidade jurídica.

101. Rejeição ou revogação da gratuidade da justiça

A lista do art. 1.015 do CPC segue com a decisão de "rejeição do pedido de gratuidade da justiça ou acolhimento do pedido de sua revogação" (inciso V). Disposição semelhante se encontra no *caput* do art. 101 do CPC: "contra a decisão que indeferir a gratuidade ou a que acolher pedido de sua revogação caberá agravo de instrumento, exceto quando a questão for resolvida na sentença, contra a qual caberá apelação".

Nessas condições, a imediata impugnação da deliberação sobre a gratuidade da justiça somente é possível quando negativo o pronunciamento, quer para rejeitar o pleito, quer para revogar benesse anteriormente concedida. Por identidade de razões, a decisão que reduz as dimensões objetivas ou subjetivas do benefício também comporta agravo de instrumento. Já a decisão que defere ou revigora o benefício da gratuidade da justiça não é passível de agravo de instrumento; sua rediscussão fica reservada para futura e eventual apelação, nos termos do § 1º do art. 1.009 do CPC.

102. Exibição ou posse de documento ou coisa

No inciso VI do art. 1.015 do CPC está a decisão sobre "exibição ou posse de documento ou coisa". A exibição de documento ou coisa é objeto de regulamentação nos arts. 396 e segs. do CPC. Tanto a decisão que determina a exibição quanto a que nega o requerimento para tanto são agraváveis. Mesmo que a ordem ou a negativa de exibição envolva terceiro (arts. 401 e segs. do CPC), o agravo de instrumento continua sendo cabível.

103. Exclusão de litisconsorte

Na sequência do rol do art. 1.015 do CPC, vem a decisão sobre "exclusão de litisconsorte" (inciso VII). Tanto a decisão que exclui como a que mantém o litisconsorte são imediatamente recorríveis, pela via do agravo de instrumento.¹⁴² Afinal, ambas versam sobre exclusão; a manutenção é a faceta negativa desta. Ainda, repise-se que é preciso definir o quanto antes os participantes da relação jurídica processual e do respectivo contraditório e consequentemente os destinatários da decisão final (*supra*, n. 100). Ademais, no caso de intervenção de terceiros, o que inclui o incidente de desconsideração da personalidade jurídica, tanto a decisão que integra quanto a que exclui o sujeito da relação jurídica processual são agraváveis (incisos IV e IX do art. 1.015 do CPC – *supra*, n. 100, e *infra*, n. 105). Logo, idêntico tratamento deve ser dado ao litisconsórcio, sob pena de o litisconsorte mantido no processo tornar-se praticamente um refém deste.

Não interessa o fundamento da decisão sobre exclusão de litisconsorte para a sua exposição ao agravo de instrumento; basta que se decida pela manutenção ou pelo desligamento de um coautor ou de um corréu do processo para a caracterização da recorribilidade imediata. Mesmo que o pronunciamento não se funde na ilegitimidade *ad causam*, como é o caso do que limita o número de litigantes no processo com apoio nos §§ 1º e 2º do art. 113 do CPC, ele é agravável.

104. Rejeição do pedido de limitação do litisconsórcio

No inciso VIII do art. 1.015 do CPC tem-se a decisão de "rejeição do pedido de limitação do litisconsórcio". O pleito de redução do número de litigantes no processo é previsto nos §§ 1º e 2º do art. 113 do CPC, para as situações em que se "comprometer a rápida solução do litígio ou dificultar a defesa ou o cumprimento da sentença" (§ 1º). É natural, portanto, que seu indeferimento seja instantaneamente recorrível, pois a manutenção das dimensões do litisconsórcio facultativo nessas circunstâncias tende a ser lesiva.

Como já dito, a decisão que acolhe o pedido de limitação do litisconsórcio no processo com fundamento nos §§ 1º e 2º do art. 113 do CPC também é agravável (*supra*, n. 103). Afinal, dela resulta o desligamento de um coautor ou de um corréu do processo, isto é, a "exclusão de litisconsorte", prevista no anterior inciso VII do art. 1.015 do CPC.

105. Admissão ou inadmissão de intervenção de terceiros

O inciso IX do art. 1.015 do CPC cuida da decisão sobre "admissão ou inadmissão de intervenção de terceiros". Conforme o Título III ("Da Intervenção de Terceiros") do Livro III ("Dos Sujeitos do Processo") da Parte Geral do Código de Processo Civil, são hipóteses de intervenção de terceiros: assistência, simples ou litisconsorcial, denunciação da lide, chamamento

---

142 Cf. Leonardo Greco, *Instituições de processo civil*, v. III, n. 7.4, p. 158.

ao processo, incidente de desconsideração da personalidade jurídica e *amicus curiae*.

No tocante à assistência, simples ou litisconsorcial, à denunciação da lide, ao chamamento ao processo e ao incidente de desconsideração da personalidade jurídica, quer a decisão interlocutória aceite a entrada do terceiro no processo, quer a rejeite, cabe agravo de instrumento para a imediata reapreciação do tema na instância recursal. Mais uma vez, vale a ideia já anunciada de que é preciso definir com rapidez os participantes da relação jurídica processual (*supra*, n. 100 e 103). Aliás, para o incidente de desconsideração da personalidade jurídica, também vale a lembrança de que o inciso IV do art. 1.015 do CPC já prevê o cabimento do agravo de instrumento contra a decisão interlocutória que o julga.

Por fim, no que se refere ao *amicus curiae*, é preciso considerar que a especial disposição do *caput* do art. 138 do CPC prevê a irrecorribilidade da decisão que "solicitar ou admitir a participação de pessoa natural ou jurídica, órgão ou entidade especializada, com representatividade adequada". Logo, no caso, não cabe agravo de instrumento.[143]

106. Concessão, modificação ou revogação do efeito suspensivo dos embargos à execução

O rol do art. 1.015 do CPC continua com a decisão sobre "concessão, modificação ou revogação do efeito suspensivo aos embargos à execução" (inciso X). O efeito suspensivo dos embargos à execução é disciplinado pelo art. 919 do CPC, com destaque para o seu § 1º: "o juiz poderá, a requerimento do embargante, atribuir efeito suspensivo aos embargos quando verificados os requisitos para a concessão da tutela provisória e desde que a execução já esteja garantida por penhora, depósito ou caução suficientes". Como o próprio legislador permite enxergar, o efeito suspensivo dos embargos à execução nada mais é do que uma espécie de tutela provisória, inclusive, modificável e revogável a qualquer tempo, nos termos do § 2º do art. 919 do CPC.

Nessas circunstâncias, por paralelismo com o inciso I do art. 1.015 do CPC, qualquer deliberação sobre o efeito suspensivo dos embargos à execução é agravável. É o que acontece, por exemplo, com a decisão que rejeita o efeito suspensivo requerido pelo embargante, que, aliás, não deixa de versar sobre a

---

[143] Cf. EDUARDO TALAMINI, Comentários ao art. 138. In: *Breves comentários ao Novo Código de Processo Civil*, p. 444; FREDIE DIDIER JÚNIOR e LEONARDO CARNEIRO DA CUNHA, *Curso de direito processual civil*, v. 3, p. 257-258. Em sentido contrário, cf. LEONARDO GRECO, *Instituições de processo civil*, v. III, n. 7.4, p. 158-159.

concessão deste; trata-se somente da sua faceta negativa. Outrossim, o embargante que não tem a execução contra si paralisada fica exposto aos danos próprios da continuidade das atividades executivas, o que reforça o cabimento do agravo de instrumento no caso. E não faz sentido discutir por ocasião do julgamento da apelação em que efeito deviam ter sido processados os embargos.

A decisão que concede parcial efeito suspensivo aos embargos à execução pode ser impugnada por agravo de instrumento tanto pelo embargante quanto pelo embargado. Ademais, são agraváveis os pronunciamentos acerca das restrições objetivas (art. 919, § 3º, do CPC) ou subjetivas (art. 919, § 4º, do CPC) ao efeito suspensivo dos embargos, até porque esses pronunciamentos versam sobre a concessão deste, especialmente, sobre o seu dimensionamento.

107. Redistribuição do ônus da prova

No inciso XI do art. 1.015 do CPC está a decisão sobre "redistribuição do ônus da prova nos termos do art. 373, § 1º". De acordo com esse § 1º do art. 373 do CPC, "nos casos previstos em lei ou diante de peculiaridades da causa relacionadas à impossibilidade ou à excessiva dificuldade de cumprir o encargo nos termos do *caput* ou à maior facilidade de obtenção da prova do fato contrário, poderá o juiz atribuir o ônus da prova de modo diverso, desde que o faça por decisão fundamentada, caso em que deverá dar à parte a oportunidade de se desincumbir do ônus que lhe foi atribuído". A distribuição ordinária do ônus da prova é estabelecida no *caput* do mesmo art. 373, de acordo com milenar fórmula: cabe ao autor provar o fato constitutivo do seu direito e ao réu a prova do fato impeditivo, modificativo ou extintivo do direito do autor. Toda vez que o juiz distribuir o ônus da prova de modo diverso dessa fórmula, cabe imediata rediscussão a respeito na instância recursal, pela via do agravo de instrumento.

A decisão do juiz que nega requerimento para distribuição extraordinária do ônus da prova também é agravável.[144] Afinal, também se trata de deliberação (negativa) sobre redistribuição do ônus da prova. Outrossim, é do espírito do § 1º do art. 373 do CPC que o processo se desenrole com as partes cientes dos ônus probatórios que lhes são atribuídos no caso concreto, inclusive para que possam deles se desincumbir. Logo, é preciso definir o quanto antes se tais ônus se balizarão pelas regras ordinárias ou se serão distribuídos de outra forma. Daí a pertinência de se conduzir para imediato reexame também o pronunciamento que mantém essas regras ordinárias.

---

[144] Cf. Luiz Guilherme Marinoni, Sérgio Arenhart e Daniel Mitidiero, *Curso de processo civil*, v. 2, p. 544-545; Fredie Didier Júnior e Leonardo Carneiro da Cunha, *Curso de direito processual civil*, v. 3, p. 259.

Registre-se que, nos termos do § 3º do art. 373 do CPC, "a distribuição diversa do ônus da prova também pode ocorrer por convenção das partes". Essa convenção, como todo negócio jurídico processual, pode ter sua validade controlada pelo juiz, conforme previsto no parágrafo único do art. 190 do CPC. O pronunciamento do juiz que valida ou invalida a convenção que distribui de forma diversa o ônus da prova também se expõe a agravo de instrumento. Afinal, também se tem aqui, em última análise, uma deliberação sobre redistribuição do ônus da prova, cuja rediscussão deve ser imediata.

108. Outros casos expressamente referidos em lei

O derradeiro inciso do art. 1.015 do CPC remete a "outros casos expressamente referidos em lei" (inciso XIII). No próprio Código de Processo Civil, tem-se previsão de agravo de instrumento não abarcada por outro inciso do art. 1.015 nos arts. 354, parágrafo único (pronunciamento pela inviabilidade parcial de julgamento do *meritum causae*), e 1.037, § 13 (decisão sobre a distinção entre a questão objeto do processo sobrestado e a questão objeto de recursos extraordinários ou especiais repetitivos).

A inadmissão da reconvenção, ainda que pela falta de requisito próprio para a introdução da demanda reconvencional no processo em curso (por exemplo, conexão entre as causas – art. 343, *caput*, do CPC), enquadra-se na *fattispecie* descrita no parágrafo único do art. 354 do CPC e é agravável, até porque não há razão para postergar debate em torno do assunto para o momento da apelação.[145] Não tem cabimento discutir a viabilidade da reconvenção em momento no qual se revê o acerto do desfecho dado à demanda inicial.

Fora do Código de Processo Civil, a Lei n. 11.101/2005 é um bom exemplo de diploma legal que prevê decisões passíveis de agravo de instrumento, quais sejam, as que julgam a impugnação de crédito no âmbito da recuperação judicial ou da falência (art. 17), concedem a recuperação judicial (art. 59, § 2º) ou decretam a falência (art. 100). Na Lei n. 8.429/1992, também existe exemplo de decisão agravável, qual seja, a que recebe a petição inicial da ação de improbidade administrativa (art. 17, § 10).

109. Decisões interlocutórias na fase de liquidação ou cumprimento de sentença, no processo de execução e no inventário

No parágrafo único do art. 1.015 do CPC prevê-se que "também caberá agravo de instrumento contra decisões interlocutórias proferidas na fase de liquidação de sentença ou de cumprimento de sentença, no processo de execução

---

145 Cf. Sandro Marcelo Kozikoski, Comentários ao art. 1.015. In: *Código de Processo Civil anotado*, p. 1.583.

e no processo de inventário". Considerando que o cumprimento de sentença e os processos de execução e de inventário se encerram com decisão voltada, sobretudo, para colocar fim ao processo, não interessa, de fato, postergar para um momento futuro rediscussão em torno de questões prévias. Ademais, na execução e no cumprimento de sentença, os pronunciamentos judiciais tendem a produzir imediatos reflexos patrimoniais, o que reforça a pertinência de sua imediata revisão na instância recursal.

Pouco importa para o cabimento do agravo de instrumento nessas circunstâncias a natureza da obrigação inserta na sentença cujo cumprimento se requer ou no título que lastreia a execução: seja ela de pagar quantia, entregar coisa, fazer ou não fazer, qualquer decisão interlocutória proferida no curso do respectivo procedimento é agravável. Também não importa para o cabimento do agravo de instrumento se a execução envolve obrigação de prestar alimentos ou a Fazenda Pública.

As decisões interlocutórias proferidas na fase de liquidação de sentença comportam análise particular. Há duas modalidades de liquidação, consoante se infere dos arts. 509 a 511 do CPC: por arbitramento e pelo procedimento comum. Na liquidação pelo procedimento comum, como o próprio nome sugere, observa-se, sobretudo, "o disposto no Livro I da Parte Especial deste Código". Tudo é ordinariamente estruturado para se chegar a um pronunciamento *de meritis* que defina o *quantum debeatur*. Fica então a pergunta: qual é a razão para se liberar a interposição de agravo de instrumento contra toda e qualquer decisão interlocutória num procedimento que segue, em boa medida, as regras dos arts. 318 e segs. do CPC, tal qual a maioria dos processos? Não se sabe! De todo modo, *legem habemus*: qualquer decisão interlocutória proferida no curso das duas modalidades de liquidação de sentença fica exposta a agravo de instrumento, que deve ser interposto, inclusive, para evitar a formação de preclusão. Todavia, por ocasião de uma eventual reforma no Código de Processo Civil, sugere-se que o parágrafo único do art. 1.015 não mais contemple as decisões interlocutórias proferidas no curso da liquidação de sentença, cuja recorribilidade deveria seguir a regra geral.[146]

110. Não interposição do agravo de instrumento e preclusão

Extrai-se do § 1º do art. 1.009 do CPC, *a contrario sensu*, que, se uma decisão interlocutória é impugnável por agravo de instrumento e esse recurso não é interposto, ela fica, em regra, coberta por preclusão, inviabilizadora da sua ulterior rediscussão no curso do processo. Logicamente, fica a salvo da

---

[146] Para idêntica visão crítica, cf. LUIZ RODRIGUES WAMBIER e EDUARDO TALAMINI, *Curso avançado de processo civil*, v. 2, n. 25.1, p. 541-542.

preclusão decisão cuja matéria pode ser ulteriormente enfrentada, independentemente da pronta interposição de recurso, caso da tutela provisória, passível de modificação ou revogação a qualquer tempo (art. 296, *caput*, do CPC).

111. Descabimento do agravo de instrumento e mandado de segurança

Não sendo cabível agravo de instrumento contra certa decisão interlocutória, dispõe o § 1º do art. 1.009 do CPC que se deve aguardar momento futuro para reavivar no processo a respectiva questão prévia. Ocorre que pode não ser possível aguardar até lá para a rediscussão do assunto. É pensar, como já anunciado, no equivocado indeferimento da produção de uma prova ameaçada de perecimento (*supra*, n. 78). Nessas condições, faz-se presente violação ou justo receio de lesão a direito líquido e certo, autorizador da impetração de mandado de segurança contra a decisão judicial, por ora, irrecorrível (arts. 1º, *caput*, e 5º, II, da Lei n. 12.016/2009).

> **Art. 1.016.** O agravo de instrumento será dirigido diretamente ao tribunal competente, por meio de petição com os seguintes requisitos:
>
> I – os nomes das partes;
>
> II – a exposição do fato e do direito;
>
> III – as razões do pedido de reforma ou de invalidação da decisão e o próprio pedido;
>
> IV – o nome e o endereço completo dos advogados constantes do processo.

CPC de 1973 – art. 524

112. Regularidade formal

O art. 1.016 do CPC ocupa-se dos requisitos para a regularidade formal do agravo de instrumento, a exemplo do que faz o *caput* do art. 1.010 do CPC em matéria de apelação. O primeiro requisito enunciado pelo art. 1.016 consubstancia-se na apresentação de uma *petição dirigida ao tribunal competente*, isto é, uma peça escrita em língua portuguesa (art. 192 do CPC), subscrita por advogado regularmente constituído nos autos (arts. 133 da CF, 103 do CPC e 1º e segs. da Lei n. 8.906/1994) e endereçada ao órgão encarregado da revisão das decisões proferidas pelo juízo *a quo*.[147] O equívoco na seleção desse órgão não é causa de inadmissão do agravo, que deve ser encaminhado ao tribunal reputado competente (*supra*, n. 51). Por fim, para o protocolo da peça recursal,

---

147 Vale registrar que, nos "processos em que forem partes, de um lado, Estado estrangeiro ou organismo internacional e, de outro, Município ou pessoa residente ou domiciliada no País" (art. 1.027, II, alínea *b* do CPC), a competência para o julgamento do agravo de instrumento interposto contra as decisões interlocutórias é do Superior Tribunal de Justiça (art. 1027, § 1º, do CPC).

valem as orientações gerais dos §§ 3º e segs. do art. 1.003 do CPC, inclusive no tocante ao prazo (15 dias).

Nos incisos do art. 1.016 cuida-se do conteúdo da petição de agravo. O inciso I exige a indicação dos "nomes das partes". Considerando que as partes já estão qualificadas nas peças que compõem o instrumento do agravo (art. 1.017, I, do CPC), basta uma referência simples ao nome, suficiente para a identificação de quem figura como agravante e quem figura como agravado no recurso. Apenas quando o agravo for interposto por terceiro prejudicado é que será necessária, além do nome, a qualificação do recorrente inédito no processo.

No tocante a "exposição do fato e do direito" (inciso II) e "razões do pedido de reforma ou de invalidação da decisão e o próprio pedido" (inciso III), observa-se desnecessária e equivocada sobreposição, vista também nos incisos II e III do art. 1.010 do CPC. Lançar alegações fáticas e jurídicas numa peça recursal significa justamente apresentar as razões pelas quais se pede a reforma ou a invalidação da decisão. Seria melhor que o inciso II cuidasse apenas da *exposição do fato e do direito em que se funda o pedido de reforma ou invalidação da decisão* e que o inciso III disciplinasse a formulação do *pedido de reforma ou de invalidação da decisão*.

Por fim, o inciso IV do art. 1.016 do CPC requer que se indique "o nome e o endereço completo dos advogados constantes do processo". Em regra, esses dados constam das peças que compõem o instrumento do agravo (art. 1.017, I, do CPC), razão pela qual a falta da sua indicação na peça recursal tende a ser superável.

> **Art. 1.017.** A petição de agravo de instrumento será instruída:
> **I** – obrigatoriamente, com cópias da petição inicial, da contestação, da petição que ensejou a decisão agravada, da própria decisão agravada, da certidão da respectiva intimação ou outro documento oficial que comprove a tempestividade e das procurações outorgadas aos advogados do agravante e do agravado;
> **II** – com declaração de inexistência de qualquer dos documentos referidos no inciso I, feita pelo advogado do agravante, sob pena de sua responsabilidade pessoal;
> **III** – facultativamente, com outras peças que o agravante reputar úteis.
> **§ 1º** Acompanhará a petição o comprovante do pagamento das respectivas custas e do porte de retorno, quando devidos, conforme tabela publicada pelos tribunais.
> **§ 2º** No prazo do recurso, o agravo será interposto por:
> **I** – protocolo realizado diretamente no tribunal competente para julgá-lo;
> **II** – protocolo realizado na própria comarca, seção ou subseção judiciárias;
> **III** – postagem, sob registro, com aviso de recebimento;
> **IV** – transmissão de dados tipo fac-símile, nos termos da lei;
> **V** – outra forma prevista em lei.

§ 3º Na falta da cópia de qualquer peça ou no caso de algum outro vício que comprometa a admissibilidade do agravo de instrumento, deve o relator aplicar o disposto no art. 932, parágrafo único.

§ 4º Se o recurso for interposto por sistema de transmissão de dados tipo fac-símile ou similar, as peças devem ser juntadas no momento de protocolo da petição original.

§ 5º Sendo eletrônicos os autos do processo, dispensam-se as peças referidas nos incisos I e II do *caput*, facultando-se ao agravante anexar outros documentos que entender úteis para a compreensão da controvérsia.

CPC de 1973 – art. 525

113. Peças do agravo: mais um caso de anacronismo

O art. 1.017 do CPC deve ser lido de trás para a frente, isto é, a partir do seu § 5º: "sendo eletrônicos os autos do processo, dispensam-se as peças referidas nos incisos I e II do *caput*, facultando-se ao agravante anexar outros documentos que entender úteis para a compreensão da controvérsia". Num futuro próximo, com a consolidação dos processos em autos eletrônicos, será absolutamente ocioso cogitar da instrução de um recurso com cópia de peças processuais. Afinal, tais autos serão amplamente encaminháveis, duplicáveis e acessíveis. Nessas condições, o *caput* do art. 1.017 será transformado definitivamente em peça de museu e o seu § 5º ficará reduzido à autorização para a instrução do recurso com documentos úteis para a compreensão da controvérsia, isto é, documentos inéditos no processo.

Enquanto não ocorre a referida consolidação eletrônica, o agravante é obrigado a instruir seu recurso com todas as peças arroladas no inciso I do art. 1.017 do CPC. A lista constante desse inciso I é mais ampla do que o rol do inciso I do art. 525 do CPC de 1973, pois contempla cópia da petição inicial, da contestação e da petição que ensejou a decisão agravada. Outrossim, tal lista realça o papel meramente instrumental da cópia da certidão de intimação da decisão agravada, a serviço da comprovação da tempestividade do recurso, ao expressar que ela pode ser substituída por "outro documento oficial que comprove a tempestividade". No mais, a exigência de cópia da decisão agravada e das procurações dos advogados do agravante e do agravado repete o modelo anterior.

Não havendo nos autos do processo qualquer das peças obrigatórias listadas no inciso I do art. 1.017 do CPC, o subsequente inciso II prevê que o advogado do agravante faça declaração nesse sentido, sob sua responsabilidade pessoal. Não se exige aqui certidão ou atestado emitido por auxiliar da Justiça para a prova da referida ausência.

Como já anunciado, seja o processo em autos de papel, seja o processo em autos eletrônicos, pode o agravante instruir o recurso com outros documentos, inclusive com documentos até então inéditos na relação jurídica processual.

114. Preparo e interposição

A exemplo do que dispõe o *caput* do art. 1.007 do CPC para o preparo recursal em geral, o § 1º do art. 1.017 do CPC determina que o comprovante do pagamento das custas e do porte de retorno acompanhe a petição do agravo. No mais, valem aqui todas as disposições dos parágrafos do referido art. 1.007, relativas à dispensa, à complementação, ao recolhimento dobrado e ao justo impedimento para o preparo.

Os incisos do § 2º do art. 1.017 do CPC cuidam da apresentação da petição de agravo de instrumento ao Poder Judiciário, que poderá se dar das seguintes formas: "diretamente no tribunal competente para julgá-lo" (inciso I); "na própria comarca, seção ou subseção judiciárias" (inciso II), com ulterior remessa ao Tribunal; por "postagem, sob registro, com aviso de recebimento" (inciso III); por "transmissão de dados tipo fac-símile", em conformidade com o disposto na Lei n. 9.800/1999 (inciso IV); por "outra forma prevista em lei" (inciso V).

No caso de utilização do sistema de transmissão de dados tipo fac-símile para a interposição do recurso, vale atentar para o disposto no § 4º do art. 1.017 do CPC, que autoriza o agravante a apresentar as peças do agravo apenas "no momento de protocolo da petição original", nos termos do art. 2º da Lei n. 9.800/1999.

115. Instrução ulterior e sanação de outros vícios

De acordo com o § 3º do art. 1017 do CPC, quando o relator do agravo deparar com a "falta da cópia de qualquer peça" ou a existência "de algum outro vício que comprometa a admissibilidade do agravo de instrumento", ele deve abrir prazo de cinco dias para que o agravante apresente as peças faltantes ou sane o outro vício que se fizer presente.

No que se refere às peças, ainda que o agravo de instrumento tenha sido interposto sem qualquer delas, é possível a instrução ulterior do recurso no quinquídio assinado pelo relator. É irrelevante aqui a dimensão da falha do agravante na instrução original do recurso: faltante uma única peça ou ausentes todas as peças listadas no *caput* do art. 1.017 do CPC, a consequência é a mesma, qual seja, a abertura do prazo de cinco dias para a apresentação das peças faltantes. Não se estabelece para as peças distinção de tratamento entre falta absoluta e mera insuficiência, existente no caso do preparo (art. 1.007, §§ 2º e 4º, do CPC).

No tocante a outros vícios que levem à inadmissibilidade do agravo, a abertura de oportunidade para a sua sanação começa por ponderação óbvia, mas que não deve ser esquecida: deve-se estar diante de vício sanável. Por exemplo, interposto o agravo sem assinatura física ou eletrônica de advogado regularmente constituído no processo, deve ser concedido prazo de cinco dias para que o agravante elimine essa imperfeição. Mais um exemplo: faltando no instrumento do agravo comprovante de feriado local influente na tempestividade do recurso, possível é a intimação do agravante para trazer aos autos esse comprovante em cinco dias. Porém, uma vez presente obstáculo incontornável para a admissão do agravo, é ociosa a aplicação do parágrafo único do art. 932 do CPC. É pensar em agravo interposto inquestionavelmente fora do prazo ou por pessoa não abarcada pelo art. 996 do CPC. Aqui, não há conserto para o recurso; sua pronta inadmissão é imperativa.

> **Art. 1.018.** O agravante poderá requerer a juntada, aos autos do processo, de cópia da petição do agravo de instrumento, do comprovante de sua interposição e da relação dos documentos que instruíram o recurso.
> **§ 1º** Se o juiz comunicar que reformou inteiramente a decisão, o relator considerará prejudicado o agravo de instrumento.
> **§ 2º** Não sendo eletrônicos os autos, o agravante tomará a providência prevista no *caput*, no prazo de 3 (três) dias a contar da interposição do agravo de instrumento.
> **§ 3º** O descumprimento da exigência de que trata o § 2º, desde que arguido e provado pelo agravado, importa inadmissibilidade do agravo de instrumento.
>
> *CPC de 1973 – arts. 526 e 529*

116. Comunicação em primeira instância da interposição do agravo: faculdade e anacronismo

O art. 1.018 do CPC cuida da comunicação do juiz de primeira instância acerca da interposição do agravo de instrumento, considerando, sobretudo, que o recurso é interposto diretamente no tribunal e que o magistrado pode assim desconhecer a existência de impugnação contra a sua decisão interlocutória.

Comparação entre o art. 1.018 do CPC e o art. 526 do CPC de 1973 revela modificação na disciplina legal dessa comunicação da interposição do agravo. Antes, a exigência de tal comunicação era generalizada e impositiva ("requererá"), e a prova pelo agravado da sua ausência conduzia sempre à inadmissibilidade do agravo. Agora, essa exigência foi relativizada ("poderá requerer") e a pena de inadmissão do agravo não comunicado ficou circunscrita à hipótese de autos não eletrônicos.

A regulação de uma situação conforme se trate de autos eletrônicos ou de autos não eletrônicos tem prazo de validade e remete a mais um caso de anacronismo. Afinal, com a iminente consolidação dos processos em autos eletrônicos, não fará qualquer sentido tratar de hipótese na qual os autos *não sejam eletrônicos*, tal qual fazem os §§ 2º e 3º do art. 1.018 do CPC. Quando mencionada consolidação ocorrer e esses §§ 2º e 3º do art. 1.018 se transformarem em peça de museu, os olhos do operador do direito ficarão postos apenas sobre o *caput* e o § 1º do mesmo art. 1.018. Nesse cenário, a comunicação da interposição do agravo ao juiz de primeira instância sempre será mera faculdade do agravante, no seu interesse de estimular a reforma da decisão agravada pelo próprio prolator. O não exercício dessa faculdade sempre será irrelevante para o sucesso do agravo, inclusive no que diz respeito à sua aptidão para provocar a reforma da decisão agravada pelo seu prolator, que pode se dar independentemente da comunicação pelo agravante da impugnação.

Até que essa iminente consolidação dos processos em autos eletrônicos se transforme em realidade, os operadores do direito ficarão reféns do dúplice tratamento da comunicação da interposição do agravo de instrumento, conforme os autos sejam ou não eletrônicos. Isso é criticável, não só pelo aspecto do anacronismo. O tratamento da notícia do agravo em primeira instância como requisito de admissibilidade do recurso nunca foi algo positivo. Sua origem remonta a jurisprudência defensiva formada logo após a primeira etapa da Reforma do Código de Processo Civil de 1973. O art. 526 do CPC de 1973, na redação da Lei n. 9.139/1995, previa que cópia do agravo fosse trazida para os autos do processo em três dias, sem estipular qualquer sanção para o descumprimento do seu comando. Essa ausência de sanção foi preponderante para a superação daquela jurisprudência defensiva e para a prevalência do entendimento jurisprudencial no sentido da irrelevância da comunicação em primeira instância para o conhecimento do agravo, visto que o interesse nela é, sobretudo, do agravante.[148] Diante disso, a subsequente segunda etapa da Reforma do Código de Processo Civil de 1973 trouxe solução heterodoxa para o assunto, criando um requisito de admissibilidade para o agravo de instrumento não cognoscível de ofício: *se a falta de comunicação da interposição do recurso fosse arguida e provada pelo agravado, isso conduziria à sua inadmissibilidade* (art. 526, parágrafo único, do CPC de 1973). Essa solução permanece na legislação em vigor, ainda que reduzida à hipótese de autos não eletrônicos.

---

148 Cf. THEOTONIO NEGRÃO e JOSÉ ROBERTO F. GOUVÊA, *Código de Processo Civil e legislação processual em vigor*, 32ª ed., nota 2 ao art. 526, p. 585, com destaque para o seguinte julgado: STJ, Corte Especial, ED no REsp 172.411, rel. Min. SÁLVIO DE FIGUEIREDO, j. 15/12/1999, DJ 28/2/2000.

Num diploma legal que prega a remoção de obstáculos ao julgamento *de meritis* em todas as instâncias (arts. 4º, 282, § 2º, e 932, parágrafo único, do CPC), é inconcebível a manutenção de disposições com o teor dos §§ 2º e 3º do art. 1.018 do CPC. Elas fazem com que a comunicação do agravo, instituída, sobretudo, em favor do agravante, para proporcionar a reconsideração da decisão agravada, volte-se contra ele. E não há sequer uma segunda chance para que o recorrente dê notícia do agravo omitido num primeiro momento. Ademais, não há na lei qualquer condicionante para a sanção de inadmissão do agravo (por exemplo, existência de prejuízo para o recorrido); basta que o agravado argua e faça prova da falta de comunicação da interposição do recurso.

De todo modo, *legem habemus*: enquanto os §§ 2º e 3º do art. 1.018 do CPC não caírem em desuso, pela consolidação dos processos em autos eletrônicos, nem forem expressamente revogados, a comunicação da interposição do recurso deve ser cuidadosamente levada a efeito no caso de autos não eletrônicos, a fim de se evitar obstáculo para o conhecimento do recurso.

Por fim, frise-se que nos termos do *caput* do art. 1.018 do CPC a comunicação da interposição do agravo ali tratada se satisfaz com "a juntada, aos autos do processo, de cópia da petição do agravo de instrumento, do comprovante de sua interposição e da relação dos documentos que instruíram o recurso". Não é preciso trazer aos autos do processo esses documentos que instruíram o agravo.[149]

117. Reforma da decisão agravada pelo próprio prolator

Consoante disposto no § 1º do art. 1.018 do CPC, "se o juiz comunicar que reformou inteiramente a decisão, o relator considerará prejudicado o agravo de instrumento". Como já anunciado, para a reforma da decisão agravada pelo próprio prolator, é irrelevante que a notícia da interposição do recurso tenha chegado ao juiz pelo agravante; basta que o magistrado tenha ficado por qualquer forma sabendo da existência do recurso (*supra*, n. 116). Também é irrelevante que o agravante tenha requerido explicitamente a reforma da decisão pelo próprio prolator; a retratação é uma faculdade do magistrado.[150]

---

149 "O art. 526 do CPC exige apenas que a parte junte, em primeiro grau, cópia do agravo de instrumento interposto e da respectiva relação de documentos. A juntada de cópia das peças que acompanharam o recurso não é disposta em lei e, portanto, não pode ser exigida pelo intérprete" (STJ, 3ª Turma, REsp 944.040, rel. Min. NANCY ANDRIGHI, j. 25/5/2010, DJ 7/6/2010).
150 Cf. BARBOSA MOREIRA, *Comentários ao Código de Processo Civil*, v. V, n. 281, p. 514. Em sentido contrário, ALEXANDRE FREITAS CÂMARA sustenta que, "se não for efetivada a comunicação a que se refere este art. 1.018, não poderá o juízo de primei-

O juiz não tem um prazo para a reforma da decisão agravada. Todavia, uma vez julgado o agravo de instrumento, independentemente da publicação do respectivo acórdão, a prerrogativa do juízo de retratação desaparece.[151] Ademais, antes da cassação da própria decisão, deve o juiz ter em conta a admissibilidade do agravo, ainda que não seja da sua alçada a admissão do recurso. É que, diante de um agravo inadmissível, não deve o juiz se retratar; deve simplesmente quedar silente. Se decidir reformar sua decisão, o magistrado deve ter cuidado redobrado com a fundamentação para tanto. Afinal, é preciso justificar de maneira convincente a mudança no seu entendimento.

Outro cuidado que o juiz deve ter antes da cassação da própria decisão guarda relação com a garantia constitucional do contraditório (art. 5º, LV, da CF),[152] robustecida pelo art. 10 do CPC, que impõe a prévia intimação do agravado para manifestação antes da cassação do pronunciamento pelo seu prolator.[153] O prazo para essa manifestação deve ser de 15 dias, por paralelismo com os prazos assinados para falas similares (arts. 1.009, § 2º, 1.010, § 1º, e 1.019, II, do CPC).

Consigne-se que a retratação pode ser integral ou parcial e é imediatamente eficaz, independentemente da sua comunicação ao tribunal. Eventual julgamento do agravo subsequentemente à publicação da retratação integral não deve subsistir.[154] O pronunciamento pela retratação integral ou parcial

---

ro grau retratar-se" (Comentários ao art. 1.018. In: *Comentários ao Novo Código de Processo Civil*, p. 1.522).

151 Cf. ARAKEN DE ASSIS, *Manual dos recursos*, n. 54.3, p. 591; TERESA ARRUDA ALVIM WAMBIER, *Os agravos no CPC brasileiro*, n. 9, p. 545. Na jurisprudência: "a retratação do despacho agravado sobre a intempestividade torna, em princípio, prejudicado o recurso dele interposto, porém não quando o órgão *ad quem*, ao qual foi devolvida a matéria, já houver se manifestado pela sua manutenção, improvendo o agravo de instrumento por decisão do relator, porquanto, aí, a jurisdição não mais pertence à 1ª instância e implicaria em subversão à hierarquia dos órgãos judicantes" (STJ, 4ª Turma, REsp 679.351, rel. Min. ALDIR PASSARINHO JUNIOR, j. 19/4/2005, DJ 23/5/2005).

152 Cf. BARBOSA MOREIRA, *Comentários ao Código de Processo Civil*, v. V, n. 281, p. 514; TERESA ARRUDA ALVIM WAMBIER, *Os agravos no CPC brasileiro*, n. 9, p. 542-544; LUIZ RODRIGUES WAMBIER e EDUARDO TALAMINI, *Curso avançado de processo civil*, v. 2, n. 25.3.2, p. 545.

153 Essa intimação prévia do agravado fica dispensada no caso de decisão proferida em momento anterior à sua integração ao processo.

154 Cf. ARAKEN DE ASSIS, *Manual dos recursos*, n. 54.3, p. 591. Na jurisprudência: "o ônus da comunicação ao Tribunal da retratação da decisão objeto de agravo de instrumento é do Juízo que se retratou, e não da parte, sendo que referida comunicação torna imediatamente prejudicado o agravo de instrumento, independentemente da existência ou não de julgamento anterior do Tribunal em sentido contrário" (STJ, 3ª Turma, REsp 1.096.128, rel. Min. MASSAMI UYEDA, j. 20/10/2011, DJ 18/11/2011).

ordinariamente consiste em nova decisão interlocutória, também exposta a agravo de instrumento, nos termos do art. 1.015 do CPC. Se da retratação resultar a prolação de uma sentença, naturalmente, o recurso cabível será a apelação.[155]

Por fim, considerando que a retratação é uma prerrogativa do juiz, o magistrado não precisa explicar por que não fez uso dela. Sendo da sua vontade a manutenção da decisão agravada, nada precisa ser dito para tanto.

118. Inadmissão do agravo não noticiado

Considerando que dispositivos com o teor dos §§ 2º e 3º do art. 1.018 do CPC sequer deveriam integrar a legislação em vigor, mas por enquanto nela se encontram (*supra*, n. 116), tudo o que resta, por ora, é propor uma interpretação restritiva para eles. Dado que o § 2º do art. 1.018 não especifica os autos a que se refere, basta que os autos do processo ou os autos do agravo sejam eletrônicos para afastar a aplicação desse dispositivo. Assim, apenas quando os autos do processo e os autos do agravo não forem eletrônicos é que o agravante "tomará a providência prevista no *caput*, no prazo de 3 (três) dias a contar da interposição do agravo de instrumento" (art. 1.018, § 2º).

A arguição e a prova pelo agravado da falta de comunicação da interposição do recurso deve se dar por ocasião da resposta ao agravo, sob pena de preclusão. Ultrapassado o momento da resposta e não arguida nem provada a ausência de notícia do agravo, o tema fica superado e não pode ser ulteriormente invocado para a inadmissão do recurso.[156] Observe-se que não basta a mera arguição pelo agravado da falta de comunicação da interposição do agravo; é preciso também prova dessa falta. Todavia, não prescreve a lei forma específica para tal prova, que, assim, pode se dar por qualquer meio legal ou moralmente legítimo (art. 369 do CPC). Por fim, apenas quem figura como agravado no recurso é legitimado a fazer arguição e prova da ausência de notícia do agravo para fins de inadmissão. Assim, por exemplo, a veiculação do assunto pelo Ministério Público na condição de fiscal da ordem jurídica não interfere no conhecimento do agravo.[157]

> **Art. 1.019.** Recebido o agravo de instrumento no tribunal e distribuído imediatamente, se não for o caso de aplicação do art. 932, incisos III e IV, o relator, no prazo de 5 (cinco) dias:

---

155 Cf. Humberto Theodoro Júnior, *Curso de direito processual civil*, v. III, n. 790, p. 1.051; Araken de Assis, *Manual dos recursos*, n. 54.3, p. 591.
156 Cf. Araken de Assis, *Manual dos recursos*, n. 51.1.4, p. 557.
157 Cf. STJ, 2ª Turma, REsp 664.824, rel. Min. Mauro Campbell, j. 27/10/2009, DJ 9/11/2009.

I – poderá atribuir efeito suspensivo ao recurso ou deferir, em antecipação de tutela, total ou parcialmente, a pretensão recursal, comunicando ao juiz sua decisão;

II – ordenará a intimação do agravado pessoalmente, por carta com aviso de recebimento, quando não tiver procurador constituído, ou pelo Diário da Justiça ou por carta com aviso de recebimento dirigida ao seu advogado, para que responda no prazo de 15 (quinze) dias, facultando-lhe juntar a documentação que entender necessária ao julgamento do recurso;

III – determinará a intimação do Ministério Público, preferencialmente por meio eletrônico, quando for o caso de sua intervenção, para que se manifeste no prazo de 15 (quinze) dias.

CPC de 1973 – art. 527

119. Julgamento monocrático

Registrado e distribuído o agravo nos termos dos arts. 929 e segs. do CPC, cabe ao relator avaliar se está presente hipótese autorizadora da inadmissão ou do não provimento monocrático do recurso (art. 932, III e IV, do CPC). Uma vez presente hipótese nesse sentido, o relator limita-se a julgar monocraticamente o agravo. Lembre-se de que o provimento de plano do agravo pelo relator não é permitido; é preciso antes abrir oportunidade para a resposta do agravado (art. 932, V, do CPC).

120. Procedimento: efeito suspensivo, tutela antecipada recursal e contraditório

Não sendo possível o pronto julgamento unipessoal do agravo, deve o relator no prazo não preclusivo de cinco dias tomar as providências constantes dos incisos do art. 1.019 do CPC. A primeira delas remete a eventual requerimento de efeito suspensivo ou de tutela antecipada recursal, que deve ser objeto de pronta deliberação, quer para sua concessão, quer para sua denegação, com ulterior comunicação ao juiz de primeira instância a respeito (inciso I). Os requisitos para a outorga do efeito suspensivo ou da tutela antecipada recursal remetem ao binômio *fumus boni iuris* e *periculum in mora*, expresso no parágrafo único do art. 995 do CPC com os dizeres "probabilidade de provimento do recurso" e "risco de dano grave, de difícil ou impossível reparação". Não custa relembrar que o agravo de instrumento é desprovido de ordinário efeito suspensivo e de que a concessão desse efeito ou da tutela antecipada recursal depende de requerimento do recorrente (*supra*, n. 12 e 13).[158]

---

158 Sobre a necessidade de requerimento do agravante para a concessão do efeito suspensivo ou da tutela antecipada recursal em sede de agravo de instrumento, cf.

A decisão do relator acerca da tutela antecipada recursal ou do efeito suspensivo requerido pelo agravante expõe-se a agravo interno (art. 1.021 do CPC). Não mais existe na legislação em vigor disposição restritiva como a do parágrafo único do art. 527 do CPC de 1973, que impedia a interposição de agravo contra a referida decisão.

A segunda providência a cargo do relator, listada no inciso II do art. 1.019 do CPC, tem a ver com "a intimação do agravado pessoalmente, por carta com aviso de recebimento, quando não tiver procurador constituído, ou pelo Diário da Justiça ou por carta com aviso de recebimento dirigida ao seu advogado, para que responda no prazo de 15 (quinze) dias, facultando-lhe juntar a documentação que entender necessária ao julgamento do recurso".

Como se vê, mesmo nos agravos interpostos antes da citação do réu-agravado, deve haver a intimação deste para a oferta de resposta, ainda que para tanto se faça necessária uma comunicação pessoal. Aliás, enquanto não realizada a designada audiência de conciliação ou de mediação ou pedido o seu cancelamento (art. 334, §§ 5º e 9º, do CPC) ou, nas hipóteses de não designação de tal audiência, enquanto não exaurido o prazo para a resposta à demanda, não é exigível que o réu conte com advogado constituído no processo, de modo que todos os agravos interpostos até esse momento exigem intimação pessoal do réu-agravado sem patrono nos autos para respondê-los. Naturalmente, a intimação pessoal não é necessária para o réu-agravado revel sem patrono nos autos, pois, nos termos do *caput* do art. 346 do CPC, os prazos para este fluem "da data de publicação do ato decisório no órgão oficial".

O prazo para a resposta ao agravo orienta-se pelas disposições dos arts. 231 e 269 e segs. do CPC e se dobra em favor do Ministério Público, da Fazenda Pública, da Defensoria Pública e de litisconsortes com procuradores diferentes, nos termos dos arts. 180, 183, 186 e 229 do CPC. Outrossim, nessa resposta, o agravado está autorizado a juntar documentos inéditos no processo (art. 1.019, II, do CPC). Quando a resposta ao agravo vem acompanhada desses documentos inéditos, deve o relator abrir oportunidade para o agravante, em 15 dias, manifestar-se a respeito antes do julgamento do agravo, nos moldes do § 1º do art. 437 do CPC.[159]

Por sua vez, o inciso III do art. 1.019 do CPC prevê que o relator intime o "Ministério Público, preferencialmente por meio eletrônico, quando for o caso de sua intervenção, para que se manifeste no prazo de 15 (quinze) dias". Esse prazo quinzenal não se dobra, e, uma vez superado, ainda que sem manifestação expressa do *Parquet*, o agravo segue adiante (art. 180, §§ 1º e 2º, do CPC).

ARAKEN DE ASSIS, *Manual dos recursos*, n. 51.1.2, p. 550; DANIEL AMORIM ASSUMPÇÃO NEVES, *Novo Código de Processo Civil comentado*, p. 1.701-1.702.
159 Cf. HUMBERTO THEODORO JÚNIOR, *Curso de direito processual civil*, v. III, n. 789, p. 1.050.

Por fim, registre-se que, após a tomada das providências listadas nos incisos do art. 1.019 do CPC, fica o relator autorizado a monocraticamente dar provimento ao recurso, desde que presente hipótese prevista no inciso V do art. 932 do CPC. Também fica autorizado o relator a, numa segunda reflexão, não conhecer ou negar provimento ao agravo de instrumento por decisão monocrática fundada no inciso III ou IV do art. 932, caso identifique elementos materiais para tanto, não percebidos num primeiro momento.

> **Art. 1.020.** O relator solicitará dia para julgamento em prazo não superior a 1 (um) mês da intimação do agravado.

CPC de 1973 – art. 528

121. Prazo impróprio para o julgamento

De acordo com o art. 1.020 do CPC, o julgamento do agravo deve ser solicitado pelo relator em até um mês da intimação do recorrido para resposta. Naturalmente, trata-se aqui de *prazo impróprio*; sua superação não impede – nem poderia impedir – o ulterior julgamento do agravo, pois as partes não podem ser prejudicadas pela inércia do juiz.

122. Inclusão em pauta

Não havendo qualquer regra especial que libere o agravo de instrumento da inclusão em pauta, devem ser observadas para o seu julgamento todas as diretrizes estabelecidas no art. 935 do CPC, independentemente do cabimento da sustentação oral das razões na sessão programada para o seu julgamento.

123. Sustentação oral

De acordo com o inciso VIII do art. 937 do CPC, cabe sustentação oral das razões recursais na sessão de julgamento apenas quando o agravo de instrumento é interposto "contra decisões interlocutórias que versem sobre tutelas provisórias de urgência ou da evidência". Não interessa aqui se a decisão recorrida é concessiva ou denegatória da tutela provisória, se a tutela provisória é objeto de requerimento antecedente ou incidental, se a tutela de urgência em discussão é cautelar ou antecipada: a sustentação oral é sempre cabível no respectivo agravo de instrumento, pelo prazo de 15 minutos expresso no *caput* do art. 937, que não pode ser reduzido por disposição regimental.

É incompreensível a razão pela qual o legislador deixou de inserir no rol do art. 937 do CPC o agravo de instrumento contra decisão que versa sobre inviabilidade do julgamento *de meritis* ou que resolve o mérito (arts. 354, parágrafo único, 356, § 5º, e 1.015, II e XIII, do CPC). A matéria em discussão nesse recurso é a mais relevante de que um agravo pode tratar, qual seja, o reexame de um pronunciamento acerca da própria pretensão ou sua viabilidade, com aptidão para formação de coisa julgada. Se é possível sustentação oral por ocasião da rediscussão da tutela provisória na instância recursal, *a fortiori* deve sê-lo no momento da reapreciação da tutela definitiva. Espera-se que os tribunais atentem para isso e contemplem nos seus regimentos internos o agravo de instrumento dos arts. 354, parágrafo único, e 356, § 5º, entre os recursos que comportam sustentação oral, com apoio no inciso IX do art. 937.[160]

124. Efeitos devolutivo e translativo

O efeito devolutivo no agravo de instrumento observa a regra geral *tantum devolutum quantum appellatum*. Respeitada a dimensão horizontal desse efeito, pode o tribunal examinar em sede de agravo a presença dos requisitos de admissibilidade do julgamento do *meritum causae*, inclusive para desde logo pronunciar a inadmissibilidade do processo, de modo a evitar o seu inútil alongamento, independentemente do teor da decisão agravada. Em outras palavras, o efeito translativo também se faz presente no agravo de instrumento, sempre observada a extensão do efeito devolutivo, isto é, nos limites do "capítulo impugnado" (art. 1.013, § 1º, do CPC).[161] Lembre-se novamente do comando

---

160 Defendendo *de lege lata* a sustentação oral "se o agravo versa sobre o mérito da causa", pois, "no que tange a conteúdo e efeitos, a disputa recursal identifica-se com a havida na apelação": Luiz Rodrigues Wambier e Eduardo Talamini, *Curso avançado de processo civil*, v. 2, n. 25.4, p. 547. Em sentido semelhante, cf. Pedro Miranda de Oliveira, "O regime especial do agravo de instrumento contra decisão parcial (com ou sem resolução de mérito)", p. 196-198.

161 Afirmando o efeito translativo no agravo de instrumento: Nelson Nery Junior, *Teoria geral dos recursos*, n. 3.5.4, p. 487; Teresa Arruda Alvim Wambier, *Os agravos no CPC brasileiro*, n. 5.3 e 5.3.1, p. 336-342; Fredie Didier Júnior e Leonardo Carneiro da Cunha, *Curso de direito processual civil*, v. 3, p. 280-282; Araken de Assis, *Manual dos recursos*, n. 53.1 a 53.1.2, p. 580-582 (com ressalva terminológica). Cf. ainda Luis Guilherme Aidar Bondioli, "Requisitos de admissibilidade do julgamento do *meritum causae* e seu controle na apreciação dos recursos", p. 83-85. Na jurisprudência: "a constatação da existência de vício insanável, relativo à falta de condição indispensável ao regular prosseguimento da ação, é matéria que pode e deve ser conhecida de ofício, em qualquer tempo ou grau de jurisdição (CPC, arts. 267, IV, § 3º, e 301, § 4º). Não há qualquer óbice, assim, a que o Tribunal, julgando questão incidental, em agravo de instrumento, determine a extinção da ação, reconhecendo a impossibilidade jurídica do pedido" (STJ, 1ª Turma, REsp 691.912, rel. Min. Teori Zavascki, j. 7/4/2005, DJ 9/5/2005). "É possível a aplicação, pelo Tribunal, do efeito translativo dos recursos em sede de agravo de instrumento, extinguindo diretamente a ação independentemente de pedido, se verificar a ocorrência de uma das causas referidas no art. 267, § 3º, do CPC" (STJ, 3ª Turma, REsp 736.966, rel. Min. Nancy Andrighi, j. 14/4/2009, DJ 6/5/2009). Já para Leonardo Greco, malgrado possa haver investigação acerca de pressuposto

do § 3º do art. 485 do CPC: "o juiz conhecerá de ofício da matéria constante dos incisos IV, V, VI e IX, em qualquer tempo e grau de jurisdição, enquanto não ocorrer o trânsito em julgado".

Na medida em que o agravo traz a causa ao tribunal antes do seu julgamento em primeira instância, o controle sobre os requisitos de admissibilidade do julgamento do mérito tende a ser oportuno e eficaz. Contudo, esse mesmo aspecto tem outra faceta, qual seja, a da prematuridade. O agravo pode proporcionar um contato do tribunal com a causa logo no início do processo, antes até da citação do réu. Fala-se do comum agravo voltado contra o indeferimento liminar da tutela provisória requerida pelo autor. Ademais, é necessário ter atenção com as expectativas das partes para o julgamento do agravo de instrumento. Elas não esperam discussões em torno da admissibilidade do processo em um agravo que nada tenha a ver com a matéria.

Por isso, reforça-se no contexto do agravo de instrumento para a efetiva produção do efeito translativo o respeito à exigência geral do contraditório prévio, expressa no art. 10 do CPC: "o juiz não pode decidir, em grau algum de jurisdição, com base em fundamento a respeito do qual não se tenha dado às partes oportunidade de se manifestar, ainda que se trate de matéria sobre a qual deva decidir de ofício".

Por fim, consigne-se que o julgamento do agravo pelo tribunal também se orienta pelas disposições dos §§ 2º a 4º do art. 1.013 do CPC, que autorizam o enfrentamento direto do *meritum causae* ou de questões de mérito em segunda instância, desde que a causa esteja madura para julgamento.[162]

125. Prolação de sentença na pendência do agravo

Na medida em que o agravo de instrumento ordinariamente não tranca o curso do processo em primeira instância, por ser desprovido de inerente efeito suspensivo (arts. 995 e 1.019, I, do CPC), é possível que na sua pendência seja proferida sentença. Nessas circunstâncias, a sorte do agravo de instrumento não depende da interposição de apelação contra a referida sentença, mas, sobretudo, da matéria objeto do recurso prévio. Havendo no agravo tema

---

processual ou condição de ação em sede de agravo, isso apenas influencia na sorte do recurso: "jamais o exame originário dessas questões poderia levar o tribunal a, revogando a tutela antecipada, indeferir a petição inicial ou extinguir o processo com ou sem a resolução do mérito, por falta de condição, de pressuposto ou por uma causa extintiva, modificativa ou impeditiva do direito do autor" (*Instituições de processo civil*, v. III, n. 7.3, p. 150).

162 Cf. ARAKEN DE ASSIS, *Manual dos recursos*, n. 53.1.2, p. 582; FREDIE DIDIER JÚNIOR e LEONARDO CARNEIRO DA CUNHA, *Curso de direito processual civil*, v. 3, p. 280; PEDRO MIRANDA DE OLIVEIRA, "O regime especial do agravo de instrumento contra decisão parcial (com ou sem resolução de mérito)", p. 195-196.

preliminar ou prejudicial ao julgamento da causa, o provimento do recurso pode, por si, levar à cassação da sentença, bem como dos demais atos incompatíveis ulteriores à decisão agravada. É pensar, por exemplo, em agravo contra a rejeição da alegação de convenção de arbitragem, pendente de apreciação quando proferida sentença de procedência em primeira instância. Ainda que o réu não apele dessa sentença, o provimento daquele agravo levará em última análise à sua cassação, pois se trata de ato ulterior à decisão agravada que não se compatibiliza com o pronunciamento do tribunal acerca da inviabilidade do processo instaurado perante o Poder Judiciário.[163]

Doutra parte, no caso de agravo de instrumento contra decisão acerca de tutela provisória, a ulterior prolação de sentença esgota o papel desta, na medida em que passa a existir no processo provimento jurisdicional apto a regular definitivamente a situação da vida trazida ao Poder Judiciário. Nessas condições, ocorre fenômeno inverso ao descrito anteriormente, com a sentença interferindo na sorte do agravo, que deve ser simplesmente considerado prejudicado.[164]

---

163 Cf. ARAKEN DE ASSIS, *Manual dos recursos*, n. 54.2, p. 590; NELSON NERY JUNIOR e ROSA MARIA DE ANDRADE NERY, *Comentários ao Código de Processo Civil*, p. 2.007-2.008 e 2.103-2.106. Em sentido contrário, dando por prejudicado o agravo na ausência de apelação contra a ulterior sentença: HUMBERTO THEODORO JÚNIOR, *Curso de direito processual civil*, v. III, n. 793, p. 1.052-1.053; TERESA ARRUDA ALVIM WAMBIER, *Os agravos no CPC brasileiro*, n. 11.1, p. 576-583. A jurisprudência não é pacífica a respeito do assunto. Para uma visão panorâmica dela, cf. THEOTONIO NEGRÃO, JOSÉ ROBERTO F. GOUVÊA, LUIS GUILHERME A. BONDIOLI e JOÃO FRANCISCO N. DA FONSECA, *Código de Processo Civil e legislação processual em vigor*, 47ª ed., nota 3 ao art. 1.015, p. 933. Destacam-se aqui os seguintes julgados, começando pelo que admite o agravo nessas circunstâncias: "a sentença proferida durante o processamento do agravo de instrumento cede ao que for decidido neste" (STJ, 2ª Seção, Rcl 6.749, rel. Min. JOÃO OTÁVIO, j. 8/5/2013, DJ 31/5/2013). Em sentido contrário: "a eficácia do comando da sentença não pode subordinar-se ao julgamento de agravo interposto anteriormente, seja pela inadmissibilidade da sentença condicional, seja pela sua finalidade de resolver definitivamente o conflito de interesses" (STJ, 4ª Turma, REsp 292.565, rel. Min. SÁLVIO DE FIGUEIREDO, j. 27/11/2001, DJ 5/8/2002).

164 Cf. TEORI ZAVASCKI, *Antecipação da tutela*, p. 136-139. Na jurisprudência: "a prolatação de sentença meritória implica a perda de objeto do agravo de instrumento por ausência superveniente de interesse recursal, uma vez que: a) a sentença de procedência do pedido – que substitui a decisão deferitória da tutela de urgência – torna-se plenamente eficaz ante o recebimento da apelação tão somente no efeito devolutivo, permitindo desde logo a execução provisória do julgado (art. 520, VII, do Código de Processo Civil); b) a sentença de improcedência do pedido tem o condão de revogar a decisão concessiva da antecipação, ante a existência de evidente antinomia entre elas" (STJ, Corte Especial, ED no Ag em REsp 488.188, rel. Min. LUIS FELIPE, j. 7/10/2015, DJ 19/11/2015).

CAPÍTULO IV
DO AGRAVO INTERNO

Art. 1.021. Contra decisão proferida pelo relator caberá agravo interno para o respectivo órgão colegiado, observadas, quanto ao processamento, as regras do regimento interno do tribunal.

§ 1º Na petição de agravo interno, o recorrente impugnará especificadamente os fundamentos da decisão agravada.

§ 2º O agravo será dirigido ao relator, que intimará o agravado para manifestar-se sobre o recurso no prazo de 15 (quinze) dias, ao final do qual, não havendo retratação, o relator levá-lo-á a julgamento pelo órgão colegiado, com inclusão em pauta.

§ 3º É vedado ao relator limitar-se à reprodução dos fundamentos da decisão agravada para julgar improcedente o agravo interno.

§ 4º Quando o agravo interno for declarado manifestamente inadmissível ou improcedente em votação unânime, o órgão colegiado, em decisão fundamentada, condenará o agravante a pagar ao agravado multa fixada entre um e cinco por cento do valor atualizado da causa.

§ 5º A interposição de qualquer outro recurso está condicionada ao depósito prévio do valor da multa prevista no § 4º, à exceção da Fazenda Pública e do beneficiário de gratuidade da justiça, que farão o pagamento ao final.

CPC de 1973 – art. 557

126. Linhas gerais sobre o agravo interno e seu cabimento

O agravo interno é o recurso previsto para a impugnação dos pronunciamentos monocráticos do relator no âmbito dos tribunais. A previsão do *caput* do art. 1.021 do CPC, no sentido de que as decisões do relator se expõem a "agravo interno para o respectivo órgão colegiado", corporifica o espírito da colegialidade nas cortes nacionais.

É verdade que já há algum tempo vem-se observando transferência do poder decisório do órgão colegiado para o relator, a fim de se combater o congestionamento dos tribunais brasileiros.[165] Desde a primeira etapa da Reforma do Código de Processo Civil de 1973, em que a Lei n. 9.139/1995 conferiu nova redação ao art. 557 do CPC de 1973, nota-se considerável aumento das situações autorizadoras de julgamentos unipessoais nos tribunais. Todavia, em regra, deixa-se aberta via para subsequente acesso ao órgão cole-

---

165 Cf. Barbosa Moreira, *Comentários ao Código de Processo Civil*, v. V, n. 366, p. 680; Cândido Dinamarco, "O relator, a jurisprudência e os recursos", p. 1.100-1.105. Cf. ainda Luis Guilherme Aidar Bondioli, "Breves notas sobre o controle das decisões monocráticas na instância recursal", p. 43-46.

giado nessas circunstâncias. Na redação dada pela Lei n. 9.139/1995 ao parágrafo único do art. 557 do CPC de 1973, passou a se chamar "agravo" a figura prevista para a impugnação da decisão monocrática do relator que julgava recurso. Obstáculo significativo para subsequente acesso ao órgão colegiado existia no parágrafo único do art. 527 do CPC de 1973, a partir da redação introduzida pela Lei n. 11.187/2005, que interditou o uso do agravo contra a decisão do relator acerca da retenção, do efeito suspensivo e da tutela antecipada recursal em sede de agravo de instrumento.

O art. 1.021 do CPC acabou com o referido obstáculo significativo, de modo que deliberações do relator do agravo de instrumento acerca do efeito suspensivo ou da tutela antecipada recursal são amplamente recorríveis.[166] Todavia, vale registrar que o Código de Processo Civil dispõe serem irrecorríveis algumas decisões monocráticas do relator. Nenhuma delas tem a intensidade ou a repercussão prática da decisão do relator do agravo de instrumento que delibera sobre o efeito suspensivo ou a tutela antecipada recursal. As decisões previstas nos arts. 138, *caput*, e 950, § 3º, do CPC simplesmente deliberam sobre a participação do *amicus curiae* no processo. Por sua vez, a decisão do relator no Supremo Tribunal Federal com amparo no § 3º do art. 1.031 do CPC limita-se a definir a existência de prejudicialidade entre o recurso extraordinário e o recurso especial, para o fim de estabelecer uma ordem no seu julgamento. E as decisões previstas nos arts. 1.007, § 6º, e 1.031, § 2º, do CPC, que tratam respectivamente do justo impedimento para o preparo e da tal relação de prejudicialidade entre recurso extraordinário e recurso especial, são passíveis de ulterior reexame: aquela no julgamento do recurso (*supra*, n. 72) e esta no âmbito do Supremo Tribunal Federal (art. 1.031, § 3º, do CPC).

Fora dessas restritas hipóteses legais, cabe agravo interno contra qualquer decisão isolada do relator, seja ela interlocutória, seja ela exauriente no exame das pretensões que lhe foram submetidas. Também não interessa para o cabimento do agravo interno se a decisão foi proferida num recurso ou num processo instaurado diretamente perante o tribunal.[167]

O adjetivo "interno" para o agravo previsto contra a decisão do relator é uma novidade legislativa. Conforme dito anteriormente, agravo com essa qualidade é previsto para impugnação não só da decisão do relator, mas tam-

---

[166] Não há mais a figura do agravo retido no Código de Processo Civil, de modo que, naturalmente, não mais se cogita do juízo de retenção do agravo de instrumento pelo relator nem de recursos contra ele.

[167] Cf. DANIEL AMORIM ASSUMPÇÃO NEVES, *Novo Código de Processo Civil comentado*, p. 1.707.

bém de certas decisões proferidas pelo presidente ou vice-presidente do tribunal recorrido em matéria de repercussão geral ou recursos extraordinários e especiais repetitivos (arts. 1.030, § 2º, 1.035, § 7º, e 1.036, § 3º, do CPC – *supra*, n. 7).

Conforme também dito anteriormente, o agravo denominado interno convive com os similares agravo inominado, presente nos arts. 39 da Lei n. 8.038/1990, 15 da Lei n. 12.016/2009, 4º, *caput*, da Lei n. 8.437/1992 e 12, § 1º, da Lei n. 7.347/1985, e agravo regimental, programado, por exemplo, no art. 317 do RISTF (*supra*, n. 7). Esses agravos têm por objeto não apenas a decisão do relator, mas também pronunciamento do presidente do tribunal ou do presidente de algum órgão seu. A semelhança entre todos esses agravos é evidente: eles se prestam a expor uma decisão unipessoal ao amplo controle de um órgão colegiado no âmbito dos tribunais. Por isso, eventual deslize na rotulação do agravo interposto contra a decisão monocrática de um integrante do tribunal (por exemplo, omissão do adjetivo interno ou uso da expressão "regimental" no agravo interposto contra a decisão do relator) não inviabiliza sua admissão, desde que previsto em lei ou regimento interno recurso para órgão colegiado.[168]

Em reforço do que se disse acima, lembre-se das disposições do art. 1.070 do CPC: "é de 15 (quinze) dias o prazo para a interposição de qualquer agravo, previsto em lei ou em regimento interno de tribunal, contra decisão de relator ou outra decisão unipessoal proferida em tribunal".

O art. 1.070 do CPC não alcança o *agravo* previsto no parágrafo único do art. 6º da Lei n. 13.300/2016 para a hipótese de indeferimento monocrático do mandado de injunção pelo relator: "da decisão de relator que indeferir a petição inicial, caberá agravo, em 5 (cinco) dias, para o órgão colegiado competente para o julgamento da impetração" (*supra*, n. 47). Afinal, tem-se aqui lei especial ulterior ao Código de Processo Civil a regular o prazo para o agravo.[169] Ainda que se esteja diante de um possível deslize do legislador – não há razão para o estabelecimento de prazo menor que o quinzenal para o agra-

---

168 "A invocação da denominação 'agravo regimental', a despeito de expressa previsão legal do recurso (art. 557, § 1º, do CPC), é praxe que se verifica nos Tribunais pátrios, não configurando, assim, a prática de erro grosseiro, sendo que denominar o recurso de 'agravo regimental', e não 'agravo' ou 'agravo inominado', não enseja por si só o não-conhecimento do recurso, sob pena de prestigiar-se formalidade que não se justifica no caso em exame" (STJ, 3ª Turma, REsp 294.695-AgRg, rel. Min. Nancy Andrighi, j. 26/3/2001, DJ 28/5/2001). No mesmo sentido: STJ, 4ª Turma, REsp 419.230, rel. Min. Ruy Rosado, j. 3/9/2002, DJ 7/10/2002.
169 "A lei posterior revoga a anterior quando expressamente o declare, quando seja com ela incompatível ou quando regule inteiramente a matéria de que tratava a lei anterior" (art. 2º, § 1º, do Decreto-lei n. 4.657/1942).

vo contra o indeferimento monocrático do mandado de injunção –, *legem habemus*.[170]

Por fim, registre-se que todos os agravos referidos acima são talhados apenas para a impugnação de decisões monocráticas no âmbito dos tribunais. Eles são inadmissíveis para o ataque a pronunciamentos emitidos por órgãos colegiados.

127. Fungibilidade com embargos de declaração

De acordo com o § 3º do art. 1.024 do CPC, "o órgão julgador conhecerá dos embargos de declaração como agravo interno se entender ser este o recurso cabível, desde que determine previamente a intimação do recorrente para, no prazo de 5 (cinco) dias, complementar as razões recursais, de modo a ajustá-las às exigências do art. 1.021, § 1º". A rigor, não tem muito sentido falar da fungibilidade dos embargos de declaração com outras figuras recursais, visto que todo pronunciamento é passível de embargos. Em regra, embargos de declaração devem ser julgados tais quais opostos, sem conversão noutro recurso. Apenas quando o embargante deixa de invocar um vício embargável na sua peça recursal é que tem sentido cogitar da transformação dos embargos noutra figura recursal (*infra*, n. 153).

Nas raras hipóteses em que se proceder à conversão dos embargos de declaração em agravo interno, deve-se sempre conceder ao recorrente oportunidade para a adaptação do seu recurso, tal qual previsto no § 3º do art. 1.024 do CPC, sobretudo, para a agregação de novos argumentos para a impugnação da decisão do relator, considerando que o agravo interno é um recurso de fundamentação livre, que comporta todo e qualquer discurso para o ataque ao pronunciamento judicial, ao contrário dos embargos de declaração, que é um recurso de fundamentação vinculada, restrito aos vícios enunciados no art. 1.022 do CPC.

A conversão dos embargos de declaração em agravo interno sem oportunidade para a adaptação do recurso previamente interposto consiste em armadilha *contra legem*. Afinal, quem simplesmente embarga de uma decisão monocrática ordinariamente reserva para o futuro agravo outros argumentos que não se comportam na via mais estreita dos embargos de declaração. O instantâneo e inadvertido recebimento dos embargos como agravo, sem a prévia oitiva do recorrente, retira da parte o momento legitimamente esperado para veicular tais argumentos. A etapa reservada para a oferta das razões do agravo no processo resta ilegalmente suprimida pela medida adotada pelo órgão julgador, que, assim, não pode subsistir.

---

170 Cf. João Francisco Naves da Fonseca, *O processo do mandado de injunção*, n. 30, p. 159.

128. Regularidade formal

O agravo interno deve ser interposto no prazo de 15 dias por petição dirigida para o relator, prolator da decisão agravada (arts. 1.003, § 5º, e 1.021, §§ 1º e 2º, do CPC). Nas razões recursais, cumpre ao agravante atacar especificadamente a decisão unipessoal, quer em razão de vícios gerais, como a falta de fundamentação, quer em razão de vícios específicos, como a inexistência de súmula ou precedente autorizador do julgamento monocrático no caso.[171]

129. Procedimento

O agravo interno não suspende, por si, os efeitos da decisão agravada. Todavia, fica o agravante autorizado a postular efeito suspensivo excepcional, bem como tutela antecipada recursal, nos termos do art. 995 do CPC. Uma vez formulado requerimento nesse sentido, deve o relator desde logo apreciá-lo.

Também no primeiro contato com o agravo interno, deve o relator cuidar de abrir prazo quinzenal para a resposta do agravado (art. 1.021, § 2º, do CPC). Esse prazo se dobra em favor do Ministério Público, da Fazenda Pública, da Defensoria Pública e de litisconsortes com procuradores diferentes, nos termos dos arts. 180, 183, 186 e 229 do CPC.

A explícita previsão legal de oportunidade para resposta ao agravo interno é uma salutar inovação, afinada com a garantia constitucional do contraditório (art. 5º, LV, da CF). O art. 557 do CPC de 1973 era silente a esse respeito e parecia até apontar em sentido contrário, por apenas prever que, após a interposição do agravo, "se não houver retratação, o relator apresentará o processo em mesa, proferindo voto" (§ 1º). A resposta é da maior importância nessas circunstâncias, mormente quando a decisão monocrática tem por objeto apreciação exauriente de todas as pretensões submetidas ao exame do relator. É preciso assegurar ao agravado espaço para defender decisão apta a pôr fim ao processo em seu favor; pronunciamento com essas características não pode ser inadvertidamente retirado de cena.

No mais, valem para o processamento do agravo interno as disposições do regimento interno de cada tribunal (art. 1.021, *caput*, do CPC).

130. Retratação

Após a resposta do agravado ou o esgotamento do prazo assinado para tanto, tem o relator a prerrogativa de se retratar do julgamento monocrático, independentemente de pedido explícito do agravante nesse sentido (art. 1.021, § 2º, do

---

[171] Cf. BARBOSA MOREIRA, *Comentários ao Código de Processo Civil*, v. V, n. 367, p. 685; ATHOS GUSMÃO CARNEIRO, "Poderes do relator e agravo interno – artigos 557, 544 e 545 do CPC", p. 31.

CPC).[172] A retratação é uma faculdade do magistrado. Se o relator não se retrata, não precisa dar qualquer satisfação a respeito. Já o efetivo exercício da retratação pelo relator exige cuidado redobrado com a fundamentação, que precisa ser suficiente para explicar a reviravolta no seu entendimento, principalmente quando o pronunciamento anterior era programado para colocar fim ao processo.

A retratação pode resultar na simples cassação da decisão monocrática, para que a pretensão examinada isoladamente seja apreciada pelo órgão colegiado, ou produzir nova decisão unipessoal, agora apoiada noutros argumentos.[173] Situação propícia para a emissão de nova decisão unipessoal, por exemplo, é aquela em que o primeiro pronunciamento do relator tenha dado por manifestamente inadmissível ou prejudicado um recurso. Aqui, o relator não chegou a analisar a essência da pretensão recursal num primeiro momento, por entender ausentes requisitos para tanto. Uma vez reconhecida ulteriormente a presença de tais requisitos e constatado que a tese veiculada no recurso atrita com súmula ou precedente qualificado e paradigmático, parece pertinente que ele novamente julgue o recurso isoladamente. Contra a nova decisão monocrática, caberá outro agravo interno.

Registre-se que a emissão de nova decisão unipessoal por ocasião da retratação deve ser vista com mais parcimônia nos casos em que o relator já haja emitido pronunciamento *de meritis*. Idas e vindas do relator a esse respeito não são nada recomendáveis, tumultuam o processo e atritam com os ideais de simplificação e agilização, que norteiam o incremento dos seus poderes. Por isso, nessas circunstâncias, o relator somente deve emitir novo pronunciamento se estiverem presentes elementos ainda mais sólidos do que os ordinariamente exigidos para o julgamento isolado. Na falta desses elementos, em vez de pronunciar-se novamente com base em fundamentos de discutível firmeza, deve ele simplesmente deixar que o agravo siga adiante.

Por fim, consigne-se que a programação do juízo de retratação para momento ulterior ao prazo assinado para a resposta ao agravo interno é suficiente para que se respeite no caso a garantia constitucional do contraditório (art. 5º, LV, da CF), o que torna dispensável qualquer outra intimação do agravado antes de o relator decidir se mantém ou não a decisão agravada.

131. Sustentação oral

Com o veto ao inciso VII do art. 937 do CPC, que era no sentido do cabimento da sustentação oral das razões recursais na sessão de julgamento do

---

172 Cf. Fabiano Carvalho, *Poderes do relator nos recursos – art. 557 do CPC*, n. 15.1.4, p. 166.
173 Cf. Fabiano Carvalho, *Poderes do relator nos recursos – art. 557 do CPC*, n. 15.1.4, p. 167-168; Daniel Amorim Assumpção Neves, *Novo Código de Processo Civil comentado*, p. 1.708.

"agravo interno originário de recurso de apelação, de recurso ordinário, de recurso especial ou de recurso extraordinário", fecham-se as portas para a fala do recorrente, do recorrido e do *Parquet* no momento da reapreciação da decisão monocrática proferida no contexto recursal.

Porém, o § 3º do art. 937 do CPC assegura expressamente a sustentação oral das razões recursais na sessão de julgamento do agravo interno interposto contra a decisão monocrática que extingue ação rescisória, mandado de segurança ou reclamação.

132. Julgamento

Dispõe o § 2º do art. 1.021 do CPC que, "não havendo retratação, o relator levá-lo-á *(agravo interno)* a julgamento pelo órgão colegiado, com inclusão em pauta". É contra a natureza do agravo interno seu julgamento pelo próprio prolator da decisão agravada, ainda que evidente a inadmissibilidade do agravo.[174] Afinal, isso obstruiria o acesso ao órgão colegiado que o legislador em qualquer hipótese tenciona garantir. Cabe mandado de segurança contra a decisão do relator que julga o agravo interno nessas condições.[175]

A inclusão em pauta, expressamente determinada pelo § 2º do art. 1.021 do CPC, independe do cabimento da sustentação oral das razões na sessão de julgamento e deve ter lugar sempre. Tal inclusão deve respeitar todas as diretrizes estabelecidas no art. 935 do CPC.

No julgamento do agravo interno, cabe ao órgão colegiado investigar a regularidade e o acerto do julgamento monocrático: se regular e acertado, nega-se provimento ao agravo; se irregular ou equivocado, dá-se provimento ao agravo e se cassa a decisão monocrática agravada. Mesmo que o agravante nada diga sobre a invalidade da decisão unipessoal, o órgão colegiado pode enfrentar a matéria no julgamento do agravo interno, desde que este seja conhecido e se esteja diante de vício cognoscível de ofício (por exemplo, falta de fundamentação).[176]

---

[174] Cf. Leonardo Greco, *Instituições de processo civil*, v. III, n. 15.2, p. 311; Fabiano Carvalho, *Poderes do relator nos recursos – art. 557 do CPC*, n. 15.1.9, p. 190; Luiz Henrique Volpe Camargo, Comentários ao art. 1.021. In: *Breves comentários ao Novo Código de Processo Civil*, p. 2.260. Todavia, no sentido de que o relator pode isoladamente inadmitir o agravo interno em caso de manifesta intempestividade: Humberto Theodoro Júnior, *Curso de direito processual civil*, v. III, n. 795, p. 1.057; Luiz Rodrigues Wambier e Eduardo Talamini, *Curso avançado de processo civil*, v. 2, n. 26.3, p. 562.

[175] "O agravo regimental não pode ser trancado pelo relator; é da natureza do recurso que, mantida a decisão, o órgão colegiado se pronuncie a respeito dela. Mandado de segurança concedido" (STJ, Corte Especial, MS 12.220, rel. Min. Ari Pargendler, j. 19/9/2007, DJ 22/10/2007).

[176] Cf. Barbosa Moreira, *Comentários ao Código de Processo Civil*, v. V, n. 367, p. 685.

Para forçar efetiva reflexão em torno do julgamento monocrático e garantir efetiva resposta do órgão colegiado à pretensão do agravante, o § 3º do art. 1.021 do CPC dispõe ser "vedado ao relator limitar-se à reprodução dos fundamentos da decisão agravada para julgar improcedente o agravo interno".

Uma vez provido o agravo interno e cassada a decisão unipessoal, é possível passar desde logo, no próprio contexto do agravo, ao exame da pretensão anteriormente julgada monocraticamente, desde que esta se encontre madura para imediata apreciação, quer do ponto de vista probatório, quer do ponto de vista procedimental, por exemplo, por se ter respeitado o direito à sustentação oral (argumento do art. 1.042, § 5º, do CPC).[177] Se não for possível o pronto exame pelo órgão colegiado da referida pretensão, devem então ser tomadas as medidas preparatórias necessárias para tanto. No futuro julgamento pelo órgão colegiado, pode acontecer de a mencionada pretensão ser decidida com base nos mesmos fundamentos que davam sustento ao julgamento monocrático do relator, revigorando-se este.[178] Por exemplo, cassada em sede de agravo interno a decisão isolada pela manifesta intempestividade de um recurso, pode o órgão colegiado, ao ulteriormente julgar este, reconhecer sua extemporaneidade.

133. Sanções para o agravo manifestamente inadmissível ou improcedente

O § 4º do art. 1.021 do CPC prevê que, "quando o agravo interno for declarado manifestamente inadmissível ou improcedente em votação unânime, o órgão colegiado, em decisão fundamentada, condenará o agravante a pagar ao agravado multa fixada entre um e cinco por cento do valor atualizado da causa".

É preciso cuidado com a aplicação dessa sanção. A colegialidade é da essência dos pronunciamentos no âmbito dos tribunais e não se pode punir sua lícita busca. Ademais, a interposição do agravo interno é necessária nas situações em que seja ulteriormente cabível recurso extraordinário ou especial, tendo em vista a exigência do prévio esgotamento das instâncias ordinárias para o acesso aos Tribunais Superiores, cristalizada na Súmula n. 281 do STF ("é inadmissível o recurso extraordinário, quando couber, na Justiça de origem, recurso ordinário da decisão impugnada"). Diga-se o mesmo em matéria de

---

[177] "Penso que se todos os pressupostos de regularidade procedimental e de instrução do processo ou dos recursos tiverem sido observados no processamento do agravo regimental, deve o colegiado, provendo o agravo, decidir desde logo o processo ou o recurso" (LEONARDO GRECO, *Instituições de processo civil*, v. III, n. 15.2, p. 310). Em sentido contrário, cf. FABIANO CARVALHO, *Poderes do relator nos recursos – art. 557 do CPC*, n. 15.1.10, p. 194 e segs.

[178] Cf. ATHOS GUSMÃO CARNEIRO, "Poderes do relator e agravo interno – artigos 557, 544 e 545 do CPC", p. 34.

recurso ordinário contra denegação de mandado de segurança, mandado de injunção ou *habeas data*, inadmissível contra decisão monocrática (*infra*, n. 163). Nessas condições, o agravo interno desponta como condição para o exercício de um direito constitucionalmente assegurado; sua interposição para esse fim não pode resultar na punição do agravante.[179]

Por isso, o advérbio "manifestamente" é essencial para a avaliação da conduta do agravante. Apenas agravos evidentemente inadmissíveis ou evidentemente improcedentes devem levar à punição do recorrente. Perceba-se que o advérbio "manifestamente" guarda relação tanto com a inadmissibilidade quanto com a improcedência do agravo interno; recurso meramente inadmissível ou meramente improcedente não autoriza a punição do agravante.[180]

Ademais, deve-se fazer presente o dolo do agravante para a aplicação da sanção; o agravo deve ser interposto com a consciência de que a pretensão recursal é inadmissível ou improcedente. A constatação de que o agravante sequer se deu ao trabalho de apontar um erro na decisão agravada ou de que faltam fundamentos minimamente sérios para a impugnação da decisão tende a conduzir à sua punição. Já a má redação da peça recursal, a mera inexistência do erro apontado pelo agravante e até a inadvertida interposição do agravo interno fora do prazo, sem a percepção da sua intempestividade, não revelam, por si, elementos suficientes para a incidência da sanção. Diga-se o mesmo para a tentativa do agravante de modificar um entendimento jurisprudencial consolidado, desde que respaldado por novos e sérios argumentos para sua releitura.

Além da identificação do dolo do agravante, é preciso observar o requisito da unanimidade para a aplicação da sanção prevista no § 4º do art. 1.021

---

[179] Cf. Leonardo Greco, *Instituições de processo civil*, v. III, n. 15.2, p. 312; Daniel Amorim Assumpção Neves, *Novo Código de Processo Civil comentado*, p. 1.710. Na jurisprudência: "não é manifestamente inadmissível ou infundado o agravo regimental interposto contra decisão monocrática, ainda que só visando ao exaurimento da instância recursal ordinária, para acesso à via excepcional" (STJ, Corte Especial, ED no REsp 1.078.701, rel. Min. Hamilton Carvalhido, j. 1/4/2009, DJ 23/4/2009).

[180] "A aplicação da multa prevista no § 4º do art. 1.021 do CPC/2015 não é automática, não se tratando de mera decorrência lógica do não provimento do agravo interno em votação unânime. A condenação do agravante ao pagamento da aludida multa, a ser analisada em cada caso concreto, em decisão fundamentada, pressupõe que o agravo interno mostre-se manifestamente inadmissível ou que sua improcedência seja de tal forma evidente que a simples interposição do recurso possa ser tida, de plano, como abusiva ou protelatória, o que, contudo, não ocorreu na hipótese examinada" (STJ, 2ª Seção, ED no REsp 1.120.356-AgInt, rel. Min. Marco Bellizze, j. 24/8/2016, DJ 29/8/2016). Em sentido semelhante: STJ, 1ª Seção, ED no REsp 1.311.383-AgInt, rel. Min. Assusete Magalhães, j. 14/9/2016, DJ 27/9/2016.

do CPC. A unanimidade de que se fala aqui deve se fazer presente tanto na rejeição do agravo interno quanto na sua rotulação como manifestamente inadmissível ou improcedente. Trata-se assim de unanimidade dúplice. Por isso, se o agravo foi inadmitido ou teve seu provimento negado por unanimidade, mas houve divergência na caracterização do suporte material para a punição do agravante, este não é apenado. Afinal, falta votação unânime acerca da manifesta inadmissibilidade ou da manifesta improcedência do agravo.

Uma vez caracterizada a *fattispecie* descrita no § 4º do art. 1.021 do CPC, a sanção pecuniária ali prevista deve ser aplicada de ofício no próprio julgamento do agravo interno, de maneira fundamentada. A exigência de fundamentação abrange tanto a perfeita identificação dos elementos que motivam a punição do agravante quanto a dosimetria da sanção, que varia entre o piso de 1% e o teto de 5% do valor atualizado da causa, conforme as dimensões e a intensidade da manifesta inadmissibilidade ou improcedência do agravo. Cabe registrar que há precedente na jurisprudência do Superior Tribunal de Justiça admitindo a fixação da multa em valor inferior ao piso legal, quando necessário para manter relação de proporcionalidade entre a sanção e a conduta do agravante, bem como para preservar o direito ao recurso.[181] Também cabe registrar, por fim, uma redução no teto estabelecido pelo legislador para a multa, que antes era de "10% (dez por cento) do valor corrigido da causa", nos termos do § 2º do art. 557 do CPC de 1973.

A interposição de agravo interno manifestamente inadmissível ou improcedente pode configurar também a oferta de "recurso com intuito manifestamente protelatório" (art. 80, VII, do CPC), quando nela se enxergar ato voltado ao deliberado e injustificado alongamento do curso do processo, o que caracteriza ato de litigância de má-fé. A litigância de má-fé igualmente enseja a incidência de sanção em desfavor do agravante. O *caput* do art. 81 do CPC determina que o *improbus litigator* seja condenado "a pagar multa, que deverá ser superior a um por cento e inferior a dez por cento do valor corrigido da causa, a indenizar a parte contrária pelos prejuízos que esta sofreu e a arcar com os honorários advocatícios e com todas as despesas que efetuou". No caso do recorrente que abusivamente lança mão do agravo interno, já existe previsão de multa específica no § 4º do art. 1.021 do CPC, variável entre 1 e 5% do valor atualizado da causa, que não pode ser cumulada com a igualmente

---

181 "O valor excessivo da sanção pecuniária, como na hipótese, implica mitigação do princípio constitucional do amplo acesso à justiça, previsto no art. 5º, XXXV da Constituição Federal, pois o não pagamento da multa obsta o direito de recorrer. Mantenho a pena pecuniária aplicada no agravo regimental mas, neste ínterim, entendo que deve ser reduzida" (STJ, 4ª Turma, Ag 1.357.956-AgRg-EDcl, rel. Min. Luis Felipe, j. 2/8/2011, DJ 10/8/2011).

punitiva multa do art. 81, variável entre 1 e 10% do valor corrigido da causa. Naturalmente, prevalece aqui a primeira multa em detrimento da segunda (*lex specialis derogat lege generali*). Todavia, as demais sanções previstas no *caput* do art. 81, quais sejam, a indenização e o pagamento de honorários advocatícios e de despesas, são cumuláveis com a multa do § 4º do art. 1.021, em razão da sua distinta natureza reparatória.

Por sua vez, o § 5º do art. 1.021 do CPC estabelece que "a interposição de qualquer outro recurso está condicionada ao depósito prévio do valor da multa prevista no § 4º, à exceção da Fazenda Pública e do beneficiário de gratuidade da justiça, que farão o pagamento ao final". Quando exigível esse depósito prévio do valor da multa, ele se transforma num requisito para a admissão do futuro recurso; sem o comprovante do seu pagamento por ocasião da interposição do recurso ulterior, não se conhece deste. Observe-se que apenas recurso imediatamente subsequente, isto é, da mesma cadeia recursal, tem seu conhecimento condicionado ao depósito prévio do valor da multa.[182]

A falta do depósito prévio do valor da multa, sua insuficiência ou a ausência de comprovante a seu respeito são vícios sanáveis, nos termos do parágrafo único do art. 932 do CPC. Assim, uma vez identificada a falha, intima-se o recorrente para fazer o depósito, completar seu valor ou simplesmente comprová-lo, em cinco dias. O § 4º do art. 1.007 do CPC não se aplica aqui, visto que fica circunscrito às verbas devidas ao Estado para o processamento do recurso, não alcançando a multa. Logo, não se cogita da dobra do valor a ser depositado na hipótese de inexistência de qualquer depósito prévio.

Havendo mais de um agravante, eles devem custear a sanção em partes iguais. O produto da imposição da multa deve permanecer depositado em juízo até que se forme preclusão em torno da sua incidência e do seu valor. Uma vez preclusa a matéria por todos os seus ângulos e subsistindo a sanção, o dinheiro deve ser entregue ao agravado. Se houver mais de um agravado, o valor da multa deve ser rateado igualmente entre eles.

---

182 "O depósito prévio da multa e sua comprovação constituem óbice à análise de mérito de recurso subsequente que vise a impugnar a mesma matéria já decidida e em razão da qual foi imposta a sanção, não o recurso interposto em outra fase processual e impugnando matéria diversa. No caso concreto, a multa foi aplicada em sede de agravo regimental em recurso especial e o presente agravo de instrumento foi intentado contra decisão que, em fase de cumprimento de sentença, arbitrou honorários advocatícios de 10% sobre o valor da condenação, merecendo reforma o acórdão recorrido ao exigir o prévio recolhimento da multa para conhecimento do novo recurso" (STJ, 4ª Turma, REsp 1.354.977, rel. Min. LUIS FELIPE, j. 2/5/2013, DJ 20/5/2013).

A exigência do depósito prévio do valor da multa deve ser flexibilizada quando o recurso ulterior tiver como fundamento único e exclusivo a impugnação da multa, em nome do próprio direito ao recurso (arts. 92 e segs. da CF e 994 e segs. do CPC). Porém, se qualquer outro tema for veiculado no futuro recurso juntamente com a multa, é de rigor o pagamento desta por ocasião da interposição daquele.

Por fim, registre-se que estão expressamente liberados da exigência do depósito prévio do valor da multa a "Fazenda Pública" e o "beneficiário de gratuidade da justiça, que farão o pagamento ao final" (art. 1.021, § 5º, do CPC). É absolutamente criticável essa liberação de determinadas pessoas do depósito prévio, sobretudo, no que diz respeito à Fazenda Pública, dotada de capacidade econômico-financeira para desembolsar desde logo o valor da multa.

CAPÍTULO V
DOS EMBARGOS DE DECLARAÇÃO

Art. 1.022. Cabem embargos de declaração contra qualquer decisão judicial para:
I – esclarecer obscuridade ou eliminar contradição;
II – suprir omissão de ponto ou questão sobre o qual devia se pronunciar o juiz de ofício ou a requerimento;
III – corrigir erro material.
Parágrafo único. Considera-se omissa a decisão que:
I – deixe de se manifestar sobre tese firmada em julgamento de casos repetitivos ou em incidente de assunção de competência aplicável ao caso sob julgamento;
II – incorra em qualquer das condutas descritas no art. 489, § 1º.

CPC de 1973 – art. 535

134. Linhas gerais sobre os embargos de declaração e seu cabimento

Os embargos de declaração consistem no mecanismo predisposto pelo ordenamento jurídico para a sanação na mesma relação jurídica processual e perante o próprio órgão julgador de específicos vícios existentes em todo e qualquer pronunciamento judicial, que estejam a prejudicar a compreensão do seu sentido, a denotar uma lacuna na prestação da atividade jurisdicional, a indicar a existência de erro material ou a apontar para a ocorrência de *erro evidente*.[183]

---

183 Para essa definição, cf. Luis Guilherme Aidar Bondioli, *Embargos de declaração*, p. 9-10. Todos os temas abordados nos comentários aos arts. 1.022 a 1.026 do CPC podem ser consultados com maior profundidade nessa obra monográfica.

Desde o Código de Processo Civil de 1939 os embargos de declaração integram o rol de recursos previstos no sistema processual civil brasileiro. Na lista do art. 808 do CPC de 1939, os embargos de declaração eram alocados no seu inciso V. E, na correspondente lista do art. 496 do CPC de 1973, eles eram colocados no seu inciso IV. O Código de Processo Civil seguiu o mesmo caminho, listando os embargos de declaração no inciso IV do seu art. 994.

Como já dito no tópico inaugural desta obra, *recurso é aquilo que o legislador diz ser recurso* (*supra*, n. 1). Isso não impede, todavia, um exame crítico em torno do enquadramento dos embargos de declaração como recurso. Não se desconhece que a concepção material de recurso passa por uma vocação intrínseca à remoção de sucumbência ou prejuízo[184] e que entre os heterogêneos vícios sanáveis pela via dos embargos de declaração existem imperfeições que requerem atividades corretivas singelas para a sua eliminação, sem qualquer aptidão para a reversão do resultado do processo, ou seja, sem qualquer função essencialmente recursal (por exemplo, no caso de erro material). Todavia, aquele grupo de vícios também é composto por defeitos cuja sanação é naturalmente predisposta ao afastamento de gravames (por exemplo, no caso de omissão no exame de fundamentos para o acolhimento ou rejeição de uma pretensão). Esse estado de coisas põe em evidência o caráter híbrido dos embargos de declaração,[185] ao mesmo tempo em que revela a impossibilidade de uma dissociação completa entre os embargos e os recursos. Por isso, não é inconveniente a inserção dos embargos de declaração na categoria dos recursos.[186]

Nesse contexto, no sistema processual civil brasileiro, os embargos de declaração sempre serão formalmente tratados como um recurso, mas somente desempenharão função essencialmente recursal nos casos em que tiverem aptidão para a remoção de sucumbência ou prejuízo.

Consigne-se que os embargos de declaração não visam à reforma nem à invalidação da decisão embargada; não provocam a cassação nem a substituição desta. Eles promovem atividades integrativas, corretivas ou elucidativas no

---

184 Cf. Cândido Dinamarco, "Os embargos de declaração como recurso", p. 191.
185 Sobre a natureza variável dos embargos de declaração, cf. Luis Guilherme Aidar Bondioli, *Embargos de declaração*, n. 10, p. 55 e segs.
186 No Uruguai, o instituto equivalente aos embargos de declaração nacionais chama-se *recurso de aclaración* (art. 243.1 do CGP). Por sua vez, na Espanha, não se confere natureza recursal ao requerimento da parte para *aclaración y corrección* e *subsanación y complemento de sentencias y autos defectuosos o incompletos* (arts. 214 e 215 da LEC). Por fim, na Itália, é compreensível que a ferramenta equiparável aos embargos de declaração, qual seja, a *correzione* (art. 287 do CPC italiano), não receba tratamento de *recurso*, dado o limitado papel que lhe é reservado, circunscrito à sanação de erros materiais, que, no Brasil, são sanáveis até de ofício (art. 494, I, do CPC).

julgado primitivo, que podem levar ao surgimento de novas proposições ou a um novo enfoque de proposição já expressa no ato decisório, a serem acomodados e encaixados com as premissas anteriormente firmadas, resultando na formação de um conjunto decisório, em que prevalece a atividade julgadora ulteriormente desenvolvida, em razão da sua maior inteireza e excelência. Trata-se, pois, de um recurso *sui generis*.[187]

Na sequência serão desenvolvidas com maior profundidade as ideias lançadas na origem deste tópico, no sentido de que todo pronunciamento judicial é embargável, mas não em razão de qualquer vício. Essa circunscrição do cabimento dos embargos de declaração a certos temas faz deles um recurso de *fundamentação vinculada* (*supra*, n. 2).

135. Pronunciamentos embargáveis

Ao estabelecer que "qualquer decisão judicial" é passível de embargos de declaração, o *caput* do art. 1.022 do CPC expõe todos os pronunciamentos judiciais a esse recurso específico. Não há mais menção apenas a "sentença" ou "acórdão", tal qual fazia o inciso I do art. 535 do CPC de 1973. Procura-se, assim, eliminar de uma vez por todas posturas restritivas diante dos embargos declaratórios, tendentes a excluir da sua alça de mira determinados pronunciamentos judiciais. Aliás, teria andado melhor o legislador se houvesse usado no *caput* do art. 1.022 do CPC a expressão "qualquer pronunciamento judicial", de índole mais ampla, por abarcar "sentenças, decisões interlocutórias e despachos" (art. 203, *caput*, do CPC), "acórdão" (art. 204 do CPC, integrante da Seção IV, "Dos pronunciamentos do juiz", do Título I do Livro IV da Parte Geral) e até os atos isolados do relator listados no art. 932 do CPC. De todo modo, aplica-se aqui a máxima *lex minus dixit quam voluit*: qualquer fala do juiz no processo é embargável.

Mesmo os pronunciamentos judiciais tratados pelo legislador como *irrecorríveis* são embargáveis.[188] Bem reflete essa realidade o art. 26 da Lei n. 9.868/1999, no sentido de que "a decisão que declara a constitucionalidade ou a inconstitucionalidade da lei ou do ato normativo em ação direta ou em ação declaratória é irrecorrível, ressalvada a interposição de embargos declaratórios". Ainda que a lei não ressalve a oposição de embargos de declaração, eles são cabíveis.

---

187 Cf. HUMBERTO THEODORO JÚNIOR, *Curso de direito processual civil*, v. III, n. 812, p. 1.080. Cf. ainda LUIS GUILHERME AIDAR BONDIOLI, *Embargos de declaração*, n. 11, p. 66.
188 Cf. BARBOSA MOREIRA, *Comentários ao Código de Processo Civil*, v. V, n. 140, p. 247; RODRIGO MAZZEI, Comentários ao art. 1.022. In: *Breves comentários ao Novo Código de Processo Civil*, p. 2.272.

136. Pronunciamentos em primeira instância

Em primeira instância, o juiz emite no processo despachos, decisões interlocutórias e sentença. Nunca houve dúvida acerca do cabimento de embargos de declaração contra sentença. Em matéria de decisão interlocutória, leitura fria e literal do inciso I do art. 535 do CPC de 1973, que se referia à existência de obscuridade ou contradição apenas "na sentença ou no acórdão", podia sugerir restrição ao cabimento de embargos de declaração contra outros pronunciamentos. Porém, tal sugestão não ganhava concretude: decisões interlocutórias resolviam (e resolvem) importantes questões no curso do processo, como a que delibera sobre requerimento de tutela antecipada, e é do mais absoluto interesse que essas decisões sejam claras, completas e inteligíveis, bem como exista ferramenta para a pronta sanação de imperfeições relativas à sua compreensão ou completude.[189] A expressão "qualquer decisão judicial", presente no *caput* do art. 1.022 do CPC, afina-se com essas ideias e consolida, de uma vez por todas, o cabimento de embargos de declaração contra decisão interlocutória.

No tocante aos despachos, o art. 1.001 do CPC deve ser lido no sentido de que *dos despachos não cabe recurso, ressalvada a oposição de embargos de declaração*. Despachos podem conter omissões, obscuridades, contradições ou erros que atrapalham o bom caminhar do feito, criando embaraços para a marcha procedimental ou desviando-a do seu curso natural e impondo injustos gravames às partes. Um ato que não indique com clareza o rumo dado ao processo ou que impulsione o seu andamento sem levar em conta certos aspectos prévios tumultua o ambiente processual. A desatenta assinatura de um prazo para manifestação das partes menor do que o previsto em lei, a inadvertida assinatura de prazos diferentes para as partes se manifestarem sobre um mesmo assunto, a designação de uma audiência de saneamento da antes da abertura de prazo para réplica do autor são exemplos de despachos eivados por vícios que causam transtornos no processo. Daí a pertinência do uso dos embargos de declaração nessas condições, inclusive com a possibilidade de suspensão dos efeitos do despacho embargado (arts. 995, parágrafo único, e 1.026, § 1º, do CPC).[190]

---

189 Eis o precedente do Superior Tribunal de Justiça que consagrou o cabimento de embargos de declaração contra decisão interlocutória no Código de Processo Civil de 1973: "os embargos declaratórios são cabíveis contra qualquer decisão judicial e, uma vez interpostos, interrompem o prazo recursal. A interpretação meramente literal do art. 535 do Código de Processo Civil atrita com a sistemática que deriva do próprio ordenamento processual, notadamente após ter sido erigido a nível constitucional o princípio da motivação das decisões judiciais" (STJ, Corte Especial, ED no REsp 159.317, rel. Min. SÁLVIO DE FIGUEIREDO, j. 7/10/1998, DJ 26/4/1999).

190 Cf. ARAKEN DE ASSIS, *Manual dos recursos*, n. 66.1.5, p. 637; RODRIGO MAZZEI, Comentários ao art. 1.022. In: *Breves comentários ao Novo Código de Processo Civil*,

A restrição ao cabimento do agravo de instrumento reforça a irrecorribilidade dos despachos proferidos no curso do procedimento em primeira instância (*supra*, n. 43). Isso acentua o papel dos embargos de declaração para as devidas correções na rota do processo.

137. Pronunciamentos no âmbito dos tribunais

Nos procedimentos em curso perante os tribunais, há a emissão de pronunciamentos colegiados (acórdão – art. 204 do CPC) e monocráticos, quer por relator (art. 932 do CPC), quer por presidente ou vice-presidente (por exemplo, art. 1.030, *caput*, do CPC). Todos eles são embargáveis, sem exceção.

O cabimento de embargos de declaração contra acórdão nunca suscitou discussão. Considerando que o pronunciamento do órgão colegiado é composto por um conjunto de votos proferidos pelos integrantes da turma julgadora, qualquer obscuridade, contradição, omissão ou erro presente num desses votos também dá ensejo a embargos de declaração para o aperfeiçoamento da respectiva manifestação individual. Isso é particularmente importante quando há voto vencido no julgamento colegiado. Nos termos do § 3º do art. 941 do CPC, "o voto vencido será necessariamente declarado e considerado parte integrante do acórdão para todos os fins legais, inclusive de pré-questionamento".[191] Por isso, faltando no processo o voto vencido ou estando ele eivado por imperfeição, cabem embargos de declaração.

Ainda em matéria de embargos de declaração e voto vencido, o embargante deve dirigir seus embargos para o próprio órgão julgador, mais especificamente para o relator designado para o acórdão, a quem caberá analisar seus requisitos de admissibilidade. Superada essa etapa preliminar, os embargos devem ser encaminhados para o autor do voto vencido, a quem cabe explicitar os motivos que levaram à formação da sua convicção.

No tocante à decisão monocrática do relator, quer se trate de ato de mero impulso, quer se trate de pronunciamento de natureza interlocutória, quer se trate ainda de ato decisório final, também não deveria haver discussão com relação ao cabimento dos embargos de declaração. Por tudo o que se disse no tópico anterior, dúvida não resta quanto à pertinência dos embargos contra

---

      p. 2.272-2.273; Luís Eduardo Simardi Fernandes, *Embargos de declaração: efeitos infringentes, prequestionamento e outros aspectos polêmicos*, n. 5.1, p. 54-56; Luiz Rodrigues Wambier e Eduardo Talamini, *Curso avançado de processo civil*, v. 2, n. 27.2, p. 574; Fredie Didier Júnior e Leonardo Carneiro da Cunha, *Curso de direito processual civil*, v. 3, p. 298.

191 O § 3º do art. 941 do CPC, aliás, levou à superação da Súmula n. 320 do STJ ("a questão federal somente ventilada no voto vencido não atende ao requisito do prequestionamento").

despacho ou decisão interlocutória. E o ato decisório final monocrático nada mais faz do que desempenhar o papel de um acórdão, que é indiscutivelmente embargável.[192] Porém, na vigência do Código de Processo Civil de 1973, havia na jurisprudência equivocado posicionamento restritivo do cabimento dos embargos de declaração contra decisão monocrática do relator, que, inclusive, resultava em medidas para a conversão dos embargos em agravo interno, agora regulamentada pelo legislador no § 3º do art. 1.024 do CPC.[193] Espera-se que esse posicionamento restritivo desapareça na vigência do Código de Processo Civil e que tal conversão fique reservada apenas para as excepcionais situações em que o recorrente sequer invoca um vício embargável nas suas razões recursais.

Quase tudo o que se disse acima para a decisão monocrática de relator aplica-se para a decisão unipessoal de presidente ou vice-presidente, inclusive no que diz respeito à existência na jurisprudência de equivocado posicionamento restritivo do cabimento dos embargos declaratórios, aqui exacerbado em matéria de juízo de admissibilidade de recurso especial ou extraordinário, por não se deixar sequer brecha para a conversão dos embargos noutro recurso e ainda se pronunciar a não interrupção do prazo para a interposição de outros recursos.[194] Também se espera que a entrada em vigor do Código de Processo Civil conduza ao desparecimento desse posicionamento restritivo.

138. Relatório, fundamentos, dispositivo e ementa

Qualquer trecho de um pronunciamento judicial pode estar eivado por omissão, obscuridade, contradição ou erro. Desde a parcela do pronunciamento em que o juiz identifica o caso e relata acontecimentos pretéritos até a parcela destinada à efetiva solução de questões, passando pela motivação do ato decisório, o magistrado pode cometer algum deslize ou deixar de contemplar algo que não podia ter deixado de lado. Por isso, admitem-se embargos de declaração endereçados tanto ao relatório quanto aos fundamentos e ao dispositivo de uma

---

192 Cf. ARAKEN DE ASSIS, *Manual dos recursos*, n. 66.1.4, p. 636.
193 Para um panorama da jurisprudência sobre o cabimento dos embargos de declaração contra decisão monocrática do relator no Código de Processo Civil de 1973, cf. THEOTONIO NEGRÃO, JOSÉ ROBERTO F. GOUVÊA, LUIS GUILHERME A. BONDIOLI e JOÃO FRANCISCO N. DA FONSECA, *Código de Processo Civil e legislação processual em vigor*, 46ª ed., nota 11d ao art. 535, p. 729.
194 Cf. THEOTONIO NEGRÃO, JOSÉ ROBERTO F. GOUVÊA, LUIS GUILHERME A. BONDIOLI e JOÃO FRANCISCO N. DA FONSECA, *Código de Processo Civil e legislação processual em vigor*, 47ª ed., notas 10a ao art. 1.022 e 2b ao art. 1.026, p. 948 e 957. Destaca-se aqui o seguinte julgado: "salvo melhor juízo, todas as decisões judiciais podem ser objeto de embargos de declaração, mas a jurisprudência do Superior Tribunal de Justiça, sem explicitar a respectiva motivação, tem se orientado no sentido de que

decisão, a fim de que se zele pela sua ampla perfeição. Afinal, mesmo imperfeições no relatório podem comprometer a correta compreensão do julgado.

Na medida em que "todo acórdão conterá ementa" (art. 943, § 1º, do CPC), a falta desta ou a existência de alguma imperfeição nela também dá ensejo a embargos de declaração. Falhas na ementa podem comprometer a interpretação do julgado e devem ser prontamente corrigidas, não se podendo imaginar ferramenta melhor para tanto do que os embargos de declaração.[195]

139. Vícios embargáveis

Como já anunciado, os embargos de declaração são um recurso de *fundamentação vinculada* (*supra*, n. 2 e 134). Nessa condição, eles não se prestam à sanação de todo e qualquer vício presente num pronunciamento judicial. Para a delimitação dos vícios sanáveis pela via dos embargos de declaração, é preciso ter em conta seu escopo, atrelado à tutela da clareza, da completeza, da inteligibilidade e da correção dos pronunciamentos judiciais. Os embargos não se prestam a provocar o magistrado a decidir novamente sobre matéria já apreciada de forma induvidosa, harmoniosa e completa nem servem de veículo para a parte simplesmente manifestar sua irresignação contra ato decisório perfeito e desfavorável.

Os quatro vícios listados nos incisos do art. 1.022 do CPC como hipóteses autorizadoras de embargos de declaração, quais sejam, obscuridade, contradição, omissão e erro material, afinam-se com essas ideias. Em razão da sua afinidade com tais ideias, o chamado *erro evidente*, consistente em manifesto *error in procedendo* ou *in judicando*, também autoriza a oposição de embargos de declaração em certas condições, ainda que não arrolado pelo art. 1.022 (*infra*, n. 144).

---

 os embargos de declaração opostos contra a decisão que, no tribunal *a quo*, nega seguimento a recurso especial não interrompem o prazo para a interposição do agravo previsto no art. 544 do Código de Processo Civil. Excepcionalmente, atribui-se esse efeito interruptivo quando, como evidenciado na espécie, a decisão é tão genérica que sequer permite a interposição do agravo. Embargos de divergência conhecidos e providos" (STJ, Corte Especial, ED no Ag em REsp 275.615, rel. Min. ARI PARGENDLER, j. 13/3/2014, DJ 24/3/2014).

195 Cf. BARBOSA MOREIRA, *Comentários ao Código de Processo Civil*, v. V, n. 301 e 302, p. 553-554; ARAKEN DE ASSIS, *Manual dos recursos*, n. 66.2.1.1, p. 640. Na jurisprudência: "os embargos de declaração são cabíveis para sanar contradição ou erro material verificado pelo descompasso entre a conclusão do voto e o contido no resultado do julgamento ou na ementa do acórdão" (STJ, Corte Especial, ED no REsp 40.468, rel. Min. CESAR ROCHA, j. 16/2/2000, DJ 3/4/2000). Em sentido contrário, cf. LEONARDO GRECO, *Instituições de processo civil*, v. III, n. 9.3, p. 205-206.

140. Obscuridade

A obscuridade consiste na falta de clareza, na dificuldade de compreensão, na ininteligibilidade do pronunciamento judicial. As palavras que compõem seu texto não deixam suficientemente claras as intenções do julgador, quer porque elas não têm mesmo significado algum, quer porque delas não se consegue extrair uma interpretação segura e objetiva, quer, ainda, por existir mais de uma interpretação possível (ambiguidade).[196]

Quando restrita à fundamentação, a obscuridade se traduz numa análise confusa das questões de fato e de direito existentes no processo, que abala o suporte lógico da decisão. Ainda que não comprometa o sentido do pronunciamento, isso desatende o dever constitucional de motivação (art. 93, IX, da CF) e compromete a sua capacidade de convencimento, colocando em xeque a legitimidade do julgado e o expondo a cassação noutra instância.

A obscuridade revela-se particularmente grave quando presente na parte dispositiva do julgado. A falta de elementos seguros para se determinar em que sentido o juiz resolveu as questões principais que lhe foram submetidas tumultua o ambiente processual e pereniza o litígio. Quando não se consegue extrair de uma sentença em que medida uma pretensão foi acolhida ou rejeitada, dificulta-se ou até se impossibilita a efetivação do seu comando e a própria prestação da atividade jurisdicional fica comprometida. Doutra parte, a impugnação e o reexame de decisões obscuras é uma tarefa árdua.

Conquanto não se faça mais presente na legislação em vigor, permanece atual e presente no ordenamento jurídico nacional orientação constante do art. 280 do Código de Processo Civil de 1939: *a sentença deve ser clara e precisa*. A clareza e a precisão devem estar presentes no raciocínio lógico que o juiz desenvolve para deslindar as questões submetidas à sua apreciação e na expressão desse raciocínio. Na confecção do ato decisório, o juiz deve conjugar a objetividade e a simplicidade com a boa técnica e a profundidade necessária para que sua decisão seja concomitantemente substanciosa e inteligível.

141. Contradição

A contradição remete à incoerência, à discordância, à desarmonia entre afirmações constantes do pronunciamento judicial. As assertivas contraditórias podem-se excluir reciprocamente ou levar a uma situação de incerteza seme-

---

[196] Cf. Barbosa Moreira, *Comentários ao Código de Processo Civil*, v. V, n. 300, p. 549-500; Araken de Assis, *Manual dos recursos*, n. 66.2.2, p. 650-651; Humberto Theodoro Júnior, *Curso de direito processual civil*, v. III, n. 801, p. 1.063-1.064; Rodrigo Mazzei, Comentários ao art. 1.022. In: *Breves comentários ao Novo Código de Processo Civil*, p. 2.273.

lhante à da obscuridade (ambiguidade). Na primeira hipótese, tem-se o dizer concomitantemente *sim* e *não*; na segunda, tem-se o afirmar simultaneamente *a* e *b*, *preto* e *branco*.[197]

A contradição que dá ensejo aos embargos declaratórios é aquela que se manifesta internamente, no próprio pronunciamento judicial. As asserções contraditórias devem fazer-se presentes no mesmo ato. Não interessa, para fins de embargos de declaração, contradição entre a decisão e outros elementos constantes do processo (por exemplo, provas constantes dos autos), entre a decisão e outro ato decisório constante do mesmo processo, entre a decisão e julgamentos realizados noutros processos, entre a decisão e a lei.

Dentro de um mesmo contexto decisório, a contradição pode-se manifestar de diversas formas. Ela pode estar entre assertivas constantes dos fundamentos da decisão. Pode consistir numa contraposição entre os fundamentos e o dispositivo. Pode, ainda, envolver parcelas do dispositivo. Pode, também, estender-se da fundamentação ao dispositivo. Pode dar-se entre a ementa e o acórdão. E pode até consubstanciar-se numa desarmonia entre o resultado da votação e o teor do acórdão, aferível, por exemplo, pela ata de julgamento ou pelas notas taquigráficas.

Nas hipóteses características de contradição, a imperfeição está na própria concatenação das razões de decidir e na sua harmonização com o deslinde dado à causa. Trata-se de um vício de ordem lógica existente no próprio julgamento levado a efeito pelo juiz. Assim, esse julgamento tem de ser reaberto para a extirpação de uma entre as assertivas contraditórias existentes no pronunciamento judicial, o que pode implicar, até, a integração de novos elementos ao ato decisório. Por exemplo, na hipótese de total contraposição entre fundamentos e dispositivo, a opção em favor do último deverá vir acompanhada do aporte de elementos fáticos e jurídicos para lhe dar sustento. A extração da contradição do pronunciamento judicial pode, ainda, resultar na prevalência de proposições até então inexistentes no ato decisório. Em vez de optar por uma das linhas de raciocínio expressas na decisão, o julgador pode eliminar todas as ideias contraditórias e adotar um entendimento diverso e inédito.

A contradição é um grave vício do pronunciamento judicial. Muito do que se disse no tópico anterior a respeito da obscuridade se aplica para a contradição, até com maior intensidade (*supra*, n. 140). Exame contraditório das questões de fato e de direito que integram os fundamentos da decisão abala

---

197 Cf. BARBOSA MOREIRA, *Comentários ao Código de Processo Civil*, v. V, n. 302, p. 553-555; ARAKEN DE ASSIS, *Manual dos recursos*, n. 66.2.3, p. 651-652; HUMBERTO THEODORO JÚNIOR, *Curso de direito processual civil*, v. III, n. 802, p. 1.064-1.065; RODRIGO MAZZEI, Comentários ao art. 1.022. In: *Breves comentários ao Novo Código de Processo Civil*, p. 2.273.

sensivelmente o seu suporte lógico. Isso atenta contra o dever constitucional de motivação (art. 93, IX, da CF) e compromete a capacidade de convencimento do pronunciamento, colocando em xeque a legitimidade do julgado e o expondo a cassação noutra instância. Gravíssima é a contradição que afeta a parte dispositiva do julgado, dificultando a sua efetivação e comprometendo a prestação da atividade jurisdicional. Sem esquecer, ainda, de que a impugnação e o reexame de decisões contraditórias não são tarefa fácil.

142. Omissão

A omissão se faz presente nas situações em que o órgão julgador deixa de apreciar matéria sobre a qual devia ter se manifestado. É o que acontece quando não são examinados uma pretensão ou argumentos para o acolhimento ou rejeição de uma pretensão ou quando o julgador deixa de se pronunciar sobre tema cognoscível de ofício (por exemplo, decadência ou prescrição – arts. 487, II, do CPC e 210 do CC) ou impositivos legais (por exemplo, condenação do responsável pela instauração do processo ao pagamento das despesas antecipadas pela parte contrária e de honorários advocatícios – arts. 82, § 2º, e 85, *caput*, do CPC). Trata-se de um vício de atividade, de um *error in procedendo*, na medida em que o juiz desatende comando legal regulador da sua atuação à frente do processo. Esse defeito do pronunciamento judicial afronta a sadia regra de correlação entre demanda e sentença, que vincula os fundamentos da decisão e seu dispositivo à causa de pedir e aos pedidos formulados pela parte, respectivamente (arts. 141 e 492 do CPC).[198]

O dever de o juiz se pronunciar sobre as pretensões que lhe são submetidas pelas partes decorre precisamente da garantia constitucional de inafastabilidade do controle jurisdicional (art. 5º, XXXV, da CF). Todo aquele que bate às portas do Poder Judiciário com um pleito tem direito a uma resposta a seu respeito. Essa resposta pode até ser no sentido da falta de requisitos mínimos para o exame da sua procedência ou improcedência (sentença terminativa), mas tem de ser dada. Nos casos em que o juiz, por inércia ou desatenção, nada diz sobre uma pretensão manifestada em juízo pela parte, a indispensável resposta do Poder Judiciário simplesmente não existe para ela. O caso é de autêntica denegação de justiça e o processo passa pela vida das pessoas sem deixar resultados práticos. Não há qualquer manifestação acerca da crise jurídica denunciada por ocasião do ingresso em juízo, que assim se perpetua, a dano das partes e da própria sociedade. O Poder Judiciário absolutamente se cala

---

198 Cf. Barbosa Moreira, *Comentários ao Código de Processo Civil*, v. V, n. 301, p. 550-553; Humberto Theodoro Júnior, *Curso de direito processual civil*, v. III, n. 803, p. 1.065-1.068.

diante de lesão ou ameaça a direito, em total afronta ao comando constitucional que impõe a sua atuação nessa situação.

Por sua vez, o déficit na análise de argumentos para o acolhimento ou rejeição de uma pretensão consiste na maior das afrontas contra o dever constitucional de motivação (art. 93, IX, da CF). Consoante esse dever, o juiz deve externar com suficiência os elementos fáticos e jurídicos que conferem suporte lógico e racional para o seu pronunciamento. Nessas condições, o juiz deve enfrentar na sua decisão todos os temas influentes no julgamento da causa, o que inclui, naturalmente, tanto as matérias que dão sustento para a solução dada à lide quanto os assuntos que, isoladamente ou em conjunto, poderiam conduzir o processo a um desfecho diverso. Toda vez que o juiz deixa de fornecer material suficiente para apoiar as suas conclusões ou ignora material que podia interferir no sentido dessas conclusões, ele desobedece aquela diretriz constitucional e, assim, incorre em omissão exposta a embargos de declaração.[199]

Os valores que gravitam em torno da exigência de motivação são da mais absoluta relevância. A imposição de justificativas racionais e suficientes para o deslinde da causa confere legitimidade à decisão e mantém o juiz vinculado à lei e à realidade trazida para os autos. Dessa forma, garante-se sempre uma relação lógica entre os fatos, as normas, o enquadramento daqueles nestas e a conclusão, que, assim, coloca-se acima de qualquer suspeita. Isso assegura a imparcialidade do julgador e evita julgamentos arbitrários. Ainda, a motivação é importante para a própria compreensão da decisão na sua inteireza, inclusive no que diz respeito ao seu alcance. Além disso, é a motivação que permite o controle da decisão pelas partes, pelas instâncias superiores e pela própria sociedade. O juiz deve convencer *quisquis ex populo* de que a solução da lide foi

---

199 Cf. Luis Guilherme Aidar Bondioli, *Embargos de declaração*, n. 22, p. 119-123 e 127-128.
Na jurisprudência: "há omissão no julgamento se o órgão julgador não aprecia aspectos importantes da causa que possam influenciar no resultado da demanda" (STJ, 1ª Turma, REsp 690.919, rel. Min. Teori Zavascki, j. 16/2/2006, DJ 6/3/2006). Ainda: "o Tribunal não está obrigado a responder questionário das partes. Entretanto, deve examinar questões, oportunamente suscitadas, e que, se acolhidas, poderiam levar o julgamento a um resultado diverso do ocorrido" (STJ, 2ª Turma, REsp 696.755, rel. Min. Eliana Calmon, j. 16/3/2006, DJ 24/4/2006). Também: "diante da existência de argumentos diversos e capazes, cada qual, de imprimir determinada solução à demanda, não há que se considerar suficiente a motivação que, assentada em um deles, silencie acerca dos demais, reputando-os automaticamente excluídos. Ora, em casos que tais, em contraposição ao direito das partes a uma prestação jurisdicional satisfatória, encontra-se o dever do julgador de explicitar as razões utilizadas para determinar a prevalência de um argumento em detrimento dos outros" (STJ, 4ª Turma, REsp 908.282, rel. Min. Jorge Scartezzini, j. 15/2/2007, DJ 16/4/2007).

acertada. A projeção da motivação para fora do processo revela sua penetração nos planos social e político e chama a atenção para importantes funções pedagógicas e psicológicas. A motivação educa e instrui as partes e a sociedade, persuadindo pessoas e estimulando comportamentos. Daí não serem toleráveis afrontas à imposição constitucional de motivação das decisões judiciais.[200]

Observe-se que em matéria de temas cognoscíveis de ofício e de impositivos legais a omissão embargável se caracteriza pelo simples silêncio da decisão a seu respeito, independentemente da prévia veiculação do assunto pelas partes no processo. Por isso, pode acontecer de o assunto ser debatido pela primeira vez na relação jurídica processual em sede de embargos de declaração. Também pode acontecer de um fato superveniente, que cabe ao juiz tomar "em consideração, de ofício ou a requerimento da parte, no momento de proferir a decisão" (art. 493, *caput*, do CPC), ser debatido ineditamente por ocasião dos embargos de declaração.[201] Basta que o juiz esteja em condições de conhecê-lo já no julgamento embargado ou que os embargos por qualquer motivo levem a uma reabertura do julgamento.[202] Nessas circunstâncias, acentua-se a necessidade de abertura de oportunidade para resposta do embargado diante dos embargos de declaração, em razão do disposto nos arts. 10 e 1.023, § 2º, do CPC.

O dever de motivação e a correlata omissão são objeto de abordagem especial pelo parágrafo único do art. 1.022 do CPC. Conforme diz seu inciso I, considera-se omisso o pronunciamento judicial que "deixe de se manifestar sobre tese firmada em julgamento de casos repetitivos ou em incidente de assunção de competência aplicável ao caso sob julgamento". Esse dispositivo coloca em relevo a força de precedentes qualificados e paradigmáticos (arts. 928, 947, 976 e segs. e 1.036 e segs. do CPC), que não podem ser ignorados quando causa similar à que nele foi tratada é ulteriormente examinada pelo Poder Judiciário. No julgamento dessa causa ulterior, o juiz deve observar referidos precedentes (art. 927, III, do CPC) ou explicar com suficiência as razões pelas quais eles estão ou devam ser superados (art. 927, § 4º, do CPC) ou não se aplicam ao caso concreto (*distinguishing*). Na falta de tal observância ou de tais explicações, caracteriza-se omissão passível de embargos de declaração, independentemente de os mencionados precedentes terem sido previamente invocados por qualquer das partes no processo.

---

200 Para as ideias desenvolvidas neste parágrafo, cf. Taruffo, *La motivazione della sentenza civile*, cap. V, n. 3, e cap. VI, n. 3 e 4, p. 276, 374 e s. e 406-407; José Rogério Cruz e Tucci, *A motivação da sentença no processo civil*, cap. II, n. 4.2 e 5, p. 18-24.
201 Cf. STJ, 3ª Turma, Ag em REsp 604.385-EDcl-AgRg, rel. Min. Moura Ribeiro, j. 1/3/2016, DJ 7/3/2016.
202 Cf. Luis Guilherme Aidar Bondioli, *Embargos de declaração*, n. 22, p. 129-131.

Por sua vez, o inciso II do parágrafo único do art. 1.022 do CPC considera omissa a decisão que "incorra em qualquer das condutas descritas no art. 489, § 1º". Esse § 1º do art. 489 tem seis incisos, que consideram não fundamentada a decisão judicial nas seguintes situações: referência a ato normativo sem a indicação da sua relação com a questão decidida (inciso I); uso imotivado de conceito jurídico indeterminado (inciso II); invocação de "motivos que se prestariam a justificar qualquer outra decisão" (inciso III); não enfrentamento de "todos os argumentos deduzidos no processo capazes de, em tese, infirmar a conclusão adotada pelo julgador" (inciso IV); invocação de precedente ou súmula "sem identificar seus fundamentos determinantes nem demonstrar que o caso sob julgamento se ajusta àqueles fundamentos" (inciso V); inobservância de "súmula, jurisprudência ou precedente invocado pela parte, sem demonstrar a existência de distinção no caso em julgamento ou a superação do entendimento" (inciso VI).

A rigor, tudo o que está dito nos incisos I e II do parágrafo único do art. 1.022 do CPC não passa de exemplos de déficit no fornecimento de argumentos para o acolhimento ou rejeição de uma pretensão. Em outras palavras, tudo o que está dito nos incisos I e II do parágrafo único do art. 1.022 do CPC sempre foi e continuará sendo omissão embargável. Nessas condições, preponderá nesses dispositivos legais caráter, sobretudo, didático.

Enfim, em razão de tudo o que foi dito neste tópico, a expressão "ponto ou questão", presente no inciso II do art. 1.022 do CPC, deve ser entendida de forma bastante ampla. Assim, qualquer matéria que reclamava um pronunciamento do juiz mas foi por ele deixada de lado dá ensejo a embargos de declaração.[203]

143. Erro material

O art. 1.022 do CPC amplia o rol legal de vícios embargáveis em comparação com o art. 535 do CPC de 1973, ao incluir nele o "erro material" (inciso III). Faz tempo que a sanação do erro material por meio dos embargos de declaração tem sido aceita, malgrado não existisse antes previsão legal explícita a respeito. O Código de Processo Civil acertadamente referenda essa aceitação, preenche tal lacuna legislativa e assim traz segurança para os sujeitos da relação jurídica processual.

O erro material consiste na dissonância flagrante entre a vontade do julgador e a sua exteriorização; num defeito mínimo de expressão, que não interfere

---

203 Cf. Egas Moniz de Aragão, "Embargos de declaração", p. 18.

no julgamento da causa e na ideia nele veiculada.[204] Aqui, os símbolos (palavras, números) que compõem a estrutura formal do pronunciamento judicial não expressam com fidelidade e inteireza o pensamento que ali se tenciona veicular. Isso pode ser aferido por simples análise do contexto da decisão, bastante para revelar a real vontade do órgão julgador e a pontual desconformidade na sua exteriorização. Daí a suficiência de mera atividade interpretativa para a superação do *error materialis*. Daí também a razão para se autorizar a sanação do erro material até de ofício ou por simples requerimento (art. 494, I, do CPC), mesmo sem o rótulo *embargos de declaração* e depois do trânsito em julgado.

O *error materialis* pode ser decorrência de erro de digitação (por exemplo, digitar cláusula 4ª, em vez de 5ª), de sintaxe (por exemplo, dizer que condena A e B a pagar R$ 100.000,00 e a prestar serviços, em vez de dizer que condena A a pagar R$ 100.000,00 e B a prestar serviços), de concordância (por exemplo, escrever *condenar os réu*, em vez de *condenar o réu*), de cálculo (por exemplo, $2 + 2 = 5$), na aposição do nome das partes na sentença (por exemplo, inserir nome de pessoa que não é parte no processo), na caracterização da coisa objeto da condenação (por exemplo, descrever equivocadamente o objeto que se condena o réu a restituir ao autor).

Quando as demais palavras que compõem a estrutura formal do ato decisório não denunciam *primo ictu oculi* um defeito na expressão do raciocínio lógico do julgador, não se pode falar em erro material. Por isso, não se enquadram nessa categoria a inobservância de regras processuais (*error in procedendo*) e o erro de julgamento (*error in judicando*). Todavia, é comum na prática o baralhamento de conceitos, com a indevida rotulação de vícios de atividade ou de juízo como erro material, inclusive para facilitar sua eliminação em sede de embargos de declaração. Isso está errado, não obstante haja espaço em sede de embargos para a excepcional sanação de *erro evidente* na análise dos fatos ou na aplicação do direito, como se verá no tópico seguinte.

144. Erros evidentes

O Código de Processo Civil não chegou ao ponto de inserir no rol legal de vícios embargáveis os chamados "erros evidentes", que consistem em manifestos equívocos na análise dos fatos ou na aplicação do direito processual ou material. Todavia, a sanação desses erros em sede de embargos já vinha sendo permitida na vigência do Código de Processo Civil de 1973 e deve continuar

---

204 Cf. HUMBERTO THEODORO JÚNIOR, *Curso de direito processual civil*, v. III, n. 805, p. 1.069; RODRIGO MAZZEI, Comentários ao art. 1.022. In: *Breves comentários ao Novo Código de Processo Civil*, p. 2.275-2.276.

a sê-lo após o advento do Código de Processo Civil, sempre com o devido cuidado.[205]

Os embargos de declaração não são instrumento para simples revisão do julgado nem sede para novas reflexões em torno de assuntos que já receberam uma resposta suficiente do julgador. Porém, quando houver escancarado engano no pronunciamento do julgador, que decidiu ignorando determinada circunstância ou tomando por base premissa equivocada, e um simples alerta parecer suficiente para a reformulação do seu entendimento, os embargos de declaração devem ser admitidos. Deve-se estar diante de um choque intenso entre a vontade externada pelo julgador e os fatos ou o direito.

É impossível enunciar de forma apriorística e hermética as hipóteses de erro evidente autorizadoras de embargos de declaração.[206] Nessas condições, alguns exemplos de erros acertadamente sanados pela via dos embargos ajudam a compreender as dimensões do fenômeno: julgamento sem amparo em pedido (sentenças *ultra* e *extra petita*) ou em desconformidade com o efeito devolutivo do recurso (*tantum devolutum quantum appellatum*),[207] flagrante erro de fato,[208] principalmente quando autoriza a propositura de ação rescisória (art.

---

[205] Cf. HUMBERTO THEODORO JÚNIOR, *Curso de direito processual civil*, v. III, n. 805 e 806, p. 1.070-1.073.
Defendendo o cabimento dos embargos de declaração para a sanação de erro de fato: ARAKEN DE ASSIS, *Manual dos recursos*, n. 66.3.2, p. 655-656. Contra o cabimento dos embargos de declaração para a sanação de erro de fato: LUÍS EDUARDO SIMARDI FERNANDES, *Embargos de declaração: efeitos infringentes, prequestionamento e outros aspectos polêmicos*, n. 7.5, p. 111-114.

[206] Para um bom panorama jurisprudencial a respeito, com extensa lista de erros evidentes enfrentados pelos tribunais em embargos de declaração, cf. THEOTONIO NEGRÃO, JOSÉ ROBERTO F. GOUVÊA, LUIS GUILHERME A. BONDIOLI e JOÃO FRANCISCO N. DA FONSECA, *Código de Processo Civil e legislação processual em vigor*, 47ª ed., nota 11 ao art. 1.022, p. 948-950.

[207] "Acolhem-se embargos de declaração, com efeito modificativo, se houve julgamento *extra petita*. Honorários advocatícios fixados na sentença restabelecidos, conforme pedido do recorrente" (STJ, 3ª Turma, REsp 400.401-EDcl, rel. Min. GOMES DE BARROS, j. 25/9/2006, DJ 16/10/2006). "O julgamento *ultra* ou *extra petita* viola a norma que adstringe o juiz a julgar a lide nos limites das questões suscitadas sendo-lhe defeso alterá-las. *In casu*, deve o acórdão recorrido limitar-se à pretensão do recorrente, no sentido de suspender a indenização no que tange ao valor da terra nua" (STJ, 1ª Turma, REsp 686.318-EDcl, rel. Min. LUIZ FUX, j. 2/10/2008, DJ 20/10/2008).

[208] "Embargos de declaração. Efeito modificativo. Em casos excepcionais, quando, por exemplo, o acórdão da apelação tenha se descuidado da questão principal do processo, esquecendo-se de examinar a prova produzida, os embargos podem ter efeito modificativo do julgado" (STJ, 3ª Turma, Ag 19.937-AgRg, rel. Min. NILSON NAVES, j. 25/5/1992, DJ 15/6/1992).

966, VIII e § 1º, do CPC), aplicação de uma lei revogada na apreciação da causa,[209] equivocado juízo de admissibilidade de um recurso,[210] sobretudo, o que torna o julgado rescindível (art. 966, § 2º, II, do CPC). Na linha desse último exemplo, aliás, registre-se que o art. 897-A da Consolidação das Leis do Trabalho prevê a sanação de "manifesto equívoco no exame dos pressupostos extrínsecos do recurso" pela via dos embargos de declaração.

Por fim, não se deve exigir para a sanação do erro evidente pela via dos embargos de declaração que inexista outro recurso previsto para a correção do erro. A maior rapidez, a menor complexidade e o menor custo dos embargos incentivam seu uso nessa hipótese até mesmo na primeira instância. Todavia, é inegável que, conforme vai se subindo de instância, mais importante se torna a abertura de espaço para a eliminação do erro evidente pela via dos embargos de declaração, tendo em vista os notórios percalços para o ulterior acesso aos Tribunais de Superposição. Assim, nos julgamentos de segunda instância, é da maior importância a correção de manifestos equívocos relacionados com matéria fática, em razão dos obstáculos colocados pelas instâncias superiores ao reexame do conjunto fático-probatório (Súmulas n. 7 do STJ e 279 do STF). E, obviamente, quando não há outro recurso ulteriormente cabível (por exemplo, no caso de acórdão proferido pelo Supremo Tribunal Federal em embargos de divergência), a brecha para a eliminação do erro evidente via embargos de declaração é mais do que importante; ela é funda-

---

[209] Em situação semelhante, que envolvia a seleção da legislação aplicável ao caso, em razão da sua sucessão ao longo do tempo, a 1ª Seção do Superior Tribunal de Justiça decidiu o seguinte: "conquanto tenha o decisório ora embargado decidido que quando a política de preço nacional unificado deixou de existir, não voltou a vigorar a Lei n. 7.798/89 (que estabelecia a alíquota zero), não andou bem ao consignar que deveria o IPI ser submetido à alíquota de 18%. O correto a afirmar, e que merece ser retificado, atribuindo-se efeitos infringentes aos presentes embargos de declaração, é que, a partir de 17/11/97, data da publicação da Medida Provisória n. 1.602, de 14/11/97 (que revogou expressamente o art. 2º da Lei n. 8.393/91), a alíquota a ser exigida para o IPI seria a que melhor atendesse ao interesse nacional, respeitadas as disposições legais existentes" (STJ, 1ª Seção, ED no REsp 193.689-EDcl, rel. Min. José Delgado, j. 27/6/2007, DJ 3/9/2007).

[210] "Diferentemente do que consta do acórdão embargado, o recurso especial é tempestivo, pois a Fazenda foi intimada do acórdão em 11.5.2009 e recorreu em 15.5.2009. Os aclaratórios devem ser acolhidos com efeito infringente, para conhecimento do mérito recursal" (STJ, 2ª Turma, REsp 1.157.849-EDcl, rel. Min. Herman Benjamin, j. 1/3/2011, DJ 26/5/2011). "Embargos acolhidos com efeito modificativo, para afastar a preliminar de intempestividade do agravo regimental, e, no mérito, negar-lhe provimento, pela subsistência dos fundamentos lançados no decisório agravado" (STJ, 4ª Turma, Ag 387.132-AgRg-EDcl, rel. Min. Cesar Rocha, j. 5/3/2002, DJ 29/4/2002).

mental, sob pena de se transferir a sanação do erro para a tortuosa via da ação rescisória.

145. Interesse

Como já anunciado, o interesse em matéria recursal apresenta duas facetas: utilidade e necessidade (*supra*, n. 18). No tocante à primeira, também já se anunciou que nos embargos de declaração prescinde-se da condição de *vencido* para a sua oposição (*supra*, n. 19). Assim, mesmo a parte vencedora pode opor embargos de declaração para o aperfeiçoamento do pronunciamento judicial. Afinal, qualquer das partes obtém proveitos com a extirpação de omissões, contradições, obscuridades e erros dos pronunciamentos judiciais, pois é do interesse de todos os sujeitos do processo uma boa, completa e correta prestação da atividade jurisdicional. Ademais, a eliminação de imperfeições da decisão judicial ajuda especialmente o vencedor por dificultar a cassação da decisão favorável noutra instância e por remover possíveis obstáculos para a efetivação do julgado.[211]

No que se refere à necessidade, o fato de os embargos de declaração conviverem com outros mecanismos aptos à sanação dos vícios embargáveis não subtrai o interesse na sua utilização. Como já dito, os embargos de declaração relativizam o princípio da unicidade, na medida em que se apresentam para a impugnação do pronunciamento judicial juntamente com o recurso especialmente predisposto para tanto pelo legislador (*supra*, n. 10). Em regra, omissão, obscuridade, contradição e erro podem ser combatidos mediante a interposição desse outro recurso. Porém, não se pode recriminar a opção da parte pela via dos embargos de declaração para a extirpação dessas imperfeições do ato decisório. Na comparação com outros recursos, nenhum deles tem a rapidez, simplicidade e economia própria dos embargos, o que, por si, já justifica a escolha destes. Ademais, os embargos podem ser indispensáveis para fazer aflorar o real sentido do pronunciamento judicial, o que, aliás, é da maior importância para o correto direcionamento do futuro recurso. Outrossim, quando o recurso ulteriormente cabível é o especial ou o extraordinário, a oposição dos embargos de declaração ganha ares ainda mais fortes de indis-

---

211 Cf. HUMBERTO THEODORO JÚNIOR, *Curso de direito processual civil*, v. III, n. 745 e 799, p. 982 e 1.062; RODRIGO MAZZEI, Comentários ao art. 1.022. In: *Breves comentários ao Novo Código de Processo Civil*, p. 2.267; LEONARDO GRECO, *Instituições de processo civil*, v. III, n. 9.3, p. 206; TERESA ARRUDA ALVIM WAMBIER, Comentários ao art. 1.022. In: *Código de Processo Civil anotado*, p. 1.595; LUÍS EDUARDO SIMARDI FERNANDES, *Embargos de declaração: efeitos infringentes, prequestionamento e outros aspectos polêmicos*, n. 10, p. 129-131.

pensabilidade, em razão da exigência do prequestionamento, nos termos da Súmula n. 356 do STF ("o ponto omisso da decisão, sobre o qual não foram opostos embargos declaratórios, não pode ser objeto de recurso extraordinário, por faltar o requisito do prequestionamento").[212]

No caso do erro material, relembre-se de que a sua eliminação pode ser alcançada por meio de singela interpretação do julgado ou de simples requerimento (art. 494, I, do CPC), mesmo sem o rótulo "embargos de declaração" e até depois do trânsito em julgado. Todavia, os embargos declaratórios são o melhor veículo para postular a correção de inexatidões materiais, pois proporcionam a aplicação da fungibilidade para com outros vícios embargáveis e interrompem o prazo para a interposição de outros recursos. Por exemplo, invocada pelo embargante a existência de erro material, mas entendendo o juiz que se está diante de contradição, o vício pode ser sanado. Ademais, recusando-se o magistrado a sanar o vício, por entender que não se está diante de erro material nem de qualquer outra imperfeição, fica aberta a possibilidade de se recorrer a outra instância para buscar a sua outra eliminação.

146. Embargos de declaração noutros diplomas legais

O próprio Código de Processo Civil permite enxergar a existência de outros diplomas legais a regulamentar os embargos de declaração. No seu Livro Complementar "Disposições Finais e Transitórias", os arts. 1.064 a 1.066 cuidam dos embargos de declaração no âmbito dos Juizados Especiais, a fim de harmonizar sua disciplina com o regramento do instituto no Código de Processo Civil. Assim, uniformizam-se os vícios embargáveis e desaparece a dúvida como hipótese de cabimento dos embargos nos Juizados Especiais, o que se afina com ideia presente no ordenamento jurídico nacional desde a primeira etapa da Reforma do Código de Processo Civil de 1973, na qual a Lei n. 8.950/1994 acertadamente se encarregou de eliminar tal figura do rol de imperfeições autorizadoras de embargos, em prol de uma maior objetividade na verificação do suporte material para sua oposição e acolhimento. E se estabelece que a oposição dos embargos de declaração interrompe, e não mais suspende, o prazo para a interposição de outros recursos.

O subsequente art. 1.067 do CPC trata dos embargos de declaração no Código Eleitoral com o mesmo escopo de harmonizar sua disciplina com o regramento do instituto no Código de Processo Civil. Também aqui há uma uniformização dos vícios embargáveis, com a exclusão da dúvida das hipóteses de cabimento dos embargos, e o estabelecimento do efeito interruptivo, e não mais suspensivo, do prazo para a interposição de outros recursos. A manifesta

---

212 Cf. LEONARDO GRECO, *Instituições de processo civil*, v. III, n. 9.5, p. 210-212.

protelação em sede de embargos de declaração passou a contar com sanção pecuniária, aqui atrelada ao salário mínimo, em vez da cassação da paralisação do prazo para a interposição de outros recursos. Entretanto, o prazo para a oposição dos embargos no Código Eleitoral continua sendo reduzido: três dias.

Por fim, merece registro a existência no art. 30 da Lei n. 9.307/1996 de solicitação para a correção de "qualquer erro material da sentença arbitral" (inciso I) e para o esclarecimento de "alguma obscuridade, dúvida ou contradição da sentença arbitral", bem como para o pronunciamento de "ponto omitido a respeito do qual devia manifestar-se a decisão" (inciso II). Ainda que o legislador não utilize no art. 30 o nome "embargos de declaração", está-se aqui diante de embargos de declaração e é assim que se deve tratar essa solicitação.[213]

> **Art. 1.023.** Os embargos serão opostos, no prazo de 5 (cinco) dias, em petição dirigida ao juiz, com indicação do erro, obscuridade, contradição ou omissão, e não se sujeitam a preparo.
>
> **§ 1º** Aplica-se aos embargos de declaração o art. 229.
>
> **§ 2º** O juiz intimará o embargado para, querendo, manifestar-se, no prazo de 5 (cinco) dias, sobre os embargos opostos, caso seu eventual acolhimento implique a modificação da decisão embargada.
>
> *CPC de 1973 – art. 536*

147. Prazo

Conforme anunciado já no § 5º do art. 1.003 do CPC, os embargos de declaração estão excluídos do prazo quinzenal genericamente assinado para os demais recursos. De forma complementar, o *caput* do art. 1.023 do CPC estabelece que o prazo para a oposição dos embargos de declaração é de cinco dias. Esse quinquídio se dobra em favor do Ministério Público, da Fazenda Pública, da Defensoria Pública e de litisconsortes com procuradores diferentes, nos termos dos arts. 180, 183, 186 e 229 do CPC.

148. Regularidade formal

Os embargos de declaração devem ser apresentados por petição dirigida ao prolator da decisão embargada. Nas razões recursais, deve o embargante cuidar da "indicação do erro, obscuridade, contradição ou omissão" (art. 1.023, *caput*, do CPC) que justifica a oferta dos embargos. Vale aqui relembrar que os

---

213 Cf. Luis Guilherme Aidar Bondioli, "Embargos de declaração e arbitragem", *passim*.

embargos de declaração são recurso de *fundamentação vinculada* (*supra*, n. 2 e 134), de modo que não basta a veiculação de uma insurgência qualquer para a admissão do recurso. É necessária para o cabimento dos embargos a invocação de um vício típico, autorizador da sua oposição, para o conhecimento do recurso.

149. Preparo

Conforme expressamente estabelecido no *caput* do art. 1.023 do CPC, os embargos de declaração "não se sujeitam a preparo". Assim, os embargos independem do prévio pagamento de despesas para o seu processamento e subsequente admissão. Não incidem aqui custas locais, custas federais, porte de remessa e retorno etc. Isso se coaduna com o interesse de todos os sujeitos da relação jurídica processual no aperfeiçoamento do pronunciamento judicial.

150. Intimação do embargado para resposta

Novidade trazida pelo Código de Processo Civil é a previsão expressa de resposta em sede de embargos de declaração, mediante determinação para que o julgador abra prazo de cinco dias para manifestação do embargado, sempre que "eventual acolhimento *(dos embargos)* implique a modificação da decisão embargada" (art. 1.023, § 2°, do CPC). Trata-se de fórmula equilibrada. A abertura de oportunidade para resposta do embargado não é obrigatória, mas não se tolera que se modifique ou se façam acréscimos substanciais à decisão embargada sem que se franqueie oportunidade para prévia reação diante dos embargos. É o que impõe o princípio do contraditório (art. 5°, LV, da CF): não se pode retirar do embargado a possibilidade de participação efetiva antes da tomada de decisão com força para interferir sensivelmente em sua esfera de direitos e interesses, inclusive para transformar uma situação até então favorável em desfavorável.[214]

Assim, para inadmitir os embargos de declaração, rejeitá-los ou até mesmo acolhê-los em situações nas quais não se altere a decisão (por exemplo, no caso de eliminação de erro verdadeiramente material),[215] o juiz fica liberado de intimar o embargado previamente ao julgamento. Porém, toda vez que os

---

[214] "A atribuição de efeitos infringentes aos embargos de declaração supõe a prévia intimação da contraparte; sem o contraditório, o respectivo julgamento é nulo" (STJ, Corte Especial, AR 1.228-EDcl-EDcl, rel. Min. Ari Pargendler, j. 1/8/2008, DJ 2/10/2008).

[215] "Não se configura cerceamento de defesa ou afronta aos princípios do contraditório e do devido processo legal a ausência de intimação da parte adversa, quando os embargos de declaração são acolhidos para mera correção de erro material, sem que haja fato novo trazido unilateralmente pela parte contrária" (STJ, 3ª Turma, REsp 1.007.692, rel. Min. Nancy Andrighi, j. 17/8/2010, DJ 14/10/2010).

embargos forem dotados de potencial para alterar ou ampliar o julgado, é preciso antes ouvir o embargado.[216] A prévia e ativa participação do embargado, alimentando o espírito do julgador com elementos que conduzam a um desfecho favorável dos embargos declaratórios (e da causa), é ainda mais indispensável nas situações em que os embargos de declaração versam tema inédito no processo (arts. 10 e 487, parágrafo único, do CPC).

Perceba-se que a intimação do embargado para responder aos embargos não é prenúncio de acolhimento destes nem de modificação da decisão embargada. A palavra "eventual" deixa claro que é a possibilidade, em tese, de modificação ou acréscimo substancial e não a probabilidade destes o discrímen para que se convide o embargado a se manifestar (art. 1.023, § 2º, do CPC). Em outras palavras, cuida-se aqui de juízo abstrato; não se procede a um juízo concreto acerca das chances de êxito dos embargos para somente então escutar a parte contrária.

O prazo de cinco dias para resposta do embargado coincide com o prazo estabelecido para a oposição dos embargos de declaração (art. 1.023, *caput* e § 2º, do CPC), o que denota isonomia na sua disciplina. Esse prazo se dobra em favor do Ministério Público, da Fazenda Pública, da Defensoria Pública e de litisconsortes com procuradores diferentes, nos termos dos arts. 180, 183, 186 e 229 do CPC.

> **Art. 1.024.** O juiz julgará os embargos em 5 (cinco) dias.
>
> **§ 1º** Nos tribunais, o relator apresentará os embargos em mesa na sessão subsequente, proferindo voto, e, não havendo julgamento nessa sessão, será o recurso incluído em pauta automaticamente.
>
> **§ 2º** Quando os embargos de declaração forem opostos contra decisão de relator ou outra decisão unipessoal proferida em tribunal, o órgão prolator da decisão embargada decidi-los-á monocraticamente.
>
> **§ 3º** O órgão julgador conhecerá dos embargos de declaração como agravo interno se entender ser este o recurso cabível, desde que determine previamente a intimação do recorrente para, no prazo de 5 (cinco) dias, complementar as razões recursais, de modo a ajustá-las às exigências do art. 1.021, § 1º.

---

216 Para Leonardo Greco, "somente modifica a decisão o julgamento dos embargos que altera as suas conclusões ou os seus fundamentos fático-jurídicos em ponto essencial. Aquela decisão que complementa a decisão embargada sem alterá-la em qualquer desses aspectos, que lhe corrige um simples erro material, que esclarece uma obscuridade mantendo tudo o que foi anteriormente decidido ou que esclarece uma contradição, sem qualquer modificação em enunciado essencial, não modifica a decisão embargada. Somente se o provimento dos embargos implicar em modificação substancial da decisão é que deverá ser ouvido previamente o embargado" (*Instituições de processo civil*, v. III, n. 9.6, p. 213).

§ 4º Caso o acolhimento dos embargos de declaração implique modificação da decisão embargada, o embargado que já tiver interposto outro recurso contra a decisão originária tem o direito de complementar ou alterar suas razões, nos exatos limites da modificação, no prazo de 15 (quinze) dias, contado da intimação da decisão dos embargos de declaração.

§ 5º Se os embargos de declaração forem rejeitados ou não alterarem a conclusão do julgamento anterior, o recurso interposto pela outra parte antes da publicação do julgamento dos embargos de declaração será processado e julgado independentemente de ratificação.

CPC de 1973 – art. 537

151. Julgamento em cinco dias pelo juiz

O prazo de cinco dias assinado pelo *caput* do art. 1.024 do CPC para que o juiz julgue os embargos de declaração é mais um *prazo impróprio*; sua superação não impede – nem poderia impedir – o ulterior julgamento dos embargos de declaração. No caso de abertura de oportunidade para resposta do embargado, o quinquídio assinado para o juiz julgar os embargos somente se inicia após o esgotamento daquela oportunidade.

152. Julgamento monocrático ou colegiado nos tribunais

Conhecida diretriz em matéria de embargos de declaração conduz ao julgamento destes pelo próprio prolator da decisão embargada, pessoa mais indicada para a sanação dos vícios tipicamente embargáveis. Inspirado por essa diretriz, o legislador passa a prever que, sendo monocrático o pronunciamento judicial no âmbito do tribunal, "o órgão prolator da decisão embargada decidi-los-á *(os embargos)* monocraticamente" (art. 1.024, § 2º, do CPC). De fato, não faz sentido convidar para sanar omissões, contradições, obscuridades, erros materiais ou erros evidentes quem não participou da confecção da decisão embargada.

O § 2º do art. 1.024 do CPC fecha assim as portas para prática comum nos tribunais, consistente no julgamento por órgão colegiado de embargos de declaração opostos contra decisão monocrática. Tal prática cria percalços para o esgotamento da instância e a ulterior admissão de recurso especial ou extraordinário, pois obriga a parte a interpor agravo interno contra um conjunto de decisões formado já com a participação do órgão colegiado.

Malgrado não haja espaço para julgamento dos embargos de declaração pelo órgão colegiado quando a decisão embargada é monocrática, há brecha para a apreciação isolada pelo relator dos embargos opostos contra acórdão. Estando presente causa de inadmissão ou rejeição de recurso arrolada nos incisos III e IV do art. 932 do CPC, os embargos de declaração, como recurso que são, podem ser isoladamente julgados pelo relator. Porém, quando os embargos de declaração levarem à reabertura do julgamento colegiado, é intolerável que isso aconteça com a participação apenas do relator; o julgamento deve prosseguir nas mesmas condições. Por isso, não se autoriza que o relator sozinho acolha os embargos opostos contra acórdão, até para que ele não sobreponha a sua vontade à dos demais julgadores.

Nesse cenário, não existe uma incompatibilidade absoluta entre os embargos de declaração e a técnica de julgamento monocrático de recursos. Dentro de certos limites, considerada a essência e a razão de ser dos embargos declaratórios, é possível deslocar para o relator do acórdão a incumbência de julgar os respectivos embargos.[217] Basta que o relator não reabra o julgamento da causa; não promova sozinho modificações concretas ou acréscimos substanciais ao acórdão. É o que acontece quando se atesta a manifesta inadmissibilidade dos embargos de declaração ou se dá os embargos por prejudicados. É o que acontece também quando se identifica a manifesta improcedência dos embargos, por ser evidente a ausência de qualquer imperfeição no julgado embargado. Assim, por exemplo, se o embargante requer, de forma desatenta, o enfrentamento da prescrição que já havia sido objeto de exame no acórdão embargado, a omissão é manifestamente inexistente e a rejeição dos embargos

---

[217] "O relator poderá negar seguimento aos embargos de declaração inadmissíveis ou improcedentes, embora interpostos contra acórdão, porque inexistirá qualquer mudança no pronunciamento colegiado" (ARAKEN DE ASSIS, *Manual dos recursos*, n. 69.1, p. 673). Cf. ainda LUIS GUILHERME AIDAR BONDIOLI, *Embargos de declaração*, n. 41, p. 214-216 e "Novidades em matéria de embargos de declaração no CPC de 2015", p. 154. Na jurisprudência: "presente uma das hipóteses previstas no artigo 557 da Lei Adjetiva Civil, poderá o relator negar seguimento aos embargos declaratórios" (STJ, 6ª Turma, AI 498.899-AgRg, rel. Min. PAULO GALLOTTI, j. 19/2/2004, DJ 7/3/2005). No mesmo sentido: STJ, 3ª Turma, AI 513.389-AgRg, rel. Min. PÁDUA RIBEIRO, j. 16/9/2003, DJ 13/10/2003; STJ, 1ª Turma, REsp 325.672, rel. Min. GARCIA VIEIRA, j. 14/8/2001, DJ 24/9/2001.
Já para FABIANO CARVALHO, o julgamento pelo relator dos embargos de declaração opostos contra acórdão é autorizado somente quando os embargos são qualificados como manifestamente inadmissíveis ou prejudicados (*Poderes do relator nos recursos – art. 557 do CPC*, n. 17.4, p. 257). Em sentido semelhante, afirma LEONARDO GRECO: "somente poderia ser admitido o julgamento monocrático, no sentido da negativa de seguimento, se verificada a manifesta intempestividade da sua interposição, a sua inadmissibilidade pela ausência de alegação de qualquer omissão, obscuridade, contradição ou erro material ou na hipótese do § 4º do artigo 1.026 do Código de 2015" (*Instituições de processo civil*, v. III, n. 9.6, p. 214).
Em sentido contrário, afirmando que os embargos de declaração opostos contra acórdão não podem ser objeto de julgamento monocrático do relator: BARBOSA MOREIRA, *Comentários ao Código de Processo Civil*, v. V, n. 304 e 366, p. 557 e 681; HUMBERTO THEODORO JÚNIOR, *Curso de direito processual civil*, v. III, n. 807, p. 1.074.

pelo relator fica autorizada. Aqui, nada de efetivo se acresce ou se modifica no acórdão embargado.

Lembre-se, ainda, de que não se permite a aplicação fracionada da técnica de julgamento monocrático de recursos: ou tudo é julgado pelo relator ou tudo é julgado pelo colegiado.[218] Se parte da causa já foi apreciada pelo colegiado, é ele que deve seguir no seu exame. Assim, por exemplo, uma vez opostos embargos para que se delibere acerca de prescrição até então não apreciada no processo, não pode o relator julgar sozinho esses embargos, ainda que seja manifesta a não ocorrência da prescrição. Afinal, o exame da ocorrência ou não da prescrição implica um desdobramento do julgamento anterior.

Por fim, consigne-se que, não sendo o caso de julgamento monocrático dos embargos de declaração no âmbito dos tribunais, "o relator apresentará os embargos em mesa na sessão subsequente, proferindo voto, e, não havendo julgamento nessa sessão, será o recurso incluído em pauta automaticamente" (art. 1.024, § 1º, do CPC).[219]

153. Conversão em agravo interno

De acordo com o § 3º do art. 1.024 do CPC, "o órgão julgador conhecerá dos embargos de declaração como agravo interno se entender ser este o recurso cabível, desde que determine previamente a intimação do recorrente para, no prazo de 5 (cinco) dias, complementar as razões recursais, de modo a ajustá-las às exigências do art. 1.021, § 1º".

A rigor, como já anunciado, não tem muito sentido falar da fungibilidade dos embargos de declaração com outras figuras recursais (*supra*, n. 127). Sendo os embargos de declaração cabíveis contra todo e qualquer pronunciamento judicial, eles devem ser ordinariamente recebidos e julgados como tal, sem que lhes seja emprestado outro rótulo. A aplicação do princípio da fungibilidade somente teria alguma pertinência se a petição de embargos não invocasse nenhum vício passível de sanação por essa via e fosse necessário lançar mão de alguma ferramenta para viabilizar o cabimento e o consequente conhecimento da irresignação do embargante. Todavia, havendo na petição do embargante alusão a qualquer imperfeição extirpável por meio de embargos, não tem lugar sua conversão em outro recurso, ainda que tal imperfeição na verdade inexista. A ausência do vício alegado é causa de mera rejeição dos embargos e não de sua transformação em agravo interno.

---

218 Cf. Fabiano Carvalho, *Poderes do relator nos recursos – art. 557 do CPC*, n. 6.4, p. 72-74.
219 Nos termos do art. 264 do RISTJ, "os embargos de declaração serão incluídos em pauta, salvo se opostos nas classes previstas no art. 91 deste Regimento ou nas demais classes criminais".

Não obstante, na vigência do Código de Processo de Civil de 1973, os tribunais reiterada e indiscriminadamente julgavam embargos de declaração como se agravo interno fossem e o faziam de forma surpreendente, sem qualquer alerta prévio ao embargante, com o intuito de encurtar o processo. Ocorre que isso expunha o embargante a danos. Sendo restrito o rol de matérias dedutíveis em sede de embargos, estes muitas vezes não trazem todos os argumentos que a parte tem para impugnar a decisão embargada, legitimamente reservados para o futuro agravo. E o mero recebimento dos embargos como agravo retirava da parte a oportunidade esperada para veicular tais argumentos. Daí a inspiração para a inovação legislativa no sentido de somente autorizar a conversão dos embargos em agravo mediante prévia oportunidade para que o embargante adapte o recurso já interposto.

Assim, com o advento do Código de Processo Civil, dois cuidados deve ter o julgador antes de efetivamente converter os embargos de declaração em agravo interno: verificar se está diante de situação realmente excepcional a autorizar a medida e abrir oportunidade para adaptação da peça recursal. Não se pode ignorar que, como todo pronunciamento judicial, a determinação para o embargante adaptar o recurso expõe-se a novos embargos de declaração... E o acolhimento desses segundos embargos pode até levar ao seguimento dos primeiros, sem conversão, conforme o vício existente.

Uma vez consolidada a decisão no sentido da conversão dos embargos de declaração em agravo interno e esgotado o quinquídio para a complementação das razões recursais, com ou sem essa complementação, seguem-se daí em diante as disposições do art. 1.021 do CPC, em especial do seu § 2°, com a intimação do agravado para resposta em 15 dias e eventual retratação da decisão recorrida ou inclusão em pauta e julgamento pelo órgão colegiado. Consigne-se que a inércia do embargante diante do comando de conversão dos embargos de declaração em agravo interno não inviabiliza necessariamente seu recurso, desde que presentes na peça recursal original elementos para o conhecimento da pretensão recursal como agravo.

154. Outros recursos interpostos antes do julgamento dos embargos

Os inovadores §§ 4° e 5° do art. 1.024 do CPC trazem para o texto da lei a disciplina da relação entre os embargos de declaração e o outro recurso cabível contra o pronunciamento judicial embargado. De acordo com o § 4°, "caso o acolhimento dos embargos de declaração implique modificação da decisão embargada, o embargado que já tiver interposto outro recurso contra a decisão originária tem o direito de complementar ou alterar suas razões, nos exatos limites da modificação, no prazo de 15 (quinze) dias, contado da intimação da decisão dos embargos de declaração". Nada mais natural. A parte pode já no primeiro dia seguinte à intimação de uma decisão interpor o recurso talhado para a sua impugnação e não pode ser prejudicada pelos ulteriores embargos de declaração do seu adversário. Isso justifica a abertura de oportunidade para a adaptação do recurso previamente interposto à nova realidade emergente desses embargos. Considerando que não há vedação para a concomitante oposição de embargos de declaração e interposição de outro recurso (*infra*, n. 160), a autorização para complementos ou alterações nas razões desse outro recurso também alcança o embargante que recorre precocemente, embora o texto do referido § 4º faça menção apenas ao "embargado".

Observe-se que a brecha aberta pelo § 4º do art. 1.024 do CPC para a complementação ou alteração do recurso é "nos exatos limites da modificação". Tem-se aqui resquício da preclusão consumativa, abolida para a generalidade dos casos pelo *caput* do art. 223 do CPC.[220] Nessas condições, interposto recurso contra a decisão embargada antes do julgamento dos embargos de declaração, são vedados ulteriores complementos ou alterações na peça recursal prévia sem suporte em modificação ou acréscimo acontecido por ocasião da apreciação dos embargos.

Isso desaconselha a parte a desde logo embargar e interpor outro recurso contra a decisão que tenciona impugnar, sobretudo, quando não inserir nesse outro recurso tema ventilado nos embargos de declaração. Afinal, se os embargos não forem acolhidos, tal tema não poderá ser agregado ao recurso prévio (*infra*, n. 160).

Dentro dos "exatos limites da modificação" (art. 1.024, § 4º, do CPC), a autorização para a adaptação do recurso é ampla. Podem ser trazidas novas pessoas para o contexto do recurso, podem ser agregados novos fundamentos para o pleito recursal e podem ser formulados novos pedidos pelo recorrente, desde que presente nexo de causalidade entre o teor do julgamento dos embargos e o aditamento da peça recursal.

O prazo de 15 dias para o aditamento do recurso interposto antes do julgamento dos embargos de declaração independe de intimação específica; deflagra-se com a própria intimação da decisão que julga os embargos de declaração. Naturalmente, esse prazo quinzenal se dobra em favor do Ministério Público, da Fazenda Pública, da Defensoria Pública e de litisconsortes com procuradores diferentes, nos termos dos arts. 180, 183, 186 e 229 do CPC.

Por sua vez, o § 5º do art. 1.024 do CPC dispõe que, "se os embargos de declaração forem rejeitados ou não alterarem a conclusão do julgamento

---

220 Cf. THEOTONIO NEGRÃO, JOSÉ ROBERTO F. GOUVÊA, LUIS GUILHERME A. BONDIOLI e JOÃO FRANCISCO N. DA FONSECA, *Código de Processo Civil e legislação processual em vigor*, 47ª ed., nota 1 ao art. 223, p. 298.

anterior, o recurso interposto pela outra parte antes da publicação do julgamento dos embargos de declaração será processado e julgado independentemente de ratificação".[221] Nada mais natural: quem já disse com todas as letras que impugna determinada decisão não deve ser obrigado a reiterar a impugnação após o julgamento dos embargos de declaração. Eis, em outras palavras, o que determina o legislador no referido § 5º.

Registre-se que, nas situações de acolhimento dos embargos de declaração com efeitos modificativos, o silêncio do recorrente precoce após o julgamento dos embargos não deve ser causa, *per se*, de inadmissão do recurso previamente interposto. Logicamente, tudo o que ficou prejudicado pelo acolhimento dos embargos cai por terra e isso pode afetar toda a peça recursal. Porém, havendo parcela do recurso prévio não afetada pelo julgamento dos embargos, subsiste, ao menos parcialmente, a admissibilidade da pretensão recursal, que deve ser enfrentada independentemente da reiteração do recurso.[222] Mais uma vez, quem já disse com todas as letras que impugna determinada decisão não deve ser obrigado a reiterar a impugnação.

155. Efeitos devolutivo e translativo

O efeito devolutivo nos embargos de declaração observa a regra geral *tantum devolutum quantum appellatum*. Na medida dos capítulos decisórios abrangidos pelos embargos e dos vícios apontados pelo embargante é que será reexaminado o pronunciamento embargado. Obscuridades, contradições, erros não materiais e boa parte das omissões não ventilados pelo embargante não poderão ser sanados por iniciativa do próprio julgador. E as imperfeições veiculadas nos embargos de declaração serão investigadas de acordo com a extensão do recurso, isto é, de acordo com o "capítulo impugnado" (art. 1.013, § 1º, do CPC).[223]

Não se descarta nos embargos de declaração a produção de efeito translativo. Para que isso aconteça, é preciso que a imperfeição veiculada nos embargos guarde relação com a própria substância do julgado e que seu exame

---

221 Esse texto legal levou o Superior Tribunal de Justiça a cancelar a execrável Súmula n. 418 ("é inadmissível o recurso especial interposto antes da publicação do acórdão dos embargos de declaração, sem posterior ratificação"), colocando no seu lugar a Súmula n. 579 ("não é necessário ratificar o recurso especial interposto na pendência do julgamento dos embargos de declaração, quando inalterado o resultado anterior").
222 Cf. HUMBERTO THEODORO JÚNIOR, *Curso de direito processual civil*, v. III, n. 810, p. 1.077.
223 "Viola o art. 535 do Código de Processo Civil de 1973 o acórdão que, apreciando embargos de declaração, procede ao rejulgamento do recurso, realizando nova cognição, não necessária à correção de alguma omissão ou obscuridade porventura existente no acórdão embargado, para chegar à inversão do resultado do julgamento da apelação" (STJ, 4ª Turma, REsp 1.163.345-AgRg, rel. Min. ISABEL GALLOTTI, j. 16/6/2016, DJ 24/8/2016).

passe pela reabertura do julgamento (por exemplo, no caso de contradição absoluta entre os fundamentos lançados na decisão). Nessa reabertura do julgamento, o magistrado pode enfrentar em sede de embargos de declaração temas cognoscíveis de ofício, ainda que não invocados pelas partes e mesmo que inéditos no processo, desde que respeitado o contraditório prévio (arts. 10, 487, parágrafo único, e 493, parágrafo único, do CPC). Diga-se, aliás, que o silêncio em torno de tais temas configura omissão embargável do julgador. Porém, se essa omissão não é apontada pelo embargante e os embargos não reabrem o julgamento, ela não pode ser enfrentada nessa oportunidade. A inaptidão para a reabertura do julgamento se faz presente quando os embargos de declaração veiculam vício circunscrito à expressão do pensamento do julgador e envolvem atividades corretivas singelas (por exemplo, no caso de obscuridade tênue). Nessas circunstâncias, o efeito translativo não se opera.[224]

Por fim, consigne-se que o erro verdadeiramente material sempre pode ser sanado de ofício pelo julgador por ocasião do julgamento dos embargos de declaração, independentemente do tipo de defeito apontado pelo embargante e até mesmo da admissão dos embargos. Assim, mesmo que os embargos sejam absolutamente inadmissíveis (por exemplo, intempestivos), o magistrado pode, ao mesmo tempo em que decreta tal inadmissibilidade, eliminar o *error materialis* existente no pronunciamento embargado (art. 494, I, do CPC).

156. *Reformatio in pejus*

Como já anunciado, não é preciso ser vencido para opor embargos de declaração; mesmo a parte vencedora tem interesse na oposição dos embargos de declaração, em razão do aperfeiçoamento do pronunciamento judicial

---

[224] Cf. LUIS GUILHERME AIDAR BONDIOLI, *Embargos de declaração*, n. 37, p. 191-195. Defendendo o efeito translativo nos embargos de declaração: NELSON NERY JUNIOR, *Teoria geral dos recursos*, n. 3.5.4, p. 487; TERESA ARRUDA ALVIM WAMBIER, *Embargos de declaração e omissão do juiz*, n. 6.2, p. 176-177, e Comentários ao art. 1.022. In: *Código de Processo Civil anotado*, p. 1.596; ARAKEN DE ASSIS, *Manual dos recursos*, n. 67.1, p. 658-659. Na jurisprudência: "os embargos declaratórios produzem efeito translativo, o qual autoriza que regressem ao órgão prolator da decisão embargada as questões apreciáveis de ofício, como, por exemplo, as questões relacionadas aos requisitos de admissibilidade dos recursos" (STJ, 1ª Turma, REsp 768.475-EDcl, rel. Min. DENISE ARRUDA, j. 21/10/2008, DJ 12/11/2008). Em sentido semelhante: STJ, 2ª Turma, REsp 1.054.269-EDcl, rel. Min. MAURO CAMPBELL, j. 15/6/2010, DJ 28/6/2010. Todavia, para LEONARDO GRECO, "extravasa dos limites do efeito devolutivo dos embargos a apreciação de questão de ordem pública não alegada como fundamento dos embargos, porque, como vimos, pressuposto de admissibilidade dos embargos não é a existência de omissão, mas a sua alegação pelo embargante, que delimita a extensão da reapreciação da decisão por essa via" (*Instituições de processo civil*, v. III, n. 9.3, p. 204).

(*supra*, n. 19 e 145). Some-se a isso o fato de o juiz ser livre para sanar o vício apontado nos embargos do modo que entender mais adequado, podendo praticar todos os atos que considerar necessários para a eliminação da imperfeição apontada pelo embargante. O magistrado não fica vinculado a eventual sugestão do embargante para a extirpação do defeito existente no pronunciamento embargado. Por exemplo, apontada contradição na decisão judicial, o juiz pode, ao julgar os embargos de declaração, fazer prevalecer a proposição contraditória menos favorável ao embargante, com a eliminação da asserção contraditória que este queria ver prevalecer, ou até mesmo extirpar todas as ideias contraditórias e adotar um entendimento diverso e até então inédito. Ainda nesse exemplo, pode acontecer de, em razão da reabertura do julgamento provocada pelos embargos, o juiz enfrentar tema cognoscível de ofício de forma desfavorável ao embargante, como é o caso da prescrição (art. 487, II, do CPC).

Esse estado de coisas revela que nos embargos de declaração é possível haver *reformatio in pejus*, ou seja, é possível que o embargante saia dos embargos numa situação mais desvantajosa do que a existente quando opôs os embargos. Em razão de características específicas dos vícios embargáveis, o juiz não pode ficar amarrado a uma solução neutra ou mais favorável ao embargante, sob pena de comprometer a própria eliminação da imperfeição do pronunciamento judicial.[225]

A ausência de vedação à *reformatio in pejus* nos embargos declaratórios não libera o julgador para extrapolar os limites do efeito devolutivo (*supra*, n. 155). Eventual reforma para pior restringe-se aos capítulos decisórios abrangidos pelos embargos de declaração, na medida dos vícios passíveis de investigação no julgamento dos embargos.

> **Art. 1.025.** Consideram-se incluídos no acórdão os elementos que o embargante suscitou, para fins de pré-questionamento, ainda que os embargos de declaração sejam inadmitidos ou rejeitados, caso o tribunal superior considere existentes erro, omissão, contradição ou obscuridade.

CPC de 1973 – sem dispositivo correspondente

---

[225] Cf. Luís Eduardo Simardi Fernandes, *Embargos de declaração: efeitos infringentes, prequestionamento e outros aspectos polêmicos*, n. 16.1, p. 157-159; Egas Moniz de Aragão, "Embargos de declaração", p. 12; Eduardo Talamini, "Embargos de declaração: efeitos", p. 662; Araken de Assis, *Manual dos recursos*, n. 70.2, p. 682. Na jurisprudência, para casos em que o embargante experimentou reforma para pior no julgamento dos embargos, cf. STJ, 1ª Turma, REsp 768.475-EDcl, rel. Min. Denise Arruda, j. 21/10/2008, DJ 12/11/2008; STJ, 3ª Turma, REsp 404.294-EDcl, rel. Min. Gomes de Barros, j. 15/2/2007, DJ 19/3/2007.

157. Prequestionamento

O art. 1.025 do CPC ocupa-se do requisito do prequestionamento, próprio dos recursos especial e extraordinário, no contexto dos embargos de declaração. De acordo com esse requisito, para que um recurso especial ou extraordinário seja admissível, é preciso que a matéria legal ou constitucional nele veiculada tenha sido previamente debatida nas instâncias ordinárias.[226] Na pureza do seu conceito, o prequestionamento passava pela efetiva participação do julgador nesse debate, à luz da expressão "causas decididas" (arts. 102, III, e 105, III, da CF). A exacerbação desse conceito puro de prequestionamento vinha expressa na Súmula n. 211 do STJ: "inadmissível recurso especial quanto à questão que, a despeito da oposição de embargos declaratórios, não foi apreciada pelo tribunal *a quo*".

Com o passar do tempo, ainda na vigência do Código de Processo Civil de 1973, esse conceito puro revelou-se bastante inconveniente na prática. Malgrado a oposição de embargos de declaração, os tribunais locais insistentemente recusavam-se a debater os temas veiculados pelo embargante. O embargante, por sua vez, era forçado a recorrer para os Tribunais Superiores invocando, sobretudo, ofensa aos dispositivos legais e constitucionais impositivos do dever de motivação (arts. 131, 458, II, e 535, II, do CPC de 1973 e 5º, LIV, e 93, IX, da CF). O reconhecimento dessa ofensa, uma vez seguido à risca o entendimento cristalizado na Súmula n. 211 do STJ, levava à anulação do acórdão dos embargos de declaração proferido pelo tribunal *a quo*, a fim de que outro, mais completo, fosse proferido no seu lugar. Com o retorno dos autos à instância inferior, as cortes locais insistiam na sua recusa aos debates propostos pelo embargante. Novos e idênticos recursos especial e extraordinário faziam-se necessários e assim se dava continuidade a um ciclo sem fim, com enorme desperdício de tempo, dinheiro e atividade, sem que uma única palavra *de meritis* fosse dita pelos órgãos julgadores, a dano, sobretudo, das garantias constitucionais do acesso à justiça e da duração razoável do processo (arts. 5º, XXXV e LXXVIII, da CF).[227]

---

[226] Cf. SÁLVIO DE FIGUEIREDO TEIXEIRA, "O recurso especial e o Superior Tribunal de Justiça", p. 72; EDUARDO RIBEIRO DE OLIVEIRA, "Prequestionamento", p. 248.

[227] Segue ilustrativo acórdão dessa antiga realidade, que levou o Superior Tribunal de Justiça até a relativizar a aplicação da Súmula n. 211 do STJ no caso concreto: "havendo comprovada omissão do acórdão recorrido, restando violado o art. 535 do Código de Processo Civil, os autos devem ser enviados ao Tribunal *a quo* com a finalidade de correção do defeito processual. Todavia, constatando-se que apesar desse procedimento o Tribunal recorrido persistiu na omissão, deve este Superior Tribunal de Justiça colocar o feito em pauta e julgá-lo, ainda que seja para verificar a sua admissibilidade. Não é mais caso, porém, de se realizar, uma, duas ou mais vezes o reenvio dos autos à Corte de origem, hipótese que, se aplicada, resultaria em negativa de prestação

De acordo com conhecida e antiga lição, em certas circunstâncias, *a pureza dos conceitos deve ceder passo a conveniências práticas*.[228] Foi o que aconteceu com a caracterização do prequestionamento no Código de Processo Civil. De acordo com o art. 1.025 do CPC, passa a ser suficiente para a presença dos prévios debates em torno da matéria legal ou constitucional ventilada nos recursos especial ou extraordinário também o comportamento diligente do recorrente, consubstanciado na prévia oposição de embargos de declaração contra a decisão recorrida, independentemente de eventual falha do tribunal recorrido no julgamento destes. Basta então que o Supremo Tribunal Federal ou o Superior Tribunal de Justiça ulteriormente reconheça a existência do vício apontado pelo recorrente nos seus prévios embargos para a caracterização do prequestionamento.

Com isso, acentua-se o papel do embargante e dos Tribunais de Superposição para a caracterização do prequestionamento, a ponto de se passar por cima das falhas do tribunal recorrido no julgamento dos embargos de declaração e se abrirem as portas para a direta e ampla admissão dos recursos excepcionais, sem a necessidade da devolução do processo à instância inferior para a prévia complementação dos debates em torno de questões federais ou constitucionais veiculadas nos recursos especial ou extraordinário.

Nesse cenário, ganha corpo o chamado *prequestionamento ficto*,[229] conceitualmente menos puro, mas muito mais conveniente do ponto de vista prático. É impossível dissociar o *prequestionamento ficto* da Súmula n. 356 do STF: "o ponto omisso da decisão, sobre o qual não foram opostos embargos declaratórios, não pode ser objeto de recurso extraordinário, por faltar o requisito do prequestionamento". Foi a partir da *ratio* dessa súmula que o Supremo Tribunal Federal passou a dar pela suficiência do diligente comportamento do recorrente para a caracterização do prequestionamento e a consequente abertura da instância extraordinária.[230] E o maior termômetro para a aferição desse comportamento diligente são os embargos de declaração. Afinal, trata-se da ferramenta predisposta pelo legislador para provocar o julgador a se pronunciar sobre algo ignorado num primeiro momento (art. 1.022, II, do CPC). Assim, se o recorrente fez tudo o que estava ao seu alcance para obter um pronunciamento

---

    jurisdicional, também, por este Superior Tribunal de Justiça" (STJ, 1ª Turma, REsp 521.784, rel. Min. José Delgado, j. 14/3/2006, DJ 8/6/2006).

228 Cf. Alberto dos Reis, *Código de Processo Civil anotado*, v. V, p. 125.

229 Sobre a noção de prequestionamento ficto, cf. Cassio Scarpinella Bueno, "Súmulas 288, 282 e 356 do STF: uma visão crítica de sua (re)interpretação mais recente pelos tribunais superiores", p. 180-181.

230 Cf. STF, Plenário, RE 219.934-2, rel. Min. Octavio Gallotti, j. 14/6/2000, DJ 16/2/2001.

do tribunal *a quo* a respeito de certo assunto, tendo inclusive lançado mão de embargos declaratórios para tanto, tem-se por preenchido o requisito do prequestionamento. Daí a razão de ser do art. 1.025 do CPC.[231]

Tudo isso faz com que reste superada a mencionada Súmula n. 211 do STJ. Afinal, a prévia oposição dos embargos de declaração tende a viabilizar o recurso especial ou extraordinário, "ainda que os embargos de declaração sejam inadmitidos ou rejeitados, caso o tribunal superior considere existentes erro, omissão, contradição ou obscuridade" (art. 1.025 do CPC). Basta que o Supremo Tribunal Federal ou o Superior Tribunal de Justiça não encontre nenhum obstáculo efetivo para a admissão dos tais embargos.

> **Art. 1.026.** Os embargos de declaração não possuem efeito suspensivo e interrompem o prazo para a interposição de recurso.
>
> **§ 1º** A eficácia da decisão monocrática ou colegiada poderá ser suspensa pelo respectivo juiz ou relator se demonstrada a probabilidade de provimento do recurso ou, sendo relevante a fundamentação, se houver risco de dano grave ou de difícil reparação.
>
> **§ 2º** Quando manifestamente protelatórios os embargos de declaração, o juiz ou o tribunal, em decisão fundamentada, condenará o embargante a pagar ao embargado multa não excedente a dois por cento sobre o valor atualizado da causa.
>
> **§ 3º** Na reiteração de embargos de declaração manifestamente protelatórios, a multa será elevada a até dez por cento sobre o valor atualizado da causa, e a inter-

---

[231] ARRUDA ALVIM endossa o texto do art. 1.025 do CPC, por "resgatar a ideia de que o prequestionamento se refere à preexistência de controvérsia sobre determinada questão federal ou constitucional, mitigando a noção jurisprudencial de que tais matérias tenham, necessariamente, que estar mencionadas no acórdão" (*Novo contencioso cível no CPC/2015*, p. 514). Ainda nas palavras do jurista paulista, "semanticamente, por prequestionamento dever-se-ia entender o fato de ter sido a tese jurídica alvo de prévio debate, suscitado pelas partes ou pelo órgão judicial, de sorte a constituir uma *questão* no processo" (*op. cit.*, p. 514).

Por sua vez, EDUARDO RIBEIRO DE OLIVEIRA tem uma visão crítica do art. 1.025 do CPC e coloca em xeque a sua constitucionalidade: "verifica-se que, da Súmula 356, nos termos em que tem sido entendida, e do art. 1.025 do CPC/2015, resultaria, em última análise, que o prequestionamento pode ser dispensado. Com efeito, se o acórdão dos embargos declaratórios não supriu, se for o caso, a omissão apontada, a matéria persistirá como não tendo sido objeto de decisão. Por conseguinte, continuará a não haver o prequestionamento. Não se percebe, aliás, por que exigir-se a interposição de declaratórios, quando de todo irrelevante o que deles possa advir com relação ao ponto. E mais, onde se encontrará amparo constitucional para ter-se o cabimento do extraordinário e do especial condicionado à manifestação de tais embargos? Seja-nos escusado insistir em que o cabimento daqueles recursos, sendo constitucionalmente regulado, não se expõe a ser modificado por lei ordinária" ("O prequestionamento e o novo CPC", p. 177-178).

posição de qualquer recurso ficará condicionada ao depósito prévio do valor da multa, à exceção da Fazenda Pública e do beneficiário de gratuidade da justiça, que a recolherão ao final.

§ 4º Não serão admitidos novos embargos de declaração se os 2 (dois) anteriores houverem sido considerados protelatórios.

CPC de 1973 – art. 538

158. Ausência de efeito suspensivo ordinário

Considerando que o efeito suspensivo tem mais a ver com a recorribilidade da decisão do que com a efetiva interposição do recurso e que todo pronunciamento é embargável (*supra*, n. 11 e 135), a indiscriminada atribuição de eficácia suspensiva aos embargos de declaração, a rigor, implicaria a ineficácia de todas as decisões judiciais num primeiro momento, ao menos até o transcurso do prazo assinado para a oposição dos embargos. Ademais, é de se esperar que a clareza, a coerência, a completeza e a correção sejam o ordinário em matéria de decisão judicial; a obscuridade, a contradição, a omissão e o erro devem ser vistos como algo excepcional, o que aconselha a outorga de eficácia imediata aos pronunciamentos judiciais. Atento a essa realidade, o legislador passou a prever expressamente que "os embargos de declaração não possuem efeito suspensivo" (art. 1.026, *caput*, do CPC).

159. Efeito suspensivo extraordinário e tutela antecipada recursal

Conforme disposto no § 1º do art. 1.026 do CPC, "a eficácia da decisão monocrática ou colegiada poderá ser suspensa pelo respectivo juiz ou relator se demonstrada a probabilidade de provimento do recurso ou, sendo relevante a fundamentação, se houver risco de dano grave ou de difícil reparação" (art. 1.026, § 1º, do CPC).

Registre-se que nas hipóteses em que o recurso ulteriormente cabível contra a decisão embargada for dotado de efeito suspensivo (por exemplo, apelação – art. 1.012, *caput*, do CPC), a contenção da eficácia da decisão já acontece naturalmente, em razão do alongamento da sua recorribilidade por aquele recurso, graças ao amplo efeito interruptivo produzido pelos embargos de declaração (art. 1.026, *caput*, do CPC – *infra*, n. 160). É nas situações em que o futuro recurso não contar ordinariamente com efeito suspensivo que o embargante deve lançar mão do § 1º do art. 1.026 do CPC.

O § 1º do art. 1.026 do CPC traz fundamentos alternativos para a outorga do efeito suspensivo aos embargos, tal qual faz o § 4º do art. 1.012 do CPC para a apelação. O primeiro deles exige apenas a "probabilidade de provimento do recurso". Não se cogita aqui do *periculum in mora*. Basta que sejam grandes as chances de os embargos serem acolhidos para a contenção dos efeitos da decisão embargada.

O outro fundamento para a agregação de efeito suspensivo excepcional aos embargos passa pelo tradicional binômio *fumus boni iuris* e *periculum in mora*, aqui expresso pelas palavras "relevante a fundamentação" e "risco de dano grave ou difícil reparação" (art. 1.026, § 1º, do CPC). Como já dito nos comentários ao § 4º do art. 1.012 do CPC, pensar em *fundamentos relevantes* na seara recursal guarda íntima relação com as chances de o recurso ser provido (*supra*, n. 91). Por isso, como também já dito nos comentários ao § 4º do art. 1.012, para justificar a alternatividade entre os fundamentos estabelecidos pelo legislador, propõe-se a seguinte interpretação para o § 1º do art. 1.026: sendo efetivamente grandes as chances de acolhimento dos embargos, não se perquire quanto ao *periculum in mora* para a contenção dos efeitos da decisão embargada, no que se pode chamar de *tutela da evidência recursal*; sendo boas as chances de provimento do recurso, mas não tão grandes, aí se exige a iminência de um dano qualificado para a sustação da eficácia do julgado.

Por fim, consigne-se que o embargante pode requerer nos seus embargos de declaração não apenas a suspensão da eficácia da decisão embargada, mas também a antecipação de efeitos próprios do acolhimento dos embargos, ou seja, a chamada tutela antecipada recursal (*supra*, n. 13).

160. Efeito interruptivo e seus desdobramentos

De acordo com o *caput* do art. 1.026 do CPC, os embargos de declaração "interrompem o prazo para a interposição de recurso". Trata-se aqui do chamado *efeito interruptivo dos embargos*, que principia com a oposição destes e perdura até a intimação da decisão que os julgar ou até a desistência e sua respectiva comunicação (*supra*, n. 34). Com isso, estabelece o legislador dois momentos para a impugnação de um pronunciamento judicial. Num primeiro momento, programa-se a extirpação de vícios que possam comprometer a inteligibilidade, a inteireza e a correção da decisão. Isso é feito perante o próprio julgador, pessoa mais indicada para corrigir tais vícios. Num segundo momento, com a decisão inteligível, completa e livre de certos erros, abre-se espaço para a interposição do recurso especificamente pensado pelo legislador para o ataque a tal decisão, a ser apreciado por outro órgão julgador.

Nesse contexto, o efeito interruptivo dos embargos de declaração incentiva a interposição ulterior do recurso talhado para a impugnação da decisão, quando já compreendido, completado e em certa medida corrigido o ato decisório. Ainda, possibilita a concentração de todos os ulteriores recursos apresentados pelas partes, para seu processamento e julgamento conjunto perante o órgão competente para tanto.

Por isso, o efeito interruptivo de que se trata aqui ostenta caráter amplo, atingindo a decisão embargada como um todo, inclusive os capítulos decisórios que não hajam sido insertos no objeto dos embargos declaratórios.[232] Isso otimiza o exercício do direito ao recurso, na medida em que preserva a impugnação mais veemente contra a decisão para momento ulterior ao seu aperfeiçoamento, e estimula o agrupamento dessas impugnações.

Consequência desse caráter amplo do efeito interruptivo dos embargos de declaração é o igualmente amplo retardamento da formação da preclusão em torno da decisão embargada. Esse retardamento também se espraia para os capítulos decisórios não alcançados pelos embargos, perfeitamente impugnáveis no recurso ulterior. Assim, prolonga-se a pendência da lide também com igual amplitude.

Outro aspecto da amplitude do efeito interruptivo dos embargos de declaração diz respeito à sua dimensão subjetiva: todos os possíveis recorrentes são alcançados por esse efeito, inclusive o Ministério Público atuante na condição de fiscal da ordem jurídica, o *amicus curiae* e até mesmo o terceiro prejudicado.[233] Tudo isso se afina com a já anunciada diretriz de concentração das impugnações. Nessas condições, afigura-se irrelevante a ausência da expressão "por qualquer das partes" (art. 538, *caput*, do CPC de 1973) no *caput* do art. 1.026 do CPC.

Todavia, a amplitude do efeito interruptivo dos embargos de declaração não abarca os embargos de declaração oponíveis por outros sujeitos contra a decisão embargada. Em outras palavras, a oposição de embargos de declaração não interrompe o prazo para que o embargado ou qualquer outra pessoa oponha embargos de declaração contra a decisão previamente embargada. Como já dito acima, há dois momentos para a impugnação de um pronunciamento judicial e a sanação de obscuridade, contradição, omissão ou erro pelo próprio julgador deve ser buscada por todos no primeiro desses dois momentos. De fato, não faria sentido que o prolator da decisão fosse provocado a eliminar certas imperfeições do julgado, extirpasse as falhas existentes e depois fosse novamente instado a fazê-lo. Assim, malgrado o *caput* do art. 1.026 do CPC

---

232 Cf. Luiz Rodrigues Wambier e Eduardo Talamini, *Curso avançado de processo civil*, v. 2, n. 27.7.2, p. 581.
233 Cf. Humberto Theodoro Júnior, *Curso de direito processual civil*, v. III, n. 809, p. 1.076; Rodrigo Mazzei, Comentários ao art. 1.026. In: *Breves comentários ao Novo Código de Processo Civil*, p. 2.285; Leonardo Greco, *Instituições de processo civil*, v. III, n. 9.4, p. 209; Luiz Rodrigues Wambier e Eduardo Talamini, *Curso avançado de processo civil*, v. 2, n. 27.7.2, p. 581. Na jurisprudência: "a oposição de embargos de declaração por qualquer das partes interrompe o prazo recursal tanto para as partes como para eventuais terceiros" (STJ, 3ª Turma, REsp 712.319, rel. Min. Nancy Andrighi, j. 25/9/2006, DJ 16/10/2006).

não repita a expressão "outros recursos", presente no *caput* do art. 538 do CPC de 1973, tudo o que se disse até aqui impõe que assim seja, isto é, *os embargos de declaração interrompem o prazo para a interposição de outros recursos*.[234]

Mesmo quando os embargos de declaração são inadmissíveis, em regra, eles produzem o efeito interruptivo. Até mesmo em caso de intempestividade é possível a produção do efeito interruptivo, desde que não se extrapole o prazo para a interposição do ulterior recurso, que ordinariamente é de 15 dias. Assim, se os embargos são opostos depois do quinquídio, mas antes do fim do prazo do recurso subsequente, este se interrompe e se reinicia após a intimação do julgamento dos embargos. Quando os embargos são opostos depois do exaurimento do prazo para a interposição do recurso seguinte, não tem mais sentido cogitar de efeito interruptivo; não há mais prazo por interromper.[235]

A única hipótese em que os embargos de declaração não produzem efeito interruptivo é aquela em que são opostos subsequentemente à prévia e dúplice condenação por protelação manifesta. Consoante disposto no art. 1.026, § 4º, do CPC, "não serão admitidos novos embargos de declaração se os 2 (dois) anteriores houverem sido considerados protelatórios". Não basta qualquer protelação para a cassação do efeito interruptivo; é preciso que haja duas condenações imediatamente anteriores por procrastinação flagrante, uma com fundamento no § 2º e outra com apoio no § 3º do art. 1.026 do CPC, para que isso ocorra, dentro de uma escalada de situações (*infra*, n. 162). Se não houve no processo duas punições imediatamente pretéritas ao embargante por manifesta protelação, não há suporte material para a sustação do efeito interruptivo, ainda que se trate de segundos embargos manifestamente protelatórios, cuja pena fica circunscrita ao disposto no § 3º do art. 1.026 do CPC, qual seja, o aumento da multa e a exigência do depósito prévio do seu valor para a admissão do recurso subsequente. Assim, somente dos terceiros embargos em diante é que se poderá cogitar da cassação do efeito interruptivo.[236]

---

234 Cf. Rodrigo Mazzei, Comentários ao art. 1.026. In: *Breves comentários ao Novo Código de Processo Civil*, p. 2.285; Teresa Arruda Alvim Wambier, Comentários ao art. 1.026. In: *Código de Processo Civil anotado*, p. 1.604. Na jurisprudência: "os embargos de declaração não interrompem o prazo para a oposição, por outros interessados, de embargos declaratórios contra a decisão já embargada" (STJ, Corte Especial, ED no REsp 722.524, rel. Min. Teori Zavascki, j. 9/11/2006, DJ 18/12/2006). Em sentido contrário, cf. Araken de Assis, *Manual dos recursos*, n. 67.3.1, p. 661-662.

235 Cf. Eduardo Talamini, "Embargos de declaração: efeitos", p. 662.
Reformula-se aqui, em alguma medida, posição defendida na obra *Embargos de declaração*, n. 33, p. 172 e segs. Nessa obra, defendia-se que em qualquer caso de intempestividade dos embargos de declaração não se operaria o efeito interruptivo.

236 Nesse sentido é o art. 265 do RISTJ: "os embargos de declaração interrompem o prazo para a interposição de recursos por qualquer das partes, salvo quando manifestamente protelatórios, na forma do § 4º do art. 1.026 do Código de Processo Civil".

Não existe na lei nenhuma vedação para que a parte concomitantemente oponha embargos de declaração e interponha outro recurso contra a decisão embargada,[237] independentemente da ordem em que os recursos são apresentados. Todavia, é recomendável que a parte que identificou no pronunciamento judicial um vício embargável e lançou mão dos embargos de declaração aguarde o julgamento destes para depois fazer livre uso de outro meio de impugnação. A parte que a um só tempo embarga e interpõe outro recurso contra uma decisão pode ulteriormente aditar este apenas se os embargos forem acolhidos com efeitos modificativos e "nos exatos limites da modificação" (art. 1.024, § 4º, do CPC). Se os embargos do recorrente precoce não são acolhidos, ele não tem direito de aditar o recurso prévio (*supra*, n. 154).

O recurso eventualmente interposto contra a decisão embargada dentro do período compreendido pelo efeito interruptivo somente terá andamento após o julgamento dos embargos de declaração. Até o exaurimento do momento programado para a extirpação de vícios do pronunciamento judicial pelo seu próprio prolator, tal recurso fica dormente nos autos do processo, ressalvada a possibilidade de deliberação sobre efeito suspensivo ou tutela antecipada recursal (argumento do art. 314 do CPC).[238] Assim, é incogitável a apreciação desse recurso antes do julgamento dos embargos de declaração.[239]

Por fim, consigne-se que o efeito interruptivo dos embargos de declaração não pode ser confundido com o efeito suspensivo,[240] ainda que os embargos possam indiretamente contribuir para este, alongando o período pelo qual a decisão fica sujeita a um recurso dotado de tal efeito, graças justamente à interrupção do prazo recursal. Frise-se, ainda, que apenas prazo recursal é alcançado por tal interrupção, que não abarca, por exemplo, o prazo para contestar.[241]

161. Novos embargos de declaração

A decisão que julga os embargos de declaração, como todo e qualquer pronunciamento judicial, pode estar eivada por omissões, contradições, obs-

---

237 Cf. Leonardo Greco, *Instituições de processo civil*, v. III, n. 9.4, p. 210.
238 Cf. Leonardo Greco, *Instituições de processo civil*, v. III, n. 9.4, p. 210.
239 Cf. Humberto Theodoro Júnior, *Curso de direito processual civil*, v. III, n. 811, p. 1.078.
240 Cf. STJ, 4ª Turma, AI 1.161.856-AgRg, rel. Min. Aldir Passarinho Junior, j. 7/12/2010, DJ 16/12/2010.
241 "Os embargos de declaração interrompem o prazo para a interposição de outros recursos, por qualquer das partes, nos termos do art. 538 do CPC/73. Tendo em vista a natureza jurídica diversa da contestação e do recurso, não se aplica a interrupção do prazo para oferecimento da contestação, estando configurada a revelia" (STJ, 3ª Turma, REsp 1.542.510, rel. Min. Nancy Andrighi, j. 27/9/2016, DJ 7/10/2016).

curidades e erros. Por exemplo, se o julgador rejeita os embargos limitando-se a reputar inexistentes as lacunas apontadas pelo embargante, mas não aponta os trechos do ato embargado que analisaram a matéria alegadamente silente, está-se diante de nova omissão. Por isso, nada impede que após o julgamento dos embargos de declaração venham a ser apresentados, por qualquer das partes, novos embargos. Todavia, nesses novos embargos, não se permite a simples repetição das razões aduzidas nos primeiros embargos nem a invocação de vícios que podiam ter sido alegados já nos anteriores embargos (preclusão). Assim, os subsequentes embargos de declaração estarão invariavelmente ligados a questões surgidas com o próprio julgamento dos anteriores embargos, tendo por objeto a decisão declarativa, e não a declarada.[242]

162. Sanções para os embargos manifestamente protelatórios

Consoante o § 2º do art. 1.026 do CPC, "quando manifestamente protelatórios os embargos de declaração, o juiz ou o tribunal, em decisão fundamentada, condenará o embargante a pagar ao embargado multa não excedente a dois por cento sobre o valor atualizado da causa".

Embargos manifestamente protelatórios são aqueles opostos com o único e deliberado propósito de alongar indevidamente o curso do processo. A aferição desse propósito passa pela inequívoca caracterização do dolo do embargante, que não pode ser presumido e requer cuidado. Os embargos são um instrumento importante para o aperfeiçoamento da atividade jurisdicional e não se pode punir o embargante que licitamente busca isso. Daí a importância do advérbio "manifestamente" no texto do § 2º: apenas embargos evidentemente opostos com o intuito de retardar o andamento do processo é que comportam punição. Devem existir elementos objetivos e seguros a revelar uma protelação flagrante, indiscutível e consciente para a aplicação da sanção contra o embargante. Por exemplo, a constatação de que o embargante sequer invocou um vício embargável na peça dos embargos e a apresentação de segundos embargos repetindo a matéria dos primeiros, já respondida de forma adequada pelo julgador, tendem a conduzir à punição. Já a má redação da peça dos embargos, a mera inexistência do vício embargável invocado e até a inadvertida oposição dos embargos fora do prazo, sem a percepção da sua intempestividade, não revelam, por si, elementos suficientes para a incidência da sanção.

No âmbito dos tribunais, o cuidado no exame da manifesta protelação deve ser redobrado quando cabível ulterior recurso especial ou extraordinário.

---

[242] Cf. BARBOSA MOREIRA, *Comentários ao Código de Processo Civil*, v. V, n. 305, p. 560-562; ARAKEN DE ASSIS, *Manual dos recursos*, n. 70.3.1, p. 683.

Em razão do requisito do prequestionamento para a viabilidade desses recursos, cabe ao futuro recorrente promover e esgotar previamente os debates perante o tribunal *a quo* a respeito da matéria que se quer ver julgada pelos Tribunais de Superposição. E os embargos de declaração tem um papel fundamental nesse contexto. Como já dito, o art. 1.025 do CPC intensificou ainda mais esse papel, pois, mesmo que o tribunal local se recuse a debater uma questão federal ou constitucional, a apresentação dos embargos basta para a caracterização do prequestionamento (*supra*, n. 157). Ademais, os embargos são essenciais para a veiculação de matéria cognoscível de ofício até então não apreciada e para o aprofundamento das discussões em torno de temas surgidos no próprio julgamento pelo tribunal *a quo*. Daí a razão pela qual o Superior Tribunal de Justiça editou a Súmula n. 98: "embargos de declaração manifestados com notório propósito de prequestionamento não têm caráter protelatório". Nada mais natural. Nessas circunstâncias, os embargos denotam, acima de tudo, comportamento diligente do embargante, que, atento ao rigorismo com que são tratados os requisitos de admissibilidade dos recursos especial e extraordinário, busca apenas viabilizar o acesso a instância superior, sem qualquer intenção protelatória.

Ainda no âmbito dos tribunais, não se exige para a punição do embargante protelador a existência de unanimidade entre os julgadores. Exigência legal de unanimidade para a aplicação de sanção similar existe apenas em matéria de agravo interno (art. 1.021, § 4º, do CPC). Todavia, a existência de uma voz dissonante no órgão colegiado, quer no tocante ao acolhimento dos embargos, quer no tocante à mera punição do embargante, enfraquece a caracterização da manifesta protelação. Afinal, se, aos olhos de um dos julgadores, não existe intenção protelatória, a vontade de retardar o curso do processo tende a não se revelar com a intensidade necessária, acima de qualquer suspeita, para a punição do embargante. Logo, a declaração da manifesta protelação no contexto de julgamento não unânime requer cuidado mais do que redobrado.

Com a caracterização da *fattispecie* descrita no § 2º do art. 1.026 do CPC, a sanção pecuniária ali prevista deve ser aplicada de ofício no próprio julgamento dos embargos de declaração, de maneira fundamentada.[243] A exigência de fundamentação abrange tanto a perfeita identificação dos elementos que motivam a punição do embargante quanto a dosimetria da sanção, que vai até dois por cento do valor atualizado da causa, conforme as dimensões e a intensidade da manifesta protelação. Não há piso para o valor da sanção, que pode

---

243 Cf. HUMBERTO THEODORO JÚNIOR, *Curso de direito processual civil*, v. III, n. 813, p. 1.081-1.082; RODRIGO MAZZEI, Comentários ao art. 1.026. In: *Breves comentários ao Novo Código de Processo Civil*, p. 2.287.

assim ser até inferior a um por cento do valor da causa, quando necessário para manter relação de proporcionalidade entre a multa e a conduta do embargante. No tocante ao teto da sanção, comparação com o parágrafo único do art. 538 do CPC de 1973 ["multa não excedente de 1% (um por cento) sobre o valor da causa"] revela a dobra do seu valor pelo legislador.

Havendo mais de um embargante protelador, eles devem custear a sanção em partes iguais. O produto da imposição da multa deve permanecer depositado em juízo até que se forme preclusão em torno da sua incidência e do seu valor. Uma vez indiscutível a sanção por todos os seus ângulos, o dinheiro deve ser entregue ao embargado. Se houver mais de um embargado, o valor da multa deve ser rateado igualmente entre eles. Entretanto, uma vez cassada a sanção imposta ao embargante, o numerário correspondente lhe é restituído.

A oposição de embargos de declaração manifestamente protelatórios configura também ato de litigância de má-fé, nos termos do art. 80, VII, do CPC ("recurso com intuito manifestamente protelatório"). O *caput* do subsequente art. 81 do CPC determina que o *improbus litigator* seja condenado "a pagar multa, que deverá ser superior a um por cento e inferior a dez por cento do valor corrigido da causa, a indenizar a parte contrária pelos prejuízos que esta sofreu e a arcar com os honorários advocatícios e com todas as despesas que efetuou". No caso do embargante protelador, já existe previsão de multa específica no § 2º do art. 1.026 do CPC, "não excedente a dois por cento sobre o valor atualizado da causa", que não pode ser cumulada com a igualmente punitiva multa do art. 81, variável entre 1 e 10% do valor corrigido da causa.[244] Naturalmente, prevalece aqui a primeira multa em detrimento da segunda (*lex specialis derogat lege generali*). Todavia, as demais sanções previstas no *caput* do art. 81, quais sejam, a indenização e o pagamento de honorários advocatícios e de despesas, são cumuláveis com a multa do § 2º do art. 1.026, em razão da sua distinta natureza reparatória.[245]

---

244 Cf. BARBOSA MOREIRA, *Comentários ao Código de Processo Civil*, v. V, n. 307, p. 568; ARAKEN DE ASSIS, *Manual dos recursos*, n. 70.3.2.5, p. 686. Na jurisprudência: "não deve prevalecer a imposição cumulativa das multas do art. 18 e do art. 538 do CPC em razão do mesmo fato (oposição de embargos declaratórios com efeito procrastinatório), devendo subsistir, na hipótese, esta última" (STJ, Corte Especial, ED no REsp 511.378, rel. Min. JOSÉ ARNALDO, j. 17/11/2004, DJ 21/2/2005).

245 "A multa prevista no artigo 538, parágrafo único, do Código de Processo Civil tem caráter eminentemente administrativo – punindo conduta que ofende a dignidade do tribunal e a função pública do processo –, sendo possível sua cumulação com a sanção prevista nos artigos 17, VII e 18, § 2º, do Código de Processo Civil, de natureza reparatória" (STJ, Corte Especial, REsp 1.250.739, rel. Min. LUIS FELIPE, j. 4/12/2013, DJ 17/3/2014).

Os §§ 3º e 4º do art. 1.026 do CPC permitem ver uma escalada de situações em matéria de embargos de declaração e protelação, na qual não se podem queimar etapas. Conforme o § 3º, "na reiteração de embargos de declaração manifestamente protelatórios, a multa será elevada a até dez por cento sobre o valor atualizado da causa, e a interposição de qualquer recurso ficará condicionada ao depósito prévio do valor da multa, à exceção da Fazenda Pública e do beneficiário de gratuidade da justiça, que a recolherão ao final".

A reiteração de embargos de declaração manifestamente protelatórios se caracteriza quando, imediatamente após o julgamento de embargos considerados de má-fé, o embargante apresenta novos embargos, com o mesmo propósito de alongamento indevido do processo. Em outras palavras, para a caracterização da reiteração, é preciso que os novos embargos sejam opostos diante da decisão que julga os anteriores embargos, na imediata sequência destes. Se essa relação sequencial não se fizer presente (por exemplo, um dos embargos protelatórios foi apresentado contra a sentença e o outro contra o acórdão da apelação), a reiteração não se caracteriza; tudo o que se pode fazer com o embargante que reincide na protelação, mas num outro contexto decisório, é a imposição de nova "multa não excedente a dois por cento sobre o valor atualizado da causa" (art. 1.026, § 2º, do CPC). Naturalmente, a prévia protelação deve ser considerada na dosimetria da sanção. Por fim, observe-se que a caracterização da reiteração para a incidência do § 3º do art. 1.026 do CPC não depende de os novos embargos de declaração serem uma fiel repetição dos primeiros; basta a comum intenção protelatória.

A reiteração dos embargos de declaração manifestamente protelatórios faz com que a multa anteriormente imposta ao embargante seja elevada a até 10% do valor atualizado da causa. Note-se que não existe uma nova multa, mas sim a majoração da sanção anterior. Mais uma vez, não é estipulado um valor fixo para a multa e sim um teto máximo, o que torna pertinente realçar o dever de motivação na dosimetria da sanção, cabendo ao julgador, pois, demonstrar que a exacerbação da pena é proporcional às dimensões e à intensidade do conjunto de atos protelatórios.

A anunciada escalada de situações em matéria de embargos de declaração e protelação não se limita à majoração da multa no caso de reiteração. O prévio depósito do valor dessa multa majorada passa a ser um requisito para a admissão do futuro recurso; sem o comprovante do seu pagamento por ocasião da interposição do recurso ulterior, não se conhece deste. Registre-se que essa sanção é incogitável para os primeiros embargos manifestamente protelatórios; o prévio depósito do valor da "multa não excedente a dois por cento sobre o valor atualizado da causa" (art. 1.026, § 2º, do CPC) é irrelevante para a sorte do futuro recurso. Assim, é somente quando se aplica a sanção do § 3º do art. 1.026 do CPC que o recolhimento prévio do valor da multa passa a ser um requisito de admissibilidade do recurso ulterior. Consigne-se que apenas recurso imediatamente subsequente, isto é, da mesma cadeia recursal, tem seu conhecimento condicionado ao depósito prévio do valor da multa.[246]

A exemplo do que foi dito anteriormente nos comentários ao art. 1.021 do CPC (*supra*, n. 133), a falta do depósito prévio do valor da multa, sua insuficiência ou a ausência de comprovante a seu respeito são vícios sanáveis, nos termos do parágrafo único do art. 932 do CPC. Assim, diagnosticado o problema, intima-se o recorrente para fazer o depósito, completar seu valor ou apenas comprová-lo, em cinco dias. Como também dito nos comentários ao art. 1.021 (*supra*, n. 133), não se cogita da dobra do valor a ser depositado a título de multa na hipótese de inexistência de qualquer depósito prévio, isto é, não incide aqui o § 4º do art. 1.007 do CPC, circunscrito às verbas devidas ao Estado para o processamento do recurso.

A exigência do depósito prévio do valor da multa deve ser flexibilizada quando o futuro recurso tiver como fundamento único e exclusivo a impugnação da multa, em nome do próprio direito ao recurso (arts. 92 e segs. da CF e 994 e segs. do CPC). Porém, se qualquer outro tema for veiculado no recurso ulterior juntamente com a multa, é de rigor o pagamento desta por ocasião da interposição daquele.

Observe-se que estão expressamente liberados da exigência do depósito prévio do valor da multa a "Fazenda Pública" e o "beneficiário de gratuidade da justiça, que a recolherão ao final" (art. 1.026, § 3º, do CPC). É absolutamente criticável essa liberação de determinadas pessoas do depósito prévio, sobretudo, no que diz respeito à Fazenda Pública, dotada de capacidade econômico-financeira para desembolsar desde logo o valor da multa.

O último passo da mencionada escalada de situações é dado pelo § 4º do art. 1.026 do CPC: "não serão admitidos novos embargos de declaração se os 2 (dois) anteriores houverem sido considerados protelatórios". A inadmissão de embargos manifestamente protelatórios, acompanhada até de atestado do

---

246 Cf. ARAKEN DE ASSIS, *Manual dos recursos*, n. 70.3.2.4, p. 686. Na jurisprudência: "a parte final do parágrafo único do art. 538 do CPC, que condiciona ao prévio depósito da multa 'a interposição de qualquer outro recurso', deve ser interpretado restritivamente, alcançando apenas 'qualquer outro recurso' da mesma cadeia recursal. É que a sanção prevista pela norma tem a evidente finalidade de inibir a reiteração de recursos sucessivos sobre a questão já decidida no processo. Não é legítima, portanto, a sua aplicação à base de interpretação ampliativa, para inibir também a interposição de recursos contra novas decisões que venham a ser proferidas no processo. No caso, a falta de depósito da multa imposta em face de reiteração de embargos declaratórios de acórdão que julgou decisão interlocutória não inibe a interposição de apelação contra a superveniente sentença que julgou a causa" (STJ, 1ª Turma, REsp 1.129.590, rel. Min. TEORI ZAVASCKI, j. 20/10/2011, DJ 25/10/2011).

trânsito em julgado e de ordem para a devolução dos autos a instância inferior, fazia-se presente na jurisprudência quando ainda em vigor o Código de Processo Civil de 1973, nas situações de múltiplos embargos de declaração manifestamente protelatórios, em que a multa não era suficiente para desestimular o *improbus litigator*.[247] O Código de Processo Civil traz agora para o texto da lei essa sanção mais drástica, que não pode ser aplicada de plano nem em sede de segundos embargos manifestamente protelatórios: é preciso que haja duas prévias e imediatamente subsequentes protelações manifestas para que tenha lugar a inadmissão dos embargos, inclusive com a cassação do seu efeito interruptivo e até com o atestado do trânsito em julgado (*supra*, n. 160).[248]

CAPÍTULO VI
DOS RECURSOS PARA O SUPREMO TRIBUNAL FEDERAL E PARA O SUPERIOR TRIBUNAL DE JUSTIÇA

Seção I
Do Recurso Ordinário

Art. 1.027. Serão julgados em recurso ordinário:

I – pelo Supremo Tribunal Federal, os mandados de segurança, os *habeas data* e os mandados de injunção decididos em única instância pelos tribunais superiores, quando denegatória a decisão;

II – pelo Superior Tribunal de Justiça:

a) os mandados de segurança decididos em única instância pelos tribunais regionais federais ou pelos tribunais de justiça dos Estados e do Distrito Federal e Territórios, quando denegatória a decisão;

b) os processos em que forem partes, de um lado, Estado estrangeiro ou organismo internacional e, de outro, Município ou pessoa residente ou domiciliada no País.

§ 1º Nos processos referidos no inciso II, alínea "b", contra as decisões interlocutórias caberá agravo de instrumento dirigido ao Superior Tribunal de Justiça, nas hipóteses do art. 1.015.

---

247 Cf. Theotonio Negrão, José Roberto F. Gouvêa, Luis Guilherme A. Bondioli e João Francisco N. da Fonseca, *Código de Processo Civil e legislação processual em vigor*, 46ª ed., nota 1a ao art. 535, p. 724, com destaque para os seguintes julgados: STF, Plenário, RE 179.502-6-EDcl-EDcl-EDcl, rel. Min. Moreira Alves, j. 7/12/1995, DJ 8/9/2000; STJ, Corte Especial, ED no REsp 1.100.732-AgRg-EDcl-EDcl-EDcl, rel. Min. Castro Meira, j. 29/8/2012, DJ 16/11/2012.

248 Sobre a cassação do efeito interruptivo e o trânsito em julgado nessas circunstâncias, cf. Humberto Theodoro Júnior, *Curso de direito processual civil*, v. III, n. 811.1 e 813, p. 1.079 e 1.082.

> **§ 2º** Aplica-se ao recurso ordinário o disposto nos arts. 1.013, § 3º, e 1.029, § 5º.

CPC de 1973 – art. 539

163. Linhas gerais sobre o recurso ordinário e seu cabimento

O recurso ordinário é o meio de impugnação predisposto pelo legislador para o amplo reexame pelo Supremo Tribunal Federal ou pelo Superior Tribunal de Justiça de certas decisões expressamente previstas na Constituição Federal.

No caso do Supremo Tribunal Federal, dispõe o inciso II do art. 102 da CF que lhe compete reexaminar, em recurso ordinário, "o *habeas corpus*, o mandado de segurança, o *habeas data* e o mandado de injunção decididos em única instância pelos Tribunais Superiores, se denegatória a decisão" (alínea *a*) e "o crime político" (alínea *b*). O inciso I do art. 1.027 do CPC repete em boa medida o texto constitucional; apenas omite o *habeas corpus* e o *crime político*, que não dizem respeito ao processo civil.

Nesse contexto, para o cabimento do recurso ordinário endereçado ao Supremo Tribunal Federal no âmbito do processo civil, é preciso que se esteja diante de decisão proferida por um tribunal qualificado como superior, denegando pedido formulado em mandado de segurança, *habeas data* ou mandado de injunção de sua competência originária.

Os Tribunais Superiores estão listados na Constituição Federal. Todos têm sede na Capital Federal e jurisdição nacional (art. 92, §§ 1º e 2º, da CF). Eis seu rol: Superior Tribunal de Justiça (arts. 92, II, 104 e 105 da CF), Tribunal Superior do Trabalho (arts. 111, I, e 111-A da CF), Tribunal Superior Eleitoral (arts. 118, I, e 119 da CF) e Superior Tribunal Militar (arts. 122, I, e 123 da CF). Não se cogita de recurso ordinário para o Supremo Tribunal Federal se a decisão não foi proferida por um desses tribunais.

Apenas quando um dos Tribunais Superiores denega o pleito originariamente formulado pelo impetrante é que cabe o recurso ordinário. Esse recurso não é cabível contra a decisão que acolhe o pedido originário do impetrante, impugnável apenas por recurso extraordinário, nos termos dos arts. 102, III, da CF e 1.029 e segs. do CPC. Se a decisão é de parcial acolhimento, o impetrante pode lançar mão do recurso ordinário para a impugnação dos capítulos decisórios denegatórios e o impetrado pode interpor recurso extraordinário para o ataque dos capítulos decisórios concessivos.[249]

---

[249] "Não se admite como recurso ordinário recurso extraordinário de decisão denegatória de mandado de segurança" (Súmula n. 272 do STF).

O significado da expressão "quando denegatória a decisão" é amplo. Nele se enquadra toda decisão ou capítulo decisório que não tenha concedido o que foi pedido pelo impetrante, quer por se considerar improcedente o pleito (julgamento *de meritis*), quer por se entender ausente requisito de admissibilidade para o julgamento do *meritum causae* (decisão terminativa).[250] Isso se confirma pelo comando do § 2º do art. 1.027 do CPC, que manda aplicar ao recurso ordinário o disposto no § 3º do art. 1.013 do CPC, isto é, que autoriza o tribunal *ad quem* a julgar diretamente o mérito e questões de mérito no julgamento do recurso, mesmo quando há na origem decisão "fundada no art. 485" (art. 1.013, § 3º, I). Logo, não há dúvida de que cabe recurso ordinário contra decisão terminativa.

Exige-se para o cabimento do recurso ordinário que se esteja diante de um pronunciamento colegiado do tribunal *a quo*. Se a decisão denegatória do mandado de segurança, do *habeas data* ou do mandado de injunção é da lavra exclusiva do relator, deve-se antes interpor o agravo interno (art. 1.021 do CPC), também rotulado simplesmente como "agravo" (arts. 10, § 1º, da Lei n. 12.016/2009 e 6º, parágrafo único, da Lei n. 13.300/2016), para depois, uma vez mantida a denegação, apresentar-se o recurso ordinário.[251]

Todavia, não se comporta no rol de decisões impugnáveis por recurso ordinário para o Supremo Tribunal Federal pronunciamento de tribunal superior emitido no âmbito estritamente recursal, ainda que na sua origem exista um processo de mandado de segurança, *habeas data* ou mandado de injunção. Por exemplo, se o Superior Tribunal de Justiça, no julgamento de recurso especial, profere decisão que, em última análise, implica denegação de pleito formulado em mandado de segurança, não cabe recurso ordinário, mas sim recurso extraordinário, nos termos dos arts. 102, III, da CF e 1.029 e segs. do CPC.[252]

---

250 Cf. ARAKEN DE ASSIS, *Manual dos recursos*, n. 76.1.1, p. 698-699; HUMBERTO THEODORO JÚNIOR, *Curso de direito processual civil*, v. III, n. 815, p. 1.087; CASSIO SCARPINELLA BUENO, *Manual de direito processual civil*, p. 637; JOÃO FRANCISCO NAVES DA FONSECA, Comentários ao art. 1.027. In: *Breves comentários ao Novo Código de Processo Civil*, p. 2.290; LUIZ RODRIGUES WAMBIER e EDUARDO TALAMINI, *Curso avançado de processo civil*, v. 2, n. 28.2, p. 593; THEOTONIO NEGRÃO, JOSÉ ROBERTO F. GOUVÊA, LUIS GUILHERME A. BONDIOLI e JOÃO FRANCISCO N. DA FONSECA, *Código de Processo Civil e legislação processual em vigor*, 47ª ed., nota 5 ao art. 1.027, p. 962.

251 Cf. ARAKEN DE ASSIS, *Manual dos recursos*, n. 76.1.2, p. 700; HUMBERTO THEODORO JÚNIOR, *Curso de direito processual civil*, v. III, n. 815, p. 1.086; JOÃO FRANCISCO NAVES DA FONSECA, Comentários ao art. 1.027. In: *Breves comentários ao Novo Código de Processo Civil*, p. 2.290; LUIZ RODRIGUES WAMBIER e EDUARDO TALAMINI, *Curso avançado de processo civil*, v. 2, n. 28.2, p. 592-593.

252 Cf. BARBOSA MOREIRA, *Comentários ao Código de Processo Civil*, v. V, n. 311, p. 573; ARAKEN DE ASSIS, *Manual dos recursos*, n. 76.1.3, p. 703.

No tocante ao Superior Tribunal de Justiça, estabelece o inciso II do art. 105 da CF que lhe cabe reapreciar em recurso ordinário "os *habeas corpus* decididos em única ou última instância pelos Tribunais Regionais Federais ou pelos tribunais dos Estados, do Distrito Federal e Territórios, quando a decisão for denegatória" (alínea *a*), "os mandados de segurança decididos em única instância pelos Tribunais Regionais Federais ou pelos tribunais dos Estados, do Distrito Federal e Territórios, quando denegatória a decisão" (alínea *b*), e "as causas em que forem partes Estado estrangeiro ou organismo internacional, de um lado, e, do outro, Município ou pessoa residente ou domiciliada no País" (alínea *c*). Mais uma vez, o legislador traz para o Código de Processo Civil, agora para o inciso II do art. 1.027, o texto da Constituição Federal, com o cuidado de silenciar sobre assuntos penais.

Conforme os termos dos arts. 105, II, alínea *b*, da CF e 1.027, II, alínea *a*, do CPC, somente quando um tribunal regional federal ou um tribunal de justiça denega o pleito originariamente formulado num mandado de segurança é que cabe recurso ordinário para o Superior Tribunal de Justiça. Não se admite recurso ordinário para o Superior Tribunal de Justiça se a decisão não foi proferida por um desses tribunais. Ainda, é preciso que se esteja diante de decisão denegatória de mandado de segurança de competência originária de um dos referidos tribunais. Não existe previsão na Constituição Federal ou no Código de Processo Civil de recurso ordinário para o Superior Tribunal de Justiça contra decisão que julga mandado de injunção ou *habeas data* de competência originária dos tribunais regionais federais ou dos tribunais de justiça. Assim, para a impugnação desse julgamento, cabem os recursos extraordinário e especial.[253]

---

[253] Na alínea *b* do inciso II do art. 20 da Lei n. 9.507/1997, prevê-se o julgamento do *habeas data* em grau recursal pelo "Superior Tribunal de Justiça, quando a decisão for proferida em única instância pelos Tribunais Regionais Federais". Não existe amparo constitucional para se enxergar aqui um recurso ordinário para amplo reexame no Superior Tribunal de Justiça do julgamento do *habeas data* impetrado nos tribunais regionais federais. Assim, em interpretação conforme a Constituição Federal da referida alínea *b* do inciso II do art. 20, conclui-se que esse dispositivo presta-se apenas a ociosa lembrança da competência do Superior Tribunal de Justiça para o julgamento do recurso especial interposto contra o julgamento do *habeas data* pelos tribunais regionais federais. O caráter ocioso da lembrança, aliás, incentiva o puro e simples reconhecimento da inconstitucionalidade dessa alínea *b* do inciso II do art. 20 da Lei n. 9.507/1997: "forçoso concluir, portanto, que o art. 20, II, *b*, da Lei 9.507/1997 é flagrantemente inconstitucional. Do julgamento originário de *habeas data*, nos tribunais locais e nos tribunais regionais, só cabe recurso especial ou recurso extraordinário, preenchidas as respectivas condições" (ARAKEN DE ASSIS, *Manual dos recursos*, n. 76.1.4, p. 706-707). Nesse sentido, cf. ainda CASSIO SCARPINELLA BUENO, *Curso sistematizado de direito processual civil*, v. 5, p. 228; FREDIE

Valem aqui ponderações feitas mais acima quando se tratou do recurso ordinário dirigido ao Supremo Tribunal Federal. Assim, se a decisão de tribunal regional federal ou tribunal de justiça for concessiva do mandado de segurança originário, não cabe recurso ordinário para o Superior Tribunal de Justiça, mas sim recurso extraordinário ou especial. Se a decisão for de parcial acolhimento do pleito, os capítulos decisórios denegatórios expõem-se a recurso ordinário e os concessivos a recurso extraordinário ou especial. A amplitude da expressão "quando denegatória a decisão" é a mesma retratada anteriormente, alcançando tanto decisões *de meritis* quanto terminativas. Ademais, é preciso que se esteja diante de um pronunciamento colegiado de tribunal regional federal ou tribunal de justiça para o cabimento do recurso ordinário; decisões monocráticas do relator de cunho denegatório devem ser previamente impugnadas por agravo interno. E pronunciamentos emitidos por tribunal regional federal ou tribunal de justiça em sede estritamente recursal não se expõem a recurso ordinário para o Superior Tribunal de Justiça. Por isso, não cabe recurso ordinário contra decisão de apelação interposta em processo de mandado de segurança impetrado em primeira instância.

Além da decisão denegatória de mandado de segurança de competência originária dos tribunais regionais federais ou dos tribunais de justiça, também se expõe a recurso ordinário para o Superior Tribunal de Justiça a sentença proferida pelo juiz federal (art. 109, II, da CF) nas "causas em que forem partes Estado estrangeiro ou organismo internacional, de um lado, e, do outro, Município ou pessoa residente ou domiciliada no País" (art. 105, II, alínea *c*, da CF). Esse texto é praticamente repetido na alínea *b* do inciso II do art. 1.027 do CPC. Não interessa para o cabimento do recurso ordinário qual dessas pessoas figura como autor e qual dessas pessoas figura como réu no processo.[254] Uma vez proferida sentença no processo em que elas litigam, é por meio do recurso ordinário para o Superior Tribunal de Justiça que ela deve ser impugnada.

Apenas a sentença é recorrível por recurso ordinário nos processos descritos na alínea *b* do inciso II do art. 1.027 do CPC; para a impugnação das decisões interlocutórias deve a parte lançar mão do "agravo de instrumento dirigido ao Superior Tribunal de Justiça" (art. 1.027, § 1º, do CPC). Não interessa para o cabimento do recurso ordinário se a sentença é favorável ou desfavorável à pessoa jurídica de direito internacional nem se apreciou ou não o *meritum causae*.

DIDIER JÚNIOR e LEONARDO CARNEIRO DA CUNHA, *Curso de direito processual civil*, v. 3, p. 347-348.

254 Cf. BARBOSA MOREIRA, *Comentários ao Código de Processo Civil*, v. V, n. 312, p. 574; ARAKEN DE ASSIS, *Manual dos recursos*, n. 76.2, p. 711.

Por fim, em razão do caráter ordinário do recurso de que aqui se trata e da correlata amplitude de reexame decisório que ele proporciona, não se encontram no seu caminho obstáculos típicos de um recurso extraordinário ou especial. Assim, em qualquer recurso ordinário, é possível postular o amplo reexame de fatos e de cláusulas contratuais, bem como veicular temas sem prequestionamento.

164. Agravo de instrumento para o Superior Tribunal de Justiça

Na medida em que a alínea *b* do inciso II do art. 1.027 do CPC delega o reexame da sentença proferida nos processos ali mencionados para o Superior Tribunal de Justiça, por meio do recurso ordinário, nada mais natural que o mesmo tribunal fique encarregado da reapreciação das decisões interlocutórias proferidas nesses processos. Não se cria figura recursal nova para essa reapreciação das decisões interlocutórias, que se dá por meio de "agravo de instrumento dirigido ao Superior Tribunal de Justiça, nas hipóteses do art. 1.015" (art. 1.027, § 1º, do CPC).

O agravo de instrumento nos processos envolvendo pessoas jurídicas de direito internacional e Município ou pessoa residente ou domiciliada no Brasil é o mesmíssimo agravo de instrumento regulado nos arts. 1.015 e segs. do CPC. Sua única particularidade diz respeito ao órgão competente para o seu julgamento (Superior Tribunal de Justiça). Assim, esse agravo somente pode ser interposto se presente decisão interlocutória enquadrada num inciso do art. 1.015 do CPC. Se a decisão interlocutória não se enquadra em qualquer inciso do art. 1.015, sua impugnação fica postergada para o futuro recurso ordinário ou correspondentes contrarrazões, nos moldes do § 1º do art. 1.009 do CPC.

Por fim, registre-se que a decisão interlocutória que verse sobre o mérito do processo envolvendo pessoas jurídicas de direito internacional e Município ou pessoa residente ou domiciliada no Brasil é impugnável por agravo de instrumento, nos exatos termos dos arts. 356, § 5º, 1.015, II, e 1.027, § 1º, do CPC, e não por recurso ordinário, cabível apenas contra a sentença.

165. Amplo efeito devolutivo e julgamento direto do *meritum causae* na instância recursal

Como já anunciado, o recurso ordinário é concebido para um amplo reexame da causa (*supra*, n. 163), tal qual a apelação, que é o recurso por excelência (*supra*, n. 77).[255] Assim, pode-se invocar nas suas razões qualquer tipo

---

255 Cf. BARBOSA MOREIRA, *Comentários ao Código de Processo Civil*, v. V, n. 314, p. 575-576; HUMBERTO THEODORO JÚNIOR, *Curso de direito processual civil*, v. III, n. 814, p.

de erro para a cassação ou a reforma da decisão recorrida, com a devolução de todos os temas relacionados com o capítulo decisório impugnado.[256] Ademais, no seu contexto, pode haver larga investigação dos requisitos de admissibilidade do julgamento do mérito, inclusive de ofício, respeitados os lindes do efeito devolutivo do apelo.[257]

Confirma a amplitude do efeito devolutivo do recurso ordinário o § 2º do art. 1.027 do CPC, ao mandar aplicar aqui o § 3º do art. 1.013 do CPC. Isso autoriza o tribunal *ad quem* a apreciar direta e ineditamente o *meritum causae* ou questões de mérito no próprio julgamento do recurso ordinário e coloca em relevo as amplas dimensões da devolução no caso. Com isso, supera-se intensa controvérsia jurisprudencial existente na vigência do Código de Processo Civil de 1973, a respeito da possibilidade de julgamento *de meritis* direto e inédito por ocasião da apreciação do recurso ordinário.[258]

166. Requerimento de efeito suspensivo ou tutela antecipada recursal

Inexistindo no ordenamento jurídico nacional dispositivo legal que atribua efeito suspensivo ao recurso ordinário, ele não tem aptidão para automática sustação da eficácia da decisão recorrida (art. 995, *caput*, do CPC).[259] O

1.086; João Francisco Naves da Fonseca, Comentários ao art. 1.027. In: *Breves comentários ao Novo Código de Processo Civil*, p. 2.290.

256 Cf. Araken de Assis, *Manual dos recursos*, n. 78.1, p. 716-717.

257 Defendendo o efeito translativo no recurso ordinário: Nelson Nery Junior, *Teoria geral dos recursos*, n. 3.5.4, p. 487. Cf. ainda Luis Guilherme Aidar Bondioli, "Requisitos de admissibilidade do julgamento do *meritum causae* e seu controle na apreciação dos recursos", p. 86.

258 Para um panorama dessa controvérsia jurisprudencial, cf. Theotonio Negrão, José Roberto F. Gouvêa, Luis Guilherme A. Bondioli e João Francisco N. da Fonseca, *Código de Processo Civil e legislação processual em vigor*, 46ª ed., nota 12 ao art. 515, p. 687.

259 Cf. Humberto Theodoro Júnior, *Curso de direito processual civil*, v. III, n. 815 e 816, p. 1.087 e 1.090; João Francisco Naves da Fonseca, Comentários ao art. 1.027. In: *Breves comentários ao Novo Código de Processo Civil*, p. 2.291; Fredie Didier Júnior e Leonardo Carneiro da Cunha, *Curso de direito processual civil*, v. 3, p. 342. Todavia, para Cassio Scarpinella Bueno, "no caso de o recurso ordinário ser interposto nas causas em que contendem, de um lado, Estado estrangeiro ou organismo internacional, e, do outro, Município ou pessoa residente ou domiciliada no País, o recurso ordinário tem, em qualquer hipótese, efeito suspensivo" (*Manual de direito processual civil*, p. 639). Em sentido semelhante, cf. Flávio Cheim Jorge, *Teoria geral dos recursos cíveis*, n. 11.6.2.5, p. 401-402. Ainda, para Luiz Rodrigues Wambier e Eduardo Talamini, "os efeitos do recurso ordinário são os mesmos da apelação. Ou seja, uma vez interposto, o recurso ordinário será recebido no efeito devolutivo e, pela regra geral, também no efeito suspensivo (art. 1.012). Naquelas ações em que, se a competência originária fosse do juiz de primeiro grau, a apelação não teria

§ 2° do art. 1.027 do CPC também aponta nessa direção, ao mandar aplicar aqui o § 5° do art. 1.029 do CPC, que regulamenta o pedido de efeito suspensivo a recursos dele desprovidos, quais sejam, os recurso extraordinário e especial.

Nessas condições, quem interpõe um recurso ordinário e tenciona a suspensão dos efeitos da decisão recorrida deve formular um requerimento especificamente para tanto. A competência para a apreciação desse pedido em matéria de recurso ordinário ficou confusa após a edição da Lei n. 13.256/2016, que revigorou o juízo de admissibilidade no âmbito dos recursos extraordinário e especial e modificou a redação dos incisos I e III do § 5° do art. 1.029 do CPC para adaptá-los à nova e ao mesmo tempo velha disciplina desses recursos, que difere do regramento do recurso ordinário, cuja viabilidade não é examinada pelo tribunal *a quo* (art. 1.028, § 3°, do CPC). O referido inciso III prevê a competência do tribunal *a quo* para examinar pleito de efeito suspensivo "no período compreendido entre a interposição do recurso e a publicação da decisão de admissão do recurso", ao passo que o mencionado inciso I atribui tal competência ao tribunal *ad quem* "no período compreendido entre a publicação da decisão de admissão do recurso e sua distribuição". Ocorre que, como já anunciado, não há juízo de admissibilidade pelo tribunal *a quo* no recurso ordinário. E não faz sentido que um órgão que cuida apenas do aperfeiçoamento do contraditório tenha poderes para deliberar sobre a outorga de um excepcional efeito suspensivo.

Por isso, no caso do recurso ordinário, convém observar as diretrizes originais do § 5° do art. 1.029 do CPC, tais como estabelecidas pela Lei n. 13.105/2015: não havendo sobrestamento do processo nos termos do art. 1.037 do CPC, caso em que o requerimento de efeito suspensivo deve ser dirigido ao juízo *a quo*, tal requerimento é sempre dirigido ao tribunal *ad quem*; não havendo ainda relator para o recurso, o julgador sorteado para o exame desse requerimento fica prevento.

Por fim, tudo o que se disse acima aplica-se também para os pleitos de tutela antecipada recursal no contexto do recurso ordinário.

> **Art. 1.028.** Ao recurso mencionado no art. 1.027, inciso II, alínea "b", aplicam-se, quanto aos requisitos de admissibilidade e ao procedimento, as disposições relativas à apelação e o Regimento Interno do Superior Tribunal de Justiça.
> **§ 1°** Na hipótese do art. 1.027, § 1°, aplicam-se as disposições relativas ao agravo de instrumento e o Regimento Interno do Superior Tribunal de Justiça.

---

efeito suspensivo automático, o recurso ordinário também não o terá" (*Curso avançado de processo civil*, v. 2, n. 28.6, p. 596).

§ 2º O recurso previsto no art. 1.027, incisos I e II, alínea "a", deve ser interposto perante o tribunal de origem, cabendo ao seu presidente ou vice-presidente determinar a intimação do recorrido para, em 15 (quinze) dias, apresentar as contrarrazões.

§ 3º Findo o prazo referido no § 2º, os autos serão remetidos ao respectivo tribunal superior, independentemente de juízo de admissibilidade.

CPC de 1973 – art. 540

167. Requisitos de admissibilidade do recurso ordinário

A admissibilidade do recurso ordinário é orientada pelos requisitos estabelecidos para a apelação. Isso é dito expressamente pelo legislador para o recurso ordinário interposto nos processos envolvendo pessoas jurídicas de direito internacional e Município ou pessoa residente ou domiciliada no Brasil (art. 1.028, *caput*, do CPC), mas vale em quase tudo também para o recurso ordinário em mandado de segurança, *habeas data* e mandado de injunção de competência originária dos tribunais. Como já anunciado, trata-se aqui de recurso sempre voltado contra um ato final de julgamento, que possibilita amplo reexame do julgado; qualquer sorte de erro pode ser invocada pelo recorrente para a reforma ou cassação da decisão recorrida, e não há vedação para reexame de fato ou cláusula contratual nem para o enfrentamento de temas sem prequestionamento (*supra*, n. 163). Nessas condições, o recurso ordinário também é um recurso por excelência. E o prazo para sua interposição é igualmente de 15 dias (art. 1.003, § 5º, do CPC), cabendo à parte dirigi-lo invariavelmente ao juízo *a quo*, com a indicação do recorrente e do recorrido, a exposição das razões recursais e a formulação do pedido (art. 1.010, *caput*, do CPC).

Como já dito, o recurso adesivo é tema que comporta análise particular em matéria de recurso ordinário, pois é admissível apenas nos "processos em que forem partes, de um lado, Estado estrangeiro ou organismo internacional e, de outro, Município ou pessoa residente ou domiciliada no País" (art. 1.027, II, alínea *b*, do CPC) (*supra*, n. 23). Afinal, aqui, qualquer das partes pode apresentá-lo, abrindo espaço para a adesão do adversário. Nas demais hipóteses, visto que o recurso ordinário somente pode ser interposto "quando denegatória a decisão" (art. 1.027, I e II, alínea *a*, do CPC), somente há uma pessoa no processo interessada na sua interposição, qual seja, o impetrante, o que inviabiliza referida adesão.

168. Procedimento

Independentemente da sede em que interposto o recurso ordinário, seu procedimento, em regra, não varia. Uma vez apresentado o recurso perante o juízo *a quo*, deve ser aberto prazo de 15 dias para resposta (art. 1.028, *caput* e § 2º, c/c art. 1.010, § 1º, do CPC). Esgotado esse prazo, com ou sem resposta, encaminham-se os autos do processo ao tribunal *ad quem*, "independentemente de juízo de admissibilidade" (arts. 1.010, § 3º, e 1.028, § 3º, do CPC).

Na hipótese de recurso ordinário interposto em tribunal, vale registrar que quem cuida do contraditório é o presidente ou o vice-presidente da corte *a quo* (art. 1.028, § 2º, do CPC).

No caso do recurso ordinário interposto nos processos envolvendo pessoas jurídicas de direito internacional e Município ou pessoa residente ou domiciliada no Brasil, o contraditório perante o juízo *a quo* pode se alongar um pouco mais, caso o recorrido veicule preliminarmente matéria objeto de prévia decisão interlocutória ou interponha recurso adesivo. Nessas circunstâncias, deve ser aberto prazo de 15 dias para que o recorrente se manifeste a respeito (arts. 1.009, § 2º, e 1.010, § 2º, do CPC). No mais, segue-se o procedimento descrito logo acima, com o ulterior encaminhamento dos autos ao tribunal *ad quem*, após o esgotamento desse novo prazo quinzenal.

No âmbito do Superior Tribunal de Justiça, os arts. 247 e segs. do RISTJ quase nada acrescentam ao procedimento do recurso ordinário, pois, em boa medida, mandam seguir o que está disposto no Código de Processo Civil (arts. 247 e 249 do RISTJ). O único acréscimo que merece notícia é a previsão de vista dos autos ao Ministério Público antes do julgamento (arts. 248 e 250, *caput*, do RISTJ).

169. Agravo de instrumento para o Superior Tribunal de Justiça

O § 1º do art. 1.028 do CPC dispõe que, "na hipótese do art. 1.027, § 1º, aplicam-se as disposições relativas ao agravo de instrumento e o Regimento Interno do Superior Tribunal de Justiça". As disposições relativas ao agravo de instrumento são as dos art. 1.015 e segs. do CPC, que se aplicam aqui na íntegra. Já no Regimento Interno do Superior Tribunal de Justiça, o único dispositivo que cuida do assunto nada acrescenta: "o agravo interposto de decisão interlocutória nas causas em que forem partes Estado estrangeiro ou organismo internacional de um lado e, do outro, Município ou pessoa residente ou domiciliada no País seguirá o disposto na legislação processual em vigor" (art. 254).

Seção II
Do Recurso Extraordinário e do Recurso Especial

Subseção I
Disposições Gerais

Art. 1.029. O recurso extraordinário e o recurso especial, nos casos previstos na Constituição Federal, serão interpostos perante o presidente ou o vice-presidente do tribunal recorrido, em petições distintas que conterão:

I – a exposição do fato e do direito;

II – a demonstração do cabimento do recurso interposto;

III – as razões do pedido de reforma ou de invalidação da decisão recorrida.

§ 1º Quando o recurso fundar-se em dissídio jurisprudencial, o recorrente fará a prova da divergência com a certidão, cópia ou citação do repositório de jurisprudência, oficial ou credenciado, inclusive em mídia eletrônica, em que houver sido publicado o acórdão divergente, ou ainda com a reprodução de julgado disponível na rede mundial de computadores, com indicação da respectiva fonte, devendo-se, em qualquer caso, mencionar as circunstâncias que identifiquem ou assemelhem os casos confrontados.

§ 2º (Revogado pela Lei n. 13.256/2016)

§ 3º O Supremo Tribunal Federal ou o Superior Tribunal de Justiça poderá desconsiderar vício formal de recurso tempestivo ou determinar sua correção, desde que não o repute grave.

§ 4º Quando, por ocasião do processamento do incidente de resolução de demandas repetitivas, o presidente do Supremo Tribunal Federal ou do Superior Tribunal de Justiça receber requerimento de suspensão de processos em que se discuta questão federal constitucional ou infraconstitucional, poderá, considerando razões de segurança jurídica ou de excepcional interesse social, estender a suspensão a todo o território nacional, até ulterior decisão do recurso extraordinário ou do recurso especial a ser interposto.

§ 5º O pedido de concessão de efeito suspensivo a recurso extraordinário ou a recurso especial poderá ser formulado por requerimento dirigido:

I – ao tribunal superior respectivo, no período compreendido entre a publicação da decisão de admissão do recurso e sua distribuição, ficando o relator designado para seu exame prevento para julgá-lo; (Redação dada pela Lei n. 13.256/2016)

II – ao relator, se já distribuído o recurso;

III – ao presidente ou ao vice-presidente do tribunal recorrido, no período compreendido entre a interposição do recurso e a publicação da decisão de admissão do recurso, assim como no caso de o recurso ter sido sobrestado, nos termos do art. 1.037. (Redação dada pela Lei n. 13.256/2016)

CPC de 1973 – art. 541

170. Linhas gerais sobre os recursos extraordinário e especial e seu cabimento

Como o próprio *caput* do art. 1.029 do CPC diz, é na Constituição Federal que se disciplina o cabimento dos recursos extraordinário e especial ("nos casos previstos na Constituição Federal").

O cabimento do recurso extraordinário é objeto do inciso III do art. 102 da CF, no sentido de que cabe ao Supremo Tribunal Federal "julgar, mediante recurso extraordinário, as causas decididas em única ou última instância, quando a decisão recorrida: a) contrariar dispositivo desta Constituição; b) declarar a inconstitucionalidade de tratado ou lei federal; c) julgar válida lei ou ato de governo local contestado em face desta Constituição; d) julgar válida lei local contestada em face de lei federal".

O cabimento do recurso especial, por sua vez, é disciplinado pelo inciso III do art. 105 da CF, que dispõe competir ao Superior Tribunal de Justiça "julgar, em recurso especial, as causas decididas, em única ou última instância, pelos Tribunais Regionais Federais ou pelos tribunais dos Estados, do Distrito Federal e Territórios, quando a decisão recorrida: a) contrariar tratado ou lei federal, ou negar-lhes vigência; b) julgar válido ato de governo local contestado em face de lei federal; c) der a lei federal interpretação divergente da que lhe haja atribuído outro tribunal".[260]

Como se observa, o Supremo Tribunal Federal é encarregado, sobretudo, da guarda da Constituição Federal, enquanto o Superior Tribunal de Justiça zela pelo respeito e pela uniformidade da legislação federal.[261] Daí a razão pela qual não se

---

260 "*Lei federal*, para efeito de caracterização da *questão federal*, é todo ato normativo infraconstitucional, decorrente do processo legislativo do Congresso Nacional, nos termos do art. 59 da Constituição, bem como as medidas provisórias e os decretos regulamentadores de leis, expedidos pelo Poder Executivo. A noção de *lei federal* abrange ainda os tratados internacionais a que o Brasil tenha aderido, desde que não tenham hierarquia constitucional (v. art. 5º, § 3º, da Constituição). Não facultam a interposição de recurso especial questões relativas à vigência, aplicação ou interpretação de outros atos normativos, como regimentos internos, resoluções, portarias e outras deliberações de tribunais ou de quaisquer outras autoridades públicas, exceto na medida em que suscitem controvérsia a respeito da vigência, aplicação ou interpretação de alguma lei federal, como acima explicitado" (LEONARDO GRECO, *Instituições de processo civil*, v. III, n. 11.1.2, p. 234). Na jurisprudência: "o conceito de lei federal, para efeito de admissibilidade do recurso especial na jurisprudência assentada no STJ, compreende regras de caráter geral e abstrato, produzidas por órgão da União com base em competência derivada da própria Constituição, como o são as leis (complementares, ordinárias, delegadas) e as medidas provisórias, bem assim os decretos autônomos e regulamentares expedidos pelo Presidente da República (Emb. Decl. no Resp 663.562, 2ª Turma, Min. Castro Meira, DJ de 07.11.05). Não se incluem nesse conceito os atos normativos secundários produzidos por autoridades administrativas, tais como resoluções, circulares e portarias (Resp 88.396, 4ª Turma, Min. Sálvio de Figueiredo, DJ de 13.08.96; AgRg no Ag 573.274, 2ª Turma, Min. Franciulli Netto, DJ de 21.02.05), instruções normativas (Resp 352.963, 2ª Turma, Min. Castro Meira, DJ de 18.04.05), atos declaratórios da SRF (Resp 784.378, 1ª Turma, Min. José Delgado, DJ de 05.12.05), ou provimentos da OAB (AgRg no Ag 21.337, 1ª Turma, Min. Garcia Vieira, DJ de 03.08.92)" (STJ, 1ª Turma, REsp 815.123, rel. Min. LUIZ FUX, j. 21/9/2006, DJ 5/10/2006).

261 Cf. BARBOSA MOREIRA, *Comentários ao Código de Processo Civil*, v. V, n. 317 e 318, p. 581-583; ARAKEN DE ASSIS, *Manual dos recursos*, n. 82 e 90, p. 733 e 819; LEONARDO

admite no contexto dos recursos extraordinário e especial pretensão relacionada com "ofensa a direito local" (Súmula n. 280 do STF), *reexame de fato* (Súmulas n. 279 do STF e 7 do STJ)[262] ou *interpretação de contrato* (Súmulas n. 454 do STF e 5 do STJ).[263] Nesse contexto, a atuação do Supremo Tribunal Federal e do Superior Tribunal de Justiça não é orientada para um amplo e indiscriminado reexame da causa, o que evidencia característica já anunciada dos recursos extraordinário e especial, qual seja, a de *recursos de fundamentação vinculada* (*supra*, n. 2). É essencialmente para a preservação da integridade da Constituição Federal e da legislação federal que são disponibilizados os recursos extraordinário e especial.

Todavia, isso não significa que os Tribunais de Superposição estejam proibidos de julgar a causa, uma vez superada a barreira da admissibilidade. Ao contrário. Conforme expresso no *caput* do art. 1.034 do CPC, "admitido o recurso extraordinário ou o recurso especial, o Supremo Tribunal Federal ou o Superior Tribunal de Justiça julgará o processo, aplicando o direito".

Decisão de qualquer órgão jurisdicional proferida em única ou última instância se expõe a recurso extraordinário. Enquadram-se aqui desde decisão de Tribunais Superiores (Superior Tribunal de Justiça, Tribunal Superior do Trabalho, Tribunal Superior Eleitoral e Superior Tribunal Militar) até "decisão proferida por juiz de primeiro grau nas causas de alçada, ou por turma recursal de juizado especial cível e criminal" (Súmula n. 640 do STF), passando por decisão de tribunais de segunda instância. Já o recurso especial somente é cabível contra decisão de única ou última instância proferida por tribunal regional federal ou tribunal de justiça. Isso é confirmado pela Súmula n. 203 do STJ: "não cabe recurso especial contra decisão proferida por órgão de segundo grau dos Juizados Especiais".

GRECO, *Instituições de processo civil*, v. III, n. 10.2 e 12.1, p. 226-227 e 279; RODRIGO BARIONI, *Ação rescisória e recursos para os tribunais superiores*, n. 6.1 e 6.2, p. 197-200 e 228-230.

262 "Para simples reexame de prova não cabe recurso extraordinário" (Súmula n. 279 do STF) e "a pretensão de simples reexame de prova não enseja recurso especial" (Súmula n. 7 do STJ).

263 "Simples interpretação de cláusulas contratuais não dá lugar a recurso extraordinário" (Súmula n. 454 do STF) e "a simples interpretação de cláusula contratual não enseja recurso especial" (Súmula n. 5 do STJ). Todavia, essa súmula não impede que se analise a validade de uma avença e de suas cláusulas, em confronto com dispositivos constitucionais ou legais. Cf. LUIZ GUILHERME MARINONI, SÉRGIO ARENHART e DANIEL MITIDIERO, *Curso de processo civil*, v. 2, p. 557; LUIZ RODRIGUES WAMBIER e EDUARDO TALAMINI, *Curso avançado de processo civil*, v. 2, n. 29.2, p. 603-604. Na jurisprudência: "a análise jurídica da legalidade de cláusula contratual não se confunde com reexame de contrato" (STJ, 3ª Turma, REsp 505.970-AgRg, rel. Min. NANCY ANDRIGHI, j. 15/4/2008, DJ 29/4/2008). Ainda: STJ, 4ª Turma, REsp 179.711-AgRg-EDcl, rel. Min. LUIS FELIPE, j. 6/11/2008, DJ 1/12/2008.

Nos termos da Súmula n. 281 do Supremo Tribunal Federal, "é inadmissível o recurso extraordinário, quando couber, na Justiça de origem, recurso ordinário da decisão impugnada". Essa súmula se afina com a ideia de esgotamento das instâncias prévias, presente na expressão "única ou última instância" (arts. 102, III, e 105, III, da CF). Embargos de declaração, recurso especial e embargos de divergência não são considerados para esse efeito. Assim, a parte não é obrigada a opor embargos para viabilizar ulterior recurso extraordinário ou especial. Também não é obrigada a interpor recurso especial previamente à apresentação de recurso extraordinário.[264] Porém, diante de decisão monocrática de relator, a parte deve apresentar agravo interno (art. 1.021 do CPC) antes de interpor recurso extraordinário ou especial, sob pena de se inviabilizar o acesso aos Tribunais de Superposição.

A partir da expressão "causas decididas" (arts. 102, III, e 105, III, da CF) infere-se mais um requisito para a viabilidade dos recursos extraordinário e especial, qual seja, o do prequestionamento, consistente no prévio debate da matéria legal ou constitucional veiculada no recurso. Na sua pureza, o prequestionamento exige que esse debate esteja expresso na decisão recorrida, conforme os termos da Súmula n. 282 do Supremo Tribunal Federal: "é inadmissível o recurso extraordinário, quando não ventilada, na decisão recorrida, a questão federal suscitada". Todavia, como já demonstrado, diante da relutância do juízo *a quo* a debater, a *pureza dos conceitos cedeu passo a conveniências práticas* e o prequestionamento passou a se fazer presente mesmo quando omisso o prolator da decisão recorrida, desde que provocado por embargos de declaração, nos termos do art. 1.025 do CPC e da Súmula n. 356 do STF (*supra*, n. 157).[265] Com isso, deve-se ler a referida Súmula n. 282 *cum grano salis*, pois, mesmo quando *não ventilada na decisão recorrida a questão* objeto do recurso extraordinário ou especial, este será admissível, desde que apresentados prévios embargos de declaração. Eis, como também já demonstrado, a razão pela qual está superada a Súmula n. 211 do STJ (*supra*, n. 157).[266]

Não se exige para a viabilidade do recurso extraordinário ou especial que se esteja diante de um ato final de julgamento da causa. Mesmo quando o acórdão recorrido tem na sua origem uma decisão interlocutória, o recurso extraordinário ou especial é cabível, conforme expresso na Súmula n. 86 do STJ: "cabe recurso especial contra acórdão proferido no julgamento de

---

264 Cf. LEONARDO GRECO, *Instituições de processo civil*, v. III, n. 12.2, p. 280.
265 "O ponto omisso da decisão, sobre o qual não foram opostos embargos declaratórios, não pode ser objeto de recurso extraordinário, por faltar o requisito do prequestionamento" (Súmula n. 356 do STF).
266 "Inadmissível recurso especial quanto à questão que, a despeito da oposição de embargos declaratórios, não foi apreciada pelo tribunal *a quo*" (Súmula n. 211 do STJ).

agravo de instrumento". Nessas circunstâncias, basta que a cadeia recursal relacionada diretamente com o acórdão impugnado esteja exaurida, pouco importando que a causa ainda não tenha sido julgada por completo nas instâncias ordinárias.

Por fim, consigne-se que não cabe recurso extraordinário ou especial para a impugnação de atos de natureza administrativa praticados no âmbito dos tribunais; apenas atos de caráter jurisdicional são impugnáveis por tais recursos. Assim, por exemplo, não se expõem a recurso extraordinário ou especial "acórdão de Tribunal de Justiça que defere pedido de intervenção estadual em Município" (Súmula n. 637 do STF) ou "decisão proferida no processamento de precatórios" (Súmula n. 733 do STF).

171. Regularidade formal

O *caput* do art. 1.029 do CPC disciplina os requisitos para a regularidade formal dos recursos extraordinário e especial. O primeiro requisito ali mencionado é a apresentação de petição própria para cada um dos recursos, isto é, uma peça para o recurso especial e outra peça para o recurso extraordinário, sempre escrita em língua portuguesa (art. 192 do CPC) e subscrita por advogado regularmente constituído nos autos (arts. 133 da CF, 103 do CPC e 1º e segs. da Lei n. 8.906/1994).[267] Tais petições devem ser endereçadas ao presidente ou ao vice-presidente do tribunal *a quo*, conforme as regras de organização interna da corte, e ser protocoladas com atenção ao disposto nos §§ 3º e segs. do art. 1.003 do CPC, inclusive no tocante ao prazo (15 dias).[268] Quando interpostos ambos os recursos, o protocolo das peças recursais não precisa ser concomitante; basta a sua apresentação dentro do prazo recursal, ainda que em momentos distintos.[269]

Os incisos do art. 1.029 do CPC tratam do conteúdo da peça recursal: "exposição do fato e do direito" (inciso I); "demonstração do cabimento do recurso interposto" (inciso II); "razões do pedido de reforma ou de invalidação

---

[267] A interposição conjunta de recursos extraordinário e especial pode até ser necessária para viabilizar o acesso aos Tribunais de Superposição. Afinal, "é inadmissível recurso especial, quando o acórdão recorrido assenta em fundamentos constitucional e infraconstitucional, qualquer deles suficiente, por si só, para mantê-lo, e a parte vencida não manifesta recurso extraordinário" (Súmula n. 126 do STJ).

[268] No âmbito dos Juizados Especiais, compete ao presidente da turma recursal o juízo de admissibilidade do recurso extraordinário. Nesse sentido, cf. BARBOSA MOREIRA, *Comentários ao Código de Processo Civil*, v. V, n. 321, p. 591. Ainda: "compete ao Presidente da Turma Recursal o juízo de admissibilidade do Recurso Extraordinário, salvo disposição em contrário" (Enunciado n. 84 do Fórum Nacional de Juizados Especiais).

[269] Cf. LEONARDO GRECO, *Instituições de processo civil*, v. III, n. 11.3.3, p. 264.

da decisão recorrida" (inciso III). No tocante aos incisos I e III, observa-se mais uma vez desnecessária e equivocada sobreposição, vista também nos arts. 1.010 e 1.016 do CPC. Afinal, fazer alegações fáticas e jurídicas numa peça recursal significa justamente apresentar as razões pelas quais se pede a reforma ou a invalidação da decisão. Seria melhor que um único inciso cuidasse da *exposição do fato e do direito em que se fundam o pedido de reforma ou invalidação da decisão*.

No que se refere ao "cabimento do recurso interposto" (inciso II), deve o recorrente demonstrar o enquadramento da decisão recorrida na *fattispecie* descrita no inciso III dos arts. 102 e 105 da CF, com atenção especial para a comprovação dos prévios debates em torno da matéria que se tenciona discutir perante os Tribunais de Superposição (prequestionamento).

Nas hipóteses em que o recurso extraordinário ou especial se fundar em ofensa à Constituição Federal ou a lei federal, cabe ao recorrente trazer na peça recursal elementos suficientes para a perfeita identificação dos dispositivos constitucionais ou legais alegadamente violados.[270]

Embora imperdoavelmente silente o legislador, na peça do recurso extraordinário ou especial também deve ser indicado o nome do recorrente e do recorrido[271] e formulado o pedido de reforma ou invalidação, em conformidade com os correlatos fundamentos.

172. Repercussão geral em recurso extraordinário

Para a admissão do recurso extraordinário, deve o recorrente cuidar de demonstrar a repercussão geral da questão constitucional ali ventilada, nos termos dos arts. 102, § 3º, da CF, 1.035 do CPC e 322 e segs. do RISTF. No texto do Código de Processo de Civil não mais existe exigência de que a demonstração da repercussão geral se dê "em preliminar do recurso" (art. 543-A,

---

[270] "Claro está que, se se alega ofensa a norma constitucional (letra *a*), imprescindível se torna especificá-la: absurdo seria deixar ao Tribunal o cuidado de perlustrar todo o texto da Lei Maior para localizar a suposta violação. Ainda nessa hipótese, entretanto, nem sempre se exigirá a alusão ao *número* ou à *letra* do dispositivo pretensamente violado: se, por exemplo, afirma o recorrente a existência de ofensa à liberdade de exercício de culto religioso, nada importa que deixe de citar o art. 5º, inciso VI, da Carta da República, do mesmo modo que não o prejudicaria eventual equívoco na citação" (BARBOSA MOREIRA, *Comentários ao Código de Processo Civil*, v. V, n. 321, p. 593). Em sentido semelhante, cf. ARAKEN DE ASSIS, *Manual dos recursos*, n. 86.1.2.2.2, p. 786.

[271] Em regra, não há necessidade de qualificação do recorrente ou do recorrido, pois os sujeitos da relação jurídica processual já estão qualificados nas peças processuais anteriores. Apenas quando o recurso é interposto por terceiro prejudicado é que há necessidade de se informar a sua qualificação.

§ 2º, do CPC de 1973), de modo que tal demonstração pode se dar em qualquer passagem das razões recursais.[272] Assim, está superada disposição regimental, no sentido de que "a Presidência do Tribunal recusará recursos que não apresentem preliminar formal e fundamentada de repercussão geral" (art. 327, *caput*, do RISTF). Aliás, para a identificação da repercussão geral pode até ser suficiente mera leitura conjunta da peça recursal e do acórdão recorrido no seu todo (*infra*, n. 174 e 188). Todavia, convém que o recorrente não poupe esforços na específica e exauriente demonstração da repercussão geral para o fim de viabilizar seu acesso ao Supremo Tribunal Federal, considerando-se a exigência legal de "demonstração do cabimento do recurso interposto" (art. 1.029, II, do CPC).

173. Dissídio jurisprudencial em recurso especial

Quando o recurso especial se funda na alínea *c* do inciso III do art. 105, isto é, na existência de interpretação divergente da lei federal por outro tribunal,[273] deve o recorrente fazer "a prova da divergência com a certidão, cópia ou citação do repositório de jurisprudência, oficial ou credenciado, inclusive em mídia eletrônica, em que houver sido publicado o acórdão divergente, ou ainda com a reprodução de julgado disponível na rede mundial de computadores, com indicação da respectiva fonte, devendo-se, em qualquer caso, mencionar as circunstâncias que identifiquem ou assemelhem os casos confrontados" (art. 1.029, § 1º, do CPC). Esse texto é praticamente repetido no § 1º do art. 255 do RISTJ. Com a consolidação do processo em autos eletrônicos, a prova do dissídio jurisprudencial tende a ser feita, sobretudo, por meio da *reprodução de julgado disponível na internet, com indicação da fonte*.

Para fazer prova da divergência com citação de *repositório de jurisprudência oficial ou credenciado*, deve-se considerar o § 3º do art. 255 do RISTJ: "são repositórios oficiais de jurisprudência, para o fim do § 1º deste artigo, a Revista Trimestral de Jurisprudência do Supremo Tribunal Federal, a Revista do Superior Tribunal de Justiça e a Revista do Tribunal Federal de Recursos e, autorizados ou credenciados, os habilitados na forma do art. 134 e seu parágrafo único deste Regimento".

A *menção a circunstâncias que identifiquem ou assemelhem os casos confrontados* na peça recursal consiste no *confronto analítico entre os julgados*. Para tanto, deve o recorrente selecionar trechos do acórdão recorrido e do acórdão paradigma, a fim de demonstrar a identidade entre os casos ali examinados e a divergência

---

272 Cf. Pedro Miranda de Oliveira, Comentários ao art. 1.035. In: *Breves comentários ao Novo Código de Processo Civil*, p. 2.314-2.315.
273 "A divergência de julgados do mesmo Tribunal não enseja recurso especial" (Súmula n. 13 do STJ).

na aplicação da lei federal por ocasião do seu enfrentamento. Deve o recorrente, ainda, ter o cuidado de fornecer elementos para a identificação dos dispositivos legais objeto da interpretação divergente.[274]

Para a viabilidade do recurso especial fundado no dissídio jurisprudencial é preciso ter em conta, ainda, a atualidade da divergência na interpretação da lei federal, à luz dos pronunciamentos mais recentes do Superior Tribunal de Justiça, pois, nos termos da Súmula n. 83 do STJ, "não se conhece do recurso especial pela divergência, quando a orientação do Tribunal se firmou no mesmo sentido da decisão recorrida".

Na redação original do Código de Processo Civil dada pela Lei n. 13.105/2015, havia § 2º no art. 1.029 com o seguinte teor: "quando o recurso estiver fundado em dissídio jurisprudencial, é vedado ao tribunal inadmiti-lo com base em fundamento genérico de que as circunstâncias fáticas são diferentes, sem demonstrar a existência da distinção". Esse § 2º foi revogado expressamente pela Lei n. 13.256/2016, mas seu espírito subsiste no ordenamento jurídico nacional, pois decorre do dever constitucional de motivação (art. 93, IX, da CF) a exigência de que o tribunal demonstre em que medida os casos são distintos, quando inadmitido o recurso especial sob o argumento da distinção. Isso é reforçado, ainda, pelos incisos III e IV do § 1º do art. 489 do CPC, bem como pela Súmula n. 123 do STJ: "a decisão que admite, ou não, o recurso especial deve ser fundamentada, com o exame dos seus pressupostos gerais e constitucionais".[275]

174. Superação ou correção de vício formal

Conforme o § 3º do art. 1.029 do CPC, "o Supremo Tribunal Federal ou o Superior Tribunal de Justiça poderá desconsiderar vício formal de recurso tempestivo ou determinar sua correção, desde que não o repute grave". Esse dispositivo deve ser lido em conjunto com o parágrafo único do art. 932 do CPC, no sentido de que, "antes de considerar inadmissível o recurso, o relator concederá o prazo de 5 (cinco) dias ao recorrente para que seja sanado vício ou complementada a documentação exigível".

Nesse contexto, uma vez identificado defeito superável no recurso extraordinário ou especial, devem ser removidos os obstáculos para a sua admissão, o que se alinha com o espírito do Código de Processo Civil de promover

---

274 Cf. STJ, Corte Especial, REsp 1.346.588-AgRg, rel. Min. ARNALDO ESTEVES, j. 18/12/2013, DJ 17/3/2014.
275 Cf. HUMBERTO THEODORO JÚNIOR, *Curso de direito processual civil*, v. III, n. 837, p. 1.131-1.132; LUIZ GUILHERME MARINONI, SÉRGIO ARENHART e DANIEL MITIDIERO, *Curso de processo civil*, v. 2, p. 564; HEITOR VITOR MENDONÇA SICA, Comentários ao art. 1.029. In: *Código de Processo Civil anotado*, p. 1.615.

pronunciamentos *de meritis* (arts. 4° e 282, § 2°, do CPC). Porém, se o vício diagnosticado for insanável, tudo o que resta ao julgador é não conhecer do recurso. O próprio § 3° do art. 1.029 do CPC permite enxergar isso em alguma medida, quando diz ser possível "desconsiderar vício formal de recurso tempestivo"; logo, se o recurso for efetivamente intempestivo, não há como admiti-lo. Todavia, isso não impede prova ulterior da tempestividade do recurso, por exemplo, mediante comprovação posterior de feriado local influente na contagem do prazo recursal, não documentado no ato da sua interposição. Essa prova ulterior pode ser feita por ocasião do quinquídio assinado pelo parágrafo único do art. 932 do CPC ou mesmo no recurso cabível contra o decreto de intempestividade (*supra*, n. 53).

Outro exemplo de vício que não deve comprometer a admissibilidade do recurso extraordinário ou especial remete a falha na indicação do dispositivo constitucional ou legal autorizador do recurso ou apontado como violado nas razões recursais, desde que seja possível a compreensão da controvérsia a partir do "conjunto da postulação" (art. 322, § 2°, do CPC), isto é, da peça considerada no seu todo. É com esse espírito mais aberto que se deve interpretar *a contrario sensu* a Súmula n. 284 do STF ("é inadmissível o recurso extraordinário, quando a deficiência na sua fundamentação não permitir a exata compreensão da controvérsia").[276]

Na mesma linha, não deve comprometer a admissibilidade do recurso extraordinário ou especial deslize do recorrente na formal demonstração do seu cabimento na peça recursal (art. 1.029, II, do CPC), quando tal cabimento for extraível do "conjunto da postulação" (art. 322, § 2°, do CPC) e de outros elementos constantes dos autos. Por exemplo, o prequestionamento pode ser constatado a partir da simples leitura do acórdão recorrido, ainda que não sejam reproduzidos nas razões recursais trechos desse acórdão. Ainda, a repercussão geral pode ser identificada mediante leitura conjunta das razões recursais e do acórdão recorrido no seu todo, ainda que existam falhas na sua demonstração (*supra*, n. 172, e *infra*, n. 188).[277]

Por fim, também não deve comprometer a admissibilidade do recurso extraordinário ou especial irregularidade na representação do recorrente, des-

---

[276] "Se, por exemplo, afirma o recorrente a existência de ofensa à liberdade de exercício de culto religioso, nada importa que deixe de citar o art. 5°, inciso VI, da Carta da República, do mesmo modo que não o prejudicaria eventual equívoco na citação. O essencial é que seja possível saber com clareza do que se trata; apenas quando tal não ocorra é que terá cabimento invocar a proposição n. 284 da *Súmula da Jurisprudência Predominante*" (BARBOSA MOREIRA, *Comentários ao Código de Processo Civil*, v. V, n. 321, p. 593).

[277] Cf. LUIZ GUILHERME MARINONI, SÉRGIO ARENHART e DANIEL MITIDIERO, *Curso de processo civil*, v. 2, p. 562-563.

de que sanada nos termos do art. 76 do CPC. Logo, está superada a Súmula n. 115 do STJ ("na instância especial é inexistente recurso interposto por advogado sem procuração nos autos").

175. Efeito suspensivo e tutela antecipada recursal

Em regra, os recursos extraordinário e especial são desprovidos de efeito suspensivo (art. 995 do CPC). Todavia, no contexto do incidente de resolução de demandas repetitivas, existe disposição legal especial, atribuindo automático efeito suspensivo aos recursos extraordinário e especial cabíveis contra o julgamento do mérito desse incidente (arts. 987, § 1º, do CPC).[278] Esse automático efeito suspensivo guarda relação com prerrogativa do presidente do Supremo Tribunal Federal ou do Superior Tribunal de Justiça, no sentido da suspensão em todo o território nacional do curso de processos envolvendo questão objeto de incidente de resolução de demandas repetitivas em processamento, por "razões de segurança jurídica ou de excepcional interesse social" (art. 1.029, § 4º, do CPC).[279]

Naturalmente, é ocioso qualquer requerimento de efeito suspensivo quando o recurso extraordinário ou especial se dirige contra o julgamento do mérito do incidente de resolução de demandas repetitivas. É para as demais situações de recurso extraordinário ou especial, em que este é desprovido de eficácia suspensiva, que o legislador disciplina no § 5º do art. 1.029 do CPC requerimento para excepcional sustação dos efeitos do acórdão recorrido. Tal disciplina vale também para pleitos de tutela antecipada recursal[280] e se apoia no ordinário binômio *fumus boni iuris* ("probabilidade de provimento do recurso") e *periculum in mora* ("risco de dano grave, de difícil ou impossível reparação") (art. 995, parágrafo único, do CPC).

O legislador não estabelece forma própria para o pedido de concessão de efeito suspensivo, a exemplo do que faz quando disciplina o pleito suspensivo nas apelações desprovidas desse efeito (art. 1.012, § 3º, do CPC). Assim, tanto lá quanto cá, basta simples petição para pleitear a suspensão da decisão recorrida ou a tutela antecipada recursal (*supra*, n. 90).[281] Se o pleito é concomitante à interposição do recurso extraordinário ou especial, pode ser inserto na própria peça recursal.[282]

---

[278] No mesmo sentido, cf. art. 255, *caput*, do RISTJ.
[279] No mesmo sentido, cf. art. 982, § 3º, do CPC.
[280] Cf. Humberto Theodoro Júnior, *Curso de direito processual civil*, v. III, n. 827, p. 1.110.
[281] Cf. Humberto Theodoro Júnior, *Curso de direito processual civil*, v. III, n. 827, p. 1.109.
[282] Cf. Heitor Vitor Mendonça Sica, Comentários ao art. 1.029. In: *Código de Processo Civil anotado*, p. 1.616.

Nos incisos do § 5º do art. 1.029 do CPC, o legislador cuida do órgão competente para a apreciação do pedido de concessão de efeito suspensivo a recurso extraordinário ou especial. Se o recurso ainda não teve sua admissibilidade examinada ou foi "sobrestado, nos termos do art. 1.037", cabe ao presidente ou ao vice-presidente do tribunal recorrido examinar tal pedido, dirigido aos próprios autos do processo (inciso III). Após o juízo de admissibilidade do recurso extraordinário ou especial, é perante o tribunal *ad quem* que se formula o pleito de efeito suspensivo: se ainda não houver julgador vinculado à causa, a simples petição deve dar notícia do número do processo na origem e ser distribuída livremente, ficando o relator sorteado prevento para o julgamento do recurso (inciso I); se já houver um ministro encarregado do julgamento do recurso, é para ele que se endereça o pleito (inciso II), ainda que os autos do processo não lhe tenham chegado.[283]

A exemplo do que também já se disse para o requerimento de efeito suspensivo em matéria de apelação, quando desencadeada atividade executiva logo em seguida à publicação do acórdão, deve-se permitir que o executado peça a sua suspensão com fundamento no recurso por interpor, anunciando minimamente as suas razões (*supra*, n. 90). Em outras palavras, deve-se permitir nessas circunstâncias pleito de efeito suspensivo antes mesmo da interposição do recurso extraordinário ou especial, malgrado o texto legal sugira a formulação desse pleito apenas a partir da "interposição do recurso" (art. 1.029, § 5º, III, do CPC).

Por fim, malgrado o silêncio específico do legislador, não são vedados pleitos suspensivos ou antecipatórios após a decisão de inadmissão do recurso

---

[283] No Código de Processo Civil concebido pela Lei n. 13.105/2015, eliminara-se o juízo de admissibilidade dos recursos extraordinário e especial pelo tribunal *a quo* (cf. art. 1.030, na sua redação original). A Lei n. 13.256/2016 revigorou tal juízo de admissibilidade pelo tribunal *a quo*, que, inclusive, passou a servir de discrímen para a fixação do órgão competente para a apreciação do requerimento de efeito suspensivo para o recurso extraordinário ou especial, nos moldes estabelecidos pelas Súmulas n. 634 ("não compete ao Supremo Tribunal Federal conceder medida cautelar para dar efeito suspensivo a recurso extraordinário que ainda não foi objeto de juízo de admissibilidade na origem") e 635 ("cabe ao Presidente do Tribunal de origem decidir o pedido de medida cautelar em recurso extraordinário ainda pendente do seu juízo de admissibilidade") do STF. Todavia, em situações excepcionais, tem-se autorizado requerimento dessa natureza nos Tribunais Superiores mesmo antes do exame da admissibilidade do recurso pelo tribunal *a quo*: "ante a competência constitucional atribuída ao Superior Tribunal de Justiça para o exame definitivo da admissibilidade do apelo extremo, a inovação legislativa não obsta a que, em casos excepcionais, seja mitigada a regra agora inserta no inciso III do § 5º do art. 1.029 do novo CPC, possibilitando o exame e deferimento de tutela de urgência recursal pelo STJ. Admitida a competência do STJ, fica prejudicada a medida cautelar oferecida na origem" (STJ, 3ª Turma, Pet 11.435-RCD-AgInt, rel. Min. JOÃO OTÁVIO, j. 16/8/2016, DJ 23/8/2016).

extraordinário ou especial. No contexto do subsequente agravo em recurso especial ou extraordinário, pode o agravante buscar a suspensão ou a antecipação necessária para a sua tutela, com apoio no art. 995, parágrafo único, do CPC (*infra*, n. 214).

> **Art. 1.030.** Recebida a petição do recurso pela secretaria do tribunal, o recorrido será intimado para apresentar contrarrazões no prazo de 15 (quinze) dias, findo o qual os autos serão conclusos ao presidente ou ao vice-presidente do tribunal recorrido, que deverá: (Redação dada pela Lei n. 13.256/2016)
>
> **I** – negar seguimento: (Incluído pela Lei n. 13.256/2016)
>
> **a)** a recurso extraordinário que discuta questão constitucional à qual o Supremo Tribunal Federal não tenha reconhecido a existência de repercussão geral ou a recurso extraordinário interposto contra acórdão que esteja em conformidade com entendimento do Supremo Tribunal Federal exarado no regime de repercussão geral; (Incluída pela Lei n. 13.256/2016)
>
> **b)** a recurso extraordinário ou a recurso especial interposto contra acórdão que esteja em conformidade com entendimento do Supremo Tribunal Federal ou do Superior Tribunal de Justiça, respectivamente, exarado no regime de julgamento de recursos repetitivos; (Incluída pela Lei n. 13.256/2016)
>
> **II** – encaminhar o processo ao órgão julgador para realização do juízo de retratação, se o acórdão recorrido divergir do entendimento do Supremo Tribunal Federal ou do Superior Tribunal de Justiça exarado, conforme o caso, nos regimes de repercussão geral ou de recursos repetitivos; (Incluído pela Lei n. 13.256/2016)
>
> **III** – sobrestar o recurso que versar sobre controvérsia de caráter repetitivo ainda não decidida pelo Supremo Tribunal Federal ou pelo Superior Tribunal de Justiça, conforme se trate de matéria constitucional ou infraconstitucional; (Incluído pela Lei n. 13.256/2016)
>
> **IV** – selecionar o recurso como representativo de controvérsia constitucional ou infraconstitucional, nos termos do § 6º do art. 1.036; (Incluído pela Lei n. 13.256/2016)
>
> **V** – realizar o juízo de admissibilidade e, se positivo, remeter o feito ao Supremo Tribunal Federal ou ao Superior Tribunal de Justiça, desde que: (Incluído pela Lei n. 13.256/2016)
>
> **a)** o recurso ainda não tenha sido submetido ao regime de repercussão geral ou de julgamento de recursos repetitivos; (Incluída pela Lei n. 13.256/2016)
>
> **b)** o recurso tenha sido selecionado como representativo da controvérsia; ou (Incluída pela Lei n. 13.256/2016)
>
> **c)** o tribunal recorrido tenha refutado o juízo de retratação. (Incluída pela Lei n. 13.256/2016)
>
> **§ 1º** Da decisão de inadmissibilidade proferida com fundamento no inciso V caberá agravo ao tribunal superior, nos termos do art. 1.042. (Incluído pela Lei n. 13.256/2016)

§ 2º Da decisão proferida com fundamento nos incisos I e III caberá agravo interno, nos termos do art. 1.021. (Incluído pela Lei n. 13.256/2016)

CPC de 1973 – art. 542

176. Procedimento perante o tribunal *a quo*

Apresentada a petição ou as petições de recursos extraordinário e especial no tribunal *a quo*, deve ser aberto prazo de 15 dias para a resposta do recorrido. Esse prazo se dobra em favor do Ministério Público, da Fazenda Pública, da Defensoria Pública e de litisconsortes com procuradores diferentes, nos termos dos arts. 180, 183, 186 e 229 do CPC.

Quando interpostos recursos extraordinário e especial, as contrarrazões devem ser ofertadas em peças distintas, por simetria com o disposto no *caput* do art. 1.029 do CPC. Se houver mais de um recurso de idêntica natureza (por exemplo, dois recursos especiais interpostos por litisconsortes representados por procuradores distintos), pode o recorrido numa só peça responder a eles.

No prazo assinado para a resposta, pode o recorrido apresentar recurso extraordinário ou especial adesivo (art. 997 do CPC). Lembre-se de que é possível a *adesão cruzada*, ou seja, é possível aderir a um recurso extraordinário mediante a oferta de um recurso especial e é possível aderir a um recurso especial mediante a oferta de um recurso extraordinário (*supra*, n. 23).

Uma vez apresentado recurso adesivo, o contraditório deve ser estendido pelo tribunal *a quo*, abrindo-se oportunidade para que o recorrente original responda ao recurso interposto adesivamente,[284] a exemplo do que dispõe o § 2º do art. 1.010 do CPC. O prazo para a oferta das contrarrazões pelo recorrente original também é de 15 dias, dobráveis nas hipóteses dos arts. 180, 183, 186 e 229 do CPC.

Com o aperfeiçoamento do contraditório, cabe então ao presidente ou ao vice-presidente do tribunal recorrido definir a sorte do recurso extraordinário ou especial, à luz dos incisos do art. 1.030 do CPC.

177. Os possíveis rumos do recurso extraordinário ou especial

Os incisos do art. 1.030 do CPC indicam uma multiplicidade de rumos para o recurso extraordinário ou especial. Qualquer que seja o encaminhamento dado ao recurso, vale a lembrança da Súmula n. 123 do STJ: "a decisão que admite, ou não, o recurso especial deve ser fundamentada, com o exame dos seus pressupostos gerais e constitucionais".

---

284 Cf. ARAKEN DE ASSIS, *Manual dos recursos*, n. 86.1.5, p. 789.

O inciso I do art. 1.030 do CPC, na sua alínea *a*, prevê que o recurso extraordinário tenha seu seguimento negado pelo presidente ou vice-presidente do tribunal *a quo* quando discutir questão constitucional já definida pelo Supremo Tribunal Federal como carente de repercussão geral (arts. 1.035, especialmente § 8º, e 1.039, parágrafo único, do CPC) ou quando esgrimir "contra acórdão que esteja em conformidade com entendimento do Supremo Tribunal Federal exarado no regime de repercussão geral".

O mesmo inciso I do art. 1.030 do CPC, agora na sua alínea *b*, igualmente prevê que seja negado seguimento a recurso extraordinário ou especial "interposto contra acórdão que esteja em conformidade com entendimento do Supremo Tribunal Federal ou do Superior Tribunal de Justiça, respectivamente, exarado no regime de julgamento de recursos repetitivos", tal qual disciplinado nos arts. 1.036 e segs. do CPC, especialmente no inciso I do art. 1.040 do CPC.

O presidente ou vice-presidente do tribunal recorrido não deve aplicar o inciso I do art. 1.030 do CPC de forma irrefletida. Excepcionalmente, quando o recurso extraordinário ou especial trouxer argumentos novos, não considerados no paradigmático precedente do Supremo Tribunal Federal ou do Superior Tribunal de Justiça, essa realidade deve ser colocada em evidência e, uma vez verificada a admissibilidade do recurso (art. 1.030, V, do CPC), o recurso deve ser encaminhado ao tribunal *ad quem*, a fim de que se avalie possível revisão de tese (art. 927, § 4º, do CPC).[285]

Por sua vez, o inciso II do art. 1.030 do CPC determina o encaminhamento do processo para o órgão prolator do acórdão recorrido, para fins de retratação, quando se evidenciar que o recurso extraordinário ou especial se volta contra decisão divergente "do entendimento do Supremo Tribunal Federal ou do Superior Tribunal de Justiça exarado, conforme o caso, nos regimes de repercussão geral ou de recursos repetitivos", em conformidade com o disposto nos arts. 1.040, II, e 1.041 do CPC.

Já o inciso III do art. 1.030 do CPC manda o presidente ou o vice-presidente do tribunal *a quo* sobrestar o recurso extraordinário ou especial "que

---

285 "O art. 1.030 do CPC, em uma interpretação conforme à Constituição, apenas impede que os argumentos já desenvolvidos e solucionados pelas Cortes superiores retornem a ela. Tratando-se de um argumento de distinção ou de superação que não foi examinado pelo STF ou pelo STJ, o presidente ou vice-presidente do tribunal recorrido deve examinar tão somente a admissibilidade do recurso remetê-lo à superior instância, nada obstante exista precedente sobre a matéria de fundo" (LUCAS BURIL DE MACÊDO, "A análise dos Recursos Excepcionais pelos Tribunais Intermediários – o pernicioso art. 1.030 do CPC e sua inadequação técnica como fruto de uma compreensão equivocada do sistema de precedentes vinculantes", p. 217).

versar sobre controvérsia de caráter repetitivo ainda não decidida pelo Supremo Tribunal Federal ou pelo Superior Tribunal de Justiça", o que é reforçado pelos arts. 1.035, § 5º, 1.036, § 1º, e 1.037, II, do CPC.

O subsequente inciso IV do art. 1.030 do CPC dispõe sobre a deflagração do julgamento *por amostragem*[286] no âmbito do tribunal *a quo*, disciplinada no art. 1.036 do CPC. Assim, quando identificar "multiplicidade de recursos extraordinários ou especiais com fundamento em idêntica questão de direito" (art. 1.036, *caput*, do CPC), cabe ao presidente ou vice-presidente do tribunal recorrido selecionar e encaminhar para o tribunal *ad quem* "recursos admissíveis que contenham abrangente argumentação e discussão a respeito da questão a ser decidida" (art. 1.036, § 6º, do CPC). Nessas condições, tal atividade de seleção e encaminhamento é feita concomitantemente com um juízo acerca da admissibilidade do recurso (art. 1.030, V, alínea *b*, do CPC); recurso inadmissível não pode ser selecionado nem encaminhado para o Supremo Tribunal Federal ou para o Superior Tribunal de Justiça para fins do julgamento *por amostragem* (*infra*, n. 194).

O derradeiro inciso V do art. 1.030 do CPC prevê que o presidente ou o vice-presidente do tribunal recorrido proceda a um irrestrito juízo de admissibilidade do recurso extraordinário ou especial, quando o recurso não "tenha sido submetido ao regime de repercussão geral ou de julgamento de recursos repetitivos" (alínea *a*). Na alínea *b* do inciso V também está previsto irrestrito juízo de admissibilidade do recurso pinçado como "representativo da controvérsia", no contexto da seleção e do encaminhamento ao tribunal *ad quem* dos recursos extraordinário ou especial repetitivos, como dito logo acima (art. 1.030, IV). E na alínea *c* do inciso V está programado subsequente juízo de admissibilidade do recurso extraordinário ou especial interposto no processo encaminhado para o prolator do acórdão recorrido para fins de retratação, nos termos do inciso II do art. 1.030, nas situações em que tal retratação não acontece. Esse subsequente juízo de admissibilidade é igualmente irrestrito.

O legislador não prevê que o presidente ou o vice-presidente do tribunal recorrido proceda a um amplo exame da admissibilidade dos recursos extraordinário ou especial no contexto dos incisos I, II e III do art. 1.030 do CPC. A orientação legislativa nessas circunstâncias é, sobretudo, para um juízo de conformação entre o recurso ou o acórdão recorrido e um entendimento fixado pelos Tribunais de Superposição. Na hipótese do inciso II, o legislador reserva o juízo de admissibilidade irrestrito para um segundo momento, se e

---

[286] Expressão cunhada por BARBOSA MOREIRA, nos seus *Comentários ao Código de Processo Civil*, v. V, n. 332, p. 618.

quando não houver retratação do prolator do acórdão recorrido. No caso do inciso III, há expressa previsão legal para a investigação da tempestividade do recurso sobrestado, mediante provocação, nos termos dos arts. 1.035, § 6º, e 1.036, § 2º, do CPC.

Todavia, em qualquer hipótese, não se pode negligenciar o tema da tempestividade do recurso extraordinário ou especial, mesmo quando o presidente ou o vice-presidente do tribunal recorrido deva proceder apenas a um juízo de conformação nos moldes dos incisos I a III do art. 1.030 do CPC. Consoante expresso no § 3º do art. 1.029 do CPC, deve-se *desconsiderar ou corrigir vício formal e não grave de recurso tempestivo*, a fim de viabilizar o recurso extraordinário ou especial sob exame. Infere-se desse dispositivo legal que a intempestividade do recurso é um obstáculo intransponível. Assim, é sempre de rigor o reconhecimento da correlata preclusão temporal, que tem na coisa julgada a sua expressão máxima, independentemente de o recurso estar submetido ao regime de repercussão geral ou de julgamento de recursos repetitivos. Tal reconhecimento pode (*rectius*: deve) ter lugar de ofício, independentemente de provocação, e acaba inibindo o juízo de conformação programado nos incisos I a III do art. 1.030. A previsão de um requerimento para a declaração da intempestividade nos arts. 1.035, § 6º, e 1.036, § 2º, do CPC presta-se apenas a evidenciar que o tema pode conduzir à exclusão do recurso do regime de repercussão geral ou de julgamento de recursos repetitivos, sem inibir o controle oficioso em torno do assunto.

É possível que, diante de um único recurso extraordinário ou especial, o presidente ou o vice-presidente do tribunal recorrido profira decisão fundada em mais de um inciso do art. 1.030 do CPC. Por exemplo, se parte das pretensões deduzidas no recurso especial atrita com entendimento firmado pelo Superior Tribunal de Justiça no julgamento de recurso repetitivo e outra parte se afina com esse entendimento, o presidente ou o vice-presidente do tribunal *a quo* deve proferir decisão tanto com fundamento no inciso I ("negar seguimento") quanto no inciso II ("encaminhar o processo ao órgão julgador para realização do juízo de retratação") do art. 1.030. Aqui, a negativa de seguimento fica circunscrita ao primeiro grupo de pretensões e o juízo de retratação fica limitado ao segundo grupo de pretensões.

Nesse contexto, a aplicação prática do art. 1.030 do CPC requer atenção do presidente ou vice-presidente do tribunal recorrido, sobretudo, quando há conexão entre distintas pretensões recursais. É pensar em recurso especial com duas pretensões, estando a primeira atrelada a controvérsia repetitiva pendente de apreciação no Superior Tribunal de Justiça (inciso III) e a segunda sujeita a ordinário juízo de admissibilidade (inciso V). Se a primeira pretensão recursal estiver fundada em questões preliminares das questões em que se funda a segunda pretensão recursal, a ordem de sobrestamento prevista no inciso III deve alcançar o recurso como um todo, relegando o ordinário juízo de admissibilidade para um momento futuro e eventual.[287]

178. Recursos ou requerimentos diante da decisão do tribunal *a quo*

Conforme o encaminhamento dado ao recurso extraordinário ou especial no âmbito do tribunal *a quo*, variam os remédios disponibilizados ao recorrente para reação diante do respectivo pronunciamento judicial.

Diante de um negativo juízo de admissibilidade irrestrito nos termos do inciso V do art. 1.030 do CPC, "caberá agravo ao tribunal superior, nos termos do art. 1.042" (art. 1.030, § 1º). Contra a negativa de seguimento com fundamento no inciso I e o sobrestamento fundado no inciso III do art. 1.030, "caberá agravo interno, nos termos do art. 1.021" (art. 1.030, § 2º). Esse agravo interno será julgado pelo órgão designado pelas regras de organização interna do tribunal recorrido para reexaminar as decisões monocráticas do presidente ou do vice-presidente.[288]

---

[287] É preciso rever entendimento externado à luz do Código de Processo Civil de 1973, no sentido de que, "se um recurso especial ou extraordinário for fundado não só na idêntica questão de direito repetida em outros recursos, mas também em outras autônomas e peculiares questões de direito, ele deve seguir adiante, sem sobrestamento" ("A nova técnica de julgamento dos recursos extraordinário e especial repetitivos", p. 37-38). Agora, o Código de Processo Civil confere maior força ao sobrestamento, inclusive para alcançar processos de primeira instância (arts. 1.035, § 5º, 1.036, § 1º, e 1.037, II, do CPC). Doutra parte, a possibilidade de fracionamento no julgamento da causa (arts. 354, parágrafo único, e 356 do CPC) repercute em todas as instâncias, o que permite um descolamento entre pretensões recursais sem conexão.

Todavia, para Humberto Theodoro Júnior, a suspensão em comento "pressupõe que todos os recursos especiais ou extraordinários retidos sejam realmente veiculadores apenas de uma única e mesma questão de direito. Se no recurso superveniente à questão, embora nascida da aplicação da mesma norma, envolva suporte fático diverso ou esteja em correlacionamento sistemático com outros preceitos legais que possam alterar-lhe a interpretação no caso dos autos, o recurso especial não poderá ser paralisado em sua marcha apenas porque um dos seus diversos fundamentos coincida com o de outro recurso da espécie. A aplicação dos arts. 1.036 a 1.041 pressupõe identidade total de fundamento de direito entre todos os recursos, para que possam ser classificados como seriados ou repetitivos, e assim, serem suspensos os não escolhidos como paradigma" (*Curso de direito processual civil*, v. III, n. 845, p. 1.140-1.141).

[288] "Caberá agravo interno contra decisão que negar seguimento a recurso extraordinário que discuta questão constitucional sobre a qual o Supremo Tribunal Federal não tenha reconhecido a existência de repercussão geral ou que esteja em conformidade com entendimento daquela Corte exarado no regime de repercussão geral (§ 2º do art. 1.030 do CPC). No caso dos autos, o agravo regimental – único recurso cabível – já foi interposto e julgado pela Corte Especial. Desse modo, a interposição do agravo em recurso extraordinário consubstancia erro grave" (STJ,

Não existe previsão no Código de Processo Civil de recurso contra a decisão do presidente ou vice-presidente do tribunal recorrido que encaminha o processo para o juízo de retratação nos termos do inciso II do art. 1.030 do CPC. Porém, não se descarta a ocorrência de equívocos nesse encaminhamento, por exemplo, na identificação da divergência entre o acórdão recorrido e o entendimento firmado pelos Tribunais Superiores. Nessas circunstâncias, deve-se investigar em outros diplomas legais ou nas regras de organização interna do tribunal recorrido a existência de recurso contra esse pronunciamento. Por exemplo, no âmbito do Superior Tribunal de Justiça, decisão com esse teor é passível de agravo, nos termos do art. 39 da Lei n. 8.038/1990. Se não for identificado recurso cabível no caso, fica aberta para o recorrente a via do mandado de segurança (arts. 1º, *caput*, e 5º, II, da Lei n. 12.016/2009).

Também não existe previsão no Código de Processo Civil de recurso contra a decisão do presidente ou vice-presidente do tribunal recorrido que seleciona e encaminha ao tribunal *ad quem* "recurso como representativo de controvérsia constitucional ou infraconstitucional" (art. 1.030, IV, do CPC). Aqui, de fato, trata-se de decisão irrecorrível.[289] Aliás, todo e qualquer juízo de admissibilidade positivo é considerado irrecorrível. Cabe ao interessado, no caso, diligenciar junto ao tribunal superior para que não se admita o recurso ou não se proceda à afetação (art. 1.037, § 1º, do CPC).

O decreto de intempestividade do recurso extraordinário ou especial submetido ao regime de repercussão geral ou de julgamento de recursos repetitivos deve ser impugnado pelo agravo do art. 1.042 do CPC. Afinal, ainda que estivesse programado para o caso mero juízo de conformação nos moldes dos incisos I a III do art. 1.030 do CPC, este acaba inibido pela inexorável preclusão temporal. Logo, não há aqui decisão fundada "na aplicação de entendimento firmado em regime de repercussão geral ou em julgamento de recursos repetitivos" (art. 1.042, *caput*, do CPC), mas pura e simples inadmissão do recurso extraordinário ou especial.

Como já dito, pode acontecer de o tribunal *a quo* proferir decisão com fundamento tanto no inciso V quanto nos incisos I e III do art. 1.030 do CPC (*supra*, n. 177). É pensar em situação na qual o recorrente tenha apresentado recurso extraordinário com parte das pretensões recursais fundada em questões constitucionais já definidas pelo Supremo Tribunal Federal como carentes de repercussão geral e outra parte das pretensões recursais fundada em questões constitucionais ainda não apreciadas pela mais alta corte do País, mas não de-

---

Corte Especial, Ag em REsp 749.097-AgRg-RE-AgRg-Ag em RE-AgRg, rel. Min. Humberto Martins, j. 7/12/2016, DJ 16/12/2016).

289 Cf. Heitor Vitor Mendonça Sica, Comentários ao art. 1.030. In: *Código de Processo Civil anotado*, p. 1.623.

batidas nas instâncias ordinárias. O pronunciamento do tribunal *a quo* que barrar o recurso extraordinário tanto com apoio na mencionada falta de repercussão geral (alínea *a* do inciso I) quanto na falta de prequestionamento (alínea *a* do inciso V) será recorrível tanto por agravo interno quanto por agravo em recurso especial ou extraordinário, nos termos dos §§ 1º e 2º do art. 1.030. Nessa hipótese, cada agravo terá por objeto um capítulo decisório próprio.

São de pertinente lembrança para a aferição do interesse recursal nesse contexto as Súmulas n. 292 ("interposto o recurso extraordinário por mais de um dos fundamentos indicados no art. 101, n. III, da Constituição, a admissão apenas por um deles não prejudica o seu conhecimento por qualquer dos outros") e 528 ("se a decisão contiver partes autônomas, a admissão parcial, pelo Presidente do Tribunal *a quo*, de recurso extraordinário que sobre qualquer delas se manifestar, não limitará a apreciação de todas pelo Supremo Tribunal Federal, independentemente de interposição de agravo de instrumento") do STF.

Independentemente do inciso do art. 1.030 do CPC em que estiver fundada a decisão do presidente ou vice-presidente do tribunal recorrido, contra ela cabem embargos de declaração, mesmo na hipótese do irrecorrível pronunciamento do inciso IV.

Além dos recursos mencionados acima, o legislador também prevê a formulação de certos requerimentos diante da decisão de sobrestamento do recurso extraordinário ou especial "que versar sobre controvérsia de caráter repetitivo ainda não decidida pelo Supremo Tribunal Federal ou pelo Superior Tribunal de Justiça" (art. 1.030, III, do CPC). Tais requerimentos podem se voltar tanto à declaração de intempestividade do recurso sobrestado (arts. 1.035, § 6º, e 1.036, § 2º, do CPC) quanto ao reconhecimento da distinção entre a questão ventilada no recurso sobrestado e "aquela a ser julgada no recurso especial ou extraordinário afetado" (art. 1.037, § 9º, do CPC). Em ambos os casos, busca-se driblar o sobrestamento, quer para a precipitação da preclusão, no caso da intempestividade, quer para o destrancamento do procedimento, no caso da distinção.

Na hipótese de indeferimento do requerimento previsto nos arts. 1.035, § 6º, e 1.036, § 2º, do CPC, cabe agravo interno (arts. 1.035, § 7º, e 1.036, § 3º, do CPC). Já se esse requerimento for deferido, a decisão terá natureza de decreto de intempestividade do recurso extraordinário ou especial, o que a exporá ao agravo em recurso especial ou extraordinário, como já dito (art. 1.042 do CPC).

No caso do requerimento expresso no art. 1.037, § 9º, do CPC, estando o recurso extraordinário ou especial sobrestado no tribunal de origem, quem o aprecia é o relator do acórdão recorrido (art. 1.037, § 10, III, do CPC). Se ele reconhece a distinção, encaminha o processo para o presidente ou o vice-presidente do tribunal *a quo*, para que se proceda ao juízo de admissibilidade do recurso anteriormente sobrestado (art. 1.037, § 12, II, do CPC). Se o relator nega a distinção, simplesmente se mantém o sobrestamento do recurso. Em qualquer caso, cabe agravo interno contra a decisão que delibera sobre a distinção (art. 1.037, § 13, II, do CPC).

Por fim, cabe observar que deslize no julgamento do agravo interno contra a decisão que nega seguimento a recurso extraordinário ou especial com fundamento no inciso I do art. 1.030 do CPC, decorrente da má aplicação prática do precedente qualificado, autoriza a oferta de reclamação, tendo em vista a equivocada subtração de causa da competência dos Tribunais de Superposição e o esgotamento da instância ordinária, de acordo com o disposto no art. 988, I e § 5º, II, do CPC. A reclamação aqui deve ser apresentada no prazo assinado para os embargos de declaração contra o acórdão do agravo interno ou na pendência desses embargos; não cabe reclamação após o trânsito em julgado (art. 988, § 5º, I, do CPC).[290] Por sua vez, no caso de equívoco no sobrestamento do recurso extraordinário ou especial (art. 1.030, III, do CPC) não cabe reclamação, uma vez que ainda não definida a sorte do recurso sobrestado e não resolvida a controvérsia repetitiva nos Tribunais Superiores.

> **Art. 1.031.** Na hipótese de interposição conjunta de recurso extraordinário e recurso especial, os autos serão remetidos ao Superior Tribunal de Justiça.
>
> **§ 1º** Concluído o julgamento do recurso especial, os autos serão remetidos ao Supremo Tribunal Federal para apreciação do recurso extraordinário, se este não estiver prejudicado.
>
> **§ 2º** Se o relator do recurso especial considerar prejudicial o recurso extraordinário, em decisão irrecorrível, sobrestará o julgamento e remeterá os autos ao Supremo Tribunal Federal.
>
> **§ 3º** Na hipótese do § 2º, se o relator do recurso extraordinário, em decisão irrecorrível, rejeitar a prejudicialidade, devolverá os autos ao Superior Tribunal de Justiça para o julgamento do recurso especial.
>
> *CPC de 1973 – art. 543*

179. Procedimento perante os tribunais *ad quem*

Uma vez diagnosticado pelo presidente ou vice-presidente do tribunal *a quo* que o recurso extraordinário ou especial deve ser encaminhado para o tribunal *ad quem*, a remessa é feita com atenção ao disposto no *caput* do art. 1.031 do CPC: "na hipótese de interposição conjunta de recurso extraordinário e recurso especial, os autos serão remetidos ao Superior Tribunal de Justiça".

---

290 Cf. FREDIE DIDIER JÚNIOR e LEONARDO CARNEIRO DA CUNHA, *Curso de direito processual civil*, v. 3, p. 364-365.

Como se percebe, institui o legislador uma ordem a ser observada na generalidade dos casos em que são apresentados no processo recursos extraordinário e especial: num primeiro momento, o Superior Tribunal de Justiça investiga a existência de violação a lei federal no caso dos autos; num segundo momento, o Supremo Tribunal Federal examina os temas constitucionais veiculados pelo recorrente. Considerando que está programado para o contexto dos recursos extraordinário e especial possível julgamento da causa (art. 1.034 do CPC), a ideia é a de que a última palavra no processo caiba à mais alta corte do País.

Referida ordem comporta inversão, quando o recurso extraordinário for considerado "prejudicial" (art. 1.031, § 2º, do CPC) em relação ao recurso especial, isto é, quando a solução daquele puder interferir no julgamento deste, *predeterminando o seu sentido ou conteúdo*. A inversão na ordem de julgamento também deve acontecer quando o recurso extraordinário ventilar questões constitucionais *preliminares* das questões infraconstitucionais debatidas no recurso especial, isto é, questões constitucionais cuja solução pode *preexcluir o conhecimento* das questões infraconstitucionais. Por exemplo, deve ser julgado antes do recurso especial que discute aspectos legais de uma dívida fiscal o recurso extraordinário que questiona a inconstitucionalidade da correlata lei tributária.[291]

Uma vez presente situação autorizadora da inversão na ordem de julgamento dos recursos, o relator do recurso especial, "em decisão irrecorrível, sobrestará o julgamento e remeterá os autos ao Supremo Tribunal Federal" (art. 1.031, § 2º, do CPC). Conquanto irrecorrível, essa decisão comporta embargos de declaração e acabará sendo reexaminada pelo Supremo Tribunal Federal, a quem cabe definir se efetivamente há ou não prejudicialidade no caso, nos termos do § 3º do art. 1.031 do CPC: "na hipótese do § 2º, se o relator do recurso extraordinário, em decisão irrecorrível, rejeitar a prejudicialidade, devolverá os autos ao Superior Tribunal de Justiça para o julgamento do recurso especial". No âmbito do Supremo Tribunal Federal, igualmente cabem embargos de declaração contra essa decisão do relator. Ante a expressa previsão da sua irrecorribilidade e a ausência de reexame ulterior, ela pode ser atacada também por mandado de segurança (arts. 1º, *caput*, e 5º, II, da Lei n. 12.016/2009).

Tanto no Superior Tribunal de Justiça quanto no Supremo Tribunal Federal o enfrentamento do tema da prejudicialidade se dá de ofício, independen-

---

[291] Para os clássicos conceitos de questão prejudicial e questão preliminar e correlato exemplo aqui trazidos, cf. BARBOSA MOREIRA, "Questões prejudiciais e questões preliminares", p. 85.

temente de pedido de qualquer das partes. Caso o relator nada diga a respeito e o recurso chegue ao órgão colegiado para julgamento, este pode examinar referido tema diretamente, quer para remeter os autos para o Supremo Tribunal Federal na hipótese do § 2º do art. 1.031 do CPC, quer para devolver os autos ao Superior Tribunal de Justiça no caso do § 3º do mesmo art. 1.031.[292] Quando o processo é devolvido por decisão monocrática ou colegiada ao Superior Tribunal de Justiça, não se pode reavivar perante este o tema da prejudicialidade, soberanamente definido no âmbito do Supremo Tribunal Federal.

Em qualquer circunstância, o julgamento do recurso especial obedece ao disposto no § 4º do art. 255 do RISTJ. Assim, quando for o caso, o relator dá vista ao Ministério Público pelo prazo de 20 dias e, invariavelmente, analisa se está diante de hipótese de julgamento monocrático (arts. 932, III a V, do CPC e 255, § 4º, I a III, do RISTJ). Ausente tal hipótese, deve o relator então cuidar da elaboração do voto, para que se proceda ao julgamento do recurso pelo órgão colegiado, nos termos dos arts. 931 e segs. do CPC.

O julgamento do recurso especial desafia a interposição de recursos a serem apreciados no âmbito do próprio Superior Tribunal de Justiça. Em qualquer hipótese, cabem embargos de declaração contra a decisão do recurso especial. Se o julgamento do recurso especial houver se dado por decisão monocrática, esta é impugnável por agravo interno (arts. 1.021 do CPC e 259 do RISTJ). Em face do julgamento do recurso especial por turma ou seção que contrariar entendimento de qualquer outro órgão do Superior Tribunal de Justiça, admitem-se embargos de divergência (arts. 1.043 do CPC e 266 do RISTJ). Enquanto ainda admissível qualquer desses recursos, os autos do processo devem permanecer no Superior Tribunal de Justiça. Após o exaurimento do prazo para a interposição de tais recursos, estando concluídos todos os julgamentos pendentes no Superior Tribunal de Justiça, é que, havendo recurso extraordinário no processo, cogita-se do encaminhamento dos autos para o Supremo Tribunal Federal, nos termos do § 1º do art. 1.031 do CPC.

O recurso extraordinário existente no processo pode ter sido interposto contra o acórdão proferido pelo tribunal *a quo*, concomitantemente impugnado pelo recurso especial julgado pelo Superior Tribunal de Justiça, ou pode voltar-se exatamente contra esse julgamento do recurso especial ou de algum subsequente recurso (por exemplo, embargos de divergência). É apenas para a hipótese de recurso extraordinário interposto contra o acórdão proferido pelo tribunal *a quo* ("interposição conjunta de recurso extraordinário e recurso especial" – art. 1.031, *caput*, do CPC) que se volta o alerta do § 1º do art. 1.031,

---

[292] Cf. BARBOSA MOREIRA, *Comentários ao Código de Processo Civil*, v. V, n. 329, p. 610-611; LEONARDO GRECO, *Instituições de processo civil*, v. III, n. 11.3.3, p. 264-265.

in fine ("se este não estiver prejudicado"). Se o recorrente interpõe recursos extraordinário e especial visando a um mesmo resultado final (por exemplo, improcedência integral da demanda) e esse resultado já é totalmente obtido com o provimento do recurso especial, o recurso extraordinário por ele interposto fica prejudicado. Cabe ao Supremo Tribunal Federal pronunciar a condição de prejudicado do recurso extraordinário, razão pela qual os autos do processo devem para lá ser encaminhados. Eventual e indevida retenção dos autos do processo pelo Superior Tribunal de Justiça pode ser combatida por recurso ou reclamação (art. 988, I, do CPC).

Por fim, quando o recurso extraordinário ataca o próprio julgamento do recurso especial ou de algum subsequente recurso, cabe ao presidente ou vice-presidente do Superior Tribunal de Justiça proceder em conformidade com o disposto no art. 1.030 do CPC.

> **Art. 1.032.** Se o relator, no Superior Tribunal de Justiça, entender que o recurso especial versa sobre questão constitucional, deverá conceder prazo de 15 (quinze) dias para que o recorrente demonstre a existência de repercussão geral e se manifeste sobre a questão constitucional.
>
> **Parágrafo único.** Cumprida a diligência de que trata o *caput*, o relator remeterá o recurso ao Supremo Tribunal Federal, que, em juízo de admissibilidade, poderá devolvê-lo ao Superior Tribunal de Justiça.
>
> *CPC de 1973 – sem dispositivo correspondente*

180. Conversão do recurso especial em recurso extraordinário

Em razão do extenso texto da Constituição da República Federativa do Brasil, acontece de muitos assuntos serem tratados tanto no plano constitucional quanto no plano infraconstitucional. Nessa situação, o julgamento da causa pode a um só tempo atritar com dispositivos da Constituição Federal e de lei federal, expondo-se tanto a recurso extraordinário quanto a recurso especial. Para a definição do Tribunal de Superposição que vai efetivamente examinar esse atrito, o Superior Tribunal de Justiça consolidou o seguinte critério: "não cabe o recurso especial, e sim o extraordinário, quando a norma infraconstitucional apontada como violada simplesmente reproduz uma norma constitucional. O sentido positivo inverso do critério é, consequentemente, o do cabimento do recurso especial quando a norma infraconstitucional não é mera reprodução da norma superior, mas traz uma disciplina mais abrangente ou mais específica da matéria tratada".[293]

---

293 STJ, Corte Especial, ED no REsp 547.653, rel. Min. Teori Zavascki, j. 15/12/2010, DJ 29/3/2011.

No trecho imediatamente seguinte da ementa reproduzida acima, o Superior Tribunal de Justiça consigna: "a dificuldade, muitas vezes presente, de distinguir a simples reprodução da efetiva inovação no campo normativo deve ser superada à luz do princípio do acesso à justiça, afastando, desse modo, o sério risco de se negar ao jurisdicionado tanto um quanto outro dos recursos à instância extraordinária".

Foi justamente com esse espírito que o legislador trouxe para o texto do Código de Processo Civil os arts. 1.032 e 1.033. O primeiro deles dispõe no *caput*: "se o relator, no Superior Tribunal de Justiça, entender que o recurso especial versa sobre questão constitucional, deverá conceder prazo de 15 (quinze) dias para que o recorrente demonstre a existência de repercussão geral e se manifeste sobre a questão constitucional". A brecha aqui aberta pelo legislador é restrita. Não autoriza nada mais do que a adaptação do recurso previamente interposto, considerando o deslocamento da controvérsia do plano infraconstitucional para o plano constitucional e a necessidade de se demonstrar a repercussão geral da matéria ventilada nas razões recursais. Assim, não é possível a essa altura ampliar as dimensões objetivas ou subjetivas do recurso anterior, quer para trazer razões ou pedidos substancialmente inéditos, quer para agregar novos sujeitos à instância recursal.

Consigne-se que a decisão do relator no sentido da conversão do recurso especial em recurso extraordinário é impugnável por agravo interno (art. 1.021 do CPC), ante a ausência de qualquer vedação legal com relação à sua recorribilidade.

O prazo quinzenal assinado com amparo no *caput* do art. 1.032 do CPC para a conversão de um recurso noutro se dobra em favor do Ministério Público, da Fazenda Pública, da Defensoria Pública e de litisconsortes com procuradores diferentes, nos termos dos arts. 180, 183, 186 e 229 do CPC.

A conversão do recurso especial em recurso extraordinário pode ser facilitada e simplificada quando, por cautela, o recorrente desde logo interpõe ambos os recursos, sendo um espelho do outro. Aqui, basta remissão ao recurso extraordinário já interposto, que contém de antemão todos os elementos necessários para deslocar a discussão para o Supremo Tribunal Federal.

A inércia do recorrente diante do comando de conversão não inviabiliza necessariamente seu recurso, desde que presentes na peça recursal original elementos para o conhecimento da pretensão recursal como recurso extraordinário. O silêncio do recorrente também é irrelevante quando interposto previamente recurso extraordinário, veiculando tudo o que poderia ser dito por ocasião da conversão.

Esgotado o prazo para a conversão, em respeito à garantia constitucional do contraditório (art. 5º, LV, da CF), o relator deve abrir novo prazo quinzenal, agora em favor do recorrido, para que ele se manifeste a respeito do recurso como se extraordinário fosse. Nessa manifestação, pode o recorrido zelar pelo respeito aos estritos limites estabelecidos para a conversão do recurso e colocar novos obstáculos para a sua admissão, sobretudo, em razão do requisito peculiar da repercussão geral. Não é possível, a essa altura, a interposição de recurso extraordinário adesivo pelo recorrido.

Com o esgotamento do prazo assinado para o recorrido se manifestar acerca da conversão do recurso especial em recurso extraordinário, o relator simplesmente encaminha os autos do processo ao Supremo Tribunal Federal, sem qualquer juízo acerca da admissibilidade do recurso convertido. Todavia, como não poderia deixar de ser, é o Supremo Tribunal Federal que dará a última palavra a respeito do acerto da conversão e consequentemente a respeito do Tribunal de Superposição competente para julgar a pretensão recursal. Nesse sentido, diz o parágrafo único do art. 1.032 do CPC que o Supremo Tribunal Federal pode, em juízo de admissibilidade, devolver o recurso ao Superior Tribunal de Justiça. Essa decisão de devolução é recorrível no âmbito do Supremo Tribunal Federal. Por exemplo, se tomada pelo relator, cabe agravo interno. Uma vez exauridos os debates a respeito no Supremo Tribunal Federal e devolvido o recurso ao Superior Tribunal de Justiça, cabe a este simplesmente julgar o recurso especial tal qual interposto originalmente, desconsiderando a conversão.

Pode acontecer de haver mais de um recurso especial interposto no processo e apenas um deles ser objeto de conversão em recurso extraordinário. Isso requer cuidado, sobretudo, quando houver relação de prejudicialidade entre os recursos. Em sendo o recurso convertido prejudicial dos recursos não convertidos, deve o relator lançar mão do disposto no § 2º do art. 1.031 do CPC, remetendo os autos do processo para o Supremo Tribunal Federal. Se não houver relação de prejudicialidade, os autos do processo permanecem no Superior Tribunal de Justiça para o pronto julgamento dos recursos não convertidos e somente depois são encaminhados para o Supremo Tribunal Federal. Todavia, é preciso lembrar que o recurso convertido pode ser objeto de ulterior devolução pelo Supremo Tribunal Federal (art. 1.032, parágrafo único, do CPC).

Por fim, pode acontecer de apenas parte de um único recurso especial demandar conversão em recurso extraordinário. É o que acontece quando somente uma ou algumas das pretensões recursais exigem deslocamento para o Supremo Tribunal Federal. Nessas circunstâncias, as medidas adaptativas são meramente parciais. O Superior Tribunal de Justiça julga as pretensões recursais que lhe cabe apreciar e depois encaminha os autos para o Supremo Tribunal Federal examinar as pretensões recursais objeto da conversão.

181. Juízo de admissibilidade

No contexto da conversão do recurso especial em recurso extraordinário, é possível que se examine amplamente no âmbito do Superior Tribunal de Justiça a admissibilidade do recurso por converter. Nessas condições, a conversão pode até restar inviabilizada, se identificado obstáculo para a admissão do recurso (por exemplo, intempestividade). Por isso é possível que, havendo mais de um recurso especial passível de adaptação para recurso extraordinário, um seja objeto de medidas de conversão e outro seja simplesmente inadmitido.

182. Recurso adesivo

A conversão do recurso especial em recurso extraordinário merece atenção particular quando existe recurso especial adesivo. Essa conversão não tem o significado de inadmissão do recurso principal e assim não prejudica a admissão do recurso adesivo (art. 997, § 2º, III, do CPC). Relembre-se ainda de que não se exige conexão entre os recursos para a admissibilidade do recurso adesivo (*supra*, n. 24), de modo que pode ser simplesmente impossível a conversão de um recurso especial adesivo num recurso extraordinário adesivo, por não ter o recorrente adesivo trazido qualquer tema constitucional na peça recursal.

Nessas condições, são dois os possíveis cenários em matéria de conversão do recurso especial em recurso extraordinário e recurso adesivo. No primeiro deles, diagnostica-se que o recurso especial adesivo também necessita da conversão para seguir adiante, pelas mesmas razões que motivam a adaptação do recurso especial principal em recurso extraordinário. Aqui, na mesma decisão em que se determina que o recorrente principal converta seu recurso especial em recurso extraordinário no prazo de 15 dias (art. 1.032, *caput*, do CPC), emite-se igual comando para que o recorrente adesivo assim proceda. Após a conversão do recurso especial adesivo em recurso extraordinário adesivo, o recorrente principal é ouvido a esse respeito, no mesmo prazo quinzenal aberto para manifestação diante da adaptação do recurso especial principal em recurso extraordinário, e os autos do processo são remetidos para o Supremo Tribunal Federal.

Isso não difere do que já havia sido dito acerca da conversão nos tópicos anteriores (*supra*, n. 180 e 181). É no segundo cenário possível que se identifica algo diferente, razão de ser da anunciada atenção particular que o tema merece. Aqui, o recurso especial principal demanda conversão em recurso extraordinário para a sua viabilidade e o recurso especial adesivo sequer permite tal conversão, por versar temas estritamente vinculados a lei federal. Colocando-se em evidência esse diagnóstico, determina-se a adaptação do recurso especial principal no prazo quinzenal do *caput* do art. 1.032 do CPC. E, a partir daí, há um certo descolamento entre o recurso principal e o recurso adesivo.

Ainda nesse segundo cenário possível, os autos do processo são prontamente encaminhados ao Supremo Tribunal Federal para exclusiva apreciação do recurso extraordinário resultante da conversão. Se a mais alta corte do País decide pela devolução do recurso para o Superior Tribunal de Justiça (art. 1.032, parágrafo único, do CPC), recurso especial principal e recurso especial adesivo serão julgados conjuntamente, como se nunca tivesse havido conversão. Se o Supremo Tribunal Federal inadmite o recurso extraordinário, os autos do processo são ulteriormente encaminhados para o Superior Tribunal de Justiça, cabendo a este simplesmente atestar a inadmissibilidade do recurso especial adesivo (art. 997, § 2º, III, do CPC). Por fim, se o recurso extraordinário é admitido, ainda que não provido, os autos do processo são remetidos ao Superior Tribunal de Justiça após o esgotamento dos debates na mais alta corte do País, a fim de que o recurso especial adesivo seja livremente apreciado, quer no tocante à sua admissibilidade, quer no tocante ao seu mérito.

> **Art. 1.033.** Se o Supremo Tribunal Federal considerar como reflexa a ofensa à Constituição afirmada no recurso extraordinário, por pressupor a revisão da interpretação de lei federal ou de tratado, remetê-lo-á ao Superior Tribunal de Justiça para julgamento como recurso especial.
>
> *CPC de 1973 – sem dispositivo correspondente*

183. Conversão do recurso extraordinário em recurso especial

O art. 1.033 do CPC não pode ser analisado de forma dissociada do art. 1.032 do CPC. Se este trata da conversão do recurso especial em recurso extraordinário, aquele cuida da conversão do recurso extraordinário em especial. Um é o espelho do outro.

Nesse contexto, quando o assunto debatido no recurso extraordinário é objeto de regulação constitucional e infraconstitucional e o Supremo Tribunal Federal considera que tal assunto tem mais apelo legal, "por considerar como reflexa a ofensa à Constituição" (art. 1.033 do CPC), a mais alta corte do País deve cuidar para que o recurso a ela dirigido se converta em recurso especial e seja encaminhado ao Superior Tribunal de Justiça.[294]

---

[294] Nos comentários ao art. 1.032 do CPC, já se chamou a atenção para trecho de julgado do Superior Tribunal de Justiça que coloca em evidência dificuldade para a identificação do palco adequado para o debate em torno de certas matérias que são concomitantemente reguladas em nível constitucional e infraconstitucional (STJ, Corte Especial, ED no REsp 547.653, rel. Min. Teori Zavascki, j. 15/12/2010, DJ 29/3/2011). Tal dificuldade também é sentida no Supremo Tribunal Federal. Por exemplo, no seguinte acórdão, afirmou-se a inadmissibilidade do recurso extraordinário: "não cabe recurso extraordinário para rever os requisitos de admissibilida-

Malgrado o silêncio do legislador no art. 1.033 do CPC, o recurso extraordinário também deve ser objeto de adaptação a cargo do recorrente, a exemplo do previsto no art. 1.032 do CPC para a conversão em sentido oposto. Assim, deve o Supremo Tribunal Federal abrir prazo quinzenal para que o recorrente simplesmente converta seu recurso extraordinário em recurso especial, sem inovações substanciais objetivas ou subjetivas, e outro subsequente prazo quinzenal para que o recorrido se manifeste a respeito da conversão.[295] Esses prazos se dobram em favor do Ministério Público, da Fazenda Pública, da Defensoria Pública e de litisconsortes com procuradores diferentes, nos termos dos arts. 180, 183, 186 e 229 do CPC.

A conversão do recurso extraordinário em recurso especial não deve ser levada adiante quando a adaptação resultar em recurso especial idêntico a outro previamente julgado pelo Superior Tribunal de Justiça, cabendo a este trancar o recurso especial repetido (*ne bis in idem*).[296]

---

de do recurso especial cujo seguimento foi negado pelo Superior Tribunal de Justiça. Alegação de violação direta e frontal do art. 5º, LV, da Constituição Federal. Necessidade de exame prévio de norma infraconstitucional para a verificação de contrariedade ao Texto Maior. Caracterização de ofensa reflexa ou indireta" (STF, 2ª Turma, AI 521.875-AgRg, rel. Min. Joaquim Barbosa, j. 29/3/2005, DJ 10/6/2005). Já em outra oportunidade, o recurso extraordinário foi admitido, com os seguintes argumentos: "a intangibilidade do preceito constitucional que assegura o devido processo legal direciona ao exame da legislação comum. Daí a insubsistência da tese de que a ofensa à Carta da República suficiente a ensejar o conhecimento de extraordinário há de ser direta e frontal. Caso a caso, compete ao Supremo apreciar a matéria, distinguindo os recursos protelatórios daqueles em que versada, com procedência, a transgressão a texto do Diploma Maior, muito embora se torne necessário, até mesmo, partir-se do que previsto na legislação comum. Entendimento diverso implica relegar à inocuidade dois princípios básicos em um Estado Democrático de Direito: o da legalidade e o do devido processo legal, com a garantia da ampla defesa, sempre a pressuporem a consideração de normas estritamente legais" (STF, 1ª Turma, RE 428.991, rel. Min. Marco Aurélio, j. 26/8/2008, DJ 31/10/2008). Daí a necessidade de se viabilizar tanto a conversão do recurso especial em recurso extraordinário quanto a conversão do recurso extraordinário em recurso especial. Nessas condições, ainda que subsista a Súmula n. 636 do STF ("não cabe recurso extraordinário por contrariedade ao princípio constitucional da legalidade, quando a sua verificação pressuponha rever a interpretação dada a normas infraconstitucionais pela decisão recorrida"), não mais se enxerga nela obstáculo para que o recorrente acesse os Tribunais de Superposição, dada a possibilidade de conversão em recurso especial do recurso extraordinário que demande revisão da interpretação dada a normas infraconstitucionais.

295 Cf. Fredie Didier Júnior e Leonardo Carneiro da Cunha, *Curso de direito processual civil*, v. 3, p. 409.
296 Para Heitor Vitor Mendonça Sica, nessas circunstâncias, "o STJ estaria autorizado a inadmitir o recurso extraordinário remetido pelo STF por falta de interesse recursal" (Comentários ao art. 1.033. In: *Código de Processo Civil anotado*, p. 1.625).

Quando possível a conversão do recurso extraordinário em recurso especial, uma vez aperfeiçoado o contraditório no âmbito do Supremo Tribunal Federal, os autos do processo devem ser encaminhados para o Superior Tribunal de Justiça, sem julgamento de eventuais recursos extraordinários pendentes de apreciação, a não ser que se considerem estes prejudiciais ao recurso convertido. Tais recursos extraordinários pendentes serão apreciados depois de esgotados os julgamentos no âmbito do Superior Tribunal de Justiça (art. 1.031 do CPC).

No Superior Tribunal de Justiça, não é possível devolver ao Supremo Tribunal Federal o recurso convertido, para que este julgue o recurso extraordinário tal qual interposto originalmente. Afinal, a mais alta corte do País já definiu que a pretensão recursal deve ser apreciada pelo Superior Tribunal de Justiça e tudo o que resta a este é julgá-la.[297] Nesse julgamento, cabe amplo exame da admissibilidade do recurso e do seu mérito.

Por fim, pode acontecer de apenas parte de um único recurso extraordinário demandar conversão em recurso especial. Aqui, cabe ao Supremo Tribunal Federal determinar adaptação meramente parcial, devolver os autos do processo ao Superior Tribunal de Justiça para que este esgote o exame dos temas infraconstitucionais e depois, com o retorno dos autos, julgar as pretensões efetivamente constitucionais.

184. Juízo de admissibilidade

A exemplo do que acontece na conversão do recurso especial em recurso extraordinário (*supra*, n. 181), o Supremo Tribunal Federal pode investigar amplamente a admissibilidade do recurso extraordinário passível de conversão em recurso especial. Logo, também aqui, a adaptação do recurso pode restar inibida, caso identificado óbice para a admissão da pretensão recursal (por exemplo, falta de prequestionamento).

185. Recurso adesivo

Assim como a conversão do recurso especial em recurso extraordinário não conduz à inadmissão do recurso especial adesivo (*supra*, n. 182), a conversão do recurso extraordinário em recurso especial não inviabiliza o recurso extraordinário adesivo, pois, repise-se, não se está aqui diante de decisão de inadmissão do recurso principal (art. 997, § 2º, III, do CPC).

Mais uma vez, dois são os possíveis cenários em matéria de conversão de recurso nos Tribunais de Superposição, semelhantes aos traçados anteriormente

---

[297] Cf. HEITOR VITOR MENDONÇA SICA, Comentários ao art. 1.033. In: *Código de Processo Civil anotado*, p. 1.625.

(*supra*, n. 182). No primeiro deles, constata-se que o recurso extraordinário adesivo necessita de conversão idêntica à do recurso extraordinário principal para poder seguir adiante. Aqui, determina-se que ambos os recorrentes adaptem seus recursos, cuida-se do contraditório e remetem-se os autos do processo para o Superior Tribunal de Justiça.

No segundo cenário possível, o recurso extraordinário principal demanda conversão em recurso especial para a sua admissibilidade e o recurso extraordinário adesivo sequer permite tal conversão, por versar temas estritamente constitucionais. Nessas condições, deve o Supremo Tribunal Federal colocar em evidência essa realidade e determinar apenas a adaptação do recurso extraordinário principal em 15 dias. Com a conversão do recurso extraordinário em recurso especial, há certo descolamento entre o recurso principal e o recurso adesivo. Os autos do processo são encaminhados ao Superior Tribunal de Justiça para exclusiva apreciação do recurso especial resultante da conversão. Se o Superior Tribunal de Justiça inadmite o recurso especial convertido, ele devolve os autos do processo ao Supremo Tribunal Federal, para que este simplesmente ateste a inadmissibilidade do recurso extraordinário adesivo (art. 997, § 2º, III, do CPC). Já se o Superior Tribunal de Justiça admite aquele recurso especial, ainda que sem lhe dar provimento, os autos do processo retornam ao Supremo Tribunal Federal para amplo julgamento do recurso extraordinário adesivo.

> **Art. 1.034.** Admitido o recurso extraordinário ou o recurso especial, o Supremo Tribunal Federal ou o Superior Tribunal de Justiça julgará o processo, aplicando o direito.
> **Parágrafo único.** Admitido o recurso extraordinário ou o recurso especial por um fundamento, devolve-se ao tribunal superior o conhecimento dos demais fundamentos para a solução do capítulo impugnado.
>
> *CPC de 1973 – sem dispositivo correspondente*

186. Julgamento da causa pelos Tribunais de Superposição

O *caput* do art. 1.034 traz expressamente para o Código de Processo Civil a ideia de *julgamento da causa*[298] pelos Tribunais de Superposição após o

---

[298] "Note-se que os projetos aprovados na Câmara dos Deputados, na condição de Casa revisora, e no Senado Federal, já na derradeira fase do processo legislativo, empregavam a expressão 'julgará a causa', mais adequada, justamente porque é a terminologia constante da Constituição Federal. Foi apenas por ocasião dos chamados 'ajustes de redação', realizados no início de 2015, que a palavra "causa" acabou sendo substituída por 'processo'. Apesar disso, como os tais ajustes não devem alterar o sentido ou a substância do texto aprovado – o qual (repita-se) utilizava corre-

conhecimento do recurso extraordinário ou especial, presente também na Súmula n. 456 do STF[299] e no art. 255, § 5º, do RISTJ.[300] Assim, admitido o recurso, cabe ao tribunal superior também decidir a causa, à luz da interpretação fixada para os dispositivos constitucionais ou legais.

Nessas condições, o Supremo Tribunal Federal e o Superior Tribunal de Justiça não atuam como meras cortes de cassação, limitadas à fixação da exegese constitucional ou legal, para que outro juízo cuide do deslinde da causa; têm-se aqui verdadeiros tribunais de revisão, aptos ao efetivo *julgamento da causa*, como, aliás, expresso na própria Constituição Federal (arts. 102, III, e 105, III),[301] valendo registrar apenas a existência de algumas limitações para tanto em matéria de recurso extraordinário e especial.[302] Assim, malgrado

---

tamente a terminologia da Constituição Federal –, deve-se entender que o vocábulo 'processo' foi empregado como sinônimo de 'causa' no aludido art. 1.034" [João Francisco Naves da Fonseca, "A profundidade do efeito devolutivo nos recursos extraordinário e especial: o que significa a expressão 'julgará o processo, aplicando o direito' (CPC/2015, art. 1.034)?", p. 125].

299 "O Supremo Tribunal Federal, conhecendo do recurso extraordinário, julgará a causa, aplicando o direito à espécie" (Súmula n. 456 do STF).

300 "No julgamento do recurso especial, verificar-se-á, preliminarmente, se o recurso é cabível. Decidida a preliminar pela negativa, a Turma não conhecerá do recurso; se pela afirmativa, julgará a causa, aplicando o direito à espécie, com observância da regra prevista no art. 10 do Código de Processo Civil" (art. 255, § 5º, do RISTJ).

301 Nas explícitas palavras do texto constitucional, compete ao Supremo Tribunal Federal "julgar, mediante recurso extraordinário, as causas decididas em única ou última instância, quando a decisão recorrida (...)" (art. 102, III); cabe ao Superior Tribunal de Justiça "julgar, em recurso especial, as causas decididas em única ou última instância, pelos Tribunais Regionais Federais ou pelos tribunais dos Estados, do Distrito Federal e Territórios, quando a decisão recorrida (...)" (art. 105, III).

302 Cf. João Francisco Naves da Fonseca, "A profundidade do efeito devolutivo nos recursos extraordinário e especial: o que significa a expressão 'julgará o processo, aplicando o direito' (CPC/2015, art. 1.034)?", *passim*; Leonardo Greco, *Instituições de processo civil*, v. III, n. 11.2, p. 249-251. Segue lapidar ementa de acórdão da 2ª Turma do Supremo Tribunal Federal, relatado pelo Ministro Teori Zavascki acerca do tema: "Em nosso sistema processual, o recurso extraordinário tem natureza revisional, e não de cassação, a significar que 'o Supremo Tribunal Federal, conhecendo o recurso extraordinário, julgará a causa, aplicando o direito à espécie' (Súmula 456). Conhecer, na linguagem da Súmula, significa não apenas superar positivamente os requisitos extrínsecos e intrínsecos de admissibilidade, mas também afirmar a existência de violação, pelo acórdão recorrido, da norma constitucional invocada pelo recorrente. Sendo assim, o julgamento do recurso do extraordinário comporta, a rigor, três etapas sucessivas, cada uma delas subordinada à superação positiva da que lhe antecede: (a) a do juízo de admissibilidade, semelhante à dos recursos ordinários; (b) a do juízo sobre a alegação de ofensa a direito constitucional (que na terminologia da Súmula 456/STF também compõe o juízo de conhecimento); e, finalmente, se for o caso, (c) a do julgamento da causa, 'aplicando o direito à espécie'. Esse 'julgamento da causa' consiste na apreciação de outros fun-

estejam impedidos de rever os acontecimentos assentados pelo tribunal *a quo* para o julgamento da causa (Súmulas n. 279 do STF e 7 do STJ),[303] podem os Tribunais de Superposição enfrentar fatos para conferir-lhes novo enquadramento jurídico, para valorar novamente a prova em abstrato e até para integrar às razões de decidir eventos supervenientes.[304]

---

damentos que, invocados nas instâncias ordinárias, não compuseram o objeto do recurso extraordinário, mas que, 'conhecido' o recurso (vale dizer, acolhido o fundamento constitucional nele invocado pelo recorrente), passam a constituir matéria de apreciação inafastável, sob pena de não ficar completa a prestação jurisdicional. Nada impede que, em casos assim, o STF, ao invés de ele próprio desde logo 'julgar a causa, aplicando o direito à espécie', opte por remeter esse julgamento ao juízo recorrido, como frequentemente o faz. No caso, a parte demandada invocou, em contestação, dois fundamentos aptos, cada um deles, a levar a um juízo de improcedência: (a) a inexistência do direito afirmado na inicial e (b) a prescrição da ação. Nas instâncias ordinárias, a improcedência foi reconhecida pelo primeiro fundamento, tornando desnecessário o exame do segundo. Todavia, em recurso extraordinário, o Tribunal afastou o fundamento adotado pelo acórdão recorrido, razão pela qual se impunha que, nos termos da Súmula 456, enfrentasse a questão prescricional, ou, pelo menos, que remetesse o respectivo exame ao tribunal recorrido. A falta dessa providência, que deixou inconclusa a prestação jurisdicional, importou omissão, sanável por embargos declaratórios" (STF, 2ª Turma, RE 346.736-AgRg-EDcl, rel. Min. TEORI ZAVASCKI, j. 4/6/2013, 18/6/2013).

303 "Para simples reexame de prova não cabe recurso extraordinário" (Súmula n. 279 do STF) e "a pretensão de simples reexame de prova não enseja recurso especial" (Súmula n. 7 do STJ). A esse respeito, cf. LUIZ GUILHERME MARINONI, SÉRGIO ARENHART e DANIEL MITIDIERO, *Curso de processo civil*, v. 2, p. 556-557; RODRIGO BARIONI, *Ação rescisória e recursos para os tribunais superiores*, n. 7, p. 245 e segs.; JOÃO FRANCISCO NAVES DA FONSECA, *Exame dos fatos nos recursos extraordinário e especial*, n. 24 e segs., p. 98 e segs.

304 Para um bom panorama jurisprudencial acerca do assunto, cf. THEOTONIO NEGRÃO, JOSÉ ROBERTO F. GOUVÊA, LUIS GUILHERME A. BONDIOLI e JOÃO FRANCISCO N. DA FONSECA, *Código de Processo Civil e legislação processual em vigor*, 47ª ed., notas 4 ao art. 255 do RISTJ e 3 ao art. 321 do RISTF, p. 1.870, 1.871, 1.876, 1.879, 1.951 e 1.955. Seguem alguns julgados que compõem esse panorama: "Responsabilidade civil. Acidente de trânsito. Colisão pela traseira. Presunção de culpa do motorista que abalroa por trás. Inversão do ônus da prova. Doutrina. Reexame de prova. Inocorrência. Recurso provido. Culpado, em linha de princípio, é o motorista que colide por trás, invertendo-se, em razão disso, o 'onus probandi', cabendo a ele a prova de desoneração de sua culpa" (STJ, 4ª Turma, REsp 198.196, rel. Min. SÁLVIO DE FIGUEIREDO, j. 18/2/1999, DJ 12/4/1999). "Qualificação jurídica das provas. Súmula 7. Inaplicabilidade. Contrato. Descumprimento. Dano moral. Inadmissível. É possível, em recurso especial, a valoração jurídica dos fatos constantes do acórdão recorrido para a correta aplicação do direito ao caso. Não cabe dano moral em caso de mero descumprimento contratual" (STJ, 3ª Turma, REsp 761.801-AgRg, rel. Min. GOMES DE BARROS, j. 3/12/2007, DJ 12/12/2007). "Sendo o dia do nascimento da investigante fato incontroverso nos autos, proceder ao seu devido enquadramento no sistema normativo, a fim de obter determinada consequência jurídica, é tarefa compatível

O parágrafo único do art. 1.034 do CPC reforça esse estado de coisas, ao afirmar que, "admitido o recurso extraordinário ou o recurso especial por um fundamento, devolve-se ao tribunal superior o conhecimento dos demais fundamentos para a solução do capítulo impugnado". Assim, por exemplo, afastada no exame do recurso especial a prescrição reconhecida na instância inferior, cabe ao Superior Tribunal de Justiça, no julgamento da causa, enfrentar as demais matérias de defesa arguidas pelo réu. Não pode o tribunal superior no caso simplesmente remover a prescrição e julgar procedente a demanda.

Esse exemplo permite enxergar no art. 1.034 do CPC comando com o mesmo sentido e abrangência do § 3º do art. 1.013 do CPC, de modo que o Supremo Tribunal Federal e o Superior Tribunal de Justiça podem examinar direta e ineditamente o mérito ou questões de mérito, desde que a causa esteja madura para julgamento. Assim, por exemplo, removido acórdão terminativo no julgamento do recurso extraordinário ou especial, pode o tribunal superior seguir adiante para julgar a causa e aplicar o direito, desde que todos os elementos necessários para tanto estejam presentes nos autos.[305] Diagnosti-

---

com a natureza excepcional do recurso especial, a qual não se confunde com o reexame de prova. Se na data da citação a investigante era relativamente incapaz, a obrigação do investigado de prestar-lhe alimentos decorre do poder familiar, e não do vínculo de parentesco, razão pela qual não seria de se exigir da menor a comprovação de não possuir meios de prover a própria subsistência" (STJ, 3ª Turma, REsp 973.311, rel. Min. SIDNEI BENETI, j. 21/2/2008, DJ 10/3/2008).

Especificamente com relação ao fato superveniente, faz-se referência aos seguintes acórdãos: "o fato superveniente – consubstanciado na coisa julgada produzida em lide (ação declaratória) que tramitava paralelamente ao processo de execução que deu origem aos presentes autos – é tema relevante e deve guiar a solução do presente recurso especial sob pena ofensa à coisa julgada" (STJ, 3ª Turma, REsp 911.932, rel. Min. RICARDO CUEVA, j. 19/3/2013, DJ 25/3/2013). "O art. 462 do CPC permite, tanto ao Juízo singular como ao Tribunal, a análise de circunstâncias outras que, devido a sua implementação tardia, não eram passíveis de resenha inicial. Tal diretriz deve ser observada no âmbito do Superior Tribunal de Justiça, porquanto o art. 462 não possui aplicação restrita às instâncias ordinárias, conforme precedentes da Casa" (STJ, 4ª Turma, REsp 704.637, rel. Min. LUIS FELIPE, j. 17/3/2011, DJ 22/3/2011).

Como registra ARAKEN DE ASSIS, "o STJ pode e deve recepcionar o fato superveniente, nos termos do art. 462" (*Manual dos recursos*, n. 93.1, p. 841). Em sentido semelhante, cf. ainda JOÃO FRANCISCO NAVES DA FONSECA, *Exame dos fatos nos recursos extraordinário e especial*, n. 46, p. 155-160; FREDIE DIDIER JÚNIOR e LEONARDO CARNEIRO DA CUNHA, *Curso de direito processual civil*, v. 3, p. 375-378.

305 Em sentido contrário, cf. HUMBERTO THEODORO JÚNIOR, *Curso de direito processual civil*, v. III, n. 831, p. 1.118; HEITOR VITOR MENDONÇA SICA, Comentários ao art. 1.034. In: *Código de Processo Civil anotado*, p. 1.626.

Na vigência do Código de Processo Civil de 1973, a jurisprudência do Superior Tribunal de Justiça controvertia a respeito da aplicação do § 3º do art. 515 do CPC

cando-se a necessidade de atividades instrutórias prévias ao julgamento da causa, deve o tribunal superior simplesmente cassar o acórdão recorrido e devolver os autos para a instância inferior, para que tais atividades sejam lá desenvolvidas, em respeito às garantias constitucionais do devido processo legal, do contraditório e da ampla defesa (art. 5º, LIV e LV, da CF).

Por fim, ainda dentro do julgamento da causa permitido no âmbito do recurso extraordinário ou especial, identifica-se a presença do efeito translativo. Assim, uma vez conhecido o recurso, é possível a investigação em torno dos requisitos de admissibilidade do julgamento do *meritum causae* relativos à pretensão conduzida à instância recursal, mesmo que não tenha havido debate prévio a esse respeito nas instâncias inferiores.[306]

---

de 1973 em sede de recurso especial. Para um panorama dessa controvérsia jurisprudencial, cf. THEOTONIO NEGRÃO, JOSÉ ROBERTO F. GOUVÊA, LUIS GUILHERME A. BONDIOLI e JOÃO FRANCISCO N. DA FONSECA, *Código de Processo Civil e legislação processual em vigor*, 46ª ed., nota 14 ao art. 515, p. 687. Admitindo tal aplicação: "uma vez conhecido o recurso, passa-se à aplicação do direito à espécie, nos termos do art. 257, RISTJ e também em observância à regra do § 3º do art. 515, CPC, que procura dar efetividade à prestação jurisdicional, sem deixar de atentar para o devido processo legal" (STJ, 4ª Turma, REsp 469.921, rel. Min. SÁLVIO DE FIGUEIREDO, j. 6/5/2003, DJ 26/5/2003). Em sentido contrário: "a teoria da causa madura não se aplica a esta Corte Especial, pois, por determinação constitucional, só se pronuncia acerca de matéria devidamente debatida e prequestionada na origem. Afastada questão preliminar acolhida no acórdão recorrido, a devolução dos autos para manifestação acerca do mérito é medida que se impõe para evitar a supressão de instância" (STJ, 3ª Turma, REsp 1.200.993-AgRg, rel. Min. PAULO SANSEVERINO, j. 26/2/2013, DJ 1/3/2013).

306 Reconhecendo o efeito translativo nos recursos extraordinário e especial: HUMBERTO THEODORO JÚNIOR, *Curso de direito processual civil*, v. III, n. 761, p. 1.007-1.008; PEDRO MIRANDA DE OLIVEIRA, Comentários ao art. 1.034. In: *Breves comentários ao Novo Código de Processo Civil*, p. 2.309-2.310; DANIEL AMORIM ASSUMPÇÃO NEVES, *Novo Código de Processo Civil comentado*, p. 1.750; FREDIE DIDIER JÚNIOR e LEONARDO CARNEIRO DA CUNHA, *Curso de direito processual civil*, v. 3, p. 370-372; FLÁVIO CHEIM JORGE, *Teoria geral dos recursos cíveis*, n. 11.3.1, p. 341-343 (com ressalva terminológica). Cf. ainda LUIS GUILHERME AIDAR BONDIOLI, "Requisitos de admissibilidade do julgamento do *meritum causæ* e seu controle na apreciação dos recursos", p. 87. Contra o efeito translativo nos recursos extraordinário e especial: NELSON NERY JUNIOR, *Teoria geral dos recursos*, n. 3.5.4, p. 487; CASSIO SCARPINELLA BUENO, *Manual de direito processual civil*, p. 649-650.
A jurisprudência do Superior Tribunal de Justiça controverte a respeito do assunto. Para um panorama dessa jurisprudência, cf. THEOTONIO NEGRÃO, JOSÉ ROBERTO F. GOUVÊA, LUIS GUILHERME A. BONDIOLI e JOÃO FRANCISCO N. DA FONSECA, *Código de Processo Civil e legislação processual em vigor*, 47ª ed., nota 3 ao art. 255 do RISTJ, p. 1.863-1864. Admitindo o efeito translativo no recurso especial: "superado o juízo de admissibilidade, o recurso especial comporta efeito devolutivo amplo, já que cumprirá ao Tribunal julgar a causa, aplicando o direito à espécie (Art. 257 do RISTJ; Súmula 456 do STF). Para assim proceder cabe ao órgão

Art. 1.035. O Supremo Tribunal Federal, em decisão irrecorrível, não conhecerá do recurso extraordinário quando a questão constitucional nele versada não tiver repercussão geral, nos termos deste artigo.

§ 1º Para efeito de repercussão geral, será considerada a existência ou não de questões relevantes do ponto de vista econômico, político, social ou jurídico que ultrapassem os interesses subjetivos do processo.

§ 2º O recorrente deverá demonstrar a existência de repercussão geral para apreciação exclusiva pelo Supremo Tribunal Federal.

§ 3º Haverá repercussão geral sempre que o recurso impugnar acórdão que:

I – contrarie súmula ou jurisprudência dominante do Supremo Tribunal Federal;

II – (Revogado pela Lei n. 13.256/2016)

III – tenha reconhecido a inconstitucionalidade de tratado ou de lei federal, nos termos do art. 97 da Constituição Federal.

§ 4º O relator poderá admitir, na análise da repercussão geral, a manifestação de terceiros, subscrita por procurador habilitado, nos termos do Regimento Interno do Supremo Tribunal Federal.

§ 5º Reconhecida a repercussão geral, o relator no Supremo Tribunal Federal determinará a suspensão do processamento de todos os processos pendentes, individuais ou coletivos, que versem sobre a questão e tramitem no território nacional.

§ 6º O interessado pode requerer, ao presidente ou ao vice-presidente do tribunal de origem, que exclua da decisão de sobrestamento e inadmita o recurso extraordinário que tenha sido interposto intempestivamente, tendo o recorrente o prazo de 5 (cinco) dias para manifestar-se sobre esse requerimento.

§ 7º Da decisão que indeferir o requerimento referido no § 6º ou que aplicar entendimento firmado em regime de repercussão geral ou em julgamento de recursos repetitivos caberá agravo interno. (Redação dada pela Lei n. 13.256/2016)

§ 8º Negada a repercussão geral, o presidente ou o vice-presidente do tribunal de origem negará seguimento aos recursos extraordinários sobrestados na origem que versem sobre matéria idêntica.

---

julgador, se necessário, enfrentar a matéria prevista no art. 267, § 3º e no art. 301, § 4º, do CPC. Em outras palavras, a devolutividade do recurso especial, em seu nível vertical, engloba o efeito translativo, consistente na possibilidade, atribuída ao órgão julgador, de conhecer de ofício as questões de ordem pública" (STJ, 1ª Turma, REsp 869.534, rel. Min. TEORI ZAVASCKI, j. 27/11/2007, DJ 10/12/2007). Todavia: "em sede de recurso especial, é inviável a apreciação de matérias que não foram debatidas pela Corte de origem, ainda que concernentes às condições da ação. Tal proceder fere a regra de ouro do recurso especial, qual seja, o prequestionamento" (STJ, Corte Especial, ED no REsp 173.421, rel. Min. GOMES DE BARROS, j. 27/11/2008, DJ 2/4/2009).

§ 9º O recurso que tiver a repercussão geral reconhecida deverá ser julgado no prazo de 1 (um) ano e terá preferência sobre os demais feitos, ressalvados os que envolvam réu preso e os pedidos de *habeas corpus*.

§ 10. (Revogado pela Lei n. 13.256/2016)

§ 11. A súmula da decisão sobre a repercussão geral constará de ata, que será publicada no diário oficial e valerá como acórdão.

CPC de 1973 – arts. 543-A e 543-B

187. Linhas gerais sobre a repercussão geral e sua caracterização

A expressão "repercussão geral" foi introduzida no sistema processual civil nacional pela Emenda Constitucional n. 45/2004, que acresceu § 3º ao art. 102 da CF, com o seguinte teor: "no recurso extraordinário o recorrente deverá demonstrar a repercussão geral das questões constitucionais discutidas no caso, nos termos da lei, a fim de que o Tribunal examine a admissão do recurso, somente podendo recusá-lo pela manifestação de dois terços de seus membros".

Assim, para a admissibilidade do recurso extraordinário, passou a ser necessário também que o tema nele ventilado seja *relevante* a ponto de extrapolar os interesses dos sujeitos do processo: "para efeito de repercussão geral, será considerada a existência ou não de questões relevantes do ponto de vista econômico, político, social ou jurídico que ultrapassem os interesses subjetivos do processo" (art. 1.035, § 1º, do CPC). Semelhantes disposições estão reproduzidas no *caput* do art. 322 do RISTF.[307]

Nesse contexto, a repercussão geral funciona como um filtro, a fim de que cheguem ao Supremo Tribunal Federal pela via do recurso extraordinário apenas os processos econômica, política, social ou juridicamente mais relevantes, cujas questões transcendam os interesses das partes.[308] A ideia é a de que

---

[307] "Trata-se de requisito intrínseco de admissibilidade recursal: não havendo repercussão geral, não existe poder de recorrer ao Supremo Tribunal Federal" (Luiz Guilherme Marinoni e Daniel Mitidiero, *Repercussão geral no recurso extraordinário*, n. 2.2, p. 33).

[308] "A fim de caracterizar a existência de repercussão geral e, dessarte, viabilizar o conhecimento do recurso extraordinário, nosso legislador alçou mão de uma fórmula que conjuga relevância e transcendência (repercussão geral = relevância + transcendência). A questão debatida tem de ser relevante do ponto de vista econômico, político, social ou jurídico, além de transcender para além do interesse subjetivo das partes na causa" (Luiz Guilherme Marinoni e Daniel Mitidiero, *Repercussão geral no recurso extraordinário*, n. 2.2.1, p. 33). "É sem dúvida relevante do ponto de vista econômico, a dúvida sobre a constitucionalidade de determinado tributo; do ponto de vista político, questão que interfira de modo profundo na atuação dos partidos, ou que diga respeito às relações do Brasil com outros Estados ou com organismos internacionais; do ponto de vista social, questão relativa à pro-

os ministros da mais alta corte do País dediquem seu tempo às causas efetivamente mais importantes, para que possam julgá-las com a devida atenção e qualidade, inclusive para que os precedentes firmados nessas condições bem orientem os rumos de outros processos com as mesmas características.

A Constituição Federal é cuidadosa no estabelecimento desse filtro, a fim de preservar o direito ao recurso extraordinário. Apenas quando dois terços dos ministros do Supremo Tribunal Federal, isto é, 8 dos seus 11 membros, negarem a presença da repercussão geral é que ela se transformará num obstáculo para o acesso à mais alta corte do País. Ausente negativa da repercussão geral por dois terços dos ministros do Supremo Tribunal Federal, o recurso extraordinário não pode ser trancado sob esse argumento.[309] Todavia, uma vez estabelecido que dada questão carece de repercussão geral, todo recurso extraordinário nela fundado terá seu seguimento negado (arts. 1.030, I, alínea *a*, 1.035, § 8º, e 1.039, parágrafo único, do CPC).

188. Demonstração, existência e presunção

De acordo com o § 2º do art. 1.035 do CPC, "o recorrente deverá demonstrar a existência de repercussão geral para apreciação exclusiva pelo Supremo Tribunal Federal". Isso se afina com comando legal no sentido da "demonstração do cabimento do recurso interposto" (art. 1.029, II, do CPC). E é de todo interesse do recorrente a comprovação dos requisitos viabilizadores do acesso ao Supremo Tribunal Federal, a fim de que não sejam colocados obstáculos para tanto.

Como já anunciado, a específica e exauriente demonstração da repercussão geral não deve ser negligenciada pelo recorrente, malgrado mera

---

teção de direitos ou interesses de vastas camadas da população, sobretudo das mais carentes, e notadamente em processos coletivos; do ponto de vista jurídico, questão concernente à definição de instituto fundamental do ordenamento brasileiro, ou à divisão de competência entre a União e os Estados-membros para legislar sobre certa matéria" (BARBOSA MOREIRA, *Comentários ao Código de Processo Civil*, v. V, n. 332, p. 616). "Configurar-se-á relevância econômica nas causas que envolverem o sistema financeiro; política, nos litígios em que figurar organismo estrangeiro; jurídica, nas causas versando institutos básicos, como a proteção ao direito adquirido; social, nas causas envolvendo direitos dessa natureza (por exemplo, a moradia) e nas ações coletivas (por exemplo, a legitimidade do Ministério Público)" (ARAKEN DE ASSIS, *Manual dos recursos*, n. 84.1.4.4, p. 757).

309 "De acordo com o dispositivo constitucional, a repercussão geral somente poderá ser recusada pelo STF por dois terços dos seus membros, ou seja, por oito dos seus onze membros. Se quatro Ministros a admitirem, esse requisito para o conhecimento do recurso estará preenchido. Se algum cargo de Ministro estiver vago, se algum Ministro estiver impedido ou por qualquer outro motivo não puder votar, o número de votos favoráveis à repercussão poderá ser ainda menor" (LEONARDO GRECO, *Instituições de processo civil*, v. III, n. 12.2.1.1, p. 287).

leitura conjunta da peça recursal e do acórdão recorrido no seu todo possa ser suficiente para revelar a admissibilidade do recurso nesse aspecto (*supra*, n. 172 e 174).

Existem situações em que o próprio legislador se encarrega de afirmar a existência ou a presunção da repercussão geral. O § 3º do art. 1.035 do CPC diz haver repercussão geral quando o acórdão recorrido "contrarie súmula ou jurisprudência dominante do Supremo Tribunal Federal" (inciso I)[310] ou "tenha reconhecido a inconstitucionalidade de tratado ou de lei federal, nos termos do art. 97 da Constituição Federal" (inciso III).[311] Por sua vez, o § 1º do art. 987 do CPC dispõe que, no recurso extraordinário interposto contra o julgamento do mérito do incidente de resolução de demandas repetitivas, *presume-se a repercussão geral da respectiva questão constitucional*. Nessas circunstâncias, a exigência da demonstração da repercussão geral pelo recorrente é flexibilizada.

189. *Amicus curiae*

Como já anunciado, a definição da repercussão geral de uma questão constitucional interfere nos rumos não apenas do recurso extraordinário sob julgamento no Supremo Tribunal Federal, mas também dos demais recursos extraordinários nela fundados: com a negativa de tal repercussão, todos eles são ou serão inadmitidos (*supra*, n. 177). Daí a previsão para que se admita, "na análise da repercussão geral, a manifestação de terceiros, subscrita por procurador habilitado, nos termos do Regimento Interno do Supremo Tribunal Federal" (art. 1.035, § 4º, do CPC). Por sua vez, o § 3º do art. 323 do RISTF estabelece: "mediante decisão irrecorrível, poderá o(a) Relator(a) admitir de ofício ou a requerimento, em prazo que fixar, a manifestação de terceiros, subscrita por procurador habilitado, sobre a questão da repercussão geral". Cabe colocar em evidência aqui a exigência de capacidade postulatória para a participação do *amicus curiae* nos debates em torno da repercussão geral.

O espaço para a participação do *amicus curiae* no contexto do julgamento da repercussão geral deve ser calculado. Apenas as intervenções efetivamente úteis para a análise da repercussão geral devem ser permitidas, sob pena de se eternizar um procedimento que clama por rapidez. É pertinente considerar

---

310 No mesmo sentido, cf. art. 323, § 2º, do RISTF.
311 O inciso II do § 3º do art. 1.035 do CPC, presente na redação original da Lei n. 13.105/2015, foi revogado pela Lei n. 13.256/2016. Esse inciso II dizia existir repercussão geral quando o acórdão recorrido "tenha sido proferido em julgamento de casos repetitivos".

para a utilidade da manifestação o comando genérico do art. 138 do CPC, no sentido da "representatividade adequada" do *amicus curiae*.[312]

190. Procedimento e julgamento

O procedimento para o julgamento da repercussão geral orienta-se pelas disposições dos arts. 323 e segs. do RISTF. De acordo com o *caput* do art. 323 do RISTF, "quando não for caso de inadmissibilidade do recurso por outra razão, o(a) Relator(a) ou o Presidente submeterá, por meio eletrônico, aos demais ministros, cópia de sua manifestação sobre a existência, ou não, de repercussão geral". Como se percebe, devem ser selecionados para exame da repercussão geral apenas recursos extraordinários que preencham os demais requisitos de admissibilidade; recursos extraordinários por qualquer outra razão inadmissíveis devem ser simplesmente trancados.[313] Logicamente, não fica inibido ulterior controle acerca da admissibilidade do recurso extraordinário submetido à análise da repercussão geral.

Recebida a manifestação acerca da repercussão geral pelos demais ministros, eles têm 20 dias para se manifestar a respeito (art. 324, *caput*, do RISTF). O silêncio do ministro nesse prazo conta a favor da repercussão geral, a não ser que o relator tenha encaminhado manifestação prévia no sentido do caráter infraconstitucional da questão objeto do recurso extraordinário, caso em que sua abstenção será interpretada no sentido contrário (art. 324, §§ 1º e 2º, do RISTF). Contabilizadas as manifestações e as omissões, o relator, "uma vez definida a existência da repercussão geral, julgará o recurso ou pedirá dia para seu julgamento, após vista ao Procurador-Geral, se necessária; negada a existência, formalizará e subscreverá decisão de recusa do recurso" (art. 325, *caput*, do RISTF).

Nos termos do § 11 do art. 1.035 do CPC, "a súmula da decisão sobre a repercussão geral constará de ata, que será publicada no diário oficial e valerá como acórdão". O parágrafo único do art. 325 do RISTF acrescenta: "o teor da decisão preliminar sobre a existência da repercussão geral, que deve integrar a decisão monocrática ou o acórdão, constará sempre das pu-

---

312 Em exame do § 6º do art. 543-A do CPC de 1973, EDUARDO TALAMINI consigna que "a lei não especifica qual o requisito para a participação dos terceiros. É razoável interpretação no sentido de que tal regra equivalha àquela que, nos processos e incidentes de controle direto de constitucionalidade, permite a manifestação de terceiros que demonstrem uma especial legitimidade e qualificação para colaborar com subsídios na definição da questão, como *amicus curiae* (Lei 9.868/1999, art. 7º, parágrafo 2º; Lei 11.417/2006, art. 3º, parágrafo 2º; CPC art. 482, parágrafo 3º)" ("Repercussão geral em recurso extraordinário: nota sobre sua regulamentação", p. 60).

313 Cf. LEONARDO GRECO, *Instituições de processo civil*, v. III, n. 12.2.1.1, p. 288.

blicações dos julgamentos no Diário Oficial, com menção clara à matéria do recurso".

Os passos seguintes ao julgamento da repercussão geral dependem do sentido do pronunciamento a esse respeito. De acordo com o § 5º do art. 1.035 do CPC, "reconhecida a repercussão geral, o relator no Supremo Tribunal Federal determinará a suspensão do processamento de todos os processos pendentes, individuais ou coletivos, que versem sobre a questão e tramitem no território nacional". A identificação no processo pendente da questão com repercussão geral reconhecida, seu consequente enquadramento na ordem de suspensão e o dimensionamento dessa ordem ficam a cargo do juízo perante o qual ele tramita. Consigne-se que se no processo existirem duas pretensões desvinculadas, sendo uma delas fundada na questão com repercussão geral reconhecida e a outra fundada em questão autônoma e peculiar, o feito pode seguir adiante para o exame desta, ficando a suspensão circunscrita à primeira pretensão. A possibilidade de fracionamento no julgamento da causa (arts. 354, parágrafo único, e 356 do CPC) endossa essa solução.

A ordem de suspensão dos processos pendentes que versem sobre a questão com repercussão geral alcança todas as instâncias, abarcando desde os feitos em primeiro grau de jurisdição até outros recursos extraordinários fundados na mesma questão. O enquadramento de um recurso extraordinário nessa ordem de suspensão pode ser objeto de agravo interno (arts. 1.021 e 1.035, § 7º, do CPC) ou de requerimento para o levantamento da tal suspensão, sob o argumento de que o recurso extraordinário é intempestivo, devendo, portanto, ser prontamente inadmitido (art. 1.035, § 6º, do CPC), ou de que o recurso extraordinário funda-se em questão distinta da que teve a repercussão geral reconhecida (art. 1.037, §§ 9º e segs., do CPC).

O agravo interno se processa nos termos do art. 1.021 do CPC. Por sua vez, o requerimento para o levantamento da suspensão fundado na intempestividade é dirigido ao presidente ou vice-presidente do tribunal *a quo* ou ao relator do recurso extraordinário, conforme o estágio da tramitação do recurso, por simples petição, e motiva a abertura de prazo para resposta do recorrente em cinco dias (art. 1.035, § 6º, do CPC). Se o presidente ou o vice-presidente do tribunal recorrido indefere o pleito de intempestividade, cabe agravo interno (art. 1.035, § 7º, do CPC);[314] se o acolhe, tem-se aqui decisão de inadmissão do recurso extraordinário fundada em ordinário juízo de admissibilidade, que

---

314 Na redação original do Código de Processo Civil dada pela Lei n. 13.105/2015, o recurso previsto no § 7º do art. 1.035 era o agravo do art. 1.042. Porém, a Lei n. 13.256/2016 conferiu nova redação a esse dispositivo legal e passou a prever o agravo interno como o recurso a ser interposto contra o indeferimento do requerimento de intempestividade.

desafia o agravo do art. 1.042 do CPC.³¹⁵ Qualquer decisão do relator do recurso extraordinário acerca do pleito de intempestividade expõe-se a agravo interno (art. 1.021 do CPC). Por fim, o requerimento para o levantamento da suspensão com apoio na distinção é dirigido ao relator do acórdão recorrido ou ao relator do recurso extraordinário, conforme o recurso extraordinário sobrestado esteja em trâmite no tribunal de origem ou no Supremo Tribunal Federal (art. 1.037, § 10, III e IV, do CPC), também por simples petição. Na sequência, ouve-se a parte contrária em cinco dias (art. 1.037, § 11, do CPC) e passa-se ao julgamento do requerimento, que desafia agravo interno qualquer que seja o seu resultado (art. 1.037, § 13, II, do CPC). No caso de acolhimento desse requerimento, o recurso extraordinário volta a tramitar.³¹⁶

Como já anunciado, investigações em torno da tempestividade do recurso extraordinário sujeito a suspensão podem (*rectius*: devem) ter lugar independentemente do requerimento previsto no § 6º do art. 1.035 do CPC (*supra*, n. 177). Assim, mesmo de ofício, cabe ao presidente ou vice-presidente do tribunal *a quo* inadmitir o recurso extraordinário intempestivo, por decisão impugnável pelo agravo do art. 1.042 do CPC. Diga-se o mesmo para o relator do recurso extraordinário, cuja respectiva decisão monocrática expõe-se a agravo interno (art. 1.021 do CPC).

Ainda dentro dos passos que devem ser dados quando reconhecida a repercussão geral, o § 9º do art. 1.035 do CPC estabelece que o respectivo recurso extraordinário deve ser julgado dentro do prazo de um ano do reconhecimento da tal repercussão, com "preferência sobre os demais feitos, ressalvados os que envolvam réu preso e os pedidos de *habeas corpus*".³¹⁷

Doutra parte, quando negada a repercussão geral da questão constitucional versada no recurso extraordinário, o presidente ou o vice-presidente do tribunal recorrido "negará seguimento aos recursos extraordinários sobrestados na origem que versem sobre matéria idêntica" (art. 1.035, § 8º, do CPC). Recursos extraordinários que versem sobre matéria idêntica já pendentes perante o Supremo Tribunal Federal também terão seu seguimento negado (art. 1.039, parágrafo único, do CPC), inclusive por decisão monocrática (art. 327,

---

315 Cf. FREDIE DIDIER JÚNIOR e LEONARDO CARNEIRO DA CUNHA, *Curso de direito processual civil*, v. 3, p. 430.
316 A negativa do requerimento de distinção não impede ulterior discussão a seu respeito por ocasião da aplicação prática da tese firmada no acórdão paradigma (arts. 1.039 e 1.040 do CPC).
317 Na redação original do Código de Processo Civil dada pela Lei n. 13.105/2015, havia § 10 no art. 1.035 do CPC com o seguinte teor: "não ocorrendo o julgamento no prazo de 1 (um) ano a contar do reconhecimento da repercussão geral, cessa, em todo o território nacional, a suspensão dos processos, que retomarão seu curso normal". Esse § 10 foi revogado pela Lei n. 13.256/2016.

caput e § 1º, do RISTF). Contra esta decisão cabe agravo interno (arts. 1.035, § 7º, do CPC), que o Regimento Interno do Supremo Tribunal Federal rotula simplesmente como "agravo" (art. 327, § 2º, do RISTF).

Registre-se ser *irrecorrível* a decisão colegiada pela qual oito ministros do Supremo Tribunal Federal rejeitam a repercussão geral de uma questão constitucional (arts. 102, § 3º, da CF, 1.035, *caput*, do CPC e 326, *caput*, do RISTF). Isso não impede, naturalmente, a apresentação de embargos de declaração contra esse pronunciamento de rejeição da repercussão geral. Também não impede, como visto logo acima, a impugnação das decisões monocráticas que replicam tal rejeição.

Por fim, observe-se que, se o recurso extraordinário for fundado em mais de uma questão de direito e o Supremo Tribunal Federal entender que parte delas tem repercussão geral e outra parte não tem repercussão geral, isso não inibe necessariamente o enfrentamento destas. O filtro da repercussão geral serve para separar os recursos que merecem a atenção do Supremo Tribunal Federal dos que não merecem tal atenção. Uma vez que um recurso seja merecedor da atenção da mais alta corte do País, ele deve ser julgado por inteiro. Afinal, uma vez rompida a barreira da admissibilidade, cabe ao Supremo Tribunal Federal passar ao julgamento da causa (art. 1.034, *caput*, do CPC; Súmula n. 456 do STF).[318]

Subseção II
Do Julgamento dos Recursos Extraordinário e Especial Repetitivos

Art. 1.036. Sempre que houver multiplicidade de recursos extraordinários ou especiais com fundamento em idêntica questão de direito, haverá afetação para julgamento de acordo com as disposições desta Subseção, observado o disposto no Regimento Interno do Supremo Tribunal Federal e no do Superior Tribunal de Justiça.

§ 1º O presidente ou o vice-presidente de tribunal de justiça ou de tribunal regional federal selecionará 2 (dois) ou mais recursos representativos da controvérsia, que serão encaminhados ao Supremo Tribunal Federal ou ao Superior Tribunal de Justiça para fins de afetação, determinando a suspensão do trâmite de todos os processos pendentes, individuais ou coletivos, que tramitem no Estado ou na região, conforme o caso.

§ 2º O interessado pode requerer, ao presidente ou ao vice-presidente, que exclua da decisão de sobrestamento e inadmita o recurso especial ou o recurso extraor-

---

318 Cf. André de Albuquerque Cavalcanti Abbud, "O anteprojeto de lei sobre a repercussão geral dos recursos extraordinários", p. 113-115.

dinário que tenha sido interposto intempestivamente, tendo o recorrente o prazo de 5 (cinco) dias para manifestar-se sobre esse requerimento.

§ 3º Da decisão que indeferir o requerimento referido no § 2º caberá apenas agravo interno. (Redação dada pela Lei n. 13.256/2016)

§ 4º A escolha feita pelo presidente ou vice-presidente do tribunal de justiça ou do tribunal regional federal não vinculará o relator no tribunal superior, que poderá selecionar outros recursos representativos da controvérsia.

§ 5º O relator em tribunal superior também poderá selecionar 2 (dois) ou mais recursos representativos da controvérsia para julgamento da questão de direito independentemente da iniciativa do presidente ou do vice-presidente do tribunal de origem.

§ 6º Somente podem ser selecionados recursos admissíveis que contenham abrangente argumentação e discussão a respeito da questão a ser decidida.

CPC de 1973 – arts. 543-B e 543-C

191. Linhas gerais sobre os recursos extraordinários ou especiais repetitivos

A massificação das relações econômicas e sociais faz com que apareçam no seu contexto litígios igualmente massificados. Para lidar com esses litígios, que se fazem sentir em todas as instâncias do Poder Judiciário, foram introduzidas na legislação algumas técnicas voltadas para a concentração, homogeneização, aceleração e simplificação no seu julgamento. Entre essas técnicas está a do julgamento dos recursos extraordinário e especial repetitivos, trazida para o sistema processual civil nacional pelas Leis n. 11.418/2006 e 11.672/2008, que acresceram ao Código de Processo Civil de 1973 os arts. 543-A a 543-C, e mantida pelo Código de Processo Civil, nos arts. 1.036 e segs.

Numa mirada panorâmica, o julgamento dos recursos extraordinários ou especiais repetitivos consiste na seleção de alguns recursos representativos da controvérsia para um julgamento diferenciado. Enquanto esse julgamento não acontece, são sobrestados os processos em que tal controvérsia também se faz presente. Uma vez julgados os recursos selecionados, os processos sobrestados têm seu destino decidido à luz daquele julgamento. É o que BARBOSA MOREIRA denominou, ainda à luz do Código de Processo Civil de 1973, julgamento *por amostragem*.[319]

No Supremo Tribunal Federal, merecem destaque na regulação da matéria os arts. 328 e 328-A do RISTF. E, no Superior Tribunal de Justiça, chama-se a atenção para os arts. 256 e segs. do RISTJ.

---

319 Cf. *Comentários ao Código de Processo Civil*, v. V, n. 332, p. 618.

192. Multiplicidade de recursos com fundamento em idêntica questão de direito

O julgamento *por amostragem* somente é possível quando efetivamente existirem *múltiplos recursos fundados em idêntica questão de direito* (art. 1.036, *caput*, do CPC). Ele não foi concebido para prevenir a multiplicação de recursos repetitivos. Ao contrário: pressupõe tal multiplicação. O escopo de tal julgamento é gerenciar a proliferação dos recursos repetitivos, de modo a evitar que ela extrapole as dimensões necessárias para o correto enfrentamento da questão jurídica e a justa solução da controvérsia. A repetição da controvérsia, em alguma medida, é saudável para que ela possa ser examinada pelos mais diversos ângulos e à luz de todos os argumentos pertinentes para o seu deslinde. Todavia, a desenfreada reiteração da controvérsia, sem a agregação de novos e relevantes elementos para os debates a seu respeito, é altamente prejudicial aos ideais de otimização, efetividade e previsibilidade do processo.

A deflagração do julgamento *por amostragem* requer cuidado e equilíbrio. Não pode haver atropelos que comprometam o correto enfrentamento da questão jurídica e a justa solução da controvérsia nem retardos que atrapalhem a otimização, efetividade e previsibilidade do processo.[320]

Interpretação estrita do vocábulo *multiplicidade* conduz a "caráter do que é múltiplo".[321] E múltiplo, por sua vez, tem o significado de algo "que se refere a quantidade maior do que três; numeroso".[322] Assim, é possível dizer ser necessária a existência de *mais do que três recursos* com fundamento em idêntica questão de direito para a aplicação prática dos arts. 1.036 e segs. do CPC. Todavia, para a aplicação prática desses dispositivos legais, mais importante do que o número de recursos repetitivos existentes é o grau de maturidade e solidez das reflexões em torno da controvérsia a ser examinada. Registre-se que as controvérsias são de complexidade variável, o que faz oscilar o volume e a intensidade das atividades que devem preceder a sua solução. Assim, a existência de quatro recursos repetitivos não é garantia de que chegou o momento de se lançar mão das disposições dos arts. 1.036 e segs. São, sobretudo, as peculiaridades do caso concreto que dirão se já é chegado o momento de se proceder ao julgamento *por amostragem*. Por isso, o parâmetro numérico revelado pela interpretação estrita do vocábulo *multiplicidade* (mais do que três = quatro) serve apenas para estabelecer condições mínimas sem as quais não se pode iniciar o julgamento *por amostragem*, dentro da ideia já lançada de que um mínimo de repetição é saudável. Esse mínimo de repetição, aliás, é essencial

---

320 Cf. ARAKEN DE ASSIS, *Manual dos recursos*, n. 94.1.7.1, p. 863.
321 ANTONIO HOUAISS e MAURO DE SALLES VILLAR, *Dicionário Houaiss da língua portuguesa*, p. 1978.
322 ANTONIO HOUAISS e MAURO DE SALLES VILLAR, *Dicionário Houaiss da língua portuguesa*, p. 1978.

para que se possa contar com material adequado à seleção dos recursos representativos da controvérsia (*infra*, n. 194).

Por ocasião da instauração do julgamento *por amostragem*, prevê-se a seleção de "2 (dois) ou mais recursos representativos da controvérsia" (art. 1.036, §§ 1º e 5º, do CPC). Independentemente do número de recursos selecionados, deve-se zelar pela prova da efetiva multiplicidade de recursos com fundamento em idêntica questão de direito (por exemplo, mediante informação de dados mínimos dos recursos não selecionados em que a controvérsia se repete). Quando pinçados menos do que quatro recursos para o julgamento nos termos dos arts. 1.036 e segs., a prova da existência de outros recursos repetitivos é ainda mais importante. Afinal, trata-se aqui de um requisito para o julgamento *por amostragem*, a ser avaliado pelo órgão colegiado encarregado do julgamento dos recursos extraordinários ou especiais repetitivos no âmbito do Supremo Tribunal Federal ou do Superior Tribunal de Justiça. Se reputada ausente a multiplicidade de recursos repetitivos, o julgamento *por amostragem* simplesmente não segue adiante.

A avaliação da identidade da questão de direito veiculada nos recursos extraordinários ou especiais também se insere no contexto de cuidado e equilíbrio de que se falou logo acima. É preciso que ela esteja inserida em um cenário homogêneo para a sua vinculação ao julgamento *por amostragem*. A homogeneidade do cenário deve levar em conta as normas e os fatos decisivos para o enfrentamento da questão jurídica. O julgamento *por amostragem* e as demais técnicas pensadas para os processos repetitivos não são adequados para o exame de processos permeados por peculiaridades fáticas ou jurídicas influentes no deslinde das questões de direito existentes no seu contexto. Porém, não se exige que as demandas que estão na base dos recursos extraordinários ou especiais sejam rigorosamente iguais nem que esses recursos sejam no mesmo sentido. O que interessa é a identidade da questão jurídica ventilada nos recursos extraordinários ou especiais e do material a ser utilizado para a sua análise.[323]

Um exemplo ajuda a clarear esse estado de coisas. Certo banco ajuíza demandas condenatórias em face de alguns clientes, fundadas em um mesmo contrato, e estes se defendem sob o argumento da invalidade da cláusula que fixa os juros remuneratórios em patamar superior a 12% ao ano. Essas demandas restam julgadas improcedentes nas instâncias ordinárias, em razão daquele argumento da invalidade, e o banco interpõe recursos especiais. Concomitantemente, são julgadas nas instâncias ordinárias demandas ajuizadas por outros clientes desse banco, pedindo a declaração de invalidade da mesma

---

323 Cf. Leonardo Greco, *Instituições de processo civil*, v. III, n. 11.3.4.2, p. 274.

cláusula contratual, também com a alegação de que os juros remuneratórios não podem ultrapassar o patamar de 12% ao ano. Aqui, a invalidade é rechaçada, as demandas são julgadas improcedentes e os clientes interpõem recursos especiais. Malgrado em alguns casos a demanda tenha sido movida pelo banco e este figure como recorrente, tencionando ao final o reconhecimento da validade da cláusula contratual, e em outros casos a demanda tenha sido movida pelos clientes e estes figurem como recorrentes, visando em última análise à invalidação da mesma cláusula contratual, a questão jurídica em que se fundam os recursos especiais é a mesma: é ou não válida a fixação dos juros remuneratórios em patamar superior a 12% ao ano nos negócios bancários? Também é o mesmo o material a ser examinado para a resposta a essa questão (um mesmo contrato bancário, regido pelas mesmas disposições legais). Logo, esses recursos especiais podem ser objeto do julgamento por *amostragem*. Contudo, se o que estivesse em discussão em cada processo não fosse um teto abstrato para os juros remuneratórios (12% ao ano), mas sim o caráter abusivo do percentual para eles fixado no caso concreto, o julgamento *por amostragem* não seria possível, pois a correlata avaliação da abusividade dependeria das peculiaridades do caso concreto (média do mercado na praça e no momento do empréstimo, risco da operação, condições pessoais do cliente etc.), circunstância que inviabiliza o procedimento previsto nos arts. 1.036 e segs. do CPC.

Por fim, consigne-se que tanto questões materiais quanto processuais podem ser objeto do julgamento *por amostragem* (art. 928, parágrafo único, do CPC).

193. Deflagração do julgamento *por amostragem*

As medidas voltadas à deflagração do julgamento *por amostragem* de recursos extraordinários ou especiais podem ser tomadas tanto no âmbito dos tribunais recorridos, por seu presidente ou vice-presidente (arts. 1.036, § 1º, do CPC e 256 e segs. do RISTJ), quanto no âmbito do Supremo Tribunal Federal ou do Superior Tribunal de Justiça, por qualquer relator de um recurso extraordinário ou especial (arts. 1.036, § 5º, do CPC, 328 do RISTF e 256-I do RISTJ).

A iniciativa dos tribunais de origem para a instauração do julgamento *por amostragem* independe de prévia autorização ou solicitação do Supremo Tribunal Federal ou do Superior Tribunal de Justiça. Constatada a multiplicidade de recursos fundados em idêntica controvérsia, pode o presidente ou o vice-presidente do tribunal recorrido selecionar alguns deles e encaminhá-los para o Supremo Tribunal Federal ou para o Superior Tribunal de Justiça "para fins de afetação" (art. 1.036, § 1º, do CPC), independentemente de prévia manifestação dos Tribunais de Superposição a seu respeito. Todavia, o julgamento por *amostragem* somente terá sequência se o Superior Tribunal de Justiça ou o Supremo Tribunal Federal entenderem presentes os requisitos para tanto, ou seja, eles controlam *a posteriori* a atividade do tribunal em matéria de recursos repetitivos e dão a última palavra acerca do assunto (art. 1.037, § 1°, do CPC).

Para bem retratar a controvérsia e sua multiplicidade no âmbito do tribunal *a quo*, o § 2° do art. 256 do RISTJ exige que este *delimite a questão de direito a ser enfrentada* (inciso I), *aponte a situação fática em que se insere tal questão* (inciso II), *indique os dispositivos legais que dão suporte ao acórdão recorrido* (inciso III) e *informe o número de processos em que se faz presente a mesma questão de direito e que consequentemente se encontram suspensos* (inciso IV). Isso é extremamente importante para a ulterior decisão de afetação (art. 1.037, *caput*, do CPC).

Por sua vez, a deflagração do julgamento *por amostragem* no âmbito do Supremo Tribunal Federal ou do Superior Tribunal de Justiça, naturalmente, não exige qualquer ato ou chancela por parte dos tribunais recorridos. Basta que o relator de um recurso extraordinário ou especial tome as medidas previstas nos arts. 1.036 e segs. do CPC, começando pela seleção dos recursos repetitivos (§ 5°). Todavia, no contexto dessas medidas, o relator pode solicitar o auxílio dos tribunais recorridos na seleção e no encaminhamento de recurso representativo da controvérsia (art. 1.037, III, do CPC), o que parece mais do que recomendável para o bom retrato do litígio repetitivo.

Por fim, a instauração do julgamento *por amostragem* não requer iniciativa de qualquer das partes. Mesmo que nenhum sujeito parcial de uma relação jurídica processual requeira um julgamento nos moldes dos arts. 1.036 e segs. do CPC, este poderá ter lugar. Basta que o órgão competente do Supremo Tribunal Federal, do Superior Tribunal de Justiça ou de um tribunal *a quo* tome oficiosamente as medidas necessárias. Aliás, pode-se dizer que os tribunais estão obrigados a tomar tais medidas nas situações em que se fizerem presentes os requisitos para o julgamento *por amostragem*. Daí poder-se falar também em um direito ao julgamento *por amostragem*, exigível pela parte, na medida em que ele se amolda ao ideal de processo tempestivo, econômico, efetivo e previsível.

194. Seleção dos recursos repetitivos

A seleção dos recursos repetitivos insere-se no contexto de cuidado e equilíbrio mencionado anteriormente (*supra*, n. 192). Afinal, são dos autos dos recursos selecionados que se extrairão os elementos para o julgamento paradigmático da controvérsia repetitiva, a ser replicado nos processos semelhantes. Estes ficam sobrestados e há até previsão para sua devolução à instância de origem (*infra*, n. 195); seu material simplesmente não é levado em conta no tal julgamento paradigmático. Por isso, é preciso fazer chegar aos Tribunais de Superposição processos com todos os argumentos fáticos e jurídicos necessários à ampla e precisa compreensão da questão de direito em debate e do litígio ao qual ela está atrelada.[324] Assim, deve-se levar em conta na atividade seletiva não só a petição do recurso extraordinário ou especial, mas também outras peças relevantes do processo, como o acórdão recorrido e as contrarrazões ofertadas ao recurso extraordinário ou especial. Daí ser conveniente pinçar um recurso em razão da qualidade da própria peça recursal, outro recurso em virtude da excelência das contrarrazões, mais um recurso por desafiar acórdão com riqueza de fundamentos etc.[325]

Nada impede que recursos em sentidos opostos sejam selecionados, desde que a questão jurídica neles ventilada seja a mesma.[326] Aliás, o encaminhamento de recursos em sentidos opostos nessas condições parece até recomendável, na medida em que colabora para a análise da questão de direito por diferentes ângulos. Tornando a exemplo dado em tópico antecedente (*supra*, n. 192), pode ser selecionado para o julgamento *por amostragem* um recurso do banco defendendo a validade da cláusula contratual que permite a cobrança de juros remuneratórios em patamar superior a 12% ao ano e um recurso do cliente postulando a invalidade da mesma cláusula.

Os arts. 1.036, § 6º, do CPC e 256, § 1º, e 257-A, § 1º, do RISTJ trazem salutares diretrizes para a seleção dos recursos representativos da controvérsia. A primeira diretriz a ser observada consiste na seleção de *recursos admissíveis* (arts. 1.036, § 1º, do CPC e 256, § 1º, e 257-A, § 1º, do RISTJ). Nada mais natural. Mesmo nos julgamentos orientados pelos arts. 1.036 e segs. do CPC, é preciso antes admitir o recurso para depois passar ao exame do seu mérito e consequentemente da idêntica questão de direito. Logo, recursos inadmissíveis são incapazes de levar adiante o julgamento *por amostragem*. Registre-se que o

---

324 Seguem ponderações de ANTONIO DO PASSO CABRAL acerca do assunto: "queremos propor dois vetores básicos para guiar a escolha da causa-piloto. O primeiro é a *amplitude do contraditório*. Sempre que houver restrições ao contraditório, seja no procedimento do processo originário, seja quando a escolha da causa puder limitar o contraditório no próprio incidente, deve-se rever ou corrigir a seleção do processo-teste. O segundo vetor de interpretação para a escolha da causa-piloto é *pluralidade e representatividade* dos sujeitos do processo originário. Isso porque, de acordo com o desenho estrutural dos procedimentos, muitas vezes o papel das partes do processo originário é maior no âmbito do incidente. Assim, o próprio contraditório no incidente pode ser impactado se dele participar litigante mal preparado ou inexperiente, por exemplo" ("A escolha da causa-piloto nos incidentes de resolução de processos repetitivos", p. 210).

325 Cf. EDUARDO TALAMINI, "Repercussão geral em recurso extraordinário: nota sobre sua regulamentação", p. 61.

326 Cf. EDUARDO TALAMINI, "Repercussão geral em recurso extraordinário: nota sobre sua regulamentação", p. 61; ARAKEN DE ASSIS, *Manual dos recursos*, n. 94.1.7.1, p. 863-864.

fato de um recurso ter sido selecionado para tal julgamento não o torna imune a ulterior juízo de admissibilidade. Se esse ulterior juízo de admissibilidade for negativo, cancela-se a afetação e aborta-se o julgamento *por amostragem*.

Outra diretriz para a seleção dos recursos representativos da controvérsia remete a "abrangente argumentação e discussão a respeito da questão a ser decidida" (art. 1.036, § 6º, do CPC). O § 1º do art. 256 do RISTJ complementa essa diretriz, determinando que se leve em conta nessas circunstâncias "a maior diversidade de fundamentos constantes do acórdão e dos argumentos no recurso especial" (inciso I), bem como "a divergência, se existente, entre órgãos julgadores do Tribunal de origem, caso em que deverá ser observada a representação de todas as teses em confronto" (inciso III).[327] Registre-se que a escolha dos recursos deve se orientar não apenas pela quantidade, mas também pela qualidade dos fundamentos do acórdão e dos argumentos do recurso.[328]

Por fim, a interação harmoniosa entre os tribunais de origem e os Tribunais de Superposição na seleção dos recursos repetitivos é essencial para o bom retrato da controvérsia e consequentemente para o seu bom julgamento. Assim, o relator do recurso extraordinário ou especial deve cuidar tanto de agregar recursos por ele pinçados ao julgamento *por amostragem* deflagrado pelo tribunal *a quo*, nos termos do § 4º do art. 1.036 do CPC, quanto de requisitar aos tribunais de justiça e aos tribunais regionais federais a remessa de recurso representativo da controvérsia, quando ele próprio dá início a julgamento nos termos dos arts. 1.036 do CPC e segs. (art. 1.037, III, do CPC). Com as duas instâncias auxiliando na escolha dos recursos repetitivos, melhor será a fotografia do litígio e o seu consequente deslinde.

195. Suspensão dos processos repetitivos

Nos termos dos arts. 1.036, § 1º, e 1.037, II, do CPC, a deflagração do julgamento *por amostragem* deve vir acompanhada de ordem para a suspensão de todos os processos, individuais ou coletivos, em que se faz presente a questão objeto dos recursos extraordinários ou especiais repetitivos. A dimensão da ordem varia conforme a competência do julgador que a emite: se parte do presidente ou vice-presidente do tribunal *a quo*, fica circunscrita ao Estado ou região de sua jurisdição (art. 1.036, § 1º);[329] se parte do relator no Supremo

---

327 Essa determinação também deve orientar a seleção de recursos pelo relator quando ele deflagra o julgamento *por amostragem* no âmbito dos Tribunais Superiores.
328 Cf. Antonio do Passo Cabral, "A escolha da causa-piloto nos incidentes de resolução de processos repetitivos", p. 212-213.
329 "A decisão proferida por autoridade local não pode ter eficácia nacional de forma a determinar a suspensão de processos semelhantes em todo o país" (STJ, 2ª Seção, Rcl 3.652, rel. Min. Nancy Andrighi, j. 14/10/2009, DJ 4/12/2009).

Tribunal Federal ou no Superior Tribunal de Justiça, tem eficácia nacional (art. 1.037, II). Considerando-se que esta deliberação do relator é parte integrante e necessária da *decisão de afetação* (novamente, art. 1.037, II), mais cedo ou mais tarde haverá no julgamento *por amostragem* pronunciamento com ampla eficácia territorial. A ideia é a de que a controvérsia repetitiva seja resolvida em todos os processos de forma semelhante, à luz do entendimento firmado pelos Tribunais de Superposição. Eis a razão pela qual esses processos são colocados em compasso de espera, por meio da suspensão.

A identificação no processo pendente da questão atrelada a julgamento de recursos extraordinários ou especiais repetitivos, seu consequente enquadramento na ordem de suspensão e o dimensionamento dessa ordem ficam a cargo do juízo perante o qual ele tramita (art. 1.037, § 8º, do CPC). A exemplo do que já foi dito para fins de repercussão geral (*supra*, n. 190), se no processo existirem duas pretensões desvinculadas, sendo uma delas fundada na questão objeto do julgamento *por amostragem* e a outra fundada em questão autônoma e peculiar, o feito pode avançar para a apreciação desta, com a circunscrição da suspensão à primeira pretensão. Isso é reforçado pela possibilidade de fracionamento no julgamento da causa (arts. 354, parágrafo único, e 356 do CPC).

Como também já foi dito para fins de repercussão geral (*supra*, n. 190), a ordem de suspensão alcança todas as instâncias, abarcando desde os feitos em primeiro grau de jurisdição até outros recursos extraordinários ou especiais. O enquadramento de um recurso extraordinário ou especial nessa ordem de suspensão pode ser objeto de agravo interno (arts. 1.021 e 1.030, § 2º, do CPC) ou de requerimento para o levantamento da tal suspensão, sob o argumento de que o recurso é intempestivo, devendo, portanto, ser desde logo inadmitido (art. 1.036, 2º, do CPC),[330] ou de que o recurso funda-se em questão distinta da discutida no julgamento *por amostragem* (art. 1.037, §§ 9º e segs., do CPC).

O agravo interno se processa nos termos do art. 1.021 do CPC. Por sua vez, o requerimento para o levantamento da suspensão fundado na intempestividade é dirigido ao presidente ou vice-presidente do tribunal *a quo* ou ao relator do recurso extraordinário ou especial, conforme o estágio da tramitação do recurso, por simples petição, que comporta resposta do recorrente em cinco dias (art. 1.036, § 2º, do CPC). Se o presidente ou o vice-presidente do tribunal recorrido indefere o pleito de intempestividade, cabe agravo interno

---

[330] Em sentido ampliativo, consigna Flávio Cheim Jorge: "apesar de o dispositivo *(art. 1.036, § 2º)* referir-se à tempestividade, não encontramos óbice a que o não conhecimento se dê também pela ausência de qualquer outro requisito de admissibilidade" (Comentários ao art. 1.036. In: *Código de Processo Civil anotado*, p. 1.631).

(art. 1.036, § 3º, do CPC);[331] se o acolhe, está-se diante de uma decisão de inadmissão do recurso extraordinário ou especial, fundada em ordinário juízo de admissibilidade, que desafia o agravo do art. 1.042 do CPC.[332] Qualquer decisão do relator do recurso extraordinário ou especial acerca do pleito de intempestividade expõe-se a agravo interno (art. 1.021 do CPC). Por fim, o requerimento para o levantamento da suspensão com apoio na distinção é dirigido ao relator do acórdão recorrido ou ao relator do recurso extraordinário ou especial, conforme esse recurso esteja em trâmite no tribunal de origem ou nos Tribunais de Superposição (art. 1.037, § 10, III e IV, do CPC), igualmente por simples petição. Na sequência, abre-se prazo de cinco dias para resposta (art. 1.037, § 11, do CPC) e passa-se ao julgamento do requerimento, que desafia agravo interno qualquer que seja o seu resultado (art. 1.037, § 13, II, do CPC). Na hipótese de acolhimento desse requerimento, o recurso extraordinário ou especial volta a tramitar.[333]

Por ocasião da deliberação acerca da suspensão de um recurso extraordinário ou especial repetitivo, é possível (*rectius*: obrigatório) pronunciar desde logo sua intempestividade, independentemente do requerimento previsto no § 2º do art. 1.036 do CPC (*supra*, n. 177). Assim, mesmo de ofício, cabe ao presidente ou vice-presidente do tribunal *a quo* inadmitir o recurso extraordinário ou especial intempestivo, por decisão impugnável pelo art. 1.042 do CPC. Diga-se o mesmo para o relator do recurso extraordinário ou especial, cuja respectiva decisão monocrática expõe-se a agravo interno (art. 1.021 do CPC).

> **Art. 1.037.** Selecionados os recursos, o relator, no tribunal superior, constatando a presença do pressuposto do *caput* do art. 1.036, proferirá decisão de afetação, na qual:
>
> I – identificará com precisão a questão a ser submetida a julgamento;
>
> II – determinará a suspensão do processamento de todos os processos pendentes, individuais ou coletivos, que versem sobre a questão e tramitem no território nacional;

---

331 Na redação original do Código de Processo Civil dada pela Lei n. 13.105/2015, o recurso previsto no § 3º do art. 1.036 era o agravo do art. 1.042. Porém, a Lei n. 13.256/2016 conferiu nova redação a esse dispositivo legal e passou a prever o agravo interno como o recurso a ser interposto contra o indeferimento do requerimento de intempestividade.

332 Para Flávio Cheim Jorge, essa decisão seria impugnável por agravo interno (cf. Comentários ao art. 1.036. In: *Código de Processo Civil anotado*, p. 1.631).

333 A negativa do requerimento de distinção não impede ulterior discussão a seu respeito por ocasião da aplicação prática da tese firmada no acórdão paradigma (arts. 1.039 e 1.040 do CPC).

III – poderá requisitar aos presidentes ou aos vice-presidentes dos tribunais de justiça ou dos tribunais regionais federais a remessa de um recurso representativo da controvérsia.

§ 1º Se, após receber os recursos selecionados pelo presidente ou pelo vice-presidente de tribunal de justiça ou de tribunal regional federal, não se proceder à afetação, o relator, no tribunal superior, comunicará o fato ao presidente ou ao vice-presidente que os houver enviado, para que seja revogada a decisão de suspensão referida no art. 1.036, § 1º.

§ 2º (Revogado pela Lei n. 13.256/2016)

§ 3º Havendo mais de uma afetação, será prevento o relator que primeiro tiver proferido a decisão a que se refere o inciso I do *caput*.

§ 4º Os recursos afetados deverão ser julgados no prazo de 1 (um) ano e terão preferência sobre os demais feitos, ressalvados os que envolvam réu preso e os pedidos de *habeas corpus*.

§ 5º (Revogado pela Lei n. 13.256/2016)

§ 6º Ocorrendo a hipótese do § 5º, é permitido a outro relator do respectivo tribunal superior afetar 2 (dois) ou mais recursos representativos da controvérsia na forma do art. 1.036.

§ 7º Quando os recursos requisitados na forma do inciso III do *caput* contiverem outras questões além daquela que é objeto da afetação, caberá ao tribunal decidir esta em primeiro lugar e depois as demais, em acórdão específico para cada processo.

§ 8º As partes deverão ser intimadas da decisão de suspensão de seu processo, a ser proferida pelo respectivo juiz ou relator quando informado da decisão a que se refere o inciso II do *caput*.

§ 9º Demonstrando distinção entre a questão a ser decidida no processo e aquela a ser julgada no recurso especial ou extraordinário afetado, a parte poderá requerer o prosseguimento do seu processo.

§ 10. O requerimento a que se refere o § 9º será dirigido:

I – ao juiz, se o processo sobrestado estiver em primeiro grau;

II – ao relator, se o processo sobrestado estiver no tribunal de origem;

III – ao relator do acórdão recorrido, se for sobrestado recurso especial ou recurso extraordinário no tribunal de origem;

IV – ao relator, no tribunal superior, de recurso especial ou de recurso extraordinário cujo processamento houver sido sobrestado.

§ 11. A outra parte deverá ser ouvida sobre o requerimento a que se refere o § 9º, no prazo de 5 (cinco) dias.

§ 12. Reconhecida a distinção no caso:

I – dos incisos I, II e IV do § 10, o próprio juiz ou relator dará prosseguimento ao processo;

II – do inciso III do § 10, o relator comunicará a decisão ao presidente ou ao vice-presidente que houver determinado o sobrestamento, para que o recurso especial ou o recurso extraordinário seja encaminhado ao respectivo tribunal superior, na forma do art. 1.030, parágrafo único.

§ 13. Da decisão que resolver o requerimento a que se refere o § 9º caberá:

I – agravo de instrumento, se o processo estiver em primeiro grau;

II – agravo interno, se a decisão for de relator.

CPC de 1973 – arts. 543-B e 543-C

196. Providências preliminares e decisão de afetação

Quer tenha o tribunal recorrido deflagrado o julgamento *por amostragem* (art. 1.036, § 1º, do CPC), quer tenha o relator nos Tribunais Superiores diagnosticado a multiplicidade de recursos com fundamento em idêntica questão de direito (art. 1.036, § 5º, do CPC), a primeira providência a ser tomada é a investigação da sua admissibilidade. Afinal, recursos inadmissíveis são imprestáveis para o *julgamento por amostragem* (art. 1.036, § 6º, do CPC) e, no limite, levam ao aborto do procedimento previsto nos arts. 1.036 e segs. do CPC, com eventual comunicação para o presidente ou o vice-presidente do tribunal de origem (art. 1.037, § 1º, do CPC).

Verificada a admissibilidade dos recursos selecionados, deve então ser investigada a efetiva presença dos requisitos para o julgamento *por amostragem*. Uma vez constatada a real inexistência de múltiplos recursos fundados em idêntica controvérsia, também deve ser abortado o procedimento previsto nos arts. 1.036 e segs. do CPC, com eventual comunicação para o presidente ou o vice-presidente do tribunal de origem (art. 1.037, § 1º, do CPC). Nessas circunstâncias, os recursos extraordinários ou especiais admissíveis não deixam de seguir adiante, mas sua marcha não mais é orientada pela técnica do julgamento *por amostragem*; passam a tramitar como um recurso extraordinário ou especial qualquer.

O Regimento Interno do Superior Tribunal de Justiça regulamenta de forma pormenorizada a fase inicial do julgamento *por amostragem*. Para as situações em que o tribunal *a quo* instaura esse julgamento, é programado um primeiro exame da sua viabilidade pelo presidente do Superior Tribunal de Justiça, com direito a manifestação prévia do Ministério Público (arts. 256-B a 256-D do RISTJ). Se o resultado desse primeiro exame for negativo, o julgamento *por amostragem* é trancado; se for positivo, o processo é distribuído a um relator, a quem compete um segundo exame sobre a viabilidade do *julgamento por amostragem* (art. 256-E do RISTJ). Mais uma vez, se o resultado do exame for negativo, o julgamento *por amostragem* é trancado;[334] se for positivo, o relator então propõe a sua afetação.

Quer a proposta de afetação no Superior Tribunal de Justiça tenha na sua origem iniciativa do tribunal recorrido, quer a proposta de afetação no Superior Tribunal de Justiça tenha partido diretamente do relator, o procedimento a seguir daí em diante é o mesmo, disciplinado pelos arts. 257-A e segs. do RISTJ. Por meio eletrônico, os ministros integrantes do órgão competente para a apreciação dos recursos repetitivos examinam a viabilidade do julgamento *por amostragem*: caso a maioria dê pela sua inviabilidade, tranca-se o procedimento previsto nos arts. 1.036 e segs. do CPC; caso a maioria ateste a sua viabilidade, parte-se então para a decisão de afetação, a cargo do relator (art. 1.037, *caput*, do CPC).

São requisitos da decisão de afetação a *precisa identificação da questão* repetitiva (art. 1.037, I, do CPC) e a *determinação de suspensão de todos os processos* individuais ou coletivos fundados na referida questão em trâmite em todo o território nacional, em qualquer instância (art. 1.037, II, do CPC). Essa precisa identificação da questão repetitiva é importantíssima para a sua correta detecção em outros processos, considerando-se os sensíveis impactos do julgamento *por amostragem* sobre estes, não só em razão da referida suspensão, mas também em razão da definição da sua sorte à luz do precedente formado no Supremo Tribunal Federal ou no Superior Tribunal de Justiça. Daí a razão pela qual o relator deve se orientar também pelo disposto no § 2º do art. 256 do RISTJ para a elaboração da decisão de afetação.

No tocante aos processos suspensos que se encontram nos Tribunais de Superposição, são de pertinente lembrança os arts. 328, parágrafo único, do RISTF e 256-L do RISTJ, que autorizam a devolução aos tribunais e às turmas de juizado especial de origem dos recursos repetitivos não selecionados para o julgamento *por amostragem*. Todavia, não devem ser devolvidos recursos que contenham questões não alcançadas pelo julgamento *por amostragem*, a serem apreciadas pelos Tribunais Superiores.

A solicitação de remessa de recurso representativo da controvérsia aos tribunais de justiça e aos tribunais regionais federais (art. 1.037, III, do CPC) não chega a ser um requisito da decisão de afetação, isto é, não consiste em providência obrigatória,[335] mas se trata de algo mais do que recomendável, como já dito, para o melhor retrato possível da controvérsia repetitiva (*supra*,

---

334 Vale registrar que, antes do trancamento do julgamento *por amostragem*, o relator pode substituir recursos inviáveis por recursos existentes no seu acervo ou solicitados aos tribunais recorridos (art. 256-F, *caput*, do RISTJ).

335 Cf. ARAKEN DE ASSIS, *Manual dos recursos*, n. 94.2.2, p. 872.

n. 193 e 194). No contexto dos esforços para esse melhor retrato possível da controvérsia repetitiva, vale lembrar também das medidas arroladas nos incisos do art. 1.038 do CPC, quais sejam, a admissão de *amicus curiae* (inciso I), a realização de audiência pública (inciso II) e a requisição de informações aos tribunais inferiores (inciso III) (*infra*, n. 199 a 201).

A publicação da decisão de afetação torna o seu prolator prevento para capitanear o julgamento *por amostragem* (art. 1.037, § 3º, do CPC). Tal publicação faz deflagrar o prazo de um ano para o julgamento dos recursos afetados, com "preferência sobre os demais feitos, ressalvados os que envolvam réu preso e os pedidos de *habeas corpus*" (art. 1.037, § 4º, do CPC). Na redação original do Código de Processo Civil dada pela Lei n. 13.105/2015, havia § 5º no art. 1.037 do CPC com o seguinte teor: "não ocorrendo o julgamento no prazo de 1 (um) ano a contar da publicação da decisão de que trata o inciso I do *caput*, cessam automaticamente, em todo o território nacional, a afetação e a suspensão dos processos, que retomarão seu curso normal". Esse § 5º foi revogado pela Lei n. 13.256/2016, que assim retirou obstáculo temporal para o seguimento adiante do julgamento *por amostragem*.

O desatento legislador esqueceu-se de adaptar o subsequente § 6º do art. 1.037 do CPC à realidade emergente da Lei n. 13.256/2016. Eis o teor desse § 6º, que continua a contemplar o revogado § 5º: "ocorrendo a hipótese do § 5º, é permitido a outro relator do respectivo tribunal superior afetar 2 (dois) ou mais recursos representativos da controvérsia na forma do art. 1.036". Para emprestar alguma utilidade a esse dispositivo legal, rememora-se que o julgamento *por amostragem* pode ser abortado em razão da inexistência de múltiplos recursos admissíveis fundados em idêntica questão de direito (*supra*, n. 192 e 194). Assim, quando esse fim prematuro acontecer, fica o lembrete do § 6º do art. 1.037, no sentido de que novo julgamento com essas características pode ser a qualquer momento deflagrado, desde que identificadas as condições necessárias para tanto. Não há razão para se tomar ao pé da letra aqui a expressão "outro relator do respectivo tribunal superior" (art. 1.037, § 6º): o próprio relator responsável pelo julgamento abortado e qualquer presidente ou vice-presidente de tribunal de justiça ou de tribunal regional federal pode dar início a um novo procedimento semelhante.

Vale registrar que o § 7º do art. 1.037 do CPC determina que, na apreciação dos recursos extraordinários ou especiais selecionados para o julgamento *por amostragem*, em primeiro lugar se decida a questão repetitiva objeto da afetação e num segundo momento se decidam as demais questões presentes em cada peça recursal, sempre com a lavratura de um acórdão próprio para cada processo. Inicialmente, chama a atenção aqui que mesmo questões não repetitivas são enfrentadas no âmbito do julgamento *por amostragem*. Não há cisão no julgamento dos recursos extraordinários ou especiais repetitivos, com parte das questões sendo apreciadas numa sede e o restante das questões noutra sede; todos os temas existentes em cada recurso selecionado para o julgamento *por amostragem* são enfrentados no contexto deste, ainda que parte deles não se repita noutros processos.

O comando do § 7º do art. 1.037 do CPC não desnatura a relação existente entre as questões presentes em cada recurso nem interfere na ordem do seu enfrentamento; a prioridade no julgamento da questão repetitiva é, sobretudo, para a fixação da tese que orientará o desfecho dos processos similares. Não é à toa que se exige a lavratura de um acórdão por recurso julgado. A ideia é a de que se coloque em evidência a tal tese fixada e ulteriormente se resolvam as questões existentes em cada processo, na devida sequência lógica. Assim, por exemplo, conforme o sentido em que se resolver uma questão preliminar própria de um dos recursos repetitivos, a questão objeto da afetação pode ficar esvaziada no caso concreto, não obstante fique constando do acórdão em que sentido ela seria resolvida.

Por fim, observe-se que o § 7º do art. 1.037 do CPC se aplica para todos os recursos selecionados para o julgamento *por amostragem*, não ficando circunscrito aos "recursos requisitados na forma do inciso III do *caput*", como sugere a leitura fria do seu texto.

197. Suspensão dos processos repetitivos

Como já dito, de acordo com os arts. 1.036, § 1º, e 1.037, II, do CPC, a deflagração do julgamento *por amostragem* deve vir acompanhada de ordem para a suspensão de todos os processos pendentes em que se faz presente a questão objeto dos recursos extraordinários ou especiais repetitivos (*supra*, n. 195). Como também já dito, nos termos do § 8º do art. 1.037 do CPC, a identificação em cada processo da questão repetitiva objeto da afetação, seu consequente enquadramento na ordem de suspensão e o dimensionamento dessa ordem ficam a cargo do juízo perante o qual ele tramita (*supra*, n. 195). Como igualmente já dito, se no processo existirem duas pretensões desvinculadas, sendo uma delas fundada na questão repetitiva e a outra fundada em questão autônoma e peculiar, o feito pode avançar para a apreciação desta, com a circunscrição da suspensão à primeira pretensão, inclusive em razão da possibilidade de fracionamento no julgamento da causa (arts. 354, parágrafo único, e 356 do CPC) (*supra*, n. 195).

Diante de uma decisão de suspensão do processo com fundamento na deflagração do julgamento *por amostragem*, são possíveis reações distintas, conforme a fase procedimental. Se o processo está em fase de recurso extraordinário ou especial, é possível a interposição de agravo interno (art. 1.030, § 2º, do CPC) ou a formulação de requerimento para o levantamento dessa suspensão, sob o argumento da intempestividade do recurso (art. 1.036, § 2º, do CPC) ou da distinção (art. 1.037, §§ 9º e segs., do CPC). Se o processo está em fase anterior, o legislador disponibiliza apenas o requerimento de distinção.

198. Arguição de distinção para levantamento da suspensão

A decisão de suspensão de um processo com fundamento na presença da questão repetitiva objeto da afetação (art. 1.037, § 8º, do CPC) pode ser colocada em discussão por qualquer das partes, sob o argumento de que, na verdade, tal questão não se faz presente no caso concreto, isto é, as questões existentes no feito são *distintas* daquela (art. 1.037, § 9º, do CPC).

Referida discussão apoiada na *distinção* é instaurada por simples petição, endereçada ao juiz, "se o processo sobrestado estiver em primeiro grau" (art. 1.037, § 10, I, do CPC) ou ao relator no tribunal de origem ou nos Tribunais Superiores, nos demais casos (art. 1.037, § 10, II a IV, do CPC). Segue-se a essa petição a abertura de prazo de cinco dias para manifestação da parte contrária (art. 1.037, § 11, do CPC) e passa-se ao julgamento do requerimento de distinção. Se esse requerimento é acolhido, a marcha procedimental é destrancada e o processo segue adiante do ponto em que havia parado, como se nada tivesse acontecido (art. 1.037, § 12, do CPC). Já se tal requerimento é negado, a suspensão do processo é simplesmente mantida.

O inciso II do § 12 do art. 1.037 do CPC comporta algumas considerações. Visto que nas situações de recurso extraordinário ou especial suspenso no tribunal de origem a ordem de suspensão e o exame do requerimento de distinção competem a julgadores distintos – aquela cabe ao presidente ou vice--presidente e este ao relator do acórdão recorrido –, é preciso que o deferimento desse requerimento seja comunicado a quem determinara tal suspensão. Diante dessa comunicação, compete ao presidente ou ao vice-presidente do tribunal de origem proceder em conformidade com o art. 1.030 do CPC, com destaque para o seu inciso V, que determina a realização do juízo de admissibilidade do recurso extraordinário ou especial antes do seu encaminhamento aos Tribunais Superiores. O presidente ou o vice-presidente do tribunal recorrido não pode insistir na suspensão nessas circunstâncias; deve respeitar o julgamento do requerimento de distinção.

Note-se que o texto do inciso II do § 12 do art. 1.037 do CPC não reflete esse estado de coisas, na medida em que não acompanhou as mudanças trazidas pela Lei n. 13.256/2016 ao Código de Processo Civil. O texto desse inciso II fala do simples encaminhamento do recurso extraordinário ou especial destrancado "ao respectivo tribunal superior, na forma do art. 1.030, parágrafo único". Como é cediço, a Lei n. 13.256/2016 resgatou o juízo de admissibilidade dos recursos extraordinário e especial pelo tribunal recorrido, ausente na redação original do Código de Processo Civil dada pela Lei n. 13.105/2015. Registre-se que a Lei n. 13.256/2016 colocou no lugar do finado parágrafo único do art. 1.030 cinco incisos, cinco alíneas e dois parágrafos. E lamentavelmente esqueceu-se de adaptar o inciso II do § 12 do art. 1.037 a essa nova realidade. Aliás, esse é o segundo caso de referência a dispositivo legal inexistente apenas no texto do art. 1.037![336] Nem o legislador parece se encontrar no emaranhado de parágrafos, incisos e alíneas que ele próprio criou no Código de Processo Civil...

Independentemente do resultado do julgamento do requerimento de distinção, o § 13 do art. 1.037 do CPC disponibiliza contra ele os seguintes recursos: "agravo de instrumento, se o processo estiver em primeiro grau" (inciso I); "agravo interno, se a decisão for de relator" (inciso II).

Por fim, consigne-se que não há prazo para a formulação do requerimento de distinção. Enquanto suspenso o processo à espera do fim do julgamento *por amostragem*, esse requerimento é possível.[337] Ademais, mesmo que tal requerimento não seja apresentado, é possível a ulterior discussão da distinção por ocasião da aplicação prática da tese firmada no acórdão paradigma (arts. 1.039 e 1.040 do CPC).

> **Art. 1.038.** O relator poderá:
>
> **I –** solicitar ou admitir manifestação de pessoas, órgãos ou entidades com interesse na controvérsia, considerando a relevância da matéria e consoante dispuser o regimento interno;
>
> **II –** fixar data para, em audiência pública, ouvir depoimentos de pessoas com experiência e conhecimento na matéria, com a finalidade de instruir o procedimento;
>
> **III –** requisitar informações aos tribunais inferiores a respeito da controvérsia e, cumprida a diligência, intimará o Ministério Público para manifestar-se.
>
> **§ 1º** No caso do inciso III, os prazos respectivos são de 15 (quinze) dias, e os atos serão praticados, sempre que possível, por meio eletrônico.
>
> **§ 2º** Transcorrido o prazo para o Ministério Público e remetida cópia do relatório aos demais ministros, haverá inclusão em pauta, devendo ocorrer o julgamento

---

336 O primeiro está no § 6º do art. 1.037 do CPC, que faz referência ao revogado § 5º.
337 Para HUMBERTO THEODORO JÚNIOR "o requerimento em questão não é cabível logo em seguida à decisão do presidente ou vice-presidente do tribunal local que provoca a retenção dos diversos recursos de objeto igual, mas, apenas depois que o processamento dos recursos paradigma sob regime repetitivo vem a ser admitido pelo relator no STF ou no STJ. Isto porque, só após o despacho de afetação, no Tribunal Superior, é que se fixa com precisão a questão a ser submetida a julgamento" (*Curso de direito processual civil*, v. III, n. 845, p. 1.141).

com preferência sobre os demais feitos, ressalvados os que envolvam réu preso e os pedidos de *habeas corpus*.

§ 3º O conteúdo do acórdão abrangerá a análise dos fundamentos relevantes da tese jurídica discutida. (Redação dada pela Lei n. 13.256/2016)

CPC de 1973 – arts. 543-A e 543-C

199. Amicus curiae

A exemplo do que foi dito nos comentários a respeito da repercussão geral (*supra*, n. 189), o julgamento dos recursos extraordinários ou especiais repetitivos influirá nos rumos dos demais processos em que se faz presente a questão repetitiva objeto da afetação (arts. 1.039 e 1.040 do CPC). Assim, nada mais natural que se admita no procedimento instaurado para o julgamento *por amostragem* "manifestação de pessoas, órgãos ou entidades com interesse na controvérsia, considerando a relevância da matéria e consoante dispuser o regimento interno" (art. 1.038, I, do CPC). Isso contribui para o melhor retrato possível da controvérsia repetitiva, na medida em que tal manifestação tem por objetivo fornecer subsídios para o bom julgamento da causa.

Também a exemplo do que foi dito nos comentários a respeito da repercussão geral (*supra*, n. 189), o espaço para a participação do *amicus curiae* no contexto do julgamento *por amostragem* deve ser calculado. Apenas as intervenções efetivamente úteis devem ser permitidas, sob pena de se eternizar um procedimento que clama por rapidez. É pertinente considerar para a utilidade da manifestação o comando genérico do art. 138 do CPC, no sentido da "representatividade adequada" do *amicus curiae*. Do ponto de vista objetivo, determina o inciso I do art. 1.038 do CPC que se considere *a relevância da matéria* para a avaliação da pertinência da intervenção do *amicus curiae*. Essa *relevância da matéria* merece atenção especial no âmbito do Supremo Tribunal Federal, tendo em vista que a repercussão geral é requisito de admissibilidade do recurso extraordinário (arts. 102, § 3º, da CF, e 1.035, *caput*, do CPC).[338]

O Regimento Interno do Supremo Tribunal Federal não chega a disciplinar especificamente a participação do *amicus curiae* no julgamento dos recursos extraordinários repetitivos. Trata apenas da sua intervenção para fins da análise da repercussão geral (art. 323, § 3º, do RISTF).

---

338 Para HUMBERTO THEODORO JÚNIOR, "sindicatos, associações, órgãos públicos e até pessoas físicas ou jurídicas privadas poderão habilitar-se como *amicus curiae*, desde que demonstrem algum interesse no julgamento do especial submetido ao regime do art. 1.036. O interesse, aqui, não é o jurídico em sentido técnico. A intervenção se justifica à base de qualquer interesse, inclusive o econômico, o moral, o social, o político, desde que sério e relevante" (*Curso de direito processual civil*, v. III, n. 848, p. 1.148).

Por sua vez, o Regimento Interno do Superior Tribunal de Justiça cuida do tema em duas passagens. No art. 256-J, dispõe que o relator pode "autorizar, em decisão irrecorrível, ante a relevância da matéria, a manifestação escrita de pessoas naturais ou jurídicas, órgãos ou entidades especializadas, com representatividade adequada, a serem prestadas no prazo improrrogável de quinze dias". Esse prazo quinzenal não deve ser tratado de forma inflexível, sobretudo, quando complexo o tema submetido ao julgamento *por amostragem*, mas não deve prejudicar a marcha procedimental, visto que, como já dito, o procedimento aqui clama por rapidez. Após a remessa de "cópia do relatório aos demais ministros" (art. 1.038, § 2º, do CPC) e a consequente liberação do processo para inclusão em pauta, não há brecha para novas intervenções no processo, pois isso implicaria retrocesso na marcha procedimental.[339]

O art. 65-B é o outro dispositivo do Regimento Interno do Superior Tribunal de Justiça que trata do assunto: "o relator do recurso especial repetitivo poderá autorizar manifestação da Defensoria Pública na condição de *amicus curiae*". Isso se afina com o *caput* do art. 134 da CF, que diz ser a Defensoria Pública "essencial à função jurisdicional do Estado, incumbindo-lhe, como expressão e instrumento do regime democrático, fundamentalmente, a orientação jurídica" e "a promoção dos direitos humanos".

Por fim, cabe registrar que não existem no contexto do julgamento por *amostragem* dispositivos com o teor dos arts. 1.035, § 4º, do CPC e 323, § 3º, do RISTF, que exigem "procurador habilitado" para a viabilidade da participação do *amicus curiae* nos debates em torno da repercussão geral. Parece adequado aqui um tratamento bipartido, conforme a intervenção do *amicus curiae* seja solicitada pelo juiz ou espontânea: para a participação solicitada, dispensa-se a capacidade postulatória, ante o seu caráter exclusivamente colaborativo; para a participação espontânea, exige-se a capacidade postulatória, na medida em que a contribuição vem acompanhada de uma postulação, no sentido da sua admissão no processo.[340]

200. Audiência pública

Outra providência que o relator pode tomar na salutar busca do melhor retrato possível da controvérsia repetitiva consiste na designação de *audiência*

---

[339] Nesse sentido: STJ, Corte Especial, REsp 1.143.677-EDcl, rel. Min. LUIZ FUX, j. 29/6/2010, DJ 2/9/2010. Na mesma linha, há precedente do Supremo Tribunal Federal em sede de ação direta de inconstitucionalidade: "o *amicus curiae* somente pode demandar a sua intervenção até a data em que o Relator liberar o processo para pauta" (STF, Plenário, ADI 4.071-AgRg, rel. Min. MENEZES DIREITO, j. 22/4/2009, DJ 16/10/2009).

[340] Para esse tratamento bipartido, cf. CASSIO SCARPINELLA BUENO, Amicus curiae *no processo civil brasileiro: um terceiro enigmático*, p. 553-556.

pública para "ouvir depoimentos de pessoas com experiência e conhecimento na matéria, com a finalidade de instruir o procedimento" (art. 1.038, II, do CPC). É conveniente que a audiência seja fixada para data ulterior às programadas para a manifestação dos *amici curiae*, para a remessa pelos tribunais recorridos de recurso representativo da controvérsia e de informações acerca desta e para a manifestação do Ministério Público (art. 1.038, I e III). A prévia reunião de elementos a respeito da questão repetitiva objeto da afetação contribuirá para a qualidade da oitiva dos *experts* na matéria. Todavia, tal data não pode ser muito distante, sob pena de se criar um entrave para a marcha procedimental.

Por fim, a realização da audiência deve obedecer ao disposto nos arts. 154 e 155 do RISTF e 185 e 186 do RISTJ, que impõem ampla e prévia divulgação do respectivo despacho convocatório (cf. especialmente arts. 154, parágrafo único, I, do RISTF e 186, § 4º, I, do RISTJ).

201. Requisição de informações aos tribunais inferiores

Ainda no contexto da busca do melhor retrato possível da controvérsia repetitiva, o relator pode "requisitar informações aos tribunais inferiores a respeito da controvérsia" (art. 1.038, III, do CPC).[341] Lembre-se de que o relator também pode requisitar aos tribunais inferiores a remessa de recurso representativo da controvérsia (art. 1.037, III, do CPC). Como já dito, a interação harmoniosa entre os tribunais de origem e os Tribunais de Superposição na seleção dos recursos repetitivos e na colheita de material para retratar a questão repetitiva objeto da afetação é essencial para o bom enfrentamento desta (*supra*, n. 193, 194 e 196). Os tribunais inferiores são os primeiros a ter contato com a controvérsia repetitiva e seu auxílio aqui é mais do que recomendável.

O prazo para que os tribunais inferiores respondam ao requerimento de informações do relator é de 15 dias (arts. 1.038, § 1º, do CPC e 256-J do RISTJ), mas não deve ser tratado de forma inflexível. Porém, a marcha procedimental não fica travada à espera dessas informações. Uma vez transcorrido o referido prazo quinzenal, com ou sem as tais informações, o procedimento deve seguir adiante.

Para a maior agilidade no fluxo das informações, tanto a requisição quanto a resposta devem observar, sempre que possível, a forma eletrônica (art. 1.038, § 1º, do CPC).

202. Intimação do Ministério Público

Nos preparativos para o julgamento *por amostragem* é previsto que, após a requisição das informações aos tribunais inferiores, seja intimado o Ministério

---

[341] Semelhante disposição existe no art. 256-J do RISTJ.

Público para que se manifeste a respeito da questão repetitiva objeto da afetação (art. 1.038, III, do CPC)[342]. Essa intimação do *Parquet* é obrigatória; não se trata aqui de mera prerrogativa do relator. Aliás, independentemente de haver ou não requisição de informações aos tribunais inferiores, a intimação do Ministério Público deve ter lugar. Daí o acerto do *caput* do art. 256-M do RISTJ, que programa a fala do *Parquet* para o momento subsequente da decisão de afetação, que sempre se faz presente no procedimento do julgamento *por amostragem*.

Observe-se que o convite para o *Parquet* participar dos debates prévios ao julgamento *por amostragem* independe de a matéria em discussão estar especificamente arrolada nos incisos do art. 178 do CPC. O fato de uma questão de direito se fazer presente em múltiplos processos significa que sua solução afetará um grande número de pessoas. No caso do recurso extraordinário, o requisito da repercussão geral amplifica a relevância do julgamento *por amostragem*. Daí a pertinência da participação nesse julgamento de uma instituição com vocação para a "defesa da ordem jurídica" (art. 127, *caput*, da CF).

O prazo para manifestação do Ministério Público é de 15 dias (art. 1.038, § 1º, do CPC) e não se dobra (art. 180, § 2º, do CPC). Esse prazo não é inflexível, mas o procedimento não fica em compasso de espera, no aguardo da fala do *Parquet*. Uma vez transcorrido o referido prazo quinzenal, o procedimento segue adiante, com ou sem a manifestação do Ministério Público.

203. Outras providências e julgamento

Nos termos do § 2º do art. 1.038 do CPC, "transcorrido o prazo para o Ministério Público e remetida cópia do relatório aos demais ministros, haverá inclusão em pauta, devendo ocorrer o julgamento com preferência sobre os demais feitos, ressalvados os que envolvam réu preso e os pedidos de *habeas corpus*". Essa preferência, afinada com a celeridade que o julgamento *por amostragem* requer, é reforçada pelos arts. 173, VI, 177, V, e 256-N, § 1º, do RISTJ. Todavia, esse § 1º do art. 256-N do RISTJ amplia a ressalva do § 2º do art. 1.038 do CPC para nela contemplar também o mandado de segurança.

Em matéria de recursos especiais repetitivos, a competência para o julgamento é sempre da Corte Especial ou de uma seção (arts. 11, XVI, 12, X, e 256-N, *caput*, do RISTJ), conforme a matéria a ser examinada seja de competência difusa ou circunscrita a tal órgão fracionário. Em nenhuma hipótese o julgamento paradigmático é delegado a uma turma no Superior Tribunal de Justiça.

---

342 Semelhante disposição existe no art. 256-M do RISTJ.

No âmbito do Supremo Tribunal Federal, não há dispositivo que concentre o julgamento dos recursos extraordinários repetitivos no Plenário, mas é da maior importância que essa concentração aconteça na prática. Como dito logo acima, isso confere maior autoridade, legitimidade e representatividade para o julgamento *por amostragem*. Afinal, havendo pronunciamento de apenas uma das turmas a respeito de um assunto, nada garante que os integrantes da outra turma e consequentemente o Supremo Tribunal Federal considerado no seu todo tenham o mesmo entendimento externado naquele precedente. E essa simples dúvida é suficiente para comprometer a segurança e a previsibilidade buscadas com o julgamento *por amostragem*. Somente pronunciamentos do Plenário ou das suas duas turmas reúnem as características necessárias para a orientação de futuros julgamentos.

Não foi à toa que o Código de Processo Civil deixou de reproduzir em seu texto as disposições do § 4º do art. 543-A do CPC de 1973: "se a Turma decidir pela existência da repercussão geral por, no mínimo, 4 (quatro) votos, ficará dispensada a remessa do recurso ao Plenário". Lembre-se, ainda, de que compete ao Plenário julgar "os processos remetidos pelas Turmas" (art. 6º, II, alínea *b*, do RISTF). E cabe ao relator e à turma remeter o feito ao Plenário (art. 11 do RISTF) "quando em razão da relevância da questão jurídica ou da necessidade de prevenir divergência entre as Turmas, convier pronunciamento do Plenário" (art. 22, parágrafo único, alínea *b*, do RISTF). É exatamente esse o caso dos recursos extraordinários repetitivos, que, assim, devem ser sempre julgados pelo Plenário.

Tanto no Supremo Tribunal Federal quanto no Superior Tribunal de Justiça, o julgamento dos recursos representativos da controvérsia no órgão colegiado se inicia com um novo e amplo exame dos seus requisitos de admissibilidade. Não há preclusão em torno do assunto. E os recursos extraordinários ou especiais repetitivos não ficam imunizados contra a inadmissão pelo simples fato de estarem insertos no contexto do julgamento *por amostragem*.[343] Ao contrário. O § 6º do art. 1.036 do CPC é expresso ao exigir a seleção apenas de recursos admissíveis.

É preciso, contudo, fazer uma ressalva nesse contexto. O parágrafo único do art. 998 do CPC dispõe expressamente que "a desistência do recurso não impede a análise de questão cuja repercussão geral já tenha sido reconhecida e daquela objeto de julgamento de recursos extraordinários ou especiais repe-

---

[343] "A questão de direito idêntica, além de estar selecionada na decisão que instaurou o incidente de processo repetitivo, deve ter sido expressamente debatida no acórdão recorrido e nas razões do recurso especial, preenchendo todos os requisitos de admissibilidade" (STJ, 2ª Seção, REsp 1.061.530, rel. Min. NANCY ANDRIGHI, j. 22/10/2008, DJ 10/3/2009).

titivos". Isso significa que o legislador relativiza a presença de um dos requisitos de admissibilidade dos recursos, relacionado com a existência de fato extintivo do poder de recorrer, no contexto do julgamento *por amostragem*.[344] Todavia, para os demais requisitos de admissibilidade, não há qualquer relativização que afaste a exigência da sua presença para a viabilidade da apreciação do mérito recursal.

Diagnosticada pelo órgão colegiado a inadmissibilidade dos recursos selecionados para o julgamento por *amostragem*, este é abortado, a exemplo do que ocorre nos casos em que tal inadmissibilidade é identificada já pelo relator, nos termos do § 1º do art. 1.037 do CPC.

Após a verificação da admissibilidade dos recursos, podem ser renovadas no órgão colegiado investigações acerca da efetiva existência de múltiplos recursos fundados em idêntica controvérsia. Uma vez negada pelo órgão colegiado essa multiplicidade, também se aborta o procedimento previsto nos arts. 1.036 e segs. do CPC. Nessas circunstâncias, os recursos extraordinários ou especiais admissíveis não deixam de seguir adiante, mas seu julgamento não mais se orientará pelos referidos arts. 1.036 e segs.; eles serão julgados como um recurso extraordinário ou especial qualquer.

O exame do mérito dos recursos extraordinários ou especiais repetitivos, por si, não apresenta particularidades. O efeito devolutivo deve ser respeitado e matérias que não são objeto dos recursos selecionados para o julgamento *por amostragem* não podem ser enfrentadas no julgamento paradigmático. As questões não repetitivas são apreciadas juntamente com as repetitivas, em ordem compatível com a relação existente entre elas, malgrado a primazia na fixação da tese em torno das questões objeto da afetação (art. 1.037, § 7º, do CPC) (*supra*, n. 196).

É preciso ter dois cuidados por ocasião da fixação da tese jurídica no julgamento *por amostragem*: *fazer a análise de todos os fundamentos relevantes* (art. 1.038, § 3º, do CPC) e *delimitar objetivamente a tese firmada* (art. 256-Q, *caput*, do RISTJ). Daí a razão pela qual o art. 104-A do RISTJ estabelece que os acórdãos proferidos por ocasião do julgamento de recursos especiais repetitivos devem conter: "I – os fundamentos relevantes da questão jurídica discutida, favoráveis ou contrários, entendidos esses como a conclusão dos argumentos deduzidos no processo capazes de, em tese, respectivamente, confirmar ou infirmar a conclusão adotada pelo órgão julgador; II – a definição dos

---

344 Lembre-se de que a desistência do recurso impede que o julgamento *por amostragem* produza efeitos no caso concreto; a tese firmada pelo Supremo Tribunal Federal ou pelo Superior Tribunal de Justiça será aplicada noutros processos, mas não no feito em que se manifestou tal desistência, inclusive em respeito à coisa julgada (*supra*, n. 35).

fundamentos determinantes do julgado; III – a tese jurídica firmada pelo órgão julgador, em destaque; IV – a solução dada ao caso concreto pelo órgão julgador".

O acórdão proferido no julgamento *por amostragem* deve ser levado a conhecimento dos ministros que compõem o órgão prolator, do presidente do respectivo Tribunal de Superposição e do presidente e dos vice-presidentes dos tribunais recorridos (argumento do art. 256-Q, § 2º, do RISTJ). Além disso, prevê o § 2º do art. 121-A do RISTJ a divulgação desse precedente "na internet, de forma sistematizada, com a indicação precisa das informações relacionadas a todas as fases percorridas de seu procedimento". Isso auxiliará na replicação do julgamento paradigmático (art. 1.040 do CPC).

Por fim, observe-se que o Regimento Interno do Superior Tribunal de Justiça disciplina nos arts. 256-S e segs. procedimento para a revisão do entendimento firmado em sede de recursos especiais repetitivos, dependente sempre de iniciativa de ministro do Superior Tribunal de Justiça ou de membro do Ministro Público Federal oficiante nesse Tribunal. Essa revisão da tese também deve atender às exigências de *análise dos fundamentos relevantes* e *delimitação objetiva* e ser objeto de igual divulgação (art. 256-Q, §§ 1º e 2º, do RISTJ).

> **Art. 1.039.** Decididos os recursos afetados, os órgãos colegiados declararão prejudicados os demais recursos versando sobre idêntica controvérsia ou os decidirão aplicando a tese firmada.
>
> **Parágrafo único.** Negada a existência de repercussão geral no recurso extraordinário afetado, serão considerados automaticamente inadmitidos os recursos extraordinários cujo processamento tenha sido sobrestado.

CPC de 1973 – arts. 543-B e 543-C

204. Rumos dos demais recursos nos Tribunais de Superposição

O *caput* do art. 1.039 do CPC cuida dos rumos dos demais recursos pendentes perante o Supremo Tribunal Federal e o Superior Tribunal de Justiça em que se faz presente a idêntica questão de direito decidida no julgamento *por amostragem*, ao passo que o *caput* do art. 1.040 do CPC disciplina a sorte dos processos nas instâncias inferiores após esse julgamento.

Inicialmente, convém registrar que o julgamento *por amostragem* pode se encerrar com decisão no sentido da inadmissão dos recursos representativos da controvérsia[345] ou da ausência, por qualquer outro motivo, de requisitos para

---

345 A inadmissão dos recursos extraordinários representativos da controvérsia com fundamento na ausência de repercussão geral tem disciplina própria, objeto do parágrafo único do art. 1.039 do CPC.

a aplicação prática dos arts. 1.036 e segs. do CPC. Nessas circunstâncias, os demais recursos pendentes perante os Tribunais Superiores simplesmente são destravados e seguem adiante para ordinário julgamento, sem que incidam as disposições do *caput* do art. 1.039 do CPC.

O comando do *caput* do art. 1.039 do CPC concretiza-se quando a questão repetitiva objeto da afetação é efetivamente resolvida no julgamento *por amostragem*. Nessas condições, o órgão colegiado competente para a apreciação dos demais recursos pendentes fundados na tal questão decidirá a sorte destes, em conformidade com a tese firmada no julgamento paradigmático.[346] Se o recurso atrita com essa tese, é declarado *prejudicado*; se o recurso se afina com a referida tese, é *provido* para que o resultado do processo espelhe o entendimento sedimentado no julgamento *por amostragem*. Lembre-se de que, consoante disposto no inciso III do art. 927 do CPC, devem ser observados "os acórdãos em incidente de assunção de competência ou de resolução de demandas repetitivas e em julgamento de recursos extraordinário e especial repetitivos", ressalvada a possibilidade de revisão (art. 927, § 4º).[347]

Para o juízo de conformação programado no *caput* do art. 1.039 do CPC não é preciso aguardar o trânsito em julgado nos processos objeto do julgamento *por amostragem*. Nos termos do referido dispositivo legal, *basta a decisão dos recursos afetados*, de modo que a replicação do julgamento paradigmático nos Tribunais de Superposição se faz possível já a partir da proclamação do seu resultado (art. 941 do CPC).[348] Considera-se aqui que os integrantes do tribunal encarregado do julgamento *por amostragem* participaram deste ou têm proximidade com a sua formação, a permitir sua reprodução antes mesmo da publicação do acórdão paradigmático.

---

[346] É autorizado o julgamento monocrático nessas circunstâncias (art. 256-R, I e II, do RISTJ). Cf. ainda Daniel Amorim Assumpção Neves, *Novo Código de Processo Civil comentado*, p. 1.770. Todavia, se houver no recurso pendente matérias que escapam do objeto do julgamento *por amostragem* e que não comportam apreciação unipessoal, o seu exame exige pronunciamento colegiado.

[347] "A jurisprudência deixou portanto de exercer mera influência no espírito dos aplicadores da lei e passou a integrar o conjunto normativo a ser considerado nos julgamentos" (Cândido Dinamarco e Bruno Vasconcelos Carrilho Lopes, *Teoria geral do novo processo civil*, n. 20, p. 43).

[348] "O pronunciamento definitivo acerca de uma matéria submetida ao regime dos recursos representativos de controvérsia perfectibiliza-se com o desfecho do julgamento no Órgão Colegiado competente – seja alguma das Seções Especializadas, seja a própria Corte Especial –, isto é, com a proclamação do resultado durante a sessão, sendo que a publicação do aresto guarda como principal corolário a autorização para que os Tribunais de segunda instância retomem o exame dos feitos de acordo com a orientação consagrada por este STJ" (STJ, 1ª Seção, ED no REsp 794.079-AgRg, rel. Min. Castro Meira, j. 28/4/2010, DJ 10/5/2010).

Observe-se que por ocasião do juízo de conformação previsto no *caput* do art. 1.039 do CPC não ficam inibidas novas investigações em torno da tempestividade do recurso pendente ou da distinção entre a questão repetitiva objeto da afetação e a questão em que se funda o recurso pendente. A suspensão do recurso com fundamento no art. 1.037, II, do CPC não implica preclusão em torno desses temas, que permanecem vivos no processo. Uma vez identificada a intempestividade do recurso pendente, este é declarado inadmissível. Por sua vez, o diagnóstico de distinção entre os temas de um *julgamento por amostragem* e do recurso pendente faz com que este siga adiante para ordinário julgamento.

Pode acontecer de o recurso pendente no Supremo Tribunal Federal ou no Superior Tribunal de Justiça fundar-se em mais de uma questão e de parte destas não ser objeto de um julgamento *por amostragem*. Nessa hipótese, o recurso é julgado com atenção ao disposto no § 7º do art. 1.037 do CPC e à devida sequência lógica em que tais questões devem ser enfrentadas (*supra*, n. 196 e 204). É possível até que a replicação do julgamento paradigmático no caso fique esvaziada, por exemplo, conforme o sentido em que se resolver questão preliminar própria do recurso sob apreciação. Naturalmente, a solução das questões peculiares de cada recurso não se orienta pelo disposto no *caput* do art. 1.039 do CPC.

205. Falta de repercussão geral e seus desdobramentos

De acordo com o parágrafo único do art. 1.039 do CPC, uma vez decidido pelo Supremo Tribunal Federal que uma questão constitucional é carente de repercussão geral, os demais recursos extraordinários nela fundados "serão considerados automaticamente inadmitidos". Essa inadmissão automática não pode ser tomada ao pé da letra. Afinal, é preciso um pronunciamento de inadmissão do recurso, a ser emitido pelo órgão jurisdicional perante o qual se encontra o recurso extraordinário.

Se o recurso extraordinário encontra-se no tribunal recorrido, cabe ao presidente ou vice-presidente pronunciar a sua inadmissão, com apoio no precedente do Supremo Tribunal Federal (arts. 1.030, I, alínea *a*, e 1.035, § 8º, do CPC). Por sua vez, estando o recurso extraordinário pendente no Supremo Tribunal Federal, o Regimento Interno do Supremo Tribunal Federal concentra os pronunciamentos de inadmissão na "Presidência do Tribunal" e no "Relator(a) sorteado" (art. 327, *caput* e § 1º, do RISTF). Em qualquer dos casos, cabe *agravo interno* (arts. 1.030, § 2º, e 1.035, § 7º, do CPC), que o Regimento Interno do Supremo Tribunal Federal rotula simplesmente como "agravo" (art. 327, § 2º, do RISTF).

Registre-se que não ficam interditadas por ocasião da replicação do pronunciamento negativo da repercussão geral novas atividades investigativas em torno da tempestividade do recurso extraordinário ou da distinção entre a questão constitucional declarada irrelevante e a questão constitucional em que se funda o recurso pendente. O reconhecimento da intempestividade implica a inadmissão do recurso e a constatação da distinção faz com que o recurso siga adiante.

> **Art. 1.040.** Publicado o acórdão paradigma:
> **I** – o presidente ou o vice-presidente do tribunal de origem negará seguimento aos recursos especiais ou extraordinários sobrestados na origem, se o acórdão recorrido coincidir com a orientação do tribunal superior;
> **II** – o órgão que proferiu o acórdão recorrido, na origem, reexaminará o processo de competência originária, a remessa necessária ou o recurso anteriormente julgado, se o acórdão recorrido contrariar a orientação do tribunal superior;
> **III** – os processos suspensos em primeiro e segundo graus de jurisdição retomarão o curso para julgamento e aplicação da tese firmada pelo tribunal superior;
> **IV** – se os recursos versarem sobre questão relativa a prestação de serviço público objeto de concessão, permissão ou autorização, o resultado do julgamento será comunicado ao órgão, ao ente ou à agência reguladora competente para fiscalização da efetiva aplicação, por parte dos entes sujeitos a regulação, da tese adotada.
> **§ 1º** A parte poderá desistir da ação em curso no primeiro grau de jurisdição, antes de proferida a sentença, se a questão nela discutida for idêntica à resolvida pelo recurso representativo da controvérsia.
> **§ 2º** Se a desistência ocorrer antes de oferecida contestação, a parte ficará isenta do pagamento de custas e de honorários de sucumbência.
> **§ 3º** A desistência apresentada nos termos do § 1º independe de consentimento do réu, ainda que apresentada contestação.

CPC de 1973 – arts. 543-B e 543-C

206. Rumos dos processos nas instâncias inferiores

Com a publicação do acórdão paradigmático – e não com a simples proclamação do resultado do correlato julgamento –, os órgãos jurisdicionais das instâncias inferiores devem apreciar os processos em que se faz presente a questão repetitiva objeto do julgamento *por amostragem*, à luz do entendimento firmado nos Tribunais de Superposição.

Convém lembrar que, se o julgamento *por amostragem* não resultar no efetivo enfrentamento da questão repetitiva objeto da afetação (por exemplo, em razão da inadmissibilidade dos recursos selecionados), o art. 1.040 do CPC não tem aplicação prática e os processos suspensos são simplesmente destravados.

Encerrando-se o julgamento *por amostragem* com a fixação de uma tese pelos Tribunais de Superposição a ser replicada noutros processos, cabe ao presidente ou vice-presidente dos tribunais inferiores negar seguimento aos recursos extraordinários ou especiais que contrastem com tal tese (arts. 1.030, I, alínea *b*, e 1.040, I, do CPC). Quando o contraste se dá entre o acórdão objeto de recurso extraordinário ou recurso especial e o resultado do julgamento *por amostragem* nos Tribunais de Superposição, cabe ao órgão prolator daquele acórdão reexaminar o julgado, em juízo de retratação (arts. 1.030, II, e 1.040, II, do CPC). Se a retratação se efetiva, há uma verdadeira reviravolta no resultado do processo; o mesmo órgão julgador que prolatou o acórdão cassa este e o substitui por outro, alinhado com o entendimento dos Tribunais de Superposição. Nessa hipótese, é preciso atentar para a eventual existência no processo de outras questões a serem enfrentadas (art. 1.041, § 1º, do CPC). Por sua vez, se o órgão prolator do acórdão recorrido se recusa a se retratar, o recurso extraordinário ou especial é encaminhado pelo presidente ou vice-presidente do tribunal recorrido aos Tribunais Superiores, desde que admissível (arts. 1.030, V, alínea *c*, e 1.041, *caput*, do CPC).

Tanto no contexto da negativa de seguimento do recurso extraordinário ou especial (art. 1.040, I, do CPC) quanto no momento em que encaminha o processo para o prolator do acórdão recorrido para fins de retratação (art. 1.040, II, do CPC), pode o presidente ou o vice-presidente do tribunal recorrido investigar a tempestividade do recurso ou a distinção entre a questão objeto do julgamento *por amostragem* e a questão objeto do recurso. Uma vez detectada a intempestividade, inadmite-se o recurso. Por sua vez, diagnosticada a distinção, o recurso admissível deve ser encaminhado aos Tribunais de Superposição. Já o órgão prolator do acórdão recorrido pode apenas negar a retratação, em razão da intempestividade ou da distinção, mas seu pronunciamento não implica a inadmissão do recurso extraordinário ou especial nem retira este definitivamente da área de incidência do julgamento *por amostragem*. Como dito logo acima, o juízo negativo de retratação implica apenas o retorno do processo para o presidente ou o vice-presidente do tribunal recorrido, a fim de que o recurso admissível seja encaminhado para os Tribunais de Superposição (arts. 1.030, V, alínea *c*, e 1.041, *caput*, do CPC).

É pertinente fazer referência aqui ao disposto no § 2º do art. 1.041 do CPC: "quando ocorrer a hipótese do inciso II do *caput* do art. 1.040 e o recurso versar sobre outras questões, caberá ao presidente ou ao vice-presidente do tribunal recorrido, depois do reexame pelo órgão de origem e independentemente de ratificação do recurso, sendo positivo o juízo de admissibilidade, determinar a remessa do recurso ao tribunal superior para julgamento das demais questões". O espírito dessas disposições se aplica também à hipótese do inciso I do art. 1.040 do CPC, isto é, havendo no recurso extraordinário ou especial outras questões além daquela que atrita com o resultado do julgamento *por amostragem*, cabe ao presidente ou vice-presidente do tribunal *a quo* examinar a admissibilidade da parcela do recurso não afetada por esse julgamento e, conforme o caso, remeter os autos do processo aos Tribunais de Superposição.

Consigne-se que a negativa de seguimento do recurso extraordinário ou especial com amparo no arts. 1.030, I, alínea *b*, e 1.040, I, do CPC é impugnável por agravo interno (art. 1.030, § 2º, do CPC). Por sua vez, a efetiva retratação com fundamento nos arts. 1.030, II, e 1.040, II, do CPC faz surgir um novo acórdão de única ou última instância, impugnável por igualmente novo recurso extraordinário ou especial (arts. 102, III, e 105, III, da CF), por exemplo, para que se pronuncie a intempestividade do anterior recurso extraordinário ou especial, até o momento ignorada.

Para os processos em que não há recurso extraordinário ou especial pendente, o juízo perante o qual tramita o feito, em primeira ou em segunda instância, cuida de enfrentar a questão repetitiva objeto do julgamento *por amostragem* à luz do entendimento firmado nos Tribunais de Superposição (art. 1.040, III, do CPC). Em primeira instância, é preciso diagnosticar se o respectivo pedido já está pronto para ser julgado. Em caso negativo, o processo é simplesmente destravado, mas cabe ao juiz, no momento do julgamento do tal pedido, replicar o acórdão paradigmático do Supremo Tribunal Federal ou do Superior Tribunal de Justiça.[349] Em segunda instância, o julgamento do recurso pendente deve refletir o resultado do julgamento *por amostragem*. Tanto em primeira quanto em segunda instância há espaço para se reconhecer a distinção entre o tema enfrentado nos Tribunais de Superposição e o tema presente no processo pendente de julgamento, o que retira o processo da área de incidência do acórdão paradigmático. E em segunda instância é possível, ainda, declarar a intempestividade do recurso pendente, o que esvazia no caso a aplicação do precedente firmado pelos Tribunais Superiores.

Os recursos cabíveis contra o juízo de conformação emitido com fundamento no inciso III do art. 1.040 do CPC dependem da natureza do pronunciamento emitido e da instância em que o processo se encontra. Em primeira instância, versando esse juízo sobre o *meritum causae* e sendo objeto de decisão interlocutória, desafia a interposição de agravo de instrumento (arts. 356, § 5º, e 1.015, II, do CPC); se estiver contido em sentença, é impugnável por apela-

---

349 Cf. Flávio Cheim Jorge, Comentários ao art. 1.040. In: *Código de Processo Civil anotado*, p. 1.645.

ção (art. 1.009, *caput*, do CPC). Por sua vez, em segunda instância, o juízo de conformação feito pelo relator é recorrível por agravo interno (art. 1.021 do CPC) e o feito por órgão colegiado é atacável por recurso extraordinário ou especial (arts. 102, III, e 105, III, da CF).

Como já dito, o decreto pelo Supremo Tribunal Federal da falta de repercussão geral de uma determinada questão constitucional conduz à inadmissão de todo e qualquer recurso extraordinário nela fundado (art. 1.039, parágrafo único, do CPC). Todavia, esse decreto não interfere na sorte dos processos pendentes de apreciação em primeira ou segunda instância, que serão objeto de ordinário julgamento.

Por fim, relembre-se de que, consoante disposto no inciso III do art. 927 do CPC, os juízes e os tribunais devem observar "acórdãos em incidente de assunção de competência ou de resolução de demandas repetitivas e em julgamento de recursos extraordinário e especial repetitivos", ressalvada a possibilidade de revisão (art. 927, § 4º). Comportamento em desacordo com esse comando legal, após o esgotamento das instâncias ordinárias, autoriza a oferta de reclamação, nos termos do inciso II do § 5º do art. 988 do CPC.[350]

207. Desistência da demanda em primeira instância

Os parágrafos do art. 1.040 do CPC cuidam da desistência da demanda em curso na primeira instância quando nela se faz presente a questão repetitiva que levou à deflagração do julgamento *por amostragem*. Há pouca inovação na sua disciplina, no confronto com a regulação da desistência da demanda para a generalidade dos casos. A mais evidente é a *desnecessidade de consentimento do réu para a desistência após a oferta da contestação* (art. 1.040, § 3º, do CPC), exigida na regra geral (art. 485, § 4º, do CPC).

A outra inovação cuida dos custos do processo quando a desistência é manifestada antes da contestação: "a parte ficará isenta do pagamento de custas e de honorários de sucumbência" (art. 1.040, § 2º, do CPC). Se já houver pago custas, a parte tem direito a ser ressarcida pelo Estado. E, se a desistência precoce for parcial, a isenção será proporcional (argumento do art. 90, § 1º, do CPC).

No mais, nada há de diferente no texto dos parágrafos do art. 1.040 do CPC, em comparação com o texto dos arts. 90, *caput* e § 1º, e 485, § 5º, do CPC. Se a desistência da demanda ocorre depois da resposta do réu, são devidas pelo autor "as despesas e os honorários" (art. 90, *caput*). Se a desistência

---

[350] Cf. CÂNDIDO DINAMARCO e BRUNO VASCONCELOS CARRILHO LOPES, *Teoria geral do novo processo civil*, n. 171, p. 224-225; LUIZ RODRIGUES WAMBIER e EDUARDO TALAMINI, *Curso avançado de processo civil*, v. 2, n. 30.7.4, p. 648.

ulterior à resposta for parcial, "a responsabilidade pelas despesas e os honorários será proporcional" (art. 90, § 1º). Não se admite a desistência após a publicação da sentença (arts. 485, § 5º, e 1.040, § 1º, do CPC).

208. Comunicação na esfera administrativa

O inciso IV do art. 1.040 do CPC dispõe que, se o julgamento *por amostragem* versar sobre "questão relativa a prestação de serviço público objeto de concessão, permissão ou autorização, o resultado do julgamento será comunicado ao órgão, ao ente ou à agência reguladora competente para fiscalização da efetiva aplicação, por parte dos entes sujeitos a regulação, da tese adotada". A ideia desse inciso IV é estimular que as pessoas pautem seus comportamentos fora do processo pelo entendimento sedimentado nos Tribunais Superiores, a fim de prevenir litígios que certamente acabariam levando à instauração de mais processos judiciais, cujo desfecho seria mais do que previsível. Assim, referido inciso IV acaba prestando relevante contribuição para o descongestionamento do Poder Judiciário, na medida em que os serviços objeto de concessão, permissão ou autorização são fonte inesgotável de conflitos repetitivos, considerando o grande número de pessoas envolvidas no seu contexto.

> **Art. 1.041.** Mantido o acórdão divergente pelo tribunal de origem, o recurso especial ou extraordinário será remetido ao respectivo tribunal superior, na forma do art. 1.036, § 1º.
>
> **§ 1º** Realizado o juízo de retratação, com alteração do acórdão divergente, o tribunal de origem, se for o caso, decidirá as demais questões ainda não decididas cujo enfrentamento se tornou necessário em decorrência da alteração.
>
> **§ 2º** Quando ocorrer a hipótese do inciso II do *caput* do art. 1.040 e o recurso versar sobre outras questões, caberá ao presidente ou ao vice-presidente do tribunal recorrido, depois do reexame pelo órgão de origem e independentemente de ratificação do recurso, sendo positivo o juízo de admissibilidade, determinar a remessa do recurso ao tribunal superior para julgamento das demais questões. (Redação dada pela Lei n. 13.256/2016)
>
> *CPC de 1973 – arts. 543-B e 543-C*

209. Juízo de retratação negativo

Como já dito nos comentários ao art. 1.040 do CPC, com a publicação do acórdão paradigma alinhado com a tese recursal, o presidente ou o vice-presidente do tribunal recorrido deve encaminhar o processo para o órgão judicial que prolatou o acórdão recorrido a fim de que ele proceda ao juízo de retratação (*supra*, n. 206). Como também já dito nesses mesmos comentários, os juízes e tribunais devem observar acórdãos em julgamento de recursos extraordinário e especial repetitivos (art. 927, III, do CPC), ressalvada a possibilidade de revisão (art. 927, § 4º). Chama-se a atenção, também, para a possibilidade de avaliação, por ocasião do juízo de retratação, da tempestividade do recurso extraordinário ou especial e da existência de distinção entre a questão objeto do julgamento *por amostragem* e a questão objeto do referido recurso (*supra*, n. 206).

Nessas condições, é possível que o juízo de retratação seja negativo, malgrado se trate de algo excepcional.[351] Quando se negar a se retratar, cabe ao órgão julgador prolator do acórdão recorrido devolver os autos do processo para o presidente ou o vice-presidente, para que este cuide da remessa dos recursos admissíveis para os Tribunais Superiores (arts. 1.030, V, alínea *c*, e 1.041, *caput*, do CPC).[352] Sendo os recursos remetidos aos Tribunais de Superposição, eles podem ser objeto de julgamento monocrático (arts. 932, V, alínea *b*, 21, § 1º, do RISTF, e 255, § 4º, III, do RISTJ). E o recorrente pode paralelamente lançar mão de reclamação nessas circunstâncias (art. 988, § 5º, II, do CPC).[353]

210. Juízo de retratação positivo

Na hipótese de o órgão prolator do acórdão recorrido retratar-se diante do julgado paradigmático, proferindo novo acórdão que cassa e substitui aquele primeiro, ele deve investigar se essa reviravolta no resultado do processo torna necessária a apreciação de alguma outra questão existente no feito. Por exemplo, se o acatado acórdão paradigma reconhece a responsabilidade objetiva de certa pessoa, negada num primeiro momento pelo órgão prolator do

---

[351] A negativa de retratação apoiada na intempestividade do recurso extraordinário ou especial ou na distinção afigura-se legítima. Também é legítima a negativa de retratação devidamente fundamentada em argumentos não considerados no precedente qualificado e paradigmático, justificadores da sua revisão. Para as demais situações, valem as considerações de Luiz Guilherme Marinoni, Sérgio Arenhart e Daniel Mitidiero: "tendo em conta a função de outorga de unidade ao direito reconhecida ao Supremo Tribunal Federal e ao Superior Tribunal de Justiça, a necessidade de racionalização da atividade judiciária e o direito fundamental à duração razoável do processo, *o tribunal de origem não pode recusar a aplicação do precedente ao caso concreto*, porque aí estará simplesmente negando o seu *dever de fidelidade* ao direito" (*Curso de processo civil*, v. 2, p. 568).

[352] Não se compreende a referência no *caput* do art. 1.041 do CPC ao "art. 1.036, § 1º". O julgamento *por amostragem* já chegou ao fim, e esse § 1º do art. 1.036 do CPC cuida das medidas voltadas para a sua deflagração. A remissão que deveria constar do final do art. 1.041 é ao art. 1.030, V, alínea *c*, do CPC.

[353] Cf. Cândido Dinamarco e Bruno Vasconcelos Carrilho Lopes, *Teoria geral do novo processo civil*, n. 171, p. 224-225; Luiz Rodrigues Wambier e Eduardo Talamini, *Curso avançado de processo civil*, v. 2, n. 30.7.4, p. 648.

acórdão recorrido para julgar improcedente a demanda indenizatória, é preciso passar ao dimensionamento do *quantum debeatur*, em razão do acolhimento da pretensão anteriormente rechaçada.

Lembre-se de que o acórdão resultante do juízo de retratação tem natureza de pronunciamento de única ou última instância e desafia novos recursos extraordinário e especial (CF, arts. 102, III, e 105, III).[354]

211. Recursos com questão fora do julgamento *por amostragem*

Como já dito nos comentários ao art. 1.040 do CPC, o comando do § 2º do art. 1.041 do CPC, no sentido de que se examine em ordinário juízo de admissibilidade a eventual parcela do recurso extraordinário ou especial fundada em questão outra que a questão repetitiva objeto do julgamento *por amostragem*, aplica-se não só aos recursos em conformidade com o acórdão paradigma (art. 1.040, II, do CPC), mas também aos recursos em atrito com o julgado paradigmático (art. 1.040, I, do CPC) (*supra*, n. 206). Assim, sempre que o recurso extraordinário ou especial se fundar em mais de uma questão e uma delas escapar da área de incidência do julgamento *por amostragem*, a correspondente parcela do recurso deve ser objeto de ordinário juízo de admissibilidade (arts. 1.030, V, alínea *a*, e 1.041, § 2º, do CPC). Uma vez reconhecida a admissibilidade do recurso no que diz respeito a tal parcela, os autos do processo são remetidos a instância superior.

Seção III
Do Agravo em Recurso Especial e em Recurso Extraordinário

Art. 1.042. Cabe agravo contra decisão do presidente ou do vice-presidente do tribunal recorrido que inadmitir recurso extraordinário ou recurso especial, salvo quando fundada na aplicação de entendimento firmado em regime de repercussão geral ou em julgamento de recursos repetitivos. (Redação dada pela Lei n. 13.256/2016)

I – (Revogado pela Lei n. 13.256/2016)

II – (Revogado pela Lei n. 13.256/2016)

---

[354] Cf. FLÁVIO CHEIM JORGE, Comentários ao art. 1.041. In: *Código de Processo Civil anotado*, p. 1.647. A esse respeito, ainda, pondera CASSIO SCARPINELLA BUENO: "de acordo com o § 1º, realizado o juízo de retratação, compete ao tribunal de origem decidir as demais questões ainda não decididas, cujo enfrentamento se tornou necessário em decorrência da alteração de entendimento. (...) E mais: não há como impedir que desse novo julgamento, que não infirma nem quer infirmar o que STF ou STJ já decidiu, caibam novos recursos, extraordinário ou especial, consoante o caso, para contrastar aquilo que traz de novidade" (*Manual de direito processual civil*, p. 660).

III – (Revogado pela Lei n. 13.256/2016)

§ 1º (Revogado pela Lei n. 13.256/2016)

I – (Revogado pela Lei n. 13.256/2016)

II – (Revogado pela Lei n. 13.256/2016)

a) (Revogado pela Lei n. 13.256/2016)

b) (Revogado pela Lei n. 13.256/2016)

§ 2º A petição de agravo será dirigida ao presidente ou ao vice-presidente do tribunal de origem e independe do pagamento de custas e despesas postais, aplicando-se a ela o regime de repercussão geral e de recursos repetitivos, inclusive quanto à possibilidade de sobrestamento e do juízo de retratação. (Redação dada pela Lei n. 13.256/2016)

§ 3º O agravado será intimado, de imediato, para oferecer resposta no prazo de 15 (quinze) dias.

§ 4º Após o prazo de resposta, não havendo retratação, o agravo será remetido ao tribunal superior competente.

§ 5º O agravo poderá ser julgado, conforme o caso, conjuntamente com o recurso especial ou extraordinário, assegurada, neste caso, sustentação oral, observando-se, ainda, o disposto no regimento interno do tribunal respectivo.

§ 6º Na hipótese de interposição conjunta de recursos extraordinário e especial, o agravante deverá interpor um agravo para cada recurso não admitido.

§ 7º Havendo apenas um agravo, o recurso será remetido ao tribunal competente, e, havendo interposição conjunta, os autos serão remetidos ao Superior Tribunal de Justiça.

§ 8º Concluído o julgamento do agravo pelo Superior Tribunal de Justiça e, se for o caso, do recurso especial, independentemente de pedido, os autos serão remetidos ao Supremo Tribunal Federal para apreciação do agravo a ele dirigido, salvo se estiver prejudicado.

CPC de 1973 – art. 544

212. Linhas gerais sobre o agravo em recurso especial ou extraordinário e seu cabimento

O agravo em recurso especial ou extraordinário é o recurso disponibilizado pelo legislador para a impugnação do ordinário juízo de admissibilidade negativo do recurso extraordinário ou especial (art. 1.030, V, do CPC), fora do puro e simples juízo de conformação entre o recurso e um entendimento fixado pelos Tribunais de Superposição, típico do regime de repercussão geral ou do julgamento de recursos repetitivos (art. 1.030, I, do CPC).

Na redação original do Código de Processo Civil dada pela Lei n. 13.105/2015, o papel do agravo previsto no art. 1.042 era outro. Ele se prestava a conduzir aos Tribunais Superiores temas de alguma forma relacionados com o regime da repercussão geral ou com o julgamento *por amostragem*, quais sejam, o indeferimento do requerimento de intempestividade do recurso suspenso (arts. 1.035, §§ 6º e 7º, e 1.036, §§ 2º e 3º, do CPC),[355] a negativa de seguimento do recurso com fundamento no atrito com a tese fixada nos Tribunais Superiores (art. 1.040, I, do CPC)[356] e a inadmissão do recurso extraordinário com amparo no prévio reconhecimento da falta de repercussão geral da questão constitucional nele ventilada (arts. 1.035, § 8º, e 1.039, parágrafo único, do CPC).[357] Com o advento da Lei n. 13.256/2016, designou-se o agravo interno para a impugnação desses pronunciamentos (arts. 1.030, § 2º, 1.035, § 7º, 1.036, § 3º, do CPC) e reservou-se o agravo em recurso especial ou extraordinário para o ataque ao ordinário juízo de admissibilidade negativo do recurso extraordinário ou especial por parte do tribunal *a quo* (art. 1.030, V, do CPC). Lembre-se de que o ordinário juízo de admissibilidade do recurso extraordinário ou especial pelo tribunal *a quo* fora abandonado pelo texto original do Código de Processo Civil, na redação dada pela Lei n. 13.105/2015, e foi ulteriormente resgatado pela Lei n. 13.256/2016, conforme se infere, sobretudo, de uma análise retrospectiva do art. 1.030.

Relembre-se de que a decisão do presidente ou vice-presidente do tribunal recorrido diante de um recurso extraordinário ou especial pode se fundar em mais de um inciso do art. 1.030 do CPC (*supra*, n. 177 e 178). Retomando exemplo já dado, uma vez interposto recurso extraordinário com parte das pretensões recursais fundada em questões constitucionais já definidas pelo Supremo Tribunal Federal como carentes de repercussão geral e outra parte das pretensões recursais fundada em questões constitucionais ainda não apreciadas pela mais alta corte do País, mas não prequestionadas, o respectivo juízo negativo da sua admissibilidade vem fundado tanto na alínea *a* do inciso I quanto na alínea *a* do inciso V do art. 1.030 do CPC. A parcela da decisão apoiada no referido inciso I é impugnável por agravo interno (arts. 1.030, § 2º, e 1.035, § 7º, do CPC) e a parcela da decisão apoiada no referido inciso V deve ser objeto de agravo em recurso especial ou extraordinário (art. 1.030, § 1º, e 1.042, *caput*, do CPC).[358]

---

355 Cf. inciso I do art. 1.042 do CPC, revogado pela Lei n. 13.256/2016.
356 Cf. inciso II do art. 1.042 do CPC, revogado pela Lei n. 13.256/2016.
357 Cf. inciso III do art. 1.042 do CPC, revogado pela Lei n. 13.256/2016.
358 "Caberá agravo interno contra decisão que negar seguimento a recurso extraordinário que discuta questão constitucional sobre a qual o Supremo Tribunal Federal não tenha reconhecido a existência de repercussão geral ou que esteja em conformidade com entendimento daquela Corte exarado no regime de repercussão geral (§ 2º do art. 1.030 do CPC). No caso dos autos, o agravo regimental – único recurso cabível – já foi interposto e julgado pela Corte Especial. Desse modo, a in-

213. Regularidade formal e dispensa do preparo

No prazo de 15 dias (art. 1.003, § 5º, do CPC) da ciência do ordinário juízo de admissibilidade negativo do recurso extraordinário ou especial, deve o recorrente interpor o agravo em recurso especial ou extraordinário, por meio de petição endereçada ao prolator da decisão de inadmissão do recurso (presidente ou vice-presidente do tribunal *a quo*). Nessa petição, deve o agravante cuidar de declinar o seu nome e o do agravado, de impugnar especificadamente todos os argumentos levantados pela decisão agravada para obstar o seguimento do seu recurso extraordinário ou especial e de pedir o provimento do agravo, inclusive para que desde logo se julgue em seu favor o recurso extraordinário ou especial (arts. 1.042, § 5º, do CPC e 253, parágrafo único, II, alínea *c*, do RISTJ).

De acordo com o § 6º do art. 1.042 do CPC, "na hipótese de interposição conjunta de recursos extraordinário e especial, o agravante deverá interpor um agravo para cada recurso não admitido". É possível aqui traçar um paralelo com o *caput* do art. 1.029 do CPC, que determina a interposição dos recursos extraordinário e especial "em petições distintas".

Por fim, a interposição do agravo "independe do pagamento de custas e despesas postais" (art. 1.042, § 2º, do CPC).

214. Requerimento de efeito suspensivo ou tutela antecipada recursal

Malgrado o silêncio específico do legislador, não são vedados pleitos suspensivos ou antecipatórios no contexto do agravo em recurso especial ou extraordinário. É verdade que o prévio juízo de admissibilidade negativo emitido pelo tribunal *a quo*, em regra, denuncia chances mais reduzidas de êxito nos Tribunais de Superposição, o que tende a comprometer o *fumus boni iuris*. Porém, demonstrando o agravante o equívoco desse juízo de admissibilidade negativo e colocando em evidência a probabilidade de seu sucesso no Supremo Tribunal Federal ou no Superior Tribunal de Justiça, bem como a presença do *periculum in mora*, deve-se admitir pedido de tutela de urgência recursal em seu favor (art. 995, parágrafo único, do CPC).[359]

---

terposição do agravo em recurso extraordinário consubstancia erro grave" (STJ, Corte Especial, Ag em REsp 749.097-AgRg-RE-AgRg-Ag em RE-AgRg, rel. Min. HUMBERTO MARTINS, j. 7/12/2016, DJ 16/12/2016).

359 Cf. ARAKEN DE ASSIS, *Manual dos recursos*, n. 85.2.2, p. 775-776. Na jurisprudência: "recurso extraordinário não admitido. Consequente interposição de agravo de instrumento. Suspensão cautelar da eficácia do acórdão objeto do apelo extremo. Excepcionalidade. Acórdão que parece dissentir, no exame da matéria, da jurisprudência prevalecente no Supremo Tribunal Federal. Situação que enseja a outorga excepcional de provimento cautelar. Medida cautelar deferida. Decisão referendada"

A viabilidade do pedido de tutela de urgência recursal no contexto do agravo em recurso especial ou extraordinário não depende de prévio pleito quando ainda pendente o juízo de admissibilidade do recurso extraordinário ou especial. Afinal, o *periculum in mora* pode ter se manifestado ulteriormente a esse juízo.

É competente para a apreciação do pedido de tutela de urgência recursal no contexto do agravo em recurso especial ou extraordinário o tribunal *ad quem*. Se não houver ministro prevento, o requerimento urgente é distribuído livremente e torna o julgador prevento para o julgamento do recurso; se já houver ministro prevento, tal requerimento é para ele dirigido (argumento dos incisos I e II do art. 1.029 do CPC).[360]

215. Procedimento perante o tribunal *a quo*

Apresentada a petição ou as petições de agravo no tribunal *a quo*, deve ser aberto prazo de 15 dias para a resposta do agravado. Esse prazo se dobra em favor do Ministério Público, da Fazenda Pública, da Defensoria Pública e de litisconsortes com procuradores diferentes, nos termos dos arts. 180, 183, 186 e 229 do CPC.

Quando interpostos agravos em recurso especial e em recurso extraordinário, as contrarrazões devem ser ofertadas em peças distintas, por simetria com o disposto no § 6º do art. 1.042 do CPC. Se houver mais de um recurso de idêntica natureza (por exemplo, dois agravos em recurso especial interpostos por litisconsortes representados por procuradores distintos), pode o agravado numa só peça responder a eles.

Não cabe agravo adesivo, isto é, a parte que teve seu recurso extraordinário ou especial inadmitido pelo presidente ou vice-presidente do tribunal *a quo* deve desde logo agravar, sob pena de não podê-lo fazer por ocasião da resposta prevista no § 3º do art. 1.042 do CPC.

Após o prazo assinado para a resposta, com ou sem a apresentação desta, o presidente ou o vice-presidente do tribunal *a quo* pode se retratar da decisão de inadmissão. Se a retratação acontece, destranca-se o recurso extraordinário ou especial e é ele quem conduz o processo para os Tribunais de Superposição. Por sua vez, se a retratação é negada, o processo também é encaminhado para os Tribunais Superiores (art. 1.042, § 4º, do CPC), mas o responsável pela sua chegada até lá é o agravo do art. 1.042, e não o recurso extraordinário ou especial.

(STF, 2ª Turma, MC 1.566-QO, rel. Min. Celso de Mello, j. 6/3/2007, DJ 27/4/2007).
360 Cf. Heitor Vitor Mendonça Sica, Comentários ao art. 1.029. In: *Código de Processo Civil anotado*, p. 1.617.

Observe-se que o presidente ou o vice-presidente do tribunal *a quo* não investiga a admissibilidade do agravo do art. 1.042 do CPC. Mesmo que esse agravo seja intempestivo, ele não pode barrá-lo. Nesse sentido, dispõe a Súmula n. 727 do STF: "não pode o magistrado deixar de encaminhar ao Supremo Tribunal Federal o agravo de instrumento interposto da decisão que não admite recurso extraordinário, ainda que referente a causa instaurada no âmbito dos juizados especiais". Eventual trancamento do agravo pelo tribunal *a quo* pode ser combatido por meio de reclamação (art. 988, I, do CPC).

A única providência que se pode tomar no âmbito do tribunal *a quo* para brecar a pronta subida do agravo em recurso especial ou extraordinário para os Tribunais Superiores está prevista nos arts. 1.042, § 2º, do CPC e 328-A, § 1º, do RISTF, qual seja, o *sobrestamento* atrelado ao regime de repercussão geral e de recursos repetitivos (art. 1.037, II, do CPC), para que se aguarde a solução da questão repetitiva deflagradora do julgamento *por amostragem*. Após essa solução, o presidente ou o vice-presidente do tribunal recorrido pode se retratar do juízo de admissibilidade negativo do recurso extraordinário ou especial, inclusive para a aplicação do disposto no inciso II do art. 1.040 do CPC, ou trancar o agravo com apoio no juízo de conformação previsto nos arts. 1.040, I, do CPC e 328-A, § 1º, do RISTF. Tudo isso é feito sem investigar a admissibilidade do agravo do art. 1.042. Diante de eventual intempestividade desse agravo, tudo o que deve o tribunal *a quo* fazer é remeter os autos aos Tribunais de Superposição, para que lá seja investigado referido assunto, de competência exclusiva do tribunal *ad quem*.

216. Procedimento perante o tribunal *ad quem*

Nos termos do § 7º do art. 1.042 do CPC, "havendo apenas um agravo, o recurso será remetido ao tribunal competente, e, havendo interposição conjunta, os autos serão remetidos ao Superior Tribunal de Justiça". Mantém-se aqui o mesmo espírito do art. 1.031 do CPC: num primeiro momento se examina o recurso de competência do Superior Tribunal de Justiça e num segundo momento se delibera sobre o recurso de competência do Supremo Tribunal Federal. Uma vez interpostos agravos em recurso especial e em recurso extraordinário e provido aquele, para destrancar o recurso especial, pode o relator deste, considerando "prejudicial o recurso extraordinário" (art. 1.031, § 2º, do CPC), remeter os autos do processo ao Supremo Tribunal Federal, o que, excepcionalmente, inverte a sequência ordinária de julgamento nas instâncias superiores.

Com a chegada dos autos do processo ao Superior Tribunal de Justiça, o relator deve, se for o caso, conceder vista para o Ministério Público se manifestar em cinco dias (art. 253, parágrafo único, do RISTJ). Não sendo o caso de ouvir o Ministério Público ou escoado o prazo para a manifestação do *Parquet*, cabe ao relator investigar se está diante de hipótese de julgamento monocrático do agravo (arts. 932, III a V, do CPC e 253, parágrafo único, I e II, do RISTJ). Ausente hipótese de julgamento monocrático, deve o agravo ser incluído na pauta de julgamento (art. 935 do CPC).

O § 5º do art. 1.042 do CPC dispõe que "o agravo poderá ser julgado, conforme o caso, conjuntamente com o recurso especial ou extraordinário, assegurada, neste caso, sustentação oral". Esse dispositivo reforça a exigência da inclusão do agravo na pauta de julgamento e coloca em evidência prerrogativa para a apreciação do próprio recurso extraordinário ou especial no contexto do julgamento do agravo. Cabe ao órgão julgador avaliar a maturidade dos recursos para o seu julgamento conjunto, quer do ponto de vista probatório, quer do ponto de vista procedimental, por exemplo, por se ter respeitado o direito à sustentação oral das razões do recurso extraordinário ou especial (art. 937, III e IV, do CPC). Lembre-se de que o julgamento isolado do agravo em recurso especial ou extraordinário não comporta sustentação oral à luz dos incisos do art. 937 do CPC.

Por fim, de acordo com o § 8º do art. 1.042 do CPC, "concluído o julgamento do agravo pelo Superior Tribunal de Justiça e, se for o caso, do recurso especial, independentemente de pedido, os autos serão remetidos ao Supremo Tribunal Federal para apreciação do agravo a ele dirigido, salvo se estiver prejudicado", isto é, se já alcançado no Superior Tribunal de Justiça tudo o que o recorrente pretendia obter com os recursos endereçados aos Tribunais de Superposição. Cabe ao Supremo Tribunal Federal pronunciar a condição de prejudicado do agravo, razão pela qual os autos do processo devem para lá ser encaminhados. Eventual e indevida retenção dos autos do processo pelo Superior Tribunal de Justiça pode ser combatida por recurso ou reclamação (art. 988, I, do CPC).

Seção IV
Dos Embargos de Divergência

Art. 1.043. É embargável o acórdão de órgão fracionário que:

I – em recurso extraordinário ou em recurso especial, divergir do julgamento de qualquer outro órgão do mesmo tribunal, sendo os acórdãos, embargado e paradigma, de mérito;

II – (Revogado pela Lei n. 13.256/2016)

III – em recurso extraordinário ou em recurso especial, divergir do julgamento de qualquer outro órgão do mesmo tribunal, sendo um acórdão de mérito e outro que não tenha conhecido do recurso, embora tenha apreciado a controvérsia;

IV – (Revogado pela Lei n. 13.256/2016)

§ 1º Poderão ser confrontadas teses jurídicas contidas em julgamentos de recursos e de ações de competência originária.

§ 2º A divergência que autoriza a interposição de embargos de divergência pode verificar-se na aplicação do direito material ou do direito processual.

§ 3º Cabem embargos de divergência quando o acórdão paradigma for da mesma turma que proferiu a decisão embargada, desde que sua composição tenha sofrido alteração em mais da metade de seus membros.

§ 4º O recorrente provará a divergência com certidão, cópia ou citação de repositório oficial ou credenciado de jurisprudência, inclusive em mídia eletrônica, onde foi publicado o acórdão divergente, ou com a reprodução de julgado disponível na rede mundial de computadores, indicando a respectiva fonte, e mencionará as circunstâncias que identificam ou assemelham os casos confrontados.

§ 5º (Revogado pela Lei n. 13.256/2016)

CPC de 1973 – art. 546

217. Linhas gerais sobre os embargos de divergência e seu cabimento

Os embargos de divergência consistem no recurso idealizado para a uniformização das teses jurídicas de direito material e de direito processual (arts. 1.043, § 2º, do CPC e 266, § 2º, do RISTJ) no seio do Supremo Tribunal Federal e do Superior Tribunal Justiça.

Como já dito nos comentários ao art. 994 do CPC, o nome do recurso em questão foi reduzido de "embargos de divergência em recurso especial e em recurso extraordinário" para "embargos de divergência" (*supra*, n. 9). Como também já dito nesses mesmos comentários, a redução de nome tinha significado prático na redação original do Código de Processo Civil dada pela Lei n. 13.105/2015, em que o inciso IV do art. 1.043 previa o cabimento dos embargos de divergência para além dos recursos extraordinário e especial ("nos processos de competência originária, divergir do julgamento de qualquer outro órgão do mesmo tribunal"). Com a revogação desse dispositivo legal pela Lei n. 13.256/2016, os embargos de divergência tornaram a ser cabíveis apenas diante do julgamento de recurso extraordinário ou especial.

Outro movimento restritivo identificado na Lei n. 13.256/2016 consiste na revogação do inciso II do art. 1.043 do CPC, que dispunha ser embargável o acórdão que, "em recurso extraordinário ou em recurso especial, divergir do julgamento de qualquer outro órgão do mesmo tribunal, sendo os acórdãos, embargado e paradigma, relativos ao juízo de admissibilidade".[361]

Nesse cenário, sobraram dois incisos no art. 1.043 do CPC.[362] O inciso I estabelece que cabem embargos de divergência diante do acórdão que, "em recurso extraordinário ou em recurso especial, divergir do julgamento de qualquer outro órgão do mesmo tribunal, sendo os acórdãos, embargado e paradigma, de mérito". E o inciso III dispõe que é embargável o acórdão que, "em recurso extraordinário ou em recurso especial, divergir do julgamento de qualquer outro órgão do mesmo tribunal, sendo um acórdão de mérito e outro que não tenha conhecido do recurso, embora tenha apreciado a controvérsia". Na realidade, o teor desses incisos é praticamente o mesmo. O inciso III procura contornar o mau uso da expressão "não conhecer do recurso", em situações nas quais, na realidade, o recurso foi conhecido, tanto que apreciada a controvérsia, isto é, o seu mérito. Logo, tem-se aqui também divergência entre acórdãos verdadeiramente de mérito, embora num dos casos seja preciso interpretar o texto do julgado para se chegar a essa conclusão.[363] Esse auxílio prestado pelo inciso III vale tanto para o acórdão embargado quanto para o acórdão paradigma, ou seja, tanto faz em qual deles se identifica o mau uso da expressão "não conhecer do recurso".[364]

---

361 "Não cabem embargos de divergência no âmbito do agravo de instrumento que não admite recurso especial" (Súmula n. 315 do STJ). Ainda: "os embargos de divergência não se prestam à discussão de questão atinente às regras de admissibilidade do próprio recurso especial embargado" (STJ, Corte Especial, ED no REsp 723.655-AgRg, rel. Min. Nancy Andrighi, j. 2/9/2009, DJ 17/9/2009). Todavia, pouco antes do advento do Código de Processo Civil, vinha se notando na jurisprudência movimento no sentido da flexibilização desse entendimento, quando os embargos de divergência visassem à uniformização de teses relacionadas com a fixação de diretrizes para a admissão do recurso especial. Segue exemplo desse movimento: "segundo orientação reiterada desta Corte, o exame da fixação da verba honorária, quando o seu *quantum* se mostra desde logo de monta astronômica, não suscita a aplicação da Súmula 7 desta Corte, porquanto envolve mero juízo de razoabilidade no tocante a conferir se há ou não exorbitância no arbitramento. No caso, diante da excepcionalidade verificada de plano, é de se reconhecer a viabilidade dos embargos de divergência para, mesmo em meio à aplicação de regra de conhecimento, corrigir a decisão da Turma e permitir nova apreciação. Recurso conhecido em parte e provido" (STJ, Corte Especial, ED no REsp 966.746, rel. Min. Maria Thereza, j. 6/2/2013, DJ 25/3/2013).

362 O *caput* e os correspondentes incisos do art. 266 do RISTJ praticamente repetem as disposições do *caput* e dos respectivos incisos do art. 1.043 do CPC para os embargos de divergência em recurso especial.

363 Cf. João Francisco Naves da Fonseca, Comentários ao art. 1.043. In: *Código de Processo Civil anotado*, p. 1.654.

364 A respeito do mau uso da expressão "não conhecer do recurso", cf. Barbosa Moreira, "Que significa 'não conhecer' de um recurso?", *passim*.

Confronto entre o *caput* dos arts. 1.043 do CPC e 546 do CPC de 1973 revela ampliação no cabimento dos embargos de divergência no âmbito do Superior Tribunal de Justiça. Enquanto este inseria na alça de mira dos embargos apenas "decisão da turma", no texto daquele faz-se menção a "acórdão de órgão fracionário" na fixação dos *landmarks* para o cabimento dos embargos, o que passa a compreender também os acórdãos das seções do Superior Tribunal de Justiça. Referida ampliação é irrelevante no plano do Supremo Tribunal Federal, pois os únicos órgãos fracionários são suas turmas.

No âmbito do Superior Tribunal de Justiça, em certas hipóteses, mencionada alteração tende a ser insuficiente para mudar o resultado do processo. Fala-se aqui dos qualificados e paradigmáticos julgamentos de recursos especiais repetitivos por seção com competência máxima para a respectiva matéria. Nessas circunstâncias, malgrado se esteja diante de um acórdão de recurso especial da lavra de órgão fracionário, os embargos de divergência estão fadados à rejeição monocrática (arts. 932, IV, alínea *b*, do CPC e 266-C do RISTJ).

O *caput* do art. 1.043 do CPC deixa claro que os embargos de divergência são cabíveis apenas contra acórdão. Não interessa para o cabimento dos embargos de divergência o caráter unânime ou majoritário do julgamento; basta que se esteja diante de pronunciamento colegiado. Se o recurso extraordinário ou especial é objeto de julgamento monocrático, é preciso antes interpor agravo interno (arts. 1.021 do CPC e 259 do RISTJ), que no Supremo Tribunal Federal ainda é rotulado como regimental (art. 317 do RISTF), para provocar a emissão de um pronunciamento colegiado embargável. Nesse sentido é a Súmula n. 316 do STJ: "cabem embargos de divergência contra acórdão que, em agravo regimental, decide recurso especial".[365]

Por fim, consigne-se que o surgimento da divergência apenas por ocasião do julgamento de subsequentes embargos de declaração não inibe o cabimento dos embargos de divergência. Como já dito, os embargos de declaração não provocam a cassação nem a substituição da decisão embargada; promovem atividades integrativas, corretivas ou elucidativas no julgado primitivo, resultando na formação de um conjunto decisório, com natureza idêntica à do pronunciamento embargado (*supra*, n. 134). Nessas condições, o aflorament o da discordância continua vinculado ao julgamento de um recurso extraordinário ou especial, ainda que isso se dê num desdobramento deste. Daí a razão pela qual são cabíveis os embargos de divergência contra o conjunto decisório

---

365 A Súmula n. 599 do STF ("são incabíveis embargos de divergência de decisão de Turma, em agravo regimental"), em sentido contrário, foi cancelada.

formado pelos acórdãos do recurso extraordinário ou especial e dos correlatos embargos de declaração.[366]

218. Regularidade formal, prova da divergência e acórdão paradigma

No prazo de 15 dias (art. 1.003, § 5º, do CPC) da ciência do acórdão do recurso extraordinário ou especial, devem ser opostos os embargos de divergência, por meio de petição endereçada ao relator do referido acórdão. Nessa petição, cabe ao embargante declinar o seu nome e o do embargado, demonstrar a divergência, inclusive por meio de *confronto analítico entre os julgados*, e pedir o acolhimento dos embargos, a fim de que prevaleça a tese jurídica firmada no acórdão paradigma sobre a tese jurídica em que se funda o acórdão embargado, com a eventual e consequente apreciação de outras questões cujo enfrentamento se faça necessário nesse contexto.

Cabe lembrar aqui de que os embargos de divergência são recurso de *fundamentação vinculada*. No caso, apenas a invocação da discordância com julgado emitido por outro órgão julgador do mesmo tribunal na aplicação do direito material ou processual viabiliza a admissão dos embargos. A veiculação de *error in procedendo* ou de *error in judicando* sem amparo nessa discordância implica inadmissão dos embargos, por defeito na sua regularidade formal. Afinal, os embargos de divergência não foram concebidos para a manifestação de todo e qualquer vício ou descontentamento com o acórdão embargado. Por isso, não é à toa que os parágrafos do art. 1.043 do CPC cuidam, sobretudo, da demonstração da divergência e do acórdão paradigma.

De acordo com o § 4º do art. 1.043 do CPC, "o recorrente provará a divergência com certidão, cópia ou citação de repositório oficial ou credenciado de jurisprudência, inclusive em mídia eletrônica, onde foi publicado o acórdão divergente, ou com a reprodução de julgado disponível na rede mundial de computadores, indicando a respectiva fonte, e mencionará as circunstâncias que identificam ou assemelham os casos confrontados".[367] Esse dispositivo é praticamente idêntico ao § 1º do art. 1.029 do CPC, que estabelece os requisitos para a comprovação do dissídio jurisprudencial em recurso especial. Assim, tanto lá quanto cá, com a consolidação do processo em autos eletrônicos, a prova da divergência tende a ser feita, sobretudo, por meio da *reprodução de julgado disponível na internet, com indicação da fonte*. É pertinente fazer referência aqui a trecho do § 3º do art. 255 do RISTJ, que diz ser *repositório oficial de jurisprudência* a "Revista do Superior Tribunal de Justiça".

---

366 Cf. ARAKEN DE ASSIS, *Manual dos recursos*, n. 99.1, p. 887.
367 Em sentido semelhante, cf. arts. 331 do RISTF e 266, § 4º, do RISTJ.

Como já dito em comentários ao art. 1.029 do CPC, a *menção a circunstâncias que identifiquem ou assemelhem os casos confrontados* na peça recursal consiste no *confronto analítico entre os julgados* de que se falou logo acima (*supra*, n. 173). Assim, deve o embargante inserir na peça dos embargos de divergência trechos do acórdão embargado e do acórdão paradigma a fim de demonstrar a identidade entre os casos ali examinados e as divergentes teses jurídicas fixadas por ocasião do seu enfrentamento.

O acórdão paradigma que serve de fundamento para os embargos de divergência, em regra, deve ser da lavra de outro órgão do tribunal perante o qual se apresentam os embargos. Por exemplo, julgado recurso especial pela 1ª Turma do Superior Tribunal de Justiça, pode-se invocar nos subsequentes embargos de divergência atrito com acórdão da 2ª, da 3ª, da 4ª, da 5ª ou da 6ª Turma ou da 1ª, da 2ª ou da 3ª Seção ou ainda da Corte Especial. A invocação de acórdão paradigma da lavra do mesmo órgão fracionário prolator do acórdão embargado somente é possível na excepcional hipótese expressa no § 3º dos arts. 1.044 do CPC e 266 do RISTJ, qual seja, o acórdão embargado ter sido proferido por órgão cuja "composição tenha sofrido alteração em mais da metade de seus membros".[368]

O § 1º do art. 1.043 do CPC traz disposição inovadora, repetida no § 1º do art. 266 do RISTJ, no sentido da admissão, como acórdão paradigma, de julgados emitidos na apreciação de outros recursos (por exemplo, recurso ordinário) e de ações de competência originária do respectivo tribunal (por exemplo, ação rescisória). Isso facilita a admissibilidade dos embargos de divergência.[369]

Ainda no tocante ao acórdão paradigma, vale registrar exigência constante do *caput* do art. 266 do RISTJ, no sentido da sua *atualidade* ("julgamento atual de qualquer outro Órgão Jurisdicional deste Tribunal").[370] Vale

---

[368] Conforme se infere do § 3º do art. 266 do RISTJ ("mesmo órgão fracionário"), a alteração de mais da metade dos membros de uma seção do Superior Tribunal de Justiça também autoriza a invocação de acórdão paradigma do mesmo órgão julgador para fins de embargos de divergência. Nesse sentido, cf. João Francisco Naves da Fonseca, Comentários ao art. 1.043. In: *Código de Processo Civil anotado*, p. 1.654.

[369] Está superada jurisprudência do Superior Tribunal de Justiça firmada na vigência do Código de Processo Civil de 1973, no sentido da inadmissibilidade de embargos de divergência fundados em acórdão paradigma prolatado no julgamento de outros recursos ou de ação de sua competência originária. Para um panorama dessa jurisprudência superada, cf. Theotonio Negrão, José Roberto F. Gouvêa, Luis Guilherme A. Bondioli e João Francisco N. da Fonseca, *Código de Processo Civil e legislação processual em vigor*, 46ª ed., nota 3h ao art. 266 do RISTJ, p. 2.040.

[370] Está associada a essa exigência da *atualidade* da divergência a Súmula n. 168 do STJ ("não cabem embargos de divergência, quando a jurisprudência do Tribunal se firmou no mesmo sentido do acórdão embargado").

igualmente registrar que não interessa para a admissão do acórdão como paradigma o caráter unânime ou majoritário do respectivo julgamento; basta que se trate de pronunciamento colegiado. Por fim, cabe fazer aqui duas observações óbvias: decisão monocrática, ainda que da lavra de ministro do próprio tribunal,[371] e qualquer julgado de outro tribunal não servem como acórdão paradigma para fins de embargos de divergência.

Encerra-se este tópico com a notícia de que, na redação original do Código de Processo Civil dada pela Lei n. 13.105/2015, havia § 5º no art. 1.043 com o seguinte teor: "é vedado ao tribunal inadmitir o recurso com base em fundamento genérico de que as circunstâncias fáticas são diferentes, sem demonstrar a existência da distinção". Esse § 5º foi revogado expressamente pela Lei n. 13.256/2016, assim como foi revogado por essa lei dispositivo praticamente idêntico em matéria de dissídio jurisprudencial em recurso especial, qual seja, o § 2º do art. 1.029 do CPC (*supra* n. 173). Ocorre que tanto lá quanto cá o espírito do dispositivo revogado permanece vivo no ordenamento jurídico nacional, quer em razão do dever constitucional de motivação (art. 93, IX, da CF), quer em razão do disposto nos incisos III e IV do § 1º do art. 489 do CPC. Logo, subsiste o dever do órgão julgador dos embargos de divergência demonstrar em que medida os casos são distintos, quando inadmitidos os embargos sob o argumento da distinção.[372]

O simples fato de o órgão prolator do acórdão paradigma não mais ter competência para a apreciação da matéria objeto da divergência deixou de ser colocado como obstáculo para a viabilidade dos embargos: "embargos de divergência interpostos contra acórdão da Quarta Turma, cujos paradigmas são oriundos da Quinta e Sexta Turmas, componentes da Terceira Seção, as quais não mais detêm competência para exame da questão de fundo (locação não residencial); antes do advento do Novo Código de Processo Civil, não seria possível a cognição do recurso em razão da Súmula 158/STJ. O Novo Código de Processo Civil determina ser possível a utilização de julgado paradigma oriundo de qualquer órgão fracionário nos termos expressos do seu art. 1.043, I. Questão de ordem para revogar a Súmula 158/STJ, em razão de sua desconformidade com a novel legislação que rege o processo civil brasileiro" (STJ, Corte Especial, ED no REsp 1.411.420-AgInt, rel. Min. HUMBERTO MARTINS, j. 5/10/2016, DJ 14/10/2016). A Súmula n. 158 do STJ é do seguinte teor: "não se presta a justificar embargos de divergência o dissídio com acórdão de turma ou seção que não mais tenha competência para a matéria neles versada".

371 "Decisões monocráticas proferidas por Relator não servem para demonstrar a divergência" (STJ, Corte Especial, ED no REsp 711.191-AgRg, rel. Min. MENEZES DIREITO, j. 20/3/2006, DJ 24/4/2006).

372 Cf. HUMBERTO THEODORO JÚNIOR, *Curso de direito processual civil*, v. III, n. 857, p. 1.159-1.160; LUIZ GUILHERME MARINONI, SÉRGIO ARENHART e DANIEL MITIDIERO, *Curso de processo civil*, v. 2, p. 572-573.

219. Requerimento de efeito suspensivo ou tutela antecipada recursal

Apesar do silêncio específico do legislador, não são vedados pleitos suspensivos ou antecipatórios no contexto dos embargos de divergência. Demonstrando o embargante a probabilidade do sucesso dos seus embargos (*fumus boni iuris*) e a sua exposição a um dano grave (*periculum in mora*), admite-se pedido para a agregação de eficácia suspensiva aos embargos ou para a precipitação de efeitos do seu acolhimento (art. 995, parágrafo único, do CPC). Pedido nesse sentido pode ser formulado já na petição de embargos de divergência ou em peça avulsa e será apreciado pelo relator.

> **Art. 1.044.** No recurso de embargos de divergência, será observado o procedimento estabelecido no regimento interno do respectivo tribunal superior.
>
> **§ 1º** A interposição de embargos de divergência no Superior Tribunal de Justiça interrompe o prazo para interposição de recurso extraordinário por qualquer das partes.
>
> **§ 2º** Se os embargos de divergência forem desprovidos ou não alterarem a conclusão do julgamento anterior, o recurso extraordinário interposto pela outra parte antes da publicação do julgamento dos embargos de divergência será processado e julgado independentemente de ratificação.

CPC de 1973 – art. 546

220. Procedimento e julgamento

Conforme estabelecido no *caput* do art. 1.044 do CPC, o procedimento dos embargos de divergência segue o disposto no Regimento Interno do Supremo Tribunal Federal ou do Superior Tribunal de Justiça.

No Regimento Interno do Supremo Tribunal Federal, a disciplina do rito dos embargos de divergência está concentrada nos seus arts. 334 a 336.[373] De acordo com o disposto no art. 334 do RISTF, os embargos são juntados aos autos "independentemente de despacho". O próprio relator do acórdão embargado cuida do procedimento na sua fase inicial. Conforme o *caput* do art. 335 do RISTF, a primeira providência a ser tomada guarda relação com o aperfeiçoamento do contraditório: abre-se oportunidade para que o embargado responda aos embargos em 15 dias. Uma vez esgotado o prazo quinzenal, com ou sem resposta, cabe ao relator do acórdão embargado examinar estritamente a admissibilidade dos embargos de divergência (art. 335, § 1º, do RISTF).

---

373 Com a consolidação dos processos em autos eletrônicos, mostra-se anacrônica e descartável disposição do art. 334 do RISTF no sentido de que os embargos sejam opostos "perante a Secretaria".

O juízo de admissibilidade negativo pelo relator do acórdão embargado expõe-se a agravo interno (art. 1.021 do CPC), que o § 2º do art. 335 do RISTF chama simplesmente de agravo. Note-se que o prazo para a interposição do agravo no caso é de 15 dias, e não mais de cinco dias, conforme expresso no superado texto do § 2º do art. 335 do RISTF (art. 1.070 do CPC).[374] Esse agravo será julgado pelo Plenário, *órgão competente para o julgamento do recurso* (art. 335, § 2º, do RISTF), isto é, órgão competente para o julgamento dos embargos de divergência. Por sua vez, sendo positivo o juízo de admissibilidade feito pelo relator do acórdão embargado ou cassada a decisão de inadmissão no julgamento do agravo, "proceder-se-á à distribuição nos termos do art. 76" (art. 335, § 3º).

O relator dos embargos de divergência pode fazer novo exame da sua admissibilidade (art. 932, III, do CPC), quando ausente prévio pronunciamento do Plenário a esse respeito. Se identificar obstáculo para a admissão dos embargos, pode pronunciar-se nesse sentido, ainda que o relator do acórdão embargado tenha emitido anteriormente juízo positivo de admissibilidade. Porém, quando esse anterior juízo positivo de admissibilidade houver sido emitido pelo Plenário, deve-se aguardar a sessão de julgamento para que o órgão colegiado torne a investigar o assunto.

Consigne-se que o relator dos embargos de divergência não fica limitado ao tema da admissibilidade dos embargos. Ele também pode investigar se está presente hipótese de *negativa monocrática de provimento*, listada no inciso IV do art. 932 do CPC. Uma vez detectada sua presença, o relator do acórdão dos embargos de divergência pode rejeitá-los monocraticamente, inclusive, com amparo no art. 332 do RISTF ("não cabem embargos, se a jurisprudência do Plenário ou de ambas as Turmas estiver firmada no sentido da decisão embargada, salvo o disposto no art. 103").[375] Porém, ainda que presente hipótese prevista no inciso V do art. 932 do CPC, o relator não pode isoladamente acolher os embargos, reformando pronunciamento colegiado por meio de decisão monocrática, com uma única voz prevalecendo sobre várias outras, no contexto de um recurso talhado para a uniformização da jurisprudência no seio do tribunal. Isso atrita com a *ratio* dos embargos de divergência, que, assim, somente podem ser acolhidos pelo Plenário.[376]

---

374 "É de 15 (quinze) dias o prazo para a interposição de qualquer agravo, previsto em lei ou em regimento interno de tribunal, contra decisão de relator ou outra decisão unipessoal proferida em tribunal" (art. 1.070 do CPC).

375 Nesse mesmo sentido é a Súmula n. 247 do STF ("o relator não admitirá os embargos da Lei 623, de 19.2.49, nem deles conhecerá o Supremo Tribunal Federal, quando houver jurisprudência firme do Plenário no mesmo sentido da decisão embargada").

376 Em sentido contrário, admitindo o acolhimento monocrático dos embargos de divergência nessas circunstâncias, cf. ARAKEN DE ASSIS, *Manual dos recursos*, n. 102.1,

Ausente hipótese de apreciação monocrática dos embargos de divergência, deve o relator então cuidar dos atos preparatórios necessários para o seu julgamento pelo Plenário.

No âmbito do Superior Tribunal de Justiça, o procedimento dos embargos de divergência é regulado pelos arts. 266-A e segs. do RISTJ. Os embargos são juntados aos autos "independentemente de despacho" (art. 266-A do RISTJ). O relator do acórdão embargado nada faz e segue-se imediatamente para o "sorteio de novo relator" (art. 74 do RISTJ). Esse sorteio, naturalmente, pressupõe a fixação da competência para o julgamento dos embargos, que pode ser da Corte Especial ou de uma seção, conforme a divergência seja difusa ou circunscrita a tal órgão fracionário (arts. 11, XIII, e 12, parágrafo único, I, do RISTJ).

De acordo com art. 266-C, o relator sorteado "poderá indeferir os embargos de divergência liminarmente se intempestivos ou se não comprovada ou não configurada a divergência jurisprudencial atual, ou negar-lhes provimento caso a tese deduzida no recurso seja contrária a fixada em julgamento de recurso repetitivo ou de repercussão geral, a entendimento firmado em incidente de assunção de competência, a súmula do Supremo Tribunal Federal ou do Superior Tribunal de Justiça ou, ainda, a jurisprudência dominante acerca do tema". Na realidade, qualquer causa de inadmissibilidade autoriza o julgamento monocrático dos embargos pelo relator (art. 932, III, do CPC). Por fim, ainda no contexto do julgamento monocrático dos embargos pelo relator, é pertinente lembrar da Súmula n. 168 do STJ ("não cabem embargos de divergência, quando a jurisprudência do Tribunal se firmou no mesmo sentido do acórdão embargado").

Como dito logo acima, relembre-se de que o relator não pode monocraticamente acolher os embargos de divergência, ainda que presente *fattispecie* descrita no inciso V do art. 932 do CPC. Repise-se: uma única voz não pode se sobrepor a várias outras num contexto de uniformização de jurisprudência; o acolhimento dos embargos de divergência exige um pronunciamento colegiado.

Não identificada pelo relator qualquer hipótese de inadmissão ou rejeição monocrática dos embargos de divergência, deve ele emitir juízo positivo de admissibilidade, devidamente fundamentado, e abrir oportunidade para que o embargado responda aos embargos em 15 dias (art. 267, *caput*, do RISTJ). Esgotado esse prazo, independentemente da resposta do embargado, deve o

---

102.3 e 102.6, p. 898, 899 e 901. Por sua vez, F ABIANO C ARVALHO entende que em nenhuma hipótese pode haver juízo acerca do mérito dos embargos de divergência pelo relator, inclusive quando o caso é de rejeição dos embargos (*Poderes do relator nos recursos – art. 557 do CPC*, n. 17.5, p. 258-261).

relator, se for o caso, conceder vista dos autos para o Ministério Público pelo prazo de 20 dias, e, na sequência, pedir "a inclusão do feito na pauta de julgamento" (art. 267, parágrafo único, do RISTJ).

Por fim, consigne-se que tanto no Supremo Tribunal Federal quanto no Superior Tribunal de Justiça o julgamento dos embargos de divergência pelo órgão colegiado deve ser precedido por espaço para a sustentação oral das razões (art. 937, V, do CPC). Ainda, nesse julgamento pelo órgão colegiado em qualquer dos referidos tribunais há brecha para novas investigações em torno da admissibilidade dos embargos.[377]

221. Efeito devolutivo e julgamento da causa

No julgamento dos embargos de divergência, o órgão julgador deve respeitar os limites do efeito devolutivo do recurso; seu respectivo pronunciamento deve ficar circunscrito aos capítulos decisórios abarcados pelos embargos. Quando superada a barreira da admissibilidade, o resultado dos embargos de divergência depende de um confronto entre as teses jurídicas constantes do acórdão embargado e do acórdão paradigma. Se esse confronto termina com a prevalência da tese jurídica em que se funda o acórdão embargado, os embargos de divergência são rejeitados. Por sua vez, se tal confronto se encerra com a predominância da tese jurídica que lastreia o acórdão paradigma ou até de uma terceira tese acerca do tema objeto dos embargos, estes são acolhidos.

Nesse confronto entre teses jurídicas próprio dos embargos de divergência não se permite um *reexame dos fatos* firmados nos julgamentos precedentes, a exemplo do que se observa em sede de recurso extraordinário (Súmula n. 279 do STF) ou especial (Súmula n. 7 do STJ). Há mero cotejo entre distintas interpretações do direito material ou processual, à luz das premissas fáticas anteriormente firmadas, a fim de que se decida qual daquelas interpretações deve prevalecer. Daí não se admitir em embargos de divergência, por exemplo, comparação entre as particulares circunstâncias fáticas influentes na fixação do valor da indenização por dano moral em cada caso concreto, conforme sedimentado na Súmula n. 420 do STJ.[378] Todavia, essa súmula não impede

---

377 "Não se pode falar em superação da fase de conhecimento dos embargos de divergência quando há mera admissão para processamento. Tanto o relator quanto o órgão colegiado podem rever os requisitos de admissibilidade, sem que se comprometam os princípios da legalidade, do devido processo legal e da ampla defesa" (STJ, Corte Especial, ED no REsp 875.618-AgRg, rel. Min. ARNALDO ESTEVES, j. 3/1/2012, DJ 1/2/2013).

378 "Incabível, em embargos de divergência, discutir o valor de indenização por danos morais" (Súmula n. 420 do STJ).

que se discutam em sede de embargos de divergência teses jurídicas com repercussão no próprio valor da indenização por dano moral, como a da interferência do tempo entre a lesão e o ajuizamento da demanda indenizatória para o dimensionamento das perdas e danos.[379]

A possibilidade referida mais acima de o resultado final dos embargos de divergência ser a prevalência de uma terceira tese acerca do tema nele discutido chama a atenção para a viabilidade do *julgamento da causa* no seu contexto, uma vez conhecido o recurso, tal qual expresso no art. 1.034 do CPC para os recursos extraordinário e especial.[380] Assim, admitidos os embargos e caracterizada a divergência, a superação da tese em que se funda o acórdão embargado abre espaço para o julgamento do *meritum causae*, sempre respeitados os estritos desdobramentos daí decorrentes, os limites do efeito devolutivo e as premissas fáticas assentadas anteriormente. Isso pode conduzir até ao enfrentamento direto e inédito do mérito ou de questões de mérito, desde que a causa esteja madura para julgamento. Por exemplo, se os embargos de divergência conduzem, em última análise, à rejeição do pedido principal formulado pelo autor na sua petição inicial, acolhido em todos os julgamentos anteriores, é possível o exame do pedido subsidiário ali lançado, desde que presentes todos os elementos fático-probatórios para tanto.

Por fim, ainda dentro do possível julgamento da causa no contexto dos embargos de divergência, constata-se a presença do efeito translativo. Assim, uma vez conhecido o recurso, podem ser investigados os requisitos de admissibilidade do julgamento do *meritum causae* relativos à pretensão ainda pendente de definição no processo.[381]

---

379 "A demora na busca da reparação do dano moral é fator influente na fixação do *quantum* indenizatório, a fazer obrigatória a consideração do tempo decorrido entre o fato danoso e a propositura da ação. Embargos de divergência acolhidos" (STJ, Corte Especial, ED no REsp 526.299, rel. Min. HAMILTON CARVALHIDO, j. 3/12/2008, DJ 5/2/2009).

380 Cf. LEONARDO GRECO, *Instituições de processo civil*, v. III, n. 13.3, p. 296. Na jurisprudência: "conhecidos os embargos de divergência, a decisão a ser adotada não se restringe às teses suscitadas nos arestos em confronto — recorrido e paradigma —, sendo possível aplicar-se uma terceira tese, pois cabe a Seção ou Corte aplicar o direito à espécie" (STJ, Corte Especial, ED no REsp 513.608, rel. Min. JOÃO OTÁVIO, j. 5/11/2008, DJ 27/11/2008).

381 Reconhecendo o efeito translativo nos embargos de divergência: PEDRO MIRANDA DE OLIVEIRA, Comentários ao art. 1.044. In: *Comentários ao Novo Código de Processo Civil*, p. 1.574-1.575; FREDIE DIDIER JÚNIOR e LEONARDO CARNEIRO DA CUNHA, *Curso de direito processual civil*, v. 3, p. 453. Cf. ainda LUIS GUILHERME AIDAR BONDIOLI, "Requisitos de admissibilidade do julgamento do *meritum causae* e seu controle na apreciação dos recursos", p. 88. Contra o efeito translativo nos embargos de divergência: NELSON NERY JUNIOR, *Teoria geral dos recursos*, n. 3.5.4, p. 487.

222. Efeito interruptivo

Como já anunciado, existem exceções ao princípio da unicidade na seara recursal, caracterizadas pelo concomitante cabimento de mais de uma espécie de recurso contra uma mesma decisão (*supra*, n. 10). Como também já anunciado, em algumas dessas situações excepcionais, o legislador incentiva a apresentação de um dos recursos apenas depois do desfecho do outro, conferindo ao primeiro deles poder para interromper o prazo para a interposição do segundo (*supra*, n. 10). Esse efeito interruptivo, que se faz presente nos embargos de declaração desde o Código de Processo Civil de 1973 (arts. 538 do CPC de 1973 e 1.026, *caput*, do CPC), é agora atribuído também aos embargos de divergência opostos perante o Superior Tribunal de Justiça, no que diz respeito ao prazo para interpor recurso extraordinário (arts. 1.044, § 1º, do CPC e 266-A do RISTJ).

Como é cediço, acórdão de recurso especial da lavra de órgão fracionário é em tese impugnável tanto por embargos de divergência quanto por recurso extraordinário. Considerando que, em regra, é preciso encerrar os debates infraconstitucionais antes de se partir para discussões constitucionais junto ao Supremo Tribunal Federal, nada mais natural do que postergar a interposição do recurso extraordinário para momento em que exaurido o julgamento dos embargos de divergência no Superior Tribunal de Justiça.

O efeito interruptivo dos embargos de divergência opostos no Superior Tribunal de Justiça principia com a sua oposição e perdura até a intimação da decisão que os julgar ou até a desistência e sua respectiva comunicação, a exemplo do efeito interruptivo produzido pelos embargos de declaração (*supra*, n. 34). Ainda a exemplo do que foi dito em matéria de embargos de declaração, o efeito interruptivo dos embargos de divergência opostos no Superior Tribunal de Justiça é objetiva e subjetivamente amplo, alcançando todo o acórdão embargado, inclusive os capítulos decisórios não impugnados pelo embargante, e beneficiando todos os legitimados à interposição do recurso extraordinário (*supra*, n. 160).[382]

Observe-se que o efeito interruptivo dos embargos de divergência opostos no Superior Tribunal de Justiça compreende apenas o prazo para interposição do recurso extraordinário. Assim, não se interrompe em razão da oposição de embargos de divergência o prazo para a apresentação de embargos de declaração contra o acórdão embargado, ainda quando aqueles são apresentados

---

[382] Cf. Luiz Rodrigues Wambier e Eduardo Talamini, *Curso avançado de processo civil*, v. 2, n. 29.9.4, p. 621. No tocante à extensão subjetiva do efeito interruptivo dos embargos de divergência, cf. ainda João Francisco Naves da Fonseca, Comentários ao art. 1.044. In: *Código de Processo Civil anotado*, p. 1.656.

antes do fim do prazo assinado para estes. Nesse contexto, a interrupção somente acontece em sentido inverso, isto é, a oposição de embargos de declaração interrompe o prazo para a apresentação de embargos de divergência (art. 1.026, *caput*, do CPC).

Como já dito nos comentários ao art. 1.026 do CPC, ordinariamente, o efeito interruptivo não fica inibido em razão da inadmissibilidade dos embargos (*supra*, n. 160). Assim, mesmo embargos de divergência inadmissíveis tendem a interromper o prazo para a interposição do recurso extraordinário. Entretanto, quando os embargos de divergência são apresentados intempestivamente e já se encontrar esgotado no momento da sua oposição o prazo para a interposição do recurso extraordinário, o efeito interruptivo, logicamente, não se produz. Afinal, não há mais prazo por interromper.[383]

Por fim, não existe vedação legal para que alguém concomitantemente apresente embargos de divergência e recurso extraordinário contra o acórdão embargado, independentemente da ordem em que os recursos são apresentados. Todavia, é recomendável seguir o *script* pensado pelo legislador, ofertando-se num primeiro momento apenas os embargos de divergência e guardando-se para um segundo momento o recurso extraordinário.

223. Recurso extraordinário contra o acórdão embargado e contra o acórdão dos embargos

Considerando que o efeito interruptivo dos embargos é algo pensado para beneficiar e não para prejudicar as partes, o recurso extraordinário contra o acórdão embargado pode desde sempre conviver com os respectivos embargos de divergência. Em outras palavras, é possível abrir mão do efeito interruptivo dos embargos e desde logo interpor recurso extraordinário contra o acórdão embargado.

Nesse cenário, dispõe o art. 1.044, § 2º, do CPC, endossado pelo art. 266-B do RISTJ: "se os embargos de divergência forem desprovidos ou não alterarem a conclusão do julgamento anterior, o recurso extraordinário interposto pela outra parte antes da publicação do julgamento dos embargos de divergência será processado e julgado independentemente de ratificação". O espírito desses dispositivos é o mesmo do § 5º do art. 1.024 do CPC: quem já disse com todas as letras que recorre de uma decisão, não deve ser obrigado a reiterar o seu recurso. E isso vale também para quem a um só tempo opõe embargos de divergência e interpõe recurso extraordinário.[384] Consigne-se

---

[383] Cf. João Francisco Naves da Fonseca, Comentários ao art. 1.044. In: *Código de Processo Civil anotado*, p. 1.656.
[384] Cf. Leonardo Greco, *Instituições de processo civil*, v. III, n. 13.3, p. 297.

que, quando acolhidos os embargos de divergência, não é de se exigir qualquer ratificação para a viabilidade da parcela do recurso extraordinário não afetada pelo julgamento dos embargos.

Quer tenham sido rejeitados os embargos de divergência opostos perante o Superior Tribunal de Justiça, quer tenham sido acolhidos esses embargos, abre-se para todos, inclusive para o recorrente precoce, mais uma oportunidade para a interposição de recurso extraordinário. O recurso extraordinário interposto nessa oportunidade pode se voltar tanto contra o acórdão embargado quanto contra o acórdão que julgou os embargos. Mesmo quem já interpôs recurso extraordinário contra o acórdão embargado pode dirigir-lhe novo e irrestrito ataque, pois aqui não há regra como a do art. 1.024, § 4º, do CPC, que limita a atuação do recorrente precoce após o julgamento dos embargos de declaração. E não mais se cogita no ordenamento jurídico nacional de preclusão consumativa (art. 223 do CPC).

Logicamente, por ocasião da interposição de recurso extraordinário após o julgamento dos embargos de divergência, o recorrente deve avaliar a repercussão desse julgamento sobre o acórdão embargado, inclusive para a correta seleção do julgado a ser impugnado nesta oportunidade. Deve o recorrente considerar, ainda, eventual recurso extraordinário interposto anteriormente, que pode já ser suficiente para a viabilização do acesso ao Supremo Tribunal Federal, quando rejeitados ou acolhidos parcialmente os embargos de divergência, ou ter ficado prejudicado, em razão do acolhimento dos embargos de divergência. Nessas circunstâncias, nada impede que o recorrente precoce apresente nova petição de recurso extraordinário, com objeto distinto da primeira.[385]

---

385 Cf. LEONARDO GRECO, *Instituições de processo civil*, v. III, n. 13.3, p. 297.

BIBLIOGRAFIA

ABBUD, André de Albuquerque Cavalcanti. "O anteprojeto de lei sobre a repercussão geral dos recursos extraordinários". In: Revista de Processo, v. 129, nov. 2005.

ALVIM, Arruda. *Novo contencioso cível no CPC/2015.* São Paulo: Revista dos Tribunais, 2016.

AMARAL SANTOS, Moacyr. *Direito processual civil.* 4ª ed. São Paulo: Max Limonad, 1969. v. 3.

APRIGLIANO, Ricardo. Comentários aos arts. 994 e segs. In: *Código de Processo Civil anotado.* Coord. José Rogério Cruz e Tucci et al. São Paulo, 2015. Disponível em: http://www.aasp.org.br/novo_cpc/ncpc_anotado.pdf. Acesso em 5/7/2016.

_____. *A apelação e seus efeitos.* 2ª ed. São Paulo: Atlas, 2003.

ASSIS, Araken de. *Manual dos recursos.* 4ª ed. São Paulo: Revista dos Tribunais, 2012.

BARBOSA MOREIRA, José Carlos. "Reformas do CPC em matéria de recursos". In: Revista Forense, v. 354, mar.-abr. 2001.

_____. *Comentários ao Código de Processo Civil.* 16ª ed. Rio de Janeiro: Forense, 2012. v. V.

_____. "Questões prejudiciais e questões preliminares". In: *Direito processual civil (ensaios e pareceres).* Rio de Janeiro: Borsoi, 1971.

_____. "Que significa 'não conhecer' de um recurso?". In: *Temas de direito processual: sexta série.* São Paulo: Saraiva, 1997.

BARIONI, Rodrigo. *Efeito devolutivo da apelação civil.* São Paulo: Revista dos Tribunais, 2007.

_____. *Ação rescisória e recursos para os tribunais superiores.* São Paulo: Revista dos Tribunais, 2010.

_____. "Preclusão diferida, o fim do agravo retido e a ampliação do objeto da apelação no novo Código de Processo Civil". In: Revista de Processo, v. 243, maio 2015.

BONDIOLI, Luis Guilherme Aidar. *Embargos de declaração.* São Paulo: Saraiva, 2005.

_____. *O novo CPC: a terceira etapa da Reforma.* São Paulo: Saraiva, 2006.

_____. "Requisitos de admissibilidade do julgamento do *meritum causae* e seu controle na apreciação dos recursos". In: Revista Jurídica, v. 358, ago. 2007.

_____. "Breves notas sobre o controle das decisões monocráticas na instância recursal". In: Revista Jurídica, v. 376, fev. 2009.

_____. "Embargos de declaração e arbitragem". In: Revista de Arbitragem e Mediação, v. 34, jul.-set. 2012.

_____. "Novidades em matéria de embargos de declaração no CPC de 2015". In: Revista do Advogado da Associação dos Advogados de São Paulo, v. 126, maio 2015.

_____. "A nova técnica de julgamento dos recursos extraordinário e especial repetitivos". In: Revista Jurídica, v. 387, jan. 2010.

_____. Comentários aos arts. 176 e segs. In: *Código de Processo Civil anotado*. Coord. José Rogério Cruz e Tucci et al. São Paulo, 2015. Disponível em: http://www.aasp.org.br/novo_cpc/ncpc_anotado.pdf. Acesso em 5/7/2016.

BRUSCHI, GILBERTO GOMES. Comentários ao art. 1.015. In: *Breves comentários ao Novo Código de Processo Civil*. Coord. Teresa Arruda Alvim Wambier et al. São Paulo: Revista dos Tribunais, 2015.

CABRAL, ANTONIO DO PASSO. "A escolha da causa-piloto nos incidentes de resolução de processos repetitivos". In: Revista de Processo, v. 231, maio 2014.

CÂMARA, ALEXANDRE FREITAS. Comentários aos arts. 1.009 e segs. In: *Comentários ao Novo Código de Processo Civil*. Coord. Antonio do Passo Cabral e Ronaldo Cramer. 2ª ed. Rio de Janeiro: Forense, 2016.

CAMARGO, LUIZ HENRIQUE VOLPE. Comentários ao art. 1.021. In: *Breves comentários ao Novo Código de Processo Civil*. Coord. Teresa Arruda Alvim Wambier et al. São Paulo: Revista dos Tribunais, 2015.

CARMONA, CARLOS ALBERTO. *Arbitragem e processo: um comentário à Lei n. 9.307/96*. 2ª ed. São Paulo: Atlas, 2006.

CARNEIRO, ATHOS GUSMÃO. "Poderes do relator e agravo interno – artigos 557, 544 e 545 do CPC". In: Revista da Ajuris, v. 79, set. 2000.

CARVALHO, FABIANO. *Poderes do relator nos recursos – art. 557 do CPC*. São Paulo: Saraiva, 2008.

CRUZ E TUCCI, JOSÉ ROGÉRIO. *A motivação da sentença no processo civil*. São Paulo: Saraiva, 1987.

CUNHA, LEONARDO CARNEIRO DA; DIDIER JÚNIOR, FREDIE. "Agravo de instrumento contra decisão que versa sobre competência e a decisão que nega eficácia a negócio jurídico processual na fase de conhecimento". In: Revista de Processo, v. 242, abr. 2015.

DIDIER JÚNIOR, FREDIE. *Recurso de terceiro: juízo de admissibilidade*. 2ª ed. São Paulo: Revista dos Tribunais, 2005.

DIDIER JÚNIOR, FREDIE; CUNHA, LEONARDO CARNEIRO DA. *Curso de direito processual civil*. 14ª ed. Salvador: JusPodivm, 2017. v. 3.

DINAMARCO, CÂNDIDO RANGEL. "Os efeitos dos recursos". In: *Nova era do processo civil*. 3ª ed. São Paulo: Malheiros, 2009.

_____. "Os embargos de declaração como recurso". In: *Nova era do processo civil*. 3ª ed. São Paulo: Malheiros, 2009.

_____. *Capítulos de sentença*. São Paulo: Malheiros, 2002.

_____. "Tempestividade dos recursos". In: Revista Dialética de Direito Processual, v. 16, jul. 2004.

_____. "O relator, a jurisprudência e os recursos". In: *Fundamentos do processo civil moderno*. 3ª ed. São Paulo: Malheiros, 2000. v. II.

_____. *Instituições de direito processual civil*. 6ª ed. São Paulo: Malheiros, 2009. v. II.

_____. *Litisconsórcio*. 5ª ed. São Paulo: Malheiros, 1997.

DINAMARCO, CÂNDIDO RANGEL; LOPES, BRUNO VASCONCELOS CARRILHO. *Teoria geral do novo processo civil*. São Paulo: Malheiros, 2016.

Bibliografia

EID, ELIE PIERRE. *Litisconsórcio unitário: fundamentos, estrutura e regime*. São Paulo: Revista dos Tribunais, 2016.

FERNANDES, LUÍS EDUARDO SIMARDI. *Embargos de declaração: efeitos infringentes, prequestionamento e outros aspectos polêmicos*. 2ª ed. São Paulo: Revista dos Tribunais, 2008.

FERREIRA FILHO, MANOEL CAETANO. Comentários aos arts. 1.009 e segs. In: *Código de Processo Civil anotado*. Coord. José Rogério Cruz e Tucci et al. São Paulo, 2015. Disponível em: http://www.aasp.org.br/novo_cpc/ncpc_anotado.pdf. Acesso em 5/7/2016.

FONSECA, JOÃO FRANCISCO NAVES DA. Comentários aos arts. 1.027 e 1.028. In: *Breves comentários ao Novo Código de Processo Civil*. Coord. Teresa Arruda Alvim Wambier et al. São Paulo: Revista dos Tribunais, 2015.

_____. *Exame dos fatos nos recursos extraordinário e especial*. São Paulo: Saraiva, 2012.

_____. "A profundidade do efeito devolutivo nos recursos extraordinário e especial: o que significa a expressão 'julgará o processo, aplicando o direito' (CPC/2015, art. 1.034)?" In: Revista do Advogado da Associação dos Advogados de São Paulo, n. 126, maio 2015.

_____. Comentários aos arts. 1.043 e 1.044. In: *Código de Processo Civil anotado*. Coord. José Rogério Cruz e Tucci et al. São Paulo, 2015. Disponível em: http://www.aasp.org.br/novo_cpc/ncpc_anotado.pdf. Acesso em 5/7/2016.

_____. *O processo do mandado de injunção*. São Paulo: Saraiva, 2016.

GRECO, LEONARDO. *Instituições de processo civil*. Rio de Janeiro: Forense, 2015. v. III

HOUAISS, ANTÔNIO; VILLAR, MAURO DE SALLES. *Dicionário Houaiss da língua portuguesa*. Rio de Janeiro: Objetiva, 2001.

JORGE, FLÁVIO CHEIM. Comentários aos arts. 994 e segs. In: *Breves comentários ao Novo Código de Processo Civil*. Coord. Teresa Arruda Alvim Wambier et al. São Paulo: Revista dos Tribunais, 2015.

_____. Comentários aos arts. 1.036 e segs. In: *Código de Processo Civil anotado*. Coord. José Rogério Cruz e Tucci et al. São Paulo, 2015. Disponível em: http://www.aasp.org.br/novo_cpc/ncpc_anotado.pdf. Acesso em 5/7/2016.

_____. *Teoria geral dos recursos cíveis*. 7ª ed. São Paulo: Revista dos Tribunais, 2015.

KOZIKOSKI, SANDRO MARCELO. Comentários ao art. 1.015. In: *Código de Processo Civil anotado*. Coord. José Rogério Cruz e Tucci et al. São Paulo, 2015. Disponível em: http://www.aasp.org.br/novo_cpc/ncpc_anotado.pdf. Acesso em 5/7/2016.

LIEBMAN, ENRICO TULLIO. *Manuale di diritto processuale civile*. 4ª ed. Milano: Giuffrè, 1983. v. II.

LOPES, BRUNO VASCONCELOS CARRILHO. *Honorários advocatícios no processo civil*. São Paulo: Saraiva, 2008.

_____. "Os honorários recursais no Novo Código de Processo Civil". In: Revista do Advogado da Associação dos Advogados de São Paulo, n. 126, maio 2015.

MACÊDO, LUCAS BURIL DE. "A análise dos Recursos Excepcionais pelos Tribunais Intermediários – o pernicioso art. 1.030 do CPC e sua inadequação técnica como fruto de uma compreensão equivocada do sistema de precedentes vinculantes". In: Revista de Processo, v. 262, dez. 2016.

MARINONI, LUIZ GUILHERME; ARENHART, SÉRGIO CRUZ; MITIDIERO, DANIEL. *Curso de processo civil*. 2ª ed. São Paulo: Revista dos Tribunais, 2016. v. 2.

MARINONI, Luiz Guilherme; MITIDIERO, Daniel. *Repercussão geral no recurso extraordinário*. São Paulo: Revista dos Tribunais, 2007.

MARQUES, José Frederico. *Manual de direito processual civil*. São Paulo: Saraiva, 1975. v. 3.

MAZZEI, Rodrigo. Comentários aos arts. 1.022 e segs. In: *Breves comentários ao Novo Código de Processo Civil*. Coord. Teresa Arruda Alvim Wambier et al. São Paulo: Revista dos Tribunais, 2015.

MELLO, Rogério Licastro Torres de. Comentários ao art. 1.009. In: *Breves comentários ao Novo Código de Processo Civil*. Coord. Teresa Arruda Alvim Wambier et al. São Paulo: Revista dos Tribunais, 2015.

MENDONÇA LIMA, Alcides de. *Introdução aos recursos cíveis*. 2ª ed. São Paulo: Revista dos Tribunais, 1976.

MONIZ DE ARAGÃO, Egas Dirceu. "Embargos de declaração". In: Revista dos Tribunais, v. 633, jul. 1988.

NEGRÃO, Theotonio; GOUVÊA, José Roberto F.; BONDIOLI, Luis Guilherme A.; FONSECA, João Francisco N. da. *Código de Processo Civil e legislação processual em vigor*. 47ª ed. São Paulo: Saraiva, 2016.

_____. *Código de Processo Civil e legislação processual em vigor*, 46ª ed. São Paulo: Saraiva, 2014.

NEGRÃO, Theotonio; GOUVÊA, José Roberto F. *Código de Processo Civil e legislação processual em vigor*. 32ª ed. São Paulo: Saraiva, 2001.

NERY JUNIOR, Nelson. *Princípios fundamentais – teoria geral dos recursos*, 6ª ed. São Paulo: Revista dos Tribunais, 2004.

NERY JUNIOR, Nelson; NERY, Rosa Maria de Andrade. *Comentários ao Código de Processo Civil*. São Paulo: Revista dos Tribunais, 2015.

NEVES, Daniel Amorim Assumpção. *Novo Código de Processo Civil comentado*. Salvador: JusPodivm, 2016.

OLIVEIRA, Eduardo Ribeiro de. "Prequestionamento". In: *Aspectos polêmicos e atuais dos recursos cíveis de acordo com a lei 9.756/98*. Coord. Nelson Nery Junior e Teresa Arruda Alvim Wambier. São Paulo: Revista dos Tribunais, 1999.

_____. "O prequestionamento e o novo CPC". In: Revista de Processo, v. 256, jun. 2016.

OLIVEIRA, Pedro Miranda de. Comentários aos arts. 1.029 e segs. In: *Breves comentários ao Novo Código de Processo Civil*. Coord. Teresa Arruda Alvim Wambier et al. São Paulo: Revista dos Tribunais, 2015.

_____. Comentários ao art. 1.044. In: *Comentários ao Novo Código de Processo Civil*. Coord. Antonio do Passo Cabral e Ronaldo Cramer. 2ª ed. Rio de Janeiro: Forense, 2016.

_____. "O regime especial do agravo de instrumento contra decisão parcial (com ou sem resolução de mérito)". In: Revista de Processo, v. 264, fev. 2017.

REIS, José Alberto dos. *Código de Processo Civil anotado*. Coimbra: Coimbra, 1981. v. V.

SCARPINELLA BUENO, Cassio. "Súmulas 288, 282 e 356 do STF: uma visão crítica de sua (re)interpretação mais recente pelos tribunais superiores". In: *Aspectos polêmicos e atuais dos recursos cíveis*. Coord. Nelson Nery Junior e Teresa Arruda Alvim Wambier. São Paulo: Revista dos Tribunais, 2001. v. 4.

_____. Amicus curiae *no processo civil brasileiro: um terceiro enigmático*. 2ª ed. São Paulo: Saraiva, 2008.

_____. *Curso sistematizado de direito processual civil*. São Paulo: Saraiva, 2008. v. 5.

_____. *Manual de direito processual civil*. São Paulo: Saraiva, 2015.

SICA, Heitor Vitor Mendonça. "Recorribilidade das interlocutórias e reformas processuais: novos horizontes do agravo retido". In: *Aspectos polêmicos e atuais dos recursos cíveis e de outros meios de impugnação às decisões judiciais*. Coord. Nelson Nery Junior e Teresa Arruda Alvim Wambier. São Paulo: Revista dos Tribunais, 2005. v. 8.

_____. *Preclusão processual civil*. São Paulo: Atlas, 2006.

_____. Comentários aos arts. 1.029 e segs. In: *Código de Processo Civil anotado*. Coord. José Rogério Cruz e Tucci et al. São Paulo, 2015. Disponível em: http://www.aasp.org.br/novo_cpc/ncpc_anotado.pdf. Acesso em 5/7/2016.

TALAMINI, Eduardo. "Repercussão geral em recurso extraordinário: nota sobre sua regulamentação". In: Revista Dialética de Direito Processual, v. 54, set. 2007.

_____. "Embargos de declaração: efeitos". In: *Os poderes do juiz e o controle das decisões judiciais*. Coord. José Miguel Garcia Medina, Luana Pedrosa de Figueiredo Cruz, Luís Otávio Sequeira de Cerqueira e Luiz Manoel Gomes Junior. São Paulo: Revista dos Tribunais, 2008.

_____. Comentários ao art. 138. In: *Breves comentários ao Novo Código de Processo Civil*. Coord. Teresa Arruda Alvim Wambier et al. São Paulo: Revista dos Tribunais, 2015.

TARUFFO, Michelle. *La motivazione della sentenza civile*. Padova: CEDAM, 1975.

TEIXEIRA, Sálvio de Figueiredo. "O recurso especial e o Superior Tribunal de Justiça". In: *Recursos no Superior Tribunal de Justiça*. Coord. Sálvio de Figueiredo Teixeira. São Paulo: Saraiva, 1991.

THEODORO JÚNIOR, Humberto. *Curso de direito processual civil*. 48ª ed. Rio de Janeiro: Forense, 2016. v. III.

WAMBIER, Luiz Rodrigues; TALAMINI, Eduardo. *Curso avançado de processo civil*. 16ª ed. São Paulo: Revista dos Tribunais, 2016. v. 2.

WAMBIER, Teresa Arruda Alvim. *Os agravos no CPC brasileiro*. 4ª ed. São Paulo: Revista dos Tribunais, 2005.

_____. *Embargos de declaração e omissão do juiz*. 2ª ed. São Paulo: Revista dos Tribunais, 2014.

_____. Comentários aos arts. 1.022 e segs. In: *Código de Processo Civil anotado*. Coord. José Rogério Cruz e Tucci et al. São Paulo, 2015. Disponível em: http://www.aasp.org.br/novo_cpc/ncpc_anotado.pdf. Acesso em 5/7/2016.

ZAVASCKI, Teori. *Antecipação da tutela*. 5ª ed. São Paulo: Saraiva, 2007.